读客外国小说文库

读客激发个人成长

蝴 蝶 梦

[英] 达芙妮·杜穆里埃 著
方华文 译

文汇出版社

REBECCA
DAPHNE DU MAURIER

第一章

　　昨夜我又一次梦游曼德利。我似乎站在那扇通达车道的铁门前,由于去路受阻,一时进身不得。铁门上挂着大锁和链条。身置梦境的我高声呼唤守门人,但无人应答,于是我趋前透过锈迹斑斑的门缝仔细一瞧,发现守门人小屋已是一片荒芜。
　　烟囱里不见炊烟,小格窗敞开着,满目苍凉。后来,我跟所有的梦中人一样产生了超人的力量,似幽灵般穿过了眼前的障碍。那车道还和以前一样曲曲弯弯,我举步前行,随即意识到了其中的变化——只见那车道又狭窄又杂乱,跟我们所熟知的不大一样。起初我茫然不解其故,待我低头躲开那在眼前摇荡的树枝时,方才察觉到发生了什么样的事情。大自然偷偷摸摸、阴险毒辣地步步紧逼,又恣意横行起来,把它那长长的贪婪的手伸向了车道。甚至在过去,那片树林就一直对车道虎视眈眈,最后终于占了上风。车道两旁的树木又稠又密,黑魆魆,无拘无束。山毛榉一株株紧挨在一起,裸露出发白的树权,枝条纵横交错,怪诞地相互拥抱,在我的头顶遮出一片穹隆,活似教堂里的拱道。另外,还有一些其他树木——敦实的橡树、扭曲的榆树以及很多叫不上名的树木,它们跟山毛榉盘根错节,拱出沉寂的大地,和一些已经从我记忆中消失的畸形灌木及植物杂居一处。

在杂草和青苔的挤压下，车道成了细细的长带，砾石路面已不复存在。低垂的树枝使行路人步履维艰，而多瘤的树根看起来好似骷髅的手。在这片密林之中，处处可见曾经充为路标的灌木，它们被修剪得整整齐齐、美观典雅，也可见曾经以蓝色的枝头享有美誉的绣球花。而今，由于无人打理，它们恢复了野性，不开花结实，一味往高处长，又黑又丑，跟旁边的那些没名堂的寄生植物一个模样。

昔日的车道，现在的羊肠小路朝前延伸，忽东忽西。有时我以为它已消失，谁料它又从别的地方冒出来，也许从一棵横卧的树下，或者从冬雨冲出的泥泞水沟的彼岸挣扎着向远处蜿蜒。我万万没想到这段路程竟如此漫长，肯定和那些树木一样已成倍增加。眼前的道路似乎是一条迷途，根本不通向我们的房宅，而是通向遮天蔽日的荒林。蓦然，我一眼瞧见了那房宅，它隐没在铺天盖地、自然生长的灌木丛中。我站在那儿，一颗心在胸腔里怦怦乱跳，热辣辣的泪珠在眼眶里打转。

这就是曼德利，这就是我们的曼德利，缥缈，静谧，一如往昔，灰色的石壁在梦境的月光下闪闪发亮，竖棂窗户映出绿色草坪和游廊。整齐对称的围墙以及宅院本身并未因时光的逝去而稍有逊色。曼德利宛如掌心的一颗明珠！

游廊缓缓而下，通向草坪，草坪则伸向大海。转过身去，我看得见银白色的平静海面，在月光下就像是一泓风平浪静的湖水。梦境中的水面无波无澜，惨白的天空清澈如洗，不见一丝从西边飘来的云儿。我又回过身去瞧那房宅，但见它巍然屹立，神圣不可侵犯，活生生仿佛我们昨日才离开一样，然而花园却似那片林子一般遵循着弱肉强食的原则。石楠竟有十五米之高，和羊齿草绞扭缠绕在一起，还跟许多没名堂的灌木交配联姻。那些杂种灌木似乎意识到了自己卑微的出身，可怜巴巴地依偎在石楠的根茎旁。一株紫丁香和铜红山毛榉结为伴侣，而素来以美为敌的常青藤伸展开蔓须，恶毒地将它们绑在一起，使这一对情侣沦为俘虏。常青藤在荒芜的花园里横行霸道，长长的茎蔓爬过草坪，眼看就要入侵房宅了。另外还有一种树林里的杂种植物，它们的种子很久以前曾散落在大树底下，随即被人们遗忘，现在它们和常青藤齐头并进，挺着丑陋的身体，像大黄草一样，朝着水仙花一度盛开的柔软草地进发。

荨麻随处可见，它们是入侵大军的先头部队，遮住了游廊，爬满了小径，把粗俗细长的身子靠在窗台上。它们又是大意的哨兵，因为队伍多处被大黄草突破，于是它们焦头烂额、气息奄奄地匍匐在地，一任野兔践踏。我离开车道向游廊走去，因为荨麻是阻挡不住我这个梦中人的。我魂销心迷，直奔前方。

月光能使人产生奇异的幻觉，甚至对梦中人也不例外。我敛声屏息，静静伫立，觉得那房宅并非一具空壳，而像从前一样是有生命、有呼吸的。

窗户里透出灯光，窗帘在夜风的吹拂下轻轻摆动；藏书室的房门一定还半掩着，和我们走时一样，而我的手帕放在桌上一瓶秋季玫瑰花的旁边。

我们的房间一定还留有我们的痕迹：一小摞准备归架的图书；一份乱扔着的《泰晤士报》；烟灰缸里的一个烟蒂；我们枕过的枕垫斜倚在椅子上；壁炉里的木炭灰仍苟延残喘，待天亮又会死灰复燃。我们的爱犬杰斯珀伏卧在地板上，眼里充满了灵性，耷拉着硕大的下巴，听到主人的脚步声，便扑嗒扑嗒地摇动尾巴。

一朵乌云不知不觉遮住了月亮，徘徊了一会儿，像是一只黑手蒙在脸上。刚才的幻景顿然消失，窗子里的灯火也随之熄灭。眼前的房宅最终又变成了一具凄凉的空壳，没有灵魂，没有人迹，在那冷眼观望的墙壁后边再也听不到往日的絮絮低语。

这是一座坟墓，在那废墟里边埋葬着我们的恐惧和痛苦。一切都不会死而复生。我醒着的时候想到曼德利，绝不会感到难过。可惜当时的生活充满了忧虑，不然我可能还会想起诸般美景。我会想起夏日的玫瑰花园、黎明时分的鸟语、栗树下的茶点，以及草坪坡下传来的阵阵涛声。

我还会想起盛开的紫丁香以及幸福谷。这些景象是永恒的，不会随风飘散。这种回忆不会引起我的伤感。乌云遮住月亮的时候，我在梦里作出了这样的判断，因为我和多数游历梦境的人一样，知道自己正在做梦。实际上，我正在数百英里开外异国他乡的一家旅馆里，躺在空落落的小卧室中，要不了多长时间便会醒来，为小屋里缺乏意境而觉释然。我会叹口气，伸伸懒腰，侧过身迷惘地望望那轮跟梦境里柔和的月亮迥然不同的灿烂红日以及寂寥清朗的天空。白天在等待着我们俩，无疑既漫长又平淡，不过却充满着我们以前享受不到的宝贵的静谧。我们不会谈及曼德利，我也不会跟他讲我的梦，因为曼德利不再属于我们，曼德利已不复存在。

第二章

我们再也不能重返故里,这一点已确实无疑。过去的影子仍寸步不离地追随着我们。我们竭力想忘掉那些往事,把它们抛之脑后,但它们随时都会重新浮现。那种惊恐、内心里惶惶不安的感觉发展到最后,就会变成盲目且不可理喻的慌乱。谢天谢地,眼下我们心境平和,但那感觉很可能会以某种不可预见的方式重现,又和从前一样跟我们朝夕相伴。

他非常有耐心,从不口出怨言,即使忆及往事也不说句牢骚话。他一定常常想起过去,只是瞒着我罢了。

从他的一举一动我能看得出来。他常常在突然之间就显得茫然困惑,可爱的脸上所有的表情都消失得一干二净,仿佛被一只看不见的手一把抹去,取而代之的是一副面具模型、一件雕塑品,呆板且冰冷,仍然英俊潇洒,但没有一丝生气。他常常拼命地抽烟,一支接着一支,扔掉时也不熄灭,结果弄得满地都是闪着亮光的烟蒂,似花瓣一般。他接住一个话头就快言快语地朝下讲,情绪热烈,其实言之无物,只不过借以排遣心中的苦闷。据说有这样一种理论:人只有经过磨难才会变得高尚和坚强,因而无论是今生还是来世,如欲得到净化就必须经受烈火的淬砺。这话听起来似乎有些荒唐,但我们却充分领略到了其中的甘苦。我们俩都有过恐惧和孤独,都尝受过巨大的悲哀。我认为,在生命的长河中,每个人或迟或早都会面临考验。我们人人都有各自的灾星,受着蹂躏和折磨,到头来都得与之决战分晓。我们俩战胜了自己的灾星,或者说,我们自认为如此。

灾星再也不会来蹂躏我们了。我们渡过了危机,当然身上也留下了创伤。他对灾难的预感从一开始就是正确的,我却像一出三流戏里瞎喊乱叫的演员,声称我们为自由付出了代价。说起来,我已经扮演够了这种离奇的生活戏剧,如能保持眼下的宁静和安逸,我宁愿用自己的五官作代价。幸福并非可以估价的财物,而是一种思想状态、一种心境。当然,我们也有沮丧的时候,但在其他的场合,时间却不受手表的计量,绵亘奔向永恒。看到他的微笑,我就清楚我们正携手并肩一道往前走,思想的分歧或观点的冲撞都没有在我们之间设下障碍。

如今,我们彼此之间已不存在任何秘密,可谓休戚与共、同甘共苦。在我们的小旅馆里,尽管生活乏味,饭菜恶劣,天天如此,周而复始,但我们并不愿改变现状。要是迁往大旅馆,势必会遇到他的许多熟人。我们二人都喜欢朴实无华,有时也感到无聊,但无聊却是治疗恐惧的良药。日子在按部就班地进行,我逐渐培养了一种朗读的才能。根据我的了解,唯有邮差迟迟不至时,他才会露出焦躁的神情,因为这意味着我们必须多等一天才能拿到英国来的邮件。我们打开收音机,可收音机的声音却使人感到十分烦恼。我们宁愿让激动的情绪积压在心里。许多天以前进行的一场板球赛的战果,却对我们有着很重大的意义。

各种球类的决赛、拳击赛,甚至台球比赛的得分,都可以使我们摆脱无聊的心境。小学生运动会的决赛、跑狗赛以及偏僻县镇稀奇古怪的小型赛事，都会引起我们的强烈兴趣。有时候拿到几本过期了的《田野》[1]杂志，我看着看着便心往神驰，仿佛从这弹丸小岛回到了春意盎然的英国现实生活中。杂志里描绘了石灰岩间的小溪，描绘了蜉蝣，描绘了芳草地上的酢浆植物，也描绘了在森林上空盘旋的白嘴鸦，这种鸟类在曼德利很常见。在那些翻烂了的纸页上，我嗅到了润土的气息、泥炭沼的酸味，仿佛看见湿漉漉的青苔地上白点斑斑，布满了苍鹭的遗矢。

有一回，在朗读一篇关于斑尾林鸽的文章时，我似乎又回到了曼德利的密林中，鸽子在我的头顶扑扇着翅膀。它们那柔和、悠然的鸣叫在夏日炎炎的下午给人以十分舒适凉爽的感觉，要不是杰斯珀用湿鼻子一路嗅着地面，穿过矮树丛跑来找我，绝不会有谁会破坏它们的安宁。受到惊吓的鸽群活像一些沐浴时被人瞧见的老姑娘，傻头傻脑地骚乱起来，振翅飞出藏身的地方，扑棱棱拍打着翅膀，风驰电掣般掠过树梢，消失得无影无踪了。随后，四周又恢复了寂静，而我却不知怎么感到忐忑不安，发现太阳不再在飒飒响的树叶上编织图案，树枝变得黑乎乎的，阴影加长，家里肯定已摆上了新鲜的山莓，到了下午茶的时间。于是，我从羊齿草上站起身，抖一抖陈年树叶留在裙子上的灰土，冲着杰斯珀打了一声呼哨，抬腿向宅子里走去。我边走边在心里鄙夷自己，不知为何要步履匆匆，为何还要朝身后飞快地瞥一眼。

说来奇怪，一篇讲述斑尾林鸽的文章竟会勾起我对往事的回忆，使我在朗读时结结巴巴。看到他阴沉的脸色，我立刻停止了

---

[1] 一种反映上层乡绅生活的杂志。

朗读，随后翻动纸页，直到我看见一则报道板球赛的短讯。这是一篇缺乏浪漫色彩、枯燥乏味的报道，描绘了中赛克斯队在奥佛尔球场上怎样采用陈旧的套路击球，竟然使比分不断地上升。真得感谢那些表演精彩、身穿法兰绒运动衣的健儿，因为他不一会儿就恢复了平静的表情，脸上又有了血色，以善意的激愤口气嘲笑起塞雷队的球术来。

我们避免了一场对前尘旧事的回溯，从中我也吸取了教训。在他面前，可以读读英国的新闻、体育、政治以及有关豪华生活的文章，而对于那些令人伤感的东西，我以后只好留给自己去偷偷咀嚼回味。色彩、芬芳、声音、雨水、浪涛的拍击，甚至连秋季的雾霭和潮水的咸味，全都是曼德利留下的不可磨灭的回忆。有些人喜欢看导游书，并把这作为嗜好。他们作出安排，全国各地到处旅游，热衷于把无法沟通的地区连接在一起。我的嗜好即便也很古怪，却比他们的嗜好多几分情趣。我收集了大量有关英国乡村的资料。英国每一片荒野的主人以及他们的佃农，我都能一一叫得出名字。我知道有多少只松鸡、多少只鹧鸪以及多少头鹿被射杀；我知道哪儿有鳟鱼欢蹦，哪儿有鲑鱼跳跃。我关心所有的猎人聚会，注意着每一次狩猎的情况，甚至连训练小猎犬的人的名字我也很熟悉。庄稼生长的状况、肉牛的价格以及肥猪染上的怪病，这些全都使我兴趣盎然。也许，这只是一种难登大雅之堂的消遣，不需要许多智力，然而在阅读相关的文章时，我毕竟呼吸到了英国的空气，增长出勇气来面对异国耀目的天空。

破败的葡萄园和坍塌的石墙已变得无足轻重，因为我只要愿意，完全可以驾驭住驰骋的遐思，从湿漉漉的条纹状篱笆上摘几朵毛地黄花和几朵苍白的剪秋罗。

采花的兴致是一时心血来潮，这使我柔情缱绻，驱散了心头的痛苦和懊悔，为我们漂泊的生活平添了几分甜蜜的感觉。

由此，我度过了一个惬意的下午，回到旅馆时笑容满面，神清气爽，跟他一道共用茶点。我们吃的东西一成不变，总是每人两片涂黄油的面包和一杯中国茶。在他人看来，我们一定是一对呆板的夫妇，死死地墨守在英国养成的积习。旅馆的阳台倒是很干净，在数世纪的阳光照射下已显得发白，失去了特色。站在这儿，我不禁又想起了曼德利，想起了四点半钟用茶点的情形……桌子摆在藏书室的壁炉前，房门准时打开，接着，仆人按照千篇一律的程序放置茶具：银盘、茶壶和雪白的餐巾。杰斯珀耷拉着大耳朵，对端进来的糕点装出一副漠不关心的样子。我们面前总是堆放着丰富的食物，可我们吃得却很少。

此刻，我仿佛又看到了那些滴着油汁的烤面饼、小块的尖角吐司以及热气腾腾的司康饼；三明治不知是用什么材料做出，飘着异香，闻了让人感到心情愉快；姜饼的味道也非常特殊；天使蛋糕一放到嘴里就化，跟它一同端上来的果子蛋糕，里边则塞满了果皮蜜饯和葡萄干。这一顿食物足够一户饥饿的人家受用一个星期。我不知道那些撤下去的东西是怎么处理的，有时候心里会为那样的铺张浪费而感到不安。

我从不敢开口问丹弗斯夫人是怎么安排的，生怕她嘴角挂着冷若冰霜、高人一等的微笑，用轻蔑的眼光看我。我可以想象得出来，她会这样说："德温特夫人在世时，从没有抱怨过。"真不知道这位丹弗斯夫人目前在干什么，还有那个费弗尔。记得正是她脸上的那种表情，使我第一次产生了惶恐不安的感觉。我当时不由自主地暗忖："她在拿我跟丽贝卡作比较。"于是，阴影似利剑一般插在了我们中间……

啊，现在那一切都成了往事，永远不再复返。我的心灵不再遭受折磨，我们夫妇俩都获得了自由。就连忠实的杰斯珀也得到了快活的猎场。曼德利已不复存在，它像空壳一样隐没在杂乱无章的密林之中，跟我在梦里看到的一样，野草丛生，成为鸟类的栖息场所。有时，也许一个流浪汉遇到突降的暴雨，会到那里暂时躲避。如果他胆子壮，到那儿走一遭倒不会感到惊慌。但如果是一个胆小如鼠的人，或者一个神经紧张的偷猎者，曼德利的树林会让他毛骨悚然。也许，他会偶然撞见海角处的那间小屋，躲在那摇摇欲坠的屋顶下他绝不会感到快活，淅沥的细雨声只会让人感到不安。那儿也许仍残留着一种阴森森的气氛……在车道的转角处，树木已遮住了砾石路面，那儿也非逗留之处，尤其在太阳落山之后。树叶沙沙作响，那声音很像一个身穿晚礼服的女子在悄悄走动；当树叶突然抖动，飘落到地面上时，那啪嗒啪嗒的声响可能就是她急促的脚步声，而砾石路面上的脚印可能就是她的缎面高跟鞋所留下的。

每逢忆及这些情形，我都要回到旅馆的阳台上如释重负地观赏一番眼前的景色。这儿阳光明媚，阴影无藏身之地，石砌的葡萄园在阳光下微光闪烁，九重葛由于落满了尘埃而泛白。也许，总有一天我会对这景色产生眷恋之情。此时此刻，它即便没激起我的爱慕，起码也给了我自信。自信是一种我非常珍视的素质，不过我的自信未免有些姗姗来迟。大概是由于他对我的依赖，才最终使我勇敢起来。总之，我摆脱了自卑和怯懦，在生人面前不再害羞，与初次乘车前往曼德利时相比已判若两人。那时我满怀着希望和热情，拼命地想取悦于人，可是却因言行笨拙而陷入困窘的境地。正是由于缺乏镇定自若的态度,我才会给丹弗斯夫人之辈留下恶劣的印象。和丽贝卡相比,我该是一种什么样的形象呢?记忆似桥梁跨越了流逝的岁月,我可以想起自己当年的情形:头发又直又短,年轻的脸蛋不施粉黛,穿着不合体的衣裙和自制的短褂,寸步不离跟在范·霍珀夫人的屁股后边,活像一匹局促不安的小马。她常常领着我去吃饭,穿着高跟鞋一扭一扭的,五短身材很难保持住平衡,过分艳丽的滚边短上衣衬托出她肥大的胸脯和摇摆的臀部,头上的新帽子斜插着一根大得惊人的羽毛,裸露出的一大片额头就像小学生露出的膝盖。她一只手拎一个大包,就是人们用来装护照、记事簿以及桥牌记分册的那种;另一只手摆弄着跟她形影不离的长柄眼镜,那是她窥探他人隐私的工具。

她总是走到餐厅的一隅,靠近窗户在自己平时占的餐桌旁落座,把长柄眼镜举到猪一般的小眼睛上左右巡视一周,然后松开眼镜,任其悬挂在黑丝带上,悻悻地低声嚷嚷:"连一个知名人士都没有,我得告诉经理,让他们给我的账单打折扣。他们以为我来这儿是干什么的?难道是为了看那些服务员不成?"于是,她会把侍者唤到跟前,说话的声音既尖厉又不连贯,似一把大锯割裂着空气。

我们今日用膳的小饭馆,与蒙特卡洛"蔚蓝海岸"旅馆里富丽堂皇的餐厅相比,真是大相径庭;我跟前的这位伴侣跟范·霍珀夫人也有着霄壤之别:他正用动作沉稳、外观漂亮的手剥柑橘,样子安详,从容不迫,时而抬起头朝我嫣然一笑;而那位范·霍珀夫人则是用戴着珠宝戒指的肥嘟嘟的手指头在高高的堆着肉馅点心的盘子里瞎扒拉,不时把眼光疑神疑鬼地朝我的盘子里嘈，生怕我的饭菜比她的好。她大可不必操这份心，因为侍者以其特有的不可思议的洞察力，早就察觉出我是她的下人，地位卑微，放在我面前的那盘火腿和猪舌头，是别人嫌切得太糟糕而送回冷食柜的。仆人们怨恨和明显的不耐烦态度总让人感到莫名其妙。记得有一次随范·霍珀夫人住在一家乡村客栈，女服务员对我怯生生的摇铃声始终不予理睬，也不给我拿拖鞋来，提供的早茶冷冰冰的，胡乱放在我的卧室门外。蔚蓝海岸旅馆的情形也一样，只不过没那么严重罢了。有的时候，故意的冷漠竟转化成放肆的讥笑和挖苦，使我觉得到前台服务员那儿买邮票成了躲避不及的苦差事。当年，我是多么幼稚和缺乏经验，而我也深有感触。一个人如果过于敏感和涉世不深，有许多话其实并没有恶意，而他听起来却像含沙射影、指桑骂槐。

对于那盘火腿和猪舌头，我至今记忆犹新。那些肉被切成楔形，干瘪瘪的，激不起一点食欲，可是我却没胆量拒绝。我们吃饭时一言不发，因为范·霍珀夫人喜欢把精力集中在食物上。看见她满嘴流油的样子，我便知道那盘肉馅点心很合她的口味。

她的吃相并没有提高我对自己那份冷肉的食欲，于是我就把目光从她身上移开，看到旁边的一张已经空了三天的餐桌上马上就要有人坐了。侍者领班正点头哈腰，用那种只针对比较特殊主顾的态度，把新来的客人往座位上引。

范·霍珀夫人放下餐叉，伸手去取长柄眼镜。当她窥视人家的时候，我真为她感到脸红，而新来的客人却没有留意到她的兴趣，正在漫不经心地浏览菜单。后来，范·霍珀夫人"啪"地折起眼镜，隔着桌子冲我探过身来，小眼睛激动得炯炯闪亮，说话声音也稍微有点大。

"那是迈克斯·德温特，"她说，"曼德利的主人。他的庄园你肯定有所耳闻。他满脸病容，你说是吧？据说自他妻子去世后，他便一蹶不振……"

第三章

如果范·霍珀夫人不是个市侩小人，我今天的生活不知会是个什么样子。

想起来也滑稽，我的生活历程竟息息依赖于她的品质。她的猎奇心是一种疾病，几乎成了怪癖。起初我感到震惊，窘迫得不知所措。我亲眼看见人们在背后嘲笑她，她一进屋大家便慌忙溜走，甚至不惜躲入楼上走廊的服务员专用门，弄得我就像替罪的小厮一样，为我的主人承担痛苦。多年来，她一直是蔚蓝海岸旅馆的常客，除了打桥牌，还有一个如今在蒙特卡洛已臭名远扬的消遣，那就是和有身份的人攀朋结友，即使那些人她只是在邮局隔着老远见过一面。她会想出个点子来先把自己介绍一番，往往未待猎物嗅出危险，她便已经发出邀请，要对方到她的房间做客了。她进攻的方式直截了当，出其不意，很少有人能逃得脱。在蔚蓝海岸旅馆的休息室里，她堂而皇之地占着一张沙发，那儿地处前厅与餐厅甬道的正中间，每次吃过午饭或晚饭她都到那儿喝咖啡，来往的客人都必须打她面前经过。有时，她把我作为吸引猎物的诱饵，不管我愿意与否，派我穿过休息室给一位客人捎口信、借书报，或者打听哪家商店的地址，由此便可以突然地为我们交上一个共同的朋友。那情形看起来，仿佛必须用名人填她的肚子，就像用勺子喂病人吃果冻一样。她也喜欢结交。凡是名字上过闲话栏的人，以及作家、艺术家、演员之流，甚至就连那些平庸之辈，她只要在书报上看到过，便要紧追不舍。

不管事情已过去多少个年头，我迄今仍记得那个难忘的下午出现的情况，就好像发生在昨天一样。当时她坐在休息室里自己所喜爱的那张沙发上，心里盘算用什么方法进攻。她神情局促，用长柄眼镜磕打着牙齿，一看就知道在权衡种种可能性。她匆匆地吃了餐后水果，连甜食也没顾得上享受，我清楚她是想赶在那位新来的客人之前把午饭结束掉，好到他必经的路上恭候他。她蓦地把脸转向我，一双小眼睛闪闪发光。

"快到楼上去找找我外甥的那封信。你该记得，就是他度蜜月时写的那封，里边附有照片。赶快把它给我拿来。"

我看出她已成竹在胸，准备用外甥作进身的阶梯了。我痛恨自己在她的计划中扮演的角色，萌发这种心情已非止一次了。我就像是魔术师的助手，专门提供道具，然后便一声不响地守候一旁，等着主人发号施令。这位新来的客人绝不会欢迎别人的干扰，对此我深信不疑。范·霍珀夫人十个月前从日报上零零星星收集了些关于他的传闻，便贮藏在记忆里以备将来之用，方才在饭桌旁对我吐露了片言只语。我尽管年轻无知，不谙世故，可是却能想象得出来，这样突然地闯入他孤寂的生活，一定会惹起他的憎恶。至于他为什么偏偏要到蒙特卡洛的蔚蓝海岸旅馆来，并不关我们的事，那是他自己的问题，除范·霍珀夫人之外，任何人对此都能够理解。她不懂得怎样处事才为得体，行为举止有欠斟酌，因为飞短流长是她的生活支柱，所以必须对这位陌生人进行研究分析。我在她桌子上的文件夹里找到了那封信，稍微逗留了一会儿，然后才下楼返回休息室。我荒唐地认为，这样做可以多给他几分钟宁静的时间。

我希望自己有勇气从服务员的楼梯下去，绕路到餐厅，告诫他有人埋伏在半路等他。可是，社会习俗对我的影响太强烈，再说我也不知怎么对他讲好。我无计可施，只好去坐到范·霍珀夫人身旁我平时的位子上，看着她像个得意洋洋的大蜘蛛一样，在那个陌生人的周围编织天罗地网。

我这一趟用去的时间比我想象的长些，因为我回到休息室时，发现他已经离开了餐厅，原来范·霍珀夫人唯恐失去他，便等不及拿到信，靠自己的力量涎着老脸作了自我介绍。此刻，他甚至坐在了她身旁的沙发上。我径直走到他们跟前，一言不发地把信给了她。他立刻站起身，而范·霍珀夫人因计谋得逞显得满面红光，朝我这边不经意地挥挥手，含混不清地介绍我的名字。

"德温特先生跟我们一起喝咖啡，你去让侍者再端一杯来。"她说话的语气非常傲慢，好让他知道我的地位。那意思是说，我是个无关紧要的小丫头，谈话时没必要让我介入。每当她想炫耀自己的身份时，总是以这种口气讲话。她为我作介绍的方式是一种自我保护，因为有一次别人错把我当成了她的女儿，这让我们俩都非常尴尬。她的无礼态度是想向客人表明，完全可以对我置之不理。于是，女士们常常只是冲我点点头，算作打招呼，她支我走开，这下男士们就会大大松口气，情知可以舒服地坐回到椅子上，不再为失礼有所顾忌。

所以，看见这位新来的客人一直站在那里，并招手唤来了侍者，我就难免感到惊奇了。

"恐怕得违背你的意思了，"他对范·霍珀夫人说，"我请你们俩陪我喝咖啡。"未等我弄清是怎么回事，他便在我平时坐的那把硬椅子上坐下，而我则坐在了范·霍珀夫人旁的沙发上。

她一时显得有些恼怒，因为这种坐法不符合她的意思，但很快就恢复了镇定，把肥大的身躯竖在我和桌子之间，冲他的椅子探过身去，急切地大声讲着话，一边还挥动着手里的那封信。

"要知道，你刚一进餐厅我就认出了你，"她说，"我当时心想，'哇，这是比利的朋友德温特先生，我得让他看看比利和他的新娘度蜜月时拍的照片。'瞧，就是这些照片。这是多拉，长得很可爱，你说是吗？杨柳细腰婀娜多姿，一双大眼睛楚楚动人。这是他们在棕榈滩[1]晒日光浴。比利爱她爱得发疯，这你可以想象得出来。当然，他在克拉里奇饭店举办舞会时，是我第一次见到你，而他还未结识她哩。我敢说，你一定记不得我这样一个老太婆了。"

说话时，她还挑逗性地瞟了他一眼，一口白牙闪闪发亮。

"恰恰相反，我把你记得很清楚。"他说。接着，未等她把他拉进圈套，陪着她一道回忆见面时的情景，他已把烟盒递了过去，点烟让她暂时张不开口。

"我觉得我并不喜欢棕榈滩。"他一边说，一边吹熄了火柴，我扫了他一眼，觉得他要是到了佛罗里达，一定显得很不相称。他属于十五世纪高墙圈起的那种城市，那儿有狭窄的鹅卵石铺就的街道和细细的尖塔，城里的居民穿着尖头鞋以及绒线长筒袜。他的面孔诱人，敏感，带着一种奇特的、难以言喻的中世纪

---

[1] 美国佛罗里达州的避寒胜地。

蝴蝶梦　17

味道，使我想起了记不清是在哪个画廊看到过的一幅无名绅士的画像。倘使剥掉他身上的英式花呢西装，给他换上一套黑衣服，领口和袖口镶着花边，他就会成为画像上的一个久远年代的人，痴呆呆俯视着我们这些现代人。在那个久远的年代里，人们夜间穿着斗篷，站在古老门庭的阴影里；到处可见狭窄的楼梯和阴暗的地牢，黑暗中传来窃窃低语声；那是一个刀光剑影的年代，一个沉默寡言、温文尔雅的年代。

真希望能记得起绘制这幅肖像画的大师，画像竖立在画廊的一个角落里，而画中人从落满灰尘的画框里注视着人们。

此刻，他们俩仍在交谈，我不知他们刚才都讲了些什么。

"不，即便在二十年前也不行，"只听他说道，"那种事我从不感兴趣。"

接着，我听见范·霍珀夫人忘乎所以地哈哈大笑了几声。"假如比利有曼德利那样的家，他肯定不愿到棕榈滩消磨时光。"她说，"听说曼德利是人间仙境，只能用这种字眼形容它。"

她顿住话头，期待看到他的微笑，而他只是一个劲儿地抽烟。我注意到他的眉宇之间出现了一道皱纹，朦朦胧胧，若隐若现。

"当然，我见过曼德利的照片，"她不放松继续说，"看起来简直美极啦。记得比利曾对我说过，所有的那些大庄园都不及曼德利妩媚。我想不通你怎么舍得离开那儿。"

他的沉默令人感到苦闷，换作其他任何人，都会察觉，可她却像只笨拙的母山羊一样在他的禁地里左冲右突，任意践踏。我感到热血直往脸上冲，因为她正拉着我跟她一道蒙受羞辱。

"当然，你们英国绅士在涉及自己的家时，态度都是一个样子,"她说话的嗓门愈来愈高了,"你们显出对自己的家不屑一顾的样子,不愿让人觉得你们骄傲。曼德利拥有一座吟游诗人的画廊和一些价值连城的肖像画哩。"她把脸转向我,后边说出的话算是对我解释,"德温特先生太谦虚了,硬是不肯承认,可我坚信可爱的曼德利自征服期[1]以来就成了他家的财产。据说那座吟游诗人画廊是一枚璀璨的明珠。你的祖先大概常在曼德利款待王室成员吧,德温特先生?"

截至目前,我还从未遇到过如此令人难堪的局面,甚至跟她在一起时也没遇到过,可他却出乎意料地带着挖苦的口气回了话。"我们家自埃塞尔雷德[2]统治以后便有了曼德利,"他说,"就是那个人称'尚未准备好'的国王。其实,他是到我家做客才得到了那个绰号,因为他吃饭老是迟到。"

活该,应该让范·霍珀夫人知道点厉害!我等着她翻脸,可令人难以置信的是,她竟然对他的话充耳不闻,我反而替她难过起来,像是挨了耳光的孩子。

"真的吗?"她又昏头昏脑地说道,"我怎么一点都不知道?我的历史知识很不牢固,英国的国王太多,总是把我搅得糊里糊涂。不过,这倒是非常有意思。我得写信告诉我的女儿,她是个了不起的学者。"

谈话出现了停顿,我感到自己的脸烧得通红。问题在于我太年轻,如果年纪稍微大些,我会迎住他的目光发出微笑,她那荒谬绝伦的行为使我们俩之间产生了默契。当时,我羞得无地自容,忍受着青年女子常有的那种痛苦。

---

1 指1066年威廉王征服英国。
2 指英王埃塞尔雷德二世(968—1016)。

我想他一定看出了我沮丧的心情，只见他坐在椅子上俯过身来用温柔的声音同我讲话，问我是否想再喝一杯咖啡，当我摇头拒绝时，我感到他的眼睛仍盯着我，目光困惑、深邃。他大概在考虑我跟范·霍珀夫人究竟是什么关系，不知该不该把我们俩都视为蠢材。

"你觉得蒙特卡洛怎么样？能谈谈你的看法吗？"他把我也扯进了谈话，顿时弄得我狼狈万分，使我又变成了一个胳膊肘红红的、头发细细的幼稚小学生。我的回答显然很蠢，说这地方缺乏自然的美。还没等我结结巴巴地说完，范·霍珀夫人就打断了我的话。

"她被宠坏了，德温特先生，这就是症结所在。为了能看看蒙特卡洛的风光，有多少女孩子情愿献出自己的眼睛作代价。"

"那岂不是达不到目的了吗？"他笑吟吟地说。

她耸耸肩，把一大团烟雾吐在空中。看来她一时还没理解他的意思。"我对蒙特卡洛情有独钟。"她告诉他说，"英国的冬季让人心情阴郁，我的身体可吃不消。是什么风把你吹到了这儿来？你可是位稀客呀。你准备玩百家乐，还是带了高尔夫球棍来打球？"

"我离家时太匆忙，还没有想好呢。"他说。

他自己的话一定触动了某种回忆，但见他的脸色又阴沉了下去，微微锁住眉头。范·霍珀夫人却不闻不问地喋喋不休继续说道："当然，你一定很留恋曼德利的浓雾，那是种独特的景色。西部乡村在春天一定令人心旷神怡。"他伸手取过烟灰缸，熄掉了香烟。我留意到他的眼里起了微妙的变化，一种难以形容的东西在那儿游移了片刻。我觉得自己窥视到了他的某种与我无关的隐私。

"是的,"他简短地说,"春天的曼德利最为迷人。"

接着,大家都沉默了下来,随之而至的是尴尬的局面。我偷偷瞭了他一眼,比以往任何时候都觉得他像我常常幻想的那个身披斗篷、神色诡秘、夜间在走廊里徘徊的无名绅士。这时,范·霍珀夫人的声音似电铃般撕裂了我的遐思。

"你大概在这儿认识不少人,可依我看,今年冬天的蒙特卡洛十分无聊,碰不上几个名人。米德尔塞克斯公爵倒是来了,就住在他的游艇上,我还没到游艇上看望过他呢(据我所知,她从未登过游艇)。你一定认识内尔·米德尔塞克斯,"她滔滔不绝地说道,"她长得相当迷人。他们总说第二个孩子不是公爵的种,可我不信。一个女人脸蛋漂亮些,就会被人说三道四,不对吗?内尔·米德尔塞克斯就是因为太妩媚了。卡克斯顿和西斯洛浦的婚姻很不成功,这是真的吗?"她东拉西扯,搬出了一大堆道听途说的消息,始终没留意自己提到的人名对他是陌生的、毫无意义的。她也不管就在自己恬不知耻地胡说八道时,他变得愈加冷淡和沉默。他一直没打断她的话,也没看过手表。自从他当着我的面出她的洋相,犯下那个错误之后,他仿佛为自己定了一条行为标准,随即就严格遵循,不越雷池一步。最后,一个杂役跑来说有个裁缝在房间里等范·霍珀夫人,这才算为他解了围。

他立刻站起身,把椅子朝后边一推。"别让我耽搁了你的事。"他说,"如今的衣服款式变化得太快,也许等你上了楼,又有新的式样脱颖而出。"

这番冷嘲热讽并没有刺痛她,她反而当成了对她的恭维。"跟你邂逅相逢,真让人喜不自禁,德温特先生。"我们朝电梯跟前走时,她说道,"我既然已斗胆开了头,希望能常见到你。

务请你抽时间到我的房间喝杯茶。明天晚上也许要来一两个客人，你何不来跟我们一起坐坐？"我急忙扭开了脸，不愿看到他搜索枯肠找借口的样子。

"很遗憾，"他说，"明天我可能要开车到索斯帕尔去，不知什么时候才能回来。"

她只好怀着不甘心的情绪作罢，但我们仍在电梯口踌躇着。

"但愿他们给了你一套好房间。旅馆里有一半房间都空着，如果你住着不舒服，可别把话闷在肚子里。我想，你的侍从已把你的行李安顿好了吧？"这种故作熟稔的态度未免显得过于随便，即便她也很少这样，于是我瞥了一眼他脸上的表情。

"我没带侍从，"他不动声色地说，"也许你愿意为我效劳吧？"

他这一箭总算命中了目标。范·霍珀夫人涨红了脸，难堪地笑了几声。

"哦，我简直想象不来……"她把话说了半截，就令人不可思议地突然把脸转向我说，"如果德温特先生有事情要做，也许你可以派上用场。你在很多方面都是个挺能干的孩子。"

接着是一阵短暂的沉默。我惊得呆若木鸡，等待着他的回话。他戏谑地低头望着我们，露出几分嘲弄的神情，唇角挂着一丝微笑。

"这个建议非常好，"他说，"不过我一贯遵循我们家的信条：单身旅行速度最快。你可能没听说过吧？"

没等她回答，他就转身扬长而去。

"多么滑稽啊！"我们乘电梯上楼时，范·霍珀夫人说，"这样不辞而别大概是一种幽默吧？男人们总干一些异乎寻常的事情。记得曾有一位著名的作家,一见到我走近,便从服务员的楼梯夺路而逃。我想他一定爱恋着我,却缺乏自信心。不管怎样,我那时毕竟比较年轻。"

电梯到了我们住的楼层,猛地一顿,停了下来。杂役哗啦打开了门。"随便提提,亲爱的,"当我们顺着甬道朝回走的时候,她说道,"你可别怪我数落你,今天下午你的表现有点太过分了。你竟然想独揽话头,那让我觉得很是难堪,他肯定也有同感。男人是不喜欢你那样的。"

我没吱声,因为再说什么也是白搭。"算啦,你可别生气。"她笑着耸了耸肩膀说,"归根结底,我要对你在这儿的行为负责。你应该接受我的忠告,论年龄我都可以做你的母亲了。'好了,布莱兹,我来啦……'"她哼着法国小调走进了卧室,裁缝正在那儿等她。

我跪在窗前的座位上,向外眺望下午的景色。太阳光仍然十分强烈,猎猎的大风快活地吹着,再过半个小时我们就要坐下来打桥牌了,窗户关得严严的,暖气开到了最大限度。我想到了自己将要清理的烟灰缸,想到了沾着口红的捏扁了的烟蒂和丢弃的巧克力奶糖会怎样杂乱地堆在一起。我从小只会玩"过关斩将"和"幸福家庭"这样的游戏,对于桥牌很难接受,再说,跟我一起打牌会让她的朋友感到厌倦。

我觉得有我这么一个年轻姑娘在场,他们不能无拘无束地交谈,就像在甜点端来之前,当着客厅女服务员的面不能畅所欲言一样。他们不便痛快淋漓地讲那些丑闻轶事以及见不得人的闲话,范·霍珀夫人的男客们常常勉强装出一种热情的样子,问我一些有关历史或绘画的可笑问题,心里揣测着我刚离开学校不久，只能跟我扯这些。

我叹口气，从窗口侧转过身来。阳光给人以希望，轻快的风儿在海上吹起了白浪。我想起了一两天前在摩纳哥时路过的一处街角，那儿有一幢歪扭的房屋向鹅卵石铺就的广场倾斜着。在高高的摇摇欲坠的屋顶上开着一扇窗户，窄得跟条缝一样。那房屋里在中世纪一定住着某一位古人。我从桌上取过纸笔，凭着想象漫不经心地画出人物头像来——脸色苍白，表情似鹰一般，有着犹豫的眼睛、高鼻梁以及挂着讥笑的上嘴唇。我学着那位久远年代的大师，给我的画中人添了一撮尖胡须和一个滚过边的领口。

有人敲门，接着开电梯的那个杂役手里拿着一封便函走了进来。我告诉他说范·霍珀夫人在卧室里，可他却摇摇头，申明便函是给我的。我拆开封皮，发现里面有一页信纸，信纸上以陌生的笔迹写着这样一行字：

"请原谅我，今天下午我太无礼了。"

内容仅仅一句话，既无署名，又无开头。不过，我的名字写在信封上，而且拼写得很正确，这倒是件非同凡响的事。

"有回信吗？"杂役问道。

我从那些潦草的字上抬起头来。"没有，"我说，"没有回信。"

杂役走后，我将便函塞入衣袋，又把注意力收回到我的铅笔画上。可不知什么原因，画中人不再令我满意。他的面孔显得呆板、缺乏生气，而那滚边领口和尖胡须就像是演哑剧用的道具。

第四章

打过桥牌的第二天早晨,范·霍珀夫人醒来时喉咙发痛,体温高达一百零二华氏度。我给她的医生挂了电话,医生立刻跑来,诊断她患的是普遍性流行感冒。"你必须卧床休息,没有我的允许不要起来。"医生吩咐她道,"你的心跳声音很不正常,如果不安安静静地躺着就好不了。"接着,他又冲我说道,"依我看,给范·霍珀夫人请个专职护士。凭你是不能让她痊愈的。护理两个星期左右就可以了。"

我觉得这种想法太荒唐,于是就提出了不同意见,可让我感到惊奇的是,范·霍珀夫人竟然同意了医生的建议。她一定是想把事情闹得沸沸扬扬,以赢得人们的同情,让朋友们来探望、写信表示慰问或向她献鲜花。她已经开始对蒙特卡洛感到厌倦,这场小病可以增添些情趣。

护士将给她打针,并施以轻度的按摩,而她将吃规定的食品。护士一来,我就走开了。范·霍珀夫人体温已经在逐渐下降,她靠着枕头坐在床上,身披最华贵的睡衣,头戴缀着丝带的闺房小帽。我为自己轻松的心情感到十分惭愧。打电话给她的朋友,推迟了她原打算当晚举办的小型聚会后,我就下楼到餐厅里吃饭，比平时早了足足有半个小时。我心想餐厅一定空荡荡的，因为在一点钟之前，通常没有人用餐。除了我们的邻桌，这儿的确空无一人。这种意外的情况使我猝不及防。我原以为他已经到索斯帕尔去了。毫无疑问，他这么早就吃饭，是害怕在一点钟碰上我们。我已经走到了餐厅的半中间，不可能返回了。自从前一天我们上了电梯后，我一直没见过他，他肯定是有意躲我们才没来餐厅吃晚饭，而今天他提前用午餐可能是出于同一原因。

我经验不足，难以应付这种局面。我真希望自己的年纪能大些，城府深些。我目不斜视地走到我们的餐桌前，立刻就因为动作笨拙而受到了惩罚，在展开餐巾时碰翻了那瓶硬挺挺的银莲花。花瓶里的水浸透了桌布，流淌到我的膝盖上。侍者在餐厅的另一端，没看见这情景。不过，一转眼的工夫，我的邻桌就站到了我的身旁，手里拿着块干餐巾。

"你不能守着湿桌布吃饭，"他语气粗鲁地说，"那会让你食不下咽。不要待在这儿了。"

他动手擦起了桌布，侍者见出了乱子，急忙跑过来帮忙。

"我不在乎，"我说，"我真的一点关系也没有，反正就我一个人坐在这里。"

他一言未发。侍者过来后，把花瓶以及散了一桌子的鲜花都收拾干净。

"不用再清理了，"他突然对侍者说道，"在我的桌上另添一副餐具。小姐跟我一块儿吃饭。"

我茫然不知所措地抬起了头。"啊，不，"我说，"我不能那样做。"

"为什么不能？"他问。

我转动脑筋想找出个借口来。我知道他并不想跟我共进午餐,只不过从礼节上敷衍一下罢了。我会毁掉他的这顿饭的。于是我决定壮起胆量,坦率直言。

"请你不必客气,"我恳求道,"非常感谢你的好意。可侍者只要把桌布擦擦,我坐在这儿挺好。"

"我并不是跟你客气,"他不松劲地说,"我很愿意同你一道进餐。即使你没有笨手笨脚地碰翻花瓶,我也会邀请你的。"他大概在我的脸上看到了狐疑的表情,笑了笑又说道,"你不相信我,这也没关系,你不妨坐下。如果不愿意,我们没必要非得讲话。"

我们俩入了座,他把菜单给我让我点菜,然后就若无其事地继续吃他的餐前小食品。

孤高是他独特的个性,我觉得我们可能会一声不响地默默吃完这顿饭。这对我无所谓,我不会感到紧张,他也不会问我历史方面的知识。

"你的朋友怎么没来吃饭?"他问道。我告诉他,范·霍珀夫人染上了流感。他表示非常遗憾,随后停顿了一下又说道,"我想你已经收到了我的便函。我为自己鲁莽的态度感到十分惭愧。我唯一能为自己开脱的理由是:由于独身鳏居,我已变得粗俗不堪。今天你陪我吃饭,让我不胜感激。"

"其实你并不鲁莽,"我说,"起码没表现出范·霍珀夫人能够理解的鲁莽。至于她的好奇心,那是没有恶意的,她对所有的人都一个样,我是说,对所有重要人物。"

"那我应该感到荣幸喽。"他说,"她为什么把我也视为重要人物呢?"

我犹豫了片刻，然后才答道："大概是因为曼德利吧。"

他没有言语。我又一次产生了不自在的感觉，仿佛闯入了别人的禁区。他的家闻名遐迩，为许多人津津乐道，甚至连我也有所耳闻，可不知怎么，他却总是一副讳莫如深的样子，使曼德利成为一道横在他与别人之间的障碍。

我们埋头吃了一会儿饭，谁都没有讲话。我想起了童年时代有一次到西部乡村度假，在一个村子的商店里买的彩图明信片。图上画着一幢房宅，笔法粗劣，颜色浓艳，但就连这些缺陷也无法破坏那房宅匀称的美：游廊前铺着宽宽的石阶，绿色的草坪一直延伸至大海。买明信片我付了两便士——每星期零用钱的一半，然后问满脸皱纹的老板娘图上画的是什么地方。她望着我，为我的孤陋寡闻感到震惊。

"这是曼德利啊。"她说。记得我走出商店时内心很是沮丧，可还是不知曼德利是个什么地方。

也许正是由于回忆起了那张老早就遗忘在某本书里的明信片，我才对他避讳的态度萌发了同情心。他讨厌范·霍珀夫人之流提的那些涉及别人隐私的问题。也许，曼德利是个神圣的地方，正因为如此它才卓尔不群，容不得秽言玷污。我的脑海里不由勾画出了那幅场景：范·霍珀夫人花六便士买了门票，慢慢游览曼德利的厅堂，一边用尖厉、断续的笑声撕裂着周围的宁静。我们的思维沿循的肯定是同一条路线，因为接下来他就开始谈论范·霍珀夫人了。

"你的朋友比你年纪大很多，"他开口说道，"难道是亲戚？你认识她多久了？"看来，我们的关系对他仍然是个谜。

"实际上她并不是我的朋友，"我告诉他说，"而是雇主，训练我担任一种称为'伴侣'的角色，每年付给我九十英镑的报酬。"

"想不到还能用钱买伴侣，"他说，"听起来怪野蛮的，就像在东方奴隶市场上买奴隶。"

"我曾在辞典里查过'伴侣'这个词，"我承认道，"上边的解释是'伴侣即心腹之交'。"

"可你和她没有多少共同语言呀。"他说。

他朗声大笑起来，像换了个人似的，显得年轻了一些，不那么孤高了。

"为什么干这种活？"他问。

"九十英镑对我是一大笔钱。"我说。

"你没有亲人吗？"

"没有，全都死光了。"

"你的姓氏十分可爱，与众不同。"

"我父亲生前就是一个可爱和与众不同的人。"

"跟我讲讲他的事情。"他说。

我的目光越过我的那杯香橼汁，打量着他。提起父亲，那真是一言难尽，在通常情况下我从不讲他的事情。父亲是我心中的财富，只归我一人所有，就像曼德利只归我的同桌一人所有一样。我可不愿在蒙特卡洛一家餐厅的饭桌旁，把他随随便便地介绍给别人。

这顿午餐笼罩着一种奇异的梦幻气氛，现在回想起来，仍充满着神奇的魅力。吃饭时，我还是一副十足的小学生模样；仅在前一天我还坐在范·霍珀夫人跟前，古板拘谨，沉默寡言，缩头缩脑，二十四小时之后，我的家史便不复归我一人所有，我竟然把它吐露给了一个素昧平生的男子。不知怎么,我觉得非说不可,因为他就像那个无名绅士一样,用眼睛紧紧盯着我。

我的羞怯感飞到了爪哇国,不愿讲话的舌头也随之松动。于是,儿童时代的小秘密以及各种悲喜泉涌而出。我觉得,通过我拙劣的陈述,他仿佛理解了我父亲生气勃勃的个性以及我母亲对他的爱。母亲把爱情视为强大的生命活力,赋予爱情神圣的光辉,所以,父亲在那个凄风惨雾的冬天被肺炎夺去生命之后,她仅在人世停留了五个星期,便也长眠于天国了。记得讲到此处,我已气喘吁吁,有点头昏眼花,便停了下来。这时,餐厅里高朋满座,伴随着乐队奏出的音乐以及杯盘的碰撞声,人们的欢声笑语不绝于耳。一看房门上方的时钟,我发现已经两点钟了。我们吃了一个半小时的饭,在谈话中我一直在唱独角戏。

我猛然回到了现实中,掌心发热,脸上火辣辣的,感到很不好意思,期期艾艾开始道歉,可他硬是不肯听。

"刚开始吃饭时我就告诉你,说你有个可爱和与众不同的姓氏,"他说,"如不见怪,我还要补充一句,这个姓氏适合你父亲,同样,你也受之无愧。和你在一起给了我快乐,我已许久没有这般感触了。你使我忘掉了自我,摆脱了消沉的情绪和内心的反省,这二者一年来给我带来了无边的痛苦。"

我望着他,相信他讲的是肺腑之言。他似乎不再像从前那样被枷锁禁锢得死死的,多了几分现代人的气息和人情味,从叠叠阴影中走了出来。

"要知道,"他说,"你我之间存在着共同之处,使我们心有灵犀。我们俩在这个世界上都是茕茕孑立,形影相吊。不错,我有一个不常见面的姐姐和一个出于尽义务我每年探望三次的老祖母，可她们都不能称为伴侣。我得祝贺范·霍珀夫人，每年付你九十英镑，价钱实在便宜。"

"你忘了一点，"我说，"你有一个家，而我却无家可归。"

话刚一出口，我就嗟悔无及，因为他的眼里又出现了高深莫测的神情。我则如芒在背，又一次产生了由于言语不当而常有的那种不自在的感觉。他低头点烟，没有立即搭话。

"无论是空荡荡的家还是宾客如云的旅馆，都能给人以孤独感，"末了，他说道，"相比较而言，家更会引起一个人的伤感。"他沉吟良久，我暗忖他终于要谈谈曼德利了，谁知他欲言又止，脑海里一定泛起了某种病态的恐惧，束缚住了他，但见他吹熄了火柴，方才骤然闪现的自信也随之烟消火灭了。

"如此看来，'心腹之交'要休一天假啦？"他又以平和的语气说了话，在我们两人之间创造出无拘无束的友好气氛，"打算干些什么呢？"

我想到了摩纳哥的那个铺着鹅卵石的广场和那幢开着扇窄窗的房屋。拿上素描画本和铅笔，三点钟以前就可以赶到那儿。我把这想法告诉了他，语气也许有些羞怯，宛如一个养成了绘画的嗜好但却缺乏天赋的人。

"我开车送你去。"他说道，而且坚决不容我推辞。

我记起了范·霍珀夫人前一天晚上曾经警告过我，不许我出风头，于是困窘万分。我怕他看低我，以为我提到摩纳哥是想搭他的车。这种丢人现眼的事情只有范·霍珀夫人才干得出来，我可不愿让他把我们视为一丘之貉。跟他共进午餐使我身价倍增，因为我们起身离座时，那位小个头的侍者领班疾步冲过来为我把椅子拉开。他点头哈腰，笑容可掬，与平时那种冷淡的态度相比简直判若两人。他为我捡起掉在地上的手帕，殷勤地说道："希望小姐吃得满意。"就连守在转门旁的杂役也向我投来敬重的目光。我的同伴对此当然习以为常。他对我昨天那盘切得七零八碎的火腿一无所知。这种变化让我心情沮丧，也使我瞧不起自己。此刻，我回忆起父亲，想起他对趋炎附势的小人历来嗤之以鼻。

"你在想什么？"我们沿着走廊前往休息室时，我抬头看见他正用好奇的目光盯着我。

"有什么不顺心的事吗？"他问。

侍者领班的殷勤态度引起了我一串遐思。喝咖啡时，我对德温特先生讲起女裁缝布莱兹的事情。布莱兹接了范·霍珀夫人三件衣服的活，一下子高兴得不得了，过后我送她乘电梯的路上，便胡思乱想起来。我想象着她是怎样在闷热的裁缝铺后边的小客厅里赶制衣服，而她患了痨病的儿子虚弱不堪地躺在沙发上。我仿佛看见她眯着疲惫的眼睛穿针引线，地板上撒满了碎布头。

"真的吗？"德温特先生微笑着说，"你的想象与现实相符吗？"

"不知道，"我说，"我从没有去核实过。"接着，我又讲了乘电梯时的情况。当我为她按响电梯铃时，她在提包里摸索了一阵，塞给我一张一百法郎的钞票。"给你，"她悄声说，语气亲昵，听了就让人不愉快，"感谢你把主顾带到我的铺子里，这是一点小小的回扣，希望你能收下。"她见我窘迫得涨红着脸不肯收，便耸耸肩膀，露出怏怏不乐的神情。"悉听尊便，"她说，"不过我向你保证，这种事情不足为奇。也许你愿意要件衣服吧。哪天你不要带夫人，单独到裁缝铺去，我可以分文不取地把你打扮得漂漂亮亮的。"不知为什么，我又产生了儿童时代偷看禁书的那种令人恶心的不健康感觉。有关她痨病儿子的幻象消失了，取而代之的是另外一幅场景：我采取相反的态度，心领神会地笑笑，收起了那张油腻腻的钞票。也许，我会利用这个空闲的下午溜到布莱兹的裁缝铺，出来时拿着一件不付钱的衣服。

我以为他会嘲笑我，因为那是件乏味的事情，我不知道为什么要讲给他听，可他只是搅动着咖啡，若有所思地望着我。

"我觉得你犯了一个大错误。"过了一会儿，他说道。

"你是指没收下那一百法郎？"我不服气地问。

"不！天啊，你把我当什么人啦？我是觉得你不该到这儿来，跟范·霍珀夫人厮混在一起。你不是干这种工作的材料。一是因为你太年轻，二是由于过分厚道。布莱兹和她的回扣算不上什么，那只是开了个头，以后还会碰上别的布莱兹出许多类似的难题。你要不就同流合污，把自己也塑造成一个布莱兹，要不就一尘不染，陷自己于狼狈的境地。最初是谁建议你以此为业的？"他提出这样的问题，显得很自然，我一点也不介意。我们俩像是认识了许久的老朋友，阔别多年之后再度重逢。

"你考虑过自己的未来吗？"他问我，"这样下去会有什么样的结局呢？假如范·霍珀夫人厌倦了她的'心腹之交'，那该怎么办呢？"

我笑笑，声称自己并不把这十分往心上去。还会有别的范·霍珀夫人，而且我年轻，充满了自信心。不过，就在他讲话的时候，我却想起了在上流社会杂志上经常看到的那种告示——慈善团体呼吁社会帮助身处逆境的年轻妇女；想起了那种响应呼吁，为妇女提供临时住所的寄宿处。接着，我仿佛看见自己在结

蝴蝶梦 33

结巴巴地回答脸色严厉的招工代理人提出的问题,手里拿着一点也不顶用的素描画本,身无一技之长。也许,我应该收下布莱兹那百分之十的回扣。

"你多大啦?"他问。我讲出自己的年龄之后,他笑了,从椅子上站起身来,"我了解你这个年龄,凡是这个年龄的人都特别倔强,即便有一千个妖魔鬼怪也不会使你畏惧未来。可惜我们俩不能交换。你这就上楼戴上你的帽子,我去把车开来。"

他目送我上电梯时,我想起了昨天的情形,想起了范·霍珀夫人的聒絮以及他所表现出的冷冰冰的礼貌。我当时看错了人,其实他既不冷酷也不孤傲,现在仿佛成了我多年的朋友、唯一的兄长。那天下午我沉浸在幸福的心境中,回想起来至今仍历历在目。现在我好像又看到了那飘浮在空中的如波似浪的絮絮祥云以及泛着白色泡沫的大海。我好像又感到微风拂面,听见了我和他一应一和的笑声。我所熟悉的蒙特卡洛换了个样,也许实际情况是因为它给我带来了欢畅的心情。它散发出从未有过的魅力。以前,我观看这地方时一定怀着郁闷的心情。在港口,轮船上彩条飞舞,一派沸腾的景象,码头上的水手个个喜气洋洋,满面笑容,快活得跟风儿一样。我们驶过范·霍珀夫人所喜爱的那条游艇,游艇能赢得范夫人的垂青,全因为它的主人是位公爵。我们冲艇上亮光闪闪的黄铜公爵族徽打着响指,然后相互望望,放声大笑起来。我清楚记得我那舒适但不合体的衣裙,仿佛现在仍穿在身上一样,记得裙子由于穿得时间太久,比上衣还要轻薄。我戴着一顶寒碜的帽子,帽檐特别宽,低跟鞋上系着一根单条鞋带,脏兮兮的手中紧抓着一双长手套。我从来没有显得那么年轻过,也从来没有感到那么成熟过。范夫人以及她的流感对我来说已不复存在，桥牌和鸡尾酒会被抛诸脑后，我的卑微地位也随之被忘了个精光。

我成了一个有身份的人，终于长成了大人。那个忐忑不安、羞怯腼腆，站在起居室门外手中扭着一块手帕，听到屋内传来叽叽喳喳嗡嗡的说话声不敢往里走的女孩子，那天下午随着风儿消失得无影无踪了。那女孩是个可怜的角色，我只要想起她，就觉得不屑一顾。

风太大，我无法再画画。阵阵疾风欢快地在那个鹅卵石铺就的广场的角落打转。我们回到车上，继续朝前开，我现在都不知道当时去的是什么地方。漫长的公路顺山势向上伸展，汽车攀上山梁，在高处左盘右旋，似鸟儿在空中飞翔。范夫人曾暂时租赁过一辆四方形的老式戴姆勒牌汽车，我们常常在宁静的下午乘着它到曼通尼城，我背对司机坐在狭小的座位上，要看风景就得伸长脖子。与之相比，他的车子是多么不一样啊，活像插着墨丘利[1]的翅膀，虽然不断地向山上行驶，速度却快得令人心惊肉跳。我喜欢冒险，因为那是一种新的感觉，也因为我年轻。

记得我当时放声大笑，而笑声被风儿即刻吹散。当我拿眼睛望他时，才发现他已敛起了笑容，又变成了昨天那个罩着一层神秘色彩的人，默默无语，郁郁寡欢。

我还发现汽车已抵达山巅，不能再朝前开了，脚下是我们刚走过的险峻的公路，蜿蜒在深谷之中。他把车停下，我看见路边有一处直上直下的悬崖峭壁，一眼望不到底，可能有两千英尺深。我们下了车，我朝脚下一瞧，顿时吓了一跳，只见我们和深

---

1 罗马神话中诸神的使者。

渊之间仅有半个车身的距离。大海犹如一张发皱的图表，铺向天边，浪花拍打着轮廓鲜明的海岸，一幢幢房屋好似圆形岩穴里的白色贝壳，被硕大的橘红色太阳照得斑斑点点。我们的这个下午发生了变化，气氛不再轻松愉快。风儿停了，天气突然转冷。

我张口说话时，声音显得过于随便，那是内心不安的人故作镇静装出来的声音。"你熟悉这地方？"我问，"以前来过吧？"他俯视着我，仿佛认不出我来了。我心里隐隐作痛，为他感到担忧，意识到他一定把我忘到了九霄云外。他沉浸在纷杂、迷乱的思绪里无法自拔，也许已经好大一会儿工夫了，我对他来说是不存在的。他的脸上挂着梦游者的表情，我一时突发奇想，认为他也许不是个正常人，而是个精神不太健全的人。我听说有一类人常常会出现精神痴迷的现象，他们遵循的是我们一无所知的奇怪规律，听令于他们那混乱、糊涂的大脑，可能他就是其中之一。而此刻，我们距死神仅有六英尺之遥。

"天色已晚，该回去了吧？"我说道。那漫不经心的语气和硬装出的笑容，连小孩子也难以骗得过去。

我显然是错误地判断了他，其实他根本没有毛病，因为我第二次说话时，他立刻走出了梦境，开始对我道歉。我大概脸色苍白，被他看在了眼里。

"你看我这人，干出的事情不能让人饶恕。"他说。随后，他拉起我的胳膊，把我朝后向汽车跟前推。我们上了车，他"砰"地关住车门。"你别害怕，前边的转弯看起来危险，其实很容易过去。"他说。我感到恶心和头晕目眩，双手死死抓住座位，而他慢慢倒车，动作轻缓，使车头又一次朝向陡峭的公路。

"看来你以前来过这儿？"我对他说。此刻，紧张感正在逐渐消失，汽车顺着弯弯曲曲的狭路向山下慢慢行驶。

"是的。"他说。随即，在停顿了一会儿之后，他又说道，"那是多年前的事了。如今旧地重游，是想看看变了没有。"

"有没有变化？"我问。

"没有，"他说，"没有变化。"

不知他为了什么情由复履故地，还带着我这么个不明就里的人目睹他情绪的起伏。至于他上一次游历此处直到现在中间隔了多少年头，以及他在思想、作为和性格上有什么样的变化，我一概不想了解，只后悔不该跟他到这儿来。

在蜿蜒的公路上，我们马不停蹄地前行，谁都没再说一句话。大团的乌云遮住了夕阳，空气变得非常清冷。后来，他谈起了曼德利。他不谈他在曼德利的生活，也绝口不提自己，只跟我描绘了在春季的黄昏，太阳落山时的景况。夕阳在海岬留下一片通红的霞光，大海看上去像一块青石板，由于漫长的冬季刚过，海水依然冰冷刺骨，从游廊可以听见小海湾里涨潮的涛声。盛开的水仙花在晚风的吹拂下微微摇曳，细细的秆茎支撑着金色的梢头，密密麻麻连成一片，宛若一支大军，无论你摘走多少花朵都无损于它们的阵容。在草坪尽头的海岸上种植有藏红花，纷呈出金黄、粉红和紫红的色彩，但现在已过盛季，渐渐凋零，枯萎，似惨白的雪片。报春花则比较粗劣和平凡，和野草一样挤在每一个缝隙里。还远不到风信子开花的季节。它们仍把脑袋藏在去年的落叶下，可一旦它们露出娇容，便会令卑微的紫罗兰黯然失色，淹没林中的羊齿草，其美丽的颜色可与蓝天争奇斗艳。

他说他从不把风信子采回家，因为一插入花瓶，它们就会变得萎蔫、无精打采。想要欣赏到风信子绰约的风姿，你得在正午十二点左右太阳当头时到森林中去。这种花香气刺鼻,带点儿烟味,仿佛它们的秆茎里流淌着某种辛辣、浓重的野生汁液。从森林中采摘风信子简直就是破坏大自然的美,在曼德利,这是他所禁止的。有时驾车到乡间去,他会看到一些骑车人把大束的风信子绑在车把上,弄得花儿从枯死的梢头上纷纷掉落,惨遭蹂躏的秆茎乱七八糟混杂在一起,显得光秃秃的。

报春花对自身的处境倒是不十分在乎。它们虽然是野生野长的植物,却一心向往人类的文明。它们置身于农舍窗台上的果酱罐里,一点也不觉得委屈,搔首弄姿,微微含笑,只要有水就足足能活一个星期。在曼德利,野花是不往屋子里拿的。他叫人在围墙圈起的花园里栽培了一些花儿,专门用来装饰房屋。据他说,有寥寥几类花摘下来反而比长在地里好看,而玫瑰便是其中之一。客厅里放一盆玫瑰,色彩鲜艳,香味扑鼻,较室外尤胜一筹。怒放的玫瑰显得邋里邋遢,好像蓬头散发的女人,给人以轻浮、粗俗的感觉。可是拿进屋子里,它们就变得神秘深沉了。一年中有八个月,曼德利的房子里都摆着玫瑰花。他问我喜欢不喜欢丁香。在草坪的边缘上有一株丁香树,从他卧室的窗口可以闻到那儿飘来的芳香。他姐姐是个缺乏浪漫色彩、讲求实际的人,抱怨说曼德利的香气过于浓郁,让她陶陶欲醉。也许她是对的,可他不在乎。这是他喜欢的唯一一种陶醉。他最早的回忆就是插在白色花瓶里的大束紫丁香,家里充溢着令人向往的扑鼻花香。

有一条小径从山谷通向海湾,左边种着一簇簇的杜鹃花。在五月的傍晚,吃过饭后,沿着小径徜徉,会发现灌木丛仿佛在淌汗。你可以弯腰捡起一片落地的花瓣,用指头把它捻碎,掌心顿时会散发出千百种异香,清新醉人。这所有的香气都来自于一片揉碎的花瓣。你陶然若醉地走出山谷,来到坚硬的白色砾石沙滩上和平静的海水旁。一种奇特的比照,也许这比照显得过于突兀……

他说话的时候,暮色不知不觉已经降临,汽车来到了蒙特卡洛车水马龙的街道上,我们的周围一片灯火和喧嚣声。嘈杂声刺激着我的神经,而那灯火黄灿灿的,过于耀眼。郊游匆忙收场,使人郁郁不乐。

眼看就要到旅馆了,我在汽车杂物袋里摸我的手套。我找到的时候,手指还碰着了一本书,一摸那精致的封皮就知道是诗集。汽车在旅馆门前放慢速度时,我定睛看了看书名。"要是喜欢,就拿去看吧。"他说。行程已经结束,我们又回到了旅馆,曼德利远在好几百英里之外,所以他又换上了漫不经心的语气。

我感到很高兴,把诗集连同我的手套一道紧紧抓住。我觉得一天的游玩已经接近尾声,于是就想拿到一样他的东西。

"快下车吧,"他说,"我得把车开走停放好。今晚我出去吃晚饭,所以就不能到餐厅见你了。谢谢你今天陪我。"

我孤零零地走上旅馆的台阶,心里沉甸甸的,就像是一个游兴未尽的小孩子。这个下午算把我骄纵坏了,真不知如何打发余下的时光。我觉得离就寝还有一段相当漫长的时间,而独自一人用餐会多么空寂无聊。不知怎么,我觉得自己无法上楼面对护士狡黠的盘问,或者面对范夫人可能扯着沙哑的嗓子对我进行的审讯,于是便在休息室的拐角坐下,躲在一根厅柱的后边,要了些茶点。

侍者露出一副厌倦的样子。他见我独自一人,也就没必要殷勤备至了。再说,这时刚过五点半钟,是一天里最无精打采的时刻。一般人都已用过茶点，离饮酒尚为时过早。

我憋了一肚子气，感到万分惆怅，于是仰身靠到椅背上，拿起了那本诗集。诗集被手指翻得已相当破旧，自动地开启了一页，这一页一定是经常有人看的。

> 我不分昼夜仓皇逃命，
> 越过岁月的通道，
> 穿过内心的迷宫，
> 带着蒙眬的泪眼，
> 躲避天狗的追踪；
> 我冲上缀满往事的山坡，
> 快如一阵旋风，
> 跨过漆黑一片的恐惧断层，
> 躲开那疯狂的笑声，
> 躲开身后沉重的脚步声。

我觉得自己像是站在一扇上了锁的门外，透过钥匙孔朝里面窥视，于是便有点良心不安地把书放到了一旁。今天下午，到底是什么样的"天狗"把他追上了高山？我想起了他的汽车距离两千英尺的深渊仅有半个车身远，想起了他脸上茫然的表情。他内心里回荡着什么样的脚步声和低语，又产生了什么样的回忆呢？那么多的诗集，他为何偏偏把这本放在汽车的杂物袋里？但愿他容易接近些，但愿我不是这么一副可怜相——身穿寒碜的衣裙，头戴宽边学生帽。

侍者阴沉着脸端来了我的茶点。我嚼着锯末般的黄油面包，心中想起了他今天下午对我描绘的那条穿越山谷的小径、杜鹃花的芬芳以及海湾里白色的砾石。他既然贪恋那儿的美景,又何苦跑到蒙特卡洛来看这人工雕凿出的糟粕?他曾对范夫人说他离家时匆匆忙忙,没作任何打算。我仿佛看见他在那条山谷小径上仓皇逃命,他的"天狗"在后边紧追不舍。

我又拿了诗集,这回翻到了扉页,只见上面用一种很奇怪的斜体字写着一行题词:"献给迈克斯——丽贝卡于五月十七日。"对面的空白页上沾着一小团墨迹,好像写字人一时性急,曾甩了甩笔,想使墨水流得畅快些。结果,墨水涌出笔尖,量稍微大了些,把丽贝卡的名字写得又黑又浓,而那个斜体的R[1]比别的字母高出一个头来。

我"啪"的一声合上书,将它放到我的手套下边,然后伸手从近旁的一把椅子上拿起一本过期的《插画》杂志,信手翻阅起来。上面登着几幅罗亚河城堡的漂亮照片,还附着一篇文章。我一边仔细地阅读文章,一边不时回过头欣赏照片,读完之后才发现自己连一个字也没看进去。在杂志的纸页上,冲我瞪眼睛的不是城堡中细细的角楼和尖塔,而是范夫人前一天在餐厅里的那副面孔。当时她正用猪一样的小眼睛偷偷看邻桌,叉起的一大块肉馅点心悬在半空中。

"骇人听闻的悲剧,"她说道,"报纸上都登满了。据说,他从不谈论这事,也不提她的名字。你要知道,她是在曼德利附近的海湾里淹死的……"

---

[1] 丽贝卡(Rebecca)的英文拼写以"R"开头。

第五章

　　我感到庆幸，狂热的初恋不会发生第二次。初恋固然是狂热的，但不管诗人怎样称赞，它毕竟也是一种负担。人在二十一岁的时候并非一身是胆，他们唯唯诺诺，无端端就会生出一些忧虑来，自尊心容易受到挫折，动辄怨气冲天，一听见带刺的话就受不了。如今，我即将迈入中年，身上裹了一层自我保护的甲胄，平日细小的烦恼并不往心上去，很快便置于脑后。可是在那个时候，一句漫不经心的话则会带来灼人的耻辱，使我耿耿于怀；一个眼神，回眸一瞥，都会留下永恒的烙印。对我来说，拒绝的态度意味着三次鸡鸣[1]，而不诚实则像犹大之吻。成年人撒谎可以做到面不改色心不跳，可当年的我为区区小事说句不诚实的话也会舌头根痛，活似绑在桩子上受鞭笞之刑。

　　"今天上午你都干了些什么？"范夫人的话至今都音犹在耳。她靠着枕头坐在床上，其实已经没有病了，但由于在床上躺得太久，为芝麻点大的事都会怄气。我当时正从床头柜里取纸牌，因为心中有鬼，连脖子根都红了。

---

[1] 根据《圣经》记载，基督问了彼得三次问题，彼得均未回答，公鸡连叫三遍，这意味着拒绝的态度。

"我跟教练一块儿打网球了。"我告诉她。谎话刚一出口,我就吓得魂不守舍。要是教练下午已经跑来参了我一状,说我许多天没上网球课,那我该如何是好?

"我一躺倒麻烦就来了,使你无所事事。"她说道,一边把烟蒂在一个盛洗涤皂的盒子里捻碎,用老牌手那种熟练、迅捷的方式洗着手中的纸牌,把它们分三叠抽上抽下,一边还用手指啪啪地弹着牌背。

"不知你整天都干些什么,"她继续朝下说着,"一张素描也没拿来让我过目。真让你去为我买点东西,你肯定会忘记买泰索尔茶。我只希望你在网球上有所长进,这对你以后是有用处的。球打不好,就不招人喜欢。你还充当的是低位手吗?"她抛出了黑桃皇后,牌上的那张阴毒的面孔用眼睛盯着我,跟耶洗别一样。[1]

"是的。"我说。我被她的问题刺痛,认为她用的词既公正又体贴,把我描绘得淋漓尽致,因为我的确做事偷偷摸摸。[2]我根本就没跟教练打网球,自她卧病在床后,一次也没打过,现在已经有两个多星期了。我不明白自己为什么要紧抓住这根救命稻草,为什么不干脆直说自己每天上午都跟德温特先生一道驱车兜风,还在餐厅与他同桌吃午饭。

"你必须勤到网球场去,否则就别想把球打好。"她又说道。我表示同意,心里为自己的虚伪觉得难为情,一边甩出红桃杰克,压在皇后的上边。

如今我已记不清蒙特卡洛,记不清上午驱车兜风的情形,记

---

1 古以色列王国王后耶洗别(Jezebel),在西方语言中喻指恶毒的女人。
2 英文"underhand"有两层含义:一是"低拉手",二是"偷偷摸摸"。

蝴蝶梦　　**43**

不清都去了些什么地方，甚至连我们当时说的话也记不清了。可是，我却没有忘记自己是怎样用颤抖的手把帽子扣在头上，怎样顺着走廊奔跑，等不及慢悠悠的电梯，就经楼梯跑下去，怎样不待门役效力，便飞快地从转门冲出旅馆。

他总是坐在驾驶座上，边等我边看报，一见我就莞尔一笑，把报纸扔到后座上，打开车门冲我说："喂，我们的'心腹之交'今天上午感觉怎么样，想到哪里去呀？"他即使驾车在原地兜圈，我也不会在意，因为我正处于感情发烧的最初阶段。坐到他身旁的位置上，抱着膝盖俯身朝向挡风玻璃，几乎是一种令人难以消受的幸福。我就像是一个低年级的小学生，对六年级的班长崇拜得五体投地，他虽比六年级的班长和蔼些，却要难接近得多。

"今天上午风太冷，你还是把我的外套披上吧。"

我至今仍记得他的话，因为我当时太幼稚，认为穿他的衣服就是一种幸福，无形中又扮演了小学生的角色，为心中的偶像拿运动衣，把运动衣围在脖子上，自豪得不得了。借他的外套披在身上，哪怕只短短几分钟，本身也是一种胜利，使我的上午充满了明媚的阳光。

书中情侣的那种柔情蜜意、打情骂俏、花言巧语以及飞眼媚笑，我一样都不会。我不具备挑逗人的本事，就知道呆呆坐在车上，膝盖上放着他的地图，任风儿吹拂我那难看的细发，心中既为他的沉默感到高兴，又渴望听到他讲话。他说不说话都不会影响我的心绪。我唯一的敌人是仪表盘上的时钟，生怕它的指针无情地移到一点钟的位置。我们时东时西，穿过无数个像帽贝般镶嵌在地中海沿岸的村落，如今那些村子我一个都记不起来了。

我只记得当时坐在皮座上的感觉，记得膝盖上地图纵横交错的线条，以及它那发皱的边、磨损的装订线。我还记得，曾有一天我看着时钟，心中暗想："现在是十二点二十分，愿这一时刻永不消失。"我当时闭上眼睛，想使那一瞬间成为永远的回忆。待我睁开眼睛时，汽车到了一个拐弯处，一位披着黑围巾的村姑在向我们招手。现在我仿佛仍能看见她的情形：身穿落满灰尘的裙子，脸上挂着爽朗、友好的笑容。一转眼的工夫，汽车就拐过了弯，我们再也看不见她了。她已经成了过去，仅存于我的记忆之中。

我渴望返回原地，重新捕捉那已经消逝的瞬间，可转念一想，觉得即便拐回去，也不会再看到相同的场景，甚至连空中的太阳也挪了位，投下的是不同的光影，而那位村姑顺着公路朝不同的方向从我们旁边走过，这次不会冲我们招手，也许连看也不会看见我们。这念头含着几分悲凉，使人感到有些寒心，再看看时钟，我发现又过了五分钟。眼看马上要抵达时间的界限，该返回旅馆了。

"假如能发明一种东西，"我心血来潮地说，"把记忆像香水一样装在瓶子里，那该有多好啊。让记忆永不消失，永不变腐。需要的时候就拧开瓶盖，使过去栩栩如生地重新浮现。"我抬头望望他，看他会说什么。他没有偏过脸来，仍然注视着前方的公路。

"你这么年轻，到底有哪些宝贵的时刻希望能重新浮现呢？"他问道。单从他的声音，我听不出他是否在取笑我。"这我可不清楚，"我开口答道，随后傻里傻气的，又莽撞地说了下去，"我希望能保留住眼前的这一时刻，永远也不忘记。"

"你是说今天是个美好的日子，还是想称赞我的车技？"他说完大笑起来，活似一个喜欢讥笑人的兄长。我不禁缄口无言，猛然意识到我们之间横着一道鸿沟，而他对我的和蔼态度恰恰加宽了我们的距离。

我情知绝不能把这些上午的出游告诉范夫人，因为她的笑容会和他的嘲笑一样刺伤我的自尊心。她不会生气，也不会感到震惊，倒可能微微抬起眉毛，仿佛根本不相信我的话，然后宽容地耸耸肩说："亲爱的孩子，他能开车带你兜风，真是一副好心肠。不过，你敢肯定这不会让他感到非常厌倦吗？"说完话，会再拍拍我的肩膀，支我出去买泰索尔茶。作为年轻人，地位是多么低下啊！我想着想着，不由咬起了指甲。

"我希望，"我心里仍在计较着他的嘲笑，于是狠声狠气地说，早把谨慎的态度抛到了九霄云外，"我希望自己是一个三十六岁左右的夫人，穿一身黑绸缎衣服，戴一串珍珠项链。"

"真要是那样，我就不让你上我的车了，"他说，"快别咬指甲啦，你那指甲已经够难看的了。"

"你一定会认为我鲁莽无礼，"我又说道，"可我还是想知道你为什么要日复一日地请我出来乘车兜风。你是一番美意，这不言而喻，可你为何偏偏选中我作为你施舍的对象呢？"

我挺起腰板，把身子坐得直直的，努力表现出年轻女子那可怜的一点点尊严。

"我请你来，"他把面孔定得平平地说，"是因为你没穿黑绸缎衣服，没戴珍珠项链，也因为你不是个三十六岁的夫人。"他的脸上没有任何表情，看不出他内心是否在嘲笑我。

"就算这样吧，"我说，"你把我的情况该了解的都了解了。我承认自己涉世不深，除了目睹过几位亲人离世，没有经历过多少事情。可关于你的情况我知之甚微，仍不过是头一天相逢时的只鳞片爪。"

"那么,你想知道些什么呢?"他问。

"譬如你在曼德利的生活以及……以及你的妻子是怎样离你而去的。"啊,我总算把多日来一直在我舌头上打转的话吐了出来。"你的妻子"这几个字说得何等轻松自然,仿佛拿她作话题是世界上最不经意的事情。话一出口便余音不消,在我的眼前飞来飞去。后来,由于他听后默不作声,始终不置一词,我又觉得那几个字变成了狰狞可怕的巨大怪物。那是禁词,是不应该说出来的。覆水难收,我再也不能把话吞回去了。我仿佛又看见了诗集扉页上的题词和那个奇特的斜体"R"字,顿时感到心里发毛、发冷。他绝不会原谅我,我们的友谊到此就算结束了。

记得我当时直愣愣地呆视着眼前的挡风玻璃,对旁边飞闪而逝的景物视而不见,耳边仍回想着那几个字。在沉默中,时间一分钟一分钟地流逝,路程在一英里一英里地缩短,我觉得现在一切都完了,再也不能跟他乘车兜风了。明天他一定会远走高飞,而范夫人将会从病榻上爬起来。生活会恢复原样,我和她又会到游廊上散步。杂役把他的行李拿下来,我一眼望去,将会在电梯里瞧见那些箱笼,上边贴着新标签。在一片忙乱之中,最后离别的时刻终于来到了。汽车转弯时,传来了换挡的声音,随后,就连那声音也汇入车流里,永远地消失,化为乌有。

我深深地沉浸在遐想之中,甚至幻想着杂役收下他的小费,穿过旅馆的转门走了回去,同时侧过脸对门卫说了些什么。由于一味地胡想,我没注意汽车在减速,直至停到了路边,我才再次回到了现实中。他坐着一动不动,头上没戴帽子,脖子上系着他那条白围巾,俨然一个画框里的中世纪人物。在这明快的景色中,他显得格格不入,他应该站在一座凄凉的教堂台阶上,身后拖着斗篷,脚下有个叫花子在急切地收敛他撒下的金币。

他已不再是和蔼可亲、随和诚挚的朋友,不再是曾经嘲笑我咬指甲的那个兄长了,而成了一个陌生的人。我不明白自己为什么同他并肩坐在车上。

后来,他转过身对着我讲了话。"就在刚才,你还议论一种发明,"他说,"要把记忆保留下来。你声称自己希望能在某一特定的时刻重温往事。我的想法恐怕跟你的截然相反。所有的回忆都是痛苦的,我不愿去想它们。一年前发生的一件事改变了我的一生,我希望能把以往各个阶段的前尘往事统统忘掉。那些日子已经过去,已经从我的记忆中抹去。我必须重新开始生活。我们头一天相遇时,你的那个范夫人曾问我为何到蒙特卡洛来。那是为了制止我心中的回忆死灰复燃。当然,这样做并不一定总能奏效,有时香水的气味太浓,瓶子是关不住的,我也会禁不住诱惑。附体的魔鬼偷偷在注视,企图打开瓶塞。我们第一次驾车出游时就出现过这种情况。我们攀上山头,从悬崖峭壁上朝下边俯瞰。几年前我到过那里,当时是跟我的妻子在一起。你曾问我景物是否如旧,有没有发生变化。一起都和从前一样,但我感激万分地发现那山上竟没有丝毫的特点可以使人想起上一次的情形。我和她未留下任何痕迹。也许是因为你跟我在一起的缘故吧。要知道,你为我抹去了往事,你的效力比灯红酒绿的蒙特卡洛要大得多。若不是你,我早就离开这里,到意大利和希腊去了,也许还要到更遥远的地方去,正是因为你,我才没有四处漂泊。让你那番清教徒式的吞吞吐吐的话见鬼去吧。亏你想得出我在向你施舍仁慈。我邀请你出来是因为我需要你,需要你的陪伴。若是不相信我,你现在就可以下车自己寻路回去。快呀,把车门打开,走下去吧。"

我呆若木鸡地坐着,双手放在膝盖上,不知他是否真的要赶我下车。

"喂,"他说,"你打算怎么办?"

要是早一两年遇到这局面,我可能会哭鼻子的。小孩的眼泪总是非常现成,一急就泉涌而出。当时,我觉得泪水在眼眶里打转,热血直朝脸上冲,一抬头从挡风玻璃上方的小镜里突然瞥见了自己愁苦万分的尊容:不安的眼神、涨红的面颊以及披散在宽檐毡帽下的细发。

"我想回到旅馆去。"我带着哭腔说。他默默地发动引擎,踩离合器挂挡,驱车沿原路返回。

汽车风驰电掣,我觉得速度太快,跑得一点也不费力。残酷无情的田园从两旁无动于衷地观望着我们。汽车驶到了那个我曾经希望能载入记忆的转弯处,村姑早已没了踪影,周围的色彩单调乏味。这儿与任何别的转弯处相比都没有什么特色,是无数辆汽车经过的地方。它的魅力随我的愉快心情一道消失,想到这里,我不由一阵伤感,木然的面孔抽搐起来。我那种成年人的尊严化成了泡影,卑鄙的泪水为我自己的胜利欢呼雀跃,一齐涌出眼眶,顺着我的脸颊朝下淌。

我无法遏止情不自禁的泪水,又不便从口袋里掏手帕擦拭,生怕他看见。于是,我只好任热泪纵横,忍受着咸盐在嘴唇上烧灼,一颗心沉入了羞耻的深渊。不知他是否扭过脸看了我,因为我透过模糊的泪眼一直在盯着前方。不过,他突然伸出手,抓起我的手吻了吻,嘴里仍没有说什么,后来又把他的手帕扔到了我的膝上，而我羞得不敢去拿。

我想起小说里的女主角们在哭的时候显得很是娇媚，而我脸上又肮脏又浮肿，眼圈通红，不配跟她们相比。上午在悲惨的气氛中结束，剩下的时光还很漫长。由于护士外出，我得陪范夫人在房间里吃午餐，餐后她还会精力充沛地以初愈病人那种不知疲倦的劲头逼我玩比齐克牌戏[1]。在她的房间里我肯定会闷死的。乱作一团的床单、散放着的毯子、横七竖八的枕头、床头柜上沾着的发粉、从瓶子里洒出的香水以及溶化了的口红——一幅邋遢肮脏的情景。她的床上一定乱七八糟扔着一些按单页分开、看过后又折在一起的日报，纸页卷边、封面残缺不全的法国小说和美国杂志。在洗涤膏瓶子里，在葡萄果盘里以及床下的地板上，处处都有摁灭了的烟蒂。客人们慷慨地送来许多鲜花，花瓶一个个紧挨着杂乱地摆在一起。温房里的奇花异卉和含羞草混作一处，而尤为引人注目的是一个缀着绸带的大盒子，里面摆着一层层的蜜饯水果。随后，她的朋友跑来聊天，我讨厌接待他们，但还得为他们调制饮料。我被他们味同嚼蜡的闲扯拘到角落，心里又羞怯又不安。范夫人一见人多就情绪激动，一定会在床上坐直身子高谈阔论，笑语连珠，伸手打开便携式留声机放一张唱片，随着乐曲摆动肥大的肩膀，这又会让我变成替罪羊，代她脸上发烧。我情愿看到她怒容满面，头发用别针盘起，精神抖擞地责骂我不该忘记买泰索尔茶的那副样子。所有这一切都在房间里等待着我，而他一把我扔到旅馆后，就会独自到某个地方去，也许去海边，去感受海风在脸上吹拂的滋味，去追逐太阳。或许，他会耽于回

---

[1] 六十四张牌组成，由二人或四人玩的一种纸牌戏，以赢墩数多寡计胜败。

忆,去想那些我既一无所知也无法分享的往事,沿着往昔岁月的轨迹踟蹰。

我们俩中间的鸿沟比以前更加宽了,他远离我背着脸站在彼岸。我觉得自己幼稚、渺小和孤苦伶仃,于是再也顾不得面子,抓起他的手帕就擤鼻子,哪还管什么难看不难看。

"让这一切见鬼去吧。"他突然出声,像是在生气又像是不耐烦,把我拉到他身边,用一条胳膊搂住我的肩头,眼睛仍直视着前方,右手搭在方向盘上。我记得他把车开得快如疾风闪电。"按你的年龄,可以当我的女儿了,真不知怎么跟你相处才好。"他又说道。前边有个转弯,路面逐渐变窄。他猛打一把方向盘躲过路上的一条狗。我以为他这下该松开我了,谁知他仍把我搂在身边,待过了转弯处,公路又趋于平直时,他还是不撒手。"请你忘掉今天上午我说的那段话,"他说,"过去的就让它过去吧,不要再想那事啦。家里人总是管我叫迈克西姆,我想让你也这样称呼我。你跟我一本正经的,时间已经够久了。"他摸摸我的帽檐,一把抓住帽子扔到了后座上,然后俯身吻了我的额尖。"请你答应我,永远都不要穿黑绸缎衣服。"他又说。我破涕为笑,他也笑了起来。好似雨过天晴,周围又成了一片灿烂的阳光。范夫人和下午的一切都不再令我愁肠寸断了。下午转眼便会过去,接着就是夜晚,明天又是一个美好的日子。我充满了信心和喜悦。此时此刻,我勇敢得几乎想要求别人以平等的态度对待我了。我仿佛看见自己误了打比齐克牌的时间,大摇大摆走入范夫人的房间,听到对方的发问,便漫不经心地打着哈欠说:"我和迈克西姆一起吃午饭,竟忘了看时间。"

我仍然孩子气十足,尽管他从一开始就称呼我的教名,但我却把直呼他的教名视为了不起的事情。这天上午虽然一度阴云笼罩，可我觉得我们的友谊达到了一种新的高度。我并不像自己原先想的那么讨人嫌。他还吻了我，吻得很自然，使我觉得舒心和安详，并不似书中描绘的那样富于戏剧性，一点也不让人发窘。这一吻似乎使我们的关系变得无拘无束，一切都随之简单化了。我们终于跨过了横在中间的鸿沟。以后我将称他迈克西姆。下午陪范夫人玩比齐克牌戏，并不怎么显得乏味无聊。不过我鼓不起勇气提上午的事情。打完牌，她把牌聚到一起，伸手取牌盒时很随便地问了一句："请告诉我，迈克斯·德温特还在旅馆里住着吗？"我就像潜水员离岸前那样犹豫了一下，随后失去了勇气，也失去了逐渐培养起的自制力，回答说："是的，我相信还在，因为我常见他到餐厅里吃饭。"

　　一定是有人看见我们在一起，告诉了她，要不就是网球教练来告过状，或者旅馆的经理给她写过字条。我等待着她的责难。可她在我整理杂乱的床铺时，没事人似的把纸牌放回牌盒里，一边还打着哈欠。我把香粉盘、胭脂盒以及口红一样样递给她，而她收起纸牌，从旁边的桌上取过一面小镜。"他长得倒是一表人才，"她说，"但我觉得性情有些古怪。那天在休息室里，我以为他会做出点表示，邀请人家到曼德利去，可他把口封得非常死。"

　　我什么也没说，默默地观看她拿起口红在硬橛橛的嘴上勾弧线。"我从未见过德温特夫人，"她说道，一边把小镜拿远一些查看化妆的效果，"不过我相信她一定非常可爱，衣着典雅，光彩照人。过去，曼德利经常举办盛大的舞会。她死得过于突然，过于悲惨。我相信他一定深爱着她。这口红颜色太艳，应该配暗色的香粉，请你为我取来，把这一盒放回抽屉里。"

我忙着帮她涂脂抹粉和洒香水，直至她的客人们按响门铃走进来。我沉默寡言，动作迟钝地为他们递饮料、换唱片以及清除烟蒂。

"最近画了什么画吗，小姑娘？"一个年老的银行家硬是装出热情的样子问道，挂在一根线绳上的单片眼镜晃来晃去。我强作笑颜，言不由衷地说："哦，最近没画什么。你想再抽支烟吗？"

回答问话的并不是我，因为我人在心不在。我的心在追逐一个幻影，她朦胧的身影终于趋于明朗化。不过，她的面容依然模糊，肤色尚且不清，眼形和发色都还是一个未知数，有待于进一步显现。

她具有永恒的美，脸上挂着难忘的微笑。她的声音仍在回荡，她的话语仍存留在人们的心间。另外还有她去过的地方以及触摸过的东西。也许，橱柜里还保留着她穿过的衣服，上边仍有香水的余香。在我卧室里，在我的枕头下，就有一本她用手拿过的书。我仿佛看见她把书翻至扉页，一挥弯曲的笔尖，微笑着写下了这样的题词："献给迈克斯——丽贝卡。"那天一定是他的生日，她把书和别的礼物一道放在了早餐桌上。他解开缎带并撕开包装纸时，夫妇俩一起开怀大笑。他阅读诗集时，她可能还把身子俯在他的肩上。迈克斯！她称他迈克斯！叫起来多么亲昵、欢快和随意！家里人，包括祖母、外祖母和姑姑姨妈们可以随她们的便！任她们称他迈克西姆。至于我这种不爱吭气、乏味无聊的年轻女子，就更无所谓了。迈克斯是她选择的称呼，只属于她一个人。她把这称呼写在诗集的扉页上，表现出极大的自信心。那龙飞凤舞的粗体字力透纸背，是她本人的象征，如此潇洒自如，如此坚定不移。

她用这种字体，不知给他写了多少封信，以表抒心中的酸甜苦辣。

她在半页半页的纸上写过无数张便条，当他出门在外时则整页整页地写去无数封亲昵的信，夫妻间的情话寓于字里行间，她的声音响彻厅堂花园，像诗集上的题词般亲切、缠绵。

而我，只能称他迈克西姆。

第六章

又得打点行装！启程上路给人带来了无穷无尽的烦恼。钥匙不见了踪影，标签尚未写好，卫生纸扔了一地。这一切使我烦透了。即便现在，我对这些已轻车熟路，如俗话所说过惯了旅行的生活，仍怀有这种情绪。关上抽屉，打开旅馆里的衣柜或者租赁别墅里普普通通的壁橱，已经成为生活中规律化的程序。可就在今天，我还是感到一阵忧伤和几分惆怅。我们毕竟在这儿生活过，度过了一段幸福的时光。不管时间多么短暂。这儿毕竟是我们的天地。虽然只有两个夜晚，但我们在身后留下了我们的痕迹。那是一种非物质性的痕迹。既不是留在梳妆台上的发卡、阿司匹林空药瓶，也不是忘在枕头下的手帕，而是一种难以名状的东西，是我们生活中的一瞬间，是一种思想、一种心绪。

这幢房屋还曾为我们挡风遮雨，我们在里边把爱献给了对方。那是昨日的往事。今天我们将继续赶路，再也不会看到这幢房屋了。我们不再是我们自己，身上都发生了细小的变化，绝不可能还跟从前一样。甚至在路边的一家餐馆停下来吃饭，走入一间黑暗、陌生的房间洗手，这儿的门柄、剥落成条状的壁纸以及脸盆上方奇形怪状的破镜子，都是我所未见过的。此时此刻，这一切都是我的，归我享有。我们彼此结成了相识。这不是过去，也不是未来，而是现实。我在这儿洗手，从挂在墙上的破镜子里一下子看到了自己。这就是我，此时此刻将贮入我的记忆。

随后，我推开门走向餐厅，他正坐在那儿的餐桌旁等我。我觉得自己顿时年长和成熟了许多，又朝着未知的命运，跨出了一大步。

我们微笑、点菜和说这说那，可我却在心里嘀咕着，我已经不再是五分钟前离开他的那个我。那个我留在了后边。现在的我换成了另外一个人，一个比较年长、比较成熟的女性……

前几天，我从报上看到蒙特卡洛的蔚蓝海岸旅馆换了新经理，连名字也改了。客房经过重新装修，里边整个变了样。也许，范夫人在二楼的那套房间已不复存在，我的小卧室一点痕迹也没留下。那天我跪在地上摸摸索索扣她的那个难摆弄的箱锁时，心里就有一去不返的预感。

箱锁"啪"的一声合上，那个片段也随之结束了。我凭窗眺望外边的风景，犹如翻过影集里的一页。那一片屋顶和大海已不再归我所有，它们属于昨天，属于过去。东西搬出去之后，房间里显得空荡荡的，笼罩着一种急切的气氛，仿佛盼我们赶快离开，好给明天新来的房客腾位置。大件行李已捆扎就绪，上了锁放在门外的走廊里。小件物品有待最后收拾。废纸篓被垃圾压得要坍架，半空的药瓶、丢弃的雪花膏盒、撕碎的账单和信件，一股脑儿全都装到里面。桌子抽屉张着大口，衣柜里空空如也。

前一天吃早饭，我为她斟咖啡时，她把一封信甩给我。"海伦星期六乘船到纽约。小南希可能得了阑尾炎，他们发电报催海伦回去。我打定了主意。我们也去。欧洲让人厌倦死啦，反正初秋时分我们可以再回来嘛。你觉得到纽约逛逛这主意怎么样？"

到那儿去真比蹲监狱还糟糕。我的愁绪一定反映在了脸上，只见她先是惊讶，随即便恼羞成怒。

"你这孩子真怪，一点好歹也不知，简直让人捉摸不透。你难道意识不到，只有在美国，像你这样没钱没势的女孩才能随心所欲地享乐吗？小伙子多的是，玩起来痛快极啦，他们全都和你门当户对。你可以交自己的朋友，不必像现在这样整日听我差使。我原以为你并不喜欢蒙特卡洛呢。"

"我在这儿住习惯了。"我一副狼狈相，嘴上说出了这个站不住脚的理由，心里打着小鼓。

"哦？那你也得习惯纽约的生活，没什么可说的。我们搭海伦的那趟客轮，所以立即就得买票。你现在就下楼去前台，催着那小伙子办事利索些。你今天会忙得团团转，没有闲暇为离开蒙特卡洛而痛苦！"她令人厌恶地哈哈一笑，把烟蒂捻熄在黄油里，然后就跑去给她的狐朋狗友们打电话。

我没有心思立刻到前台办事，于是钻进浴室，反锁上门，双手捧头坐到了软木垫上，诀别的时刻终于来了！一切都结束了！明天傍晚，我将像个女仆一样，抱着她的珠宝匣子以及护膝毯坐在火车上，而她则头戴插着一支羽毛的巨型新帽，龟缩在毛皮大衣里，坐在卧铺车厢我对面的位置上。我们将在又小又闷的车厢里洗脸刷牙，那里的门咣当作响，脸盆的水溅了一地，毛巾湿漉漉的，肥皂上沾着一根头发，饮料瓶盛着半瓶水，地上肯定还挂着一块牌子：盥洗台下有便壶。奔驰的列车发出的每一声咣当、每一次震动和摇晃，都意味着我离他愈来愈远。而他却独自坐在旅馆餐厅我所熟悉的那张饭桌旁看书，对我既不在乎也不想念。

也许，临行之前我应该到休息室跟他告别。由于害怕范夫人，那只能是偷偷摸摸的仓促话别。我们之间会出现短暂的沉默，然后相视一笑，说出些客套话来，诸如："到了那里，可要写信来！""你对我真是太好了，在此我向你表示衷心感谢！""请你务必把照片寄给我！""那你们的地址呢？""到时候我会告诉你的！"他若无其事地掏出一支烟，问一位从旁边走过的侍者要火柴点烟。而那时的我心里却在想着："再过四分半钟，我就永远也见不到他了。"

由于我即将离去，由于我们的友谊已经终结，两人突然变得再无话可说了。我们宛如陌路人，最后一次相聚，以后将各分东西。可我的心里却在痛苦地高喊："我深深地爱着你，这是我极大的不幸。我以前没有爱过，以后也永远不会再爱上别人了。"我尽管心潮起伏，表面上却一本正经，脸上挂着俗气的微笑，嘴里说道："你瞧那个老头的样子有多滑稽。他是谁呀？八成是新来的客人。"就这样，我们将把在一起的最后时刻浪费在嘲笑一个陌生人上，因为我们俩也已经成了陌路人。"但愿那些照片拍得还不错。"情急之中，我又旧话重提。他则虚与委蛇地说："是啊，广场上拍的那张按说是不错的，光线选得恰到好处。"我们俩抓住一个话题胡扯一通，其实我对照片的效果是模糊不清还是漆黑一片全不在乎，只是因为那是最后辞别的时刻，总得有点话说。

我的脸上将会布上一丝凄楚的微笑，说道："再一次表示衷心的感谢，这段时间真是顶呱呱……"我的话里出现了此前所未用过的词汇。至于"顶呱呱"究竟是什么意思，只有上帝知道，我反正不管那一套。这是女学生看曲棍球赛时喊的口号，用来表达数星期来的痛苦和喜悦是极不恰当的。随后，电梯门敞开，范夫人步将出来，我将穿过休息室迎上前去，而他怏怏退回角落里，信手拿起一份报纸。

我坐在浴室里的软木垫上，荒唐可笑地一味胡想联翩，竟然还想到了我们的旅途以及抵达纽约时的情景。海伦扯着喉咙尖声喊叫，她的小女儿南希像是她惟妙惟肖的翻版，十分惹人讨厌。范夫人会给我介绍一些男大学生以及跟我地位相等的年轻银行职员。那些长着狮子鼻的小伙子见了我容光焕发，搭讪着说"星期三晚上见面好吗"以及"你喜欢爵士音乐吗"。我不得不敷衍一通，可心里却希望能像现在一样，把自己反锁在浴室里静静地遐思……

范夫人走了进来，把门擂得山响。"你在里边搞什么鬼呀？"

"好啦……对不起，我这就出去。"我故意拧开水龙头。在浴室里忙碌了一阵，将一条毛巾搭在横木上。

我开门时，她狐疑地望了望我。"怎么这么长时间？今天上午的事情堆积如山，没工夫容你做白日梦。"

几星期后他将返回曼德利，对此我确信无疑。曼德利的大厅里会有一大堆信件在等待他，其中有一封是我在船上仓促提笔写下的。那是一封言不由衷的信，净讲些同船旅客的情况，以博得他一笑。信很随便地扔在他的信箱里。直至若干星期后的一个星期六的中午吃饭之前，他付清了一些账单，这才无意中看到了它，于是便慌慌忙忙写回信。以后便音讯全无，末了过圣诞节时才寄来一张贺卡。也许，贺卡上印的是满地白霜的曼德利庄园，点缀的贺词为："祝圣诞快乐、新年愉快——迈克西米廉·德温特。"那是烫金的印刷体。但为了表示友好，他会划掉自己的名字，在底下亲笔写上："迈克西姆赠。"如果还有空地方，他将再缀一句话："希望你在纽约玩得愉快。"最后，他舔舔信封上的胶水贴上邮票，把它朝信件堆里一扔，和成百封信混在一起。

"可惜你们明天就要走了，"前台服务员手里拿着电话听筒，对我说道，"下星期上演芭蕾舞剧，范·霍珀夫人知道吗？"我蓦然清醒过来，把思路从曼德利的圣诞节转向了现实中的火车卧铺。

自范夫人患流感以来，这是她第一次到餐厅吃饭。我尾随她朝里走时，有一种提心吊胆的感觉。我知道他到戛纳去了，因为他前一天预先告诉过我。可我还是忧心忡忡，生怕侍者唐突地跑过来说"今晚小姐还是和往常一样跟先生一道进餐吗"。侍者每次走近餐桌，我都捏把汗，可他什么也没说。

白天的时间用于打点行装，晚上人们赶来话别。我们在起居室吃了晚餐，然后范夫人直接上床睡了。我仍然没有见到他。九点半左右，我下楼到休息室假装索取行李标签，发现他不在那里。那位讨厌的接待员看见我，笑了笑说："你不用找德温特先生了。他从戛纳打来电话，说半夜才能回来。"

"我来是想要一包行李标签的。"我说。但从他的眼神我看得出来，他没有听信我的话。如此看来，这最后的一个晚上我们不能再相聚了。我得钻进卧室，两眼盯着我的启示牌衣箱和那只结实的大旅行包，孤零零度过自己盼了一整天的珍贵时刻。也许这样更好，因为我不善于伪装自己，他肯定会察言观色，瞧出我的心思。

记得那天夜里我哭了一场，滚滚流下了年轻姑娘痛苦的眼泪，要是在今天，我是流不出那种泪水的。一个人只要过了二十一岁，就不会那样把脸深埋在枕头里，哭得头疼眼肿、喉咙发紧。第二天早晨我又是用海绵蘸凉水擦脸，又是洒香水，偷偷敷粉，急着掩盖哭过的痕迹，谁知却欲盖弥彰。我还心怀恐惧，害怕再哭起来，因为我眼里充盈着难以控制的泪水，嘴角一颤就会灾难临头，引出涟涟的泪水。记得我敞开窗户，探出身子，希望清新的晨风能拂去那脂粉遮盖不住的泪痕。今天的太阳无比明媚，充满了灿烂的希望。蒙特卡洛突然变得和蔼可亲、妩媚迷人，成了天下唯一怀有真情厚意的地方。我爱蒙特卡洛，缱绻的柔情顿时涌上了心头。我渴望在这儿住一辈子，可我今天就要离开。我最后一次对着这面镜子梳头，最后一次用这个脸盆洗漱，再也不能在这张床上睡觉，再也不能开关这盏电灯。我穿着晨衣在这普普通通的旅馆卧室里来回踱步，心潮澎湃，沉浸在无限惆怅之中。

"你该不是感冒了吧？"吃早饭时范夫人问。

"不是，"我说道，"我想不是的。"这倒是根救命稻草。如果眼睛过于红肿，待会儿我就用感冒充当理由。

"行李既然都已经打点好，我讨厌晃来晃去地挨时间。"她嘟哝道，"都怪我们没主见，本该乘早一班的火车。如果费点劲，是可以办得到的，那样在巴黎就能够多待些时候。发电报让海伦不要等我们了，把会面的地点改一下。不知道……"她看了看表，"我想他们可以为我们调换车票。不管怎样，值得一试。你下楼到票房问问情况。"

"好的。"我说道，就像一个由她随心所欲支配的傀儡。我回到卧室里，飞快地脱下晨衣，穿上那件从不离身的法兰绒裙子，套上自己缝制的上衣。我对她的冷漠演变成了仇恨。她绝情寡义，甚至把上午这点时间也从我的手中夺走，不容我用最后的半个小时到游廊里转转，甚至连十分钟告别的时间也不给我留下，就因为她提前吃完了早饭，因为她对这儿感到厌倦。事情到了这一步，我也就顾不上什么分寸和脸面，顾不上再摆什么架子了。于是我"砰"地关上起居室的门，沿走廊飞奔，等不及电梯，就一步三级冲上楼梯，向四楼跑去。我知道他住在148号房。到了那儿，我满脸通红，上气不接下气，举起拳头擂门。

"进来。"他在里边吼道。我推开门时，勇气顿消，心里产生了悔意，怕他昨夜睡得迟，此刻刚醒来，蓬头散发地躺在床上，正是火气大的时候。

他正在敞开的窗口旁刮脸，睡衣外罩一件驼毛外套。而我穿着法兰绒衣裙和一双大鞋，相形之下显得笨拙和臃肿。我原以为自己挺富于戏剧性，其实只是在冒傻气。

"有何贵干？"他问，"出什么事了？"

"我是来告别的，"我说，"我们今天上午就离开这里。"

他凝视着我，把手中的刮脸刀放到了盥洗台上。"请把门关上。"他说。

我带上门，局促不安地垂手站在那儿。"你在胡说什么呀？"他问。

"真的，我们今天就动身。原来打算乘晚一班的车，现在她又想早点走，我害怕再也见不上你的面。我觉得临行前必须来向你道声谢。"

这一席痴呆呆的话正像我预料的那样，费劲地从我的口中滚了出来。我浑身僵硬，显得别扭。一时，我真想称赞他一声，说他对我来说"顶呱呱"。

"为什么不早点告诉我?"他问。

"昨天才决定下来,事情办得很仓促。她女儿星期六乘船去纽约,我们跟她同行。我们到巴黎与她会合,再一道启程前往瑟堡。"

"范夫人要把你也带到纽约去?"

"是的,可我不想去。我讨厌纽约,到那里会很痛苦的。"

"那你为什么还要跟她去?"

"事出无奈,这你清楚。我拿她的钱,就不能够甩开她。"

他又拿起刮脸刀,把脸上的肥皂沫刮下来。"请你坐下,"他说,"我马上就来。我到浴室里换衣服,五分钟就好。"

他从椅子上拿起衣服,扔到浴室的地板上,然后走进去,"砰"地关上了门。我坐在床上,开始咬指甲。眼前之事恍若做梦,我觉得像个任人摆布的木偶。不知他心里在想什么,打算采取什么措施。我环顾四周,看到这是一个典型的男人房间,凌乱和缺乏特性,摆的鞋子多得都穿不过来,领带也有好多条。梳妆台上空荡荡的,只有一大瓶洗发液和一对象牙梳子。不见肖像照,不见生活照,这种东西一样也没有。我凭着女性的本能四处寻找,心想在他的床头或壁炉台当间至少应该有一帧照片,一帧装饰着皮框的大照片。可我看到的只是书和一盒纸烟。

果不其然,他五分钟内换好了衣服。"我们到平台上去,我要吃早点。"他说。

我看了看表。"没时间了,"我告诉他,"这会儿我该在票房调换车票。"

"别管什么票不票的,我必须跟你谈谈。"他说。

我们沿走廊走到电梯跟前,他按响了电梯铃。他大概不知道,早班车大约再过一个半小时就要发车。范夫人马上就会给票房打电话,问我在不在那里。

我们默默无语地乘电梯下了楼,从电梯走向平台时也一路没说话。在平台上,早饭桌已经摆好。

"你想吃点什么?"他问。

"我已经吃过了,"我告诉他,"我只能待四分钟,时间无论如何都不能再长。"

"我要咖啡、煮鸡蛋、吐司、橘子果酱和一枚柑橘。"他对侍者说。随后,他从衣袋里掏出一块粗金刚砂片,修起了指甲。

"这么说,范·霍珀夫人在蒙特卡洛住够了,现在想回归故乡。我也一样。她回纽约,我回曼德利。你愿意到哪里去,得由你自己选择。"

"别开玩笑,这样做不妥当,"我说,"我看我最好换票去,就此跟你告别了。"

"你要是把我看作一个爱在吃早饭时开玩笑的人,那你就错了,"他说,"每天大清早,我的脾气都特别坏。我再重复一遍,何去何从由你选择。要么你陪范夫人去美国,要么你随我回曼德利。"

"你的意思是需要一个秘书之类的人?"

"不是。我是想请你嫁给我,你这个小傻瓜。"

侍者将早点送了来,我把手放在膝上坐在那里,看他把咖啡壶和牛奶罐一一摆在桌上。

"你不明白,"待侍者走后,我说道,"男人们是不会娶我这种人的。"

"你到底是什么意思?"他放下餐勺,用眼睛瞪着我问。

我看见一只苍蝇落在果酱上，他不耐烦地挥手将苍蝇赶开。

"我说不清，"我慢吞吞地说，"不知怎么对你解释才好。至少有一点，我不属于你的那个圈子。"

"我的什么圈子？"

"哦……曼德利呗。你该明白我的意思。"

他又操起餐勺，吃了些果酱。

"论无知，你跟范夫人差不多，论愚蠢你和她一模一样。你对曼德利都知道些什么？只有我才能判断你属于不属于那儿。你以为，就因为你说你不想去纽约，我一时冲动，向你求了婚，对吧？你以为我请你嫁给我，和我开车带你兜风，以及头一天晚上请你吃饭，都是出于同一原因，是为了表示仁慈，对不对？"

"是的。"我说。

"总有一天，"他继续说道，一边往吐司上涂了厚厚一层果酱，"你会发现仁慈并不是我的优良品质。眼下我觉得你什么都不明白。你还没有回答我的问题呢，你愿不愿嫁给我？"

即便在我的思想最不着边际的时候，我也没想过这种可能性。有一回我和他开车出去，走了很长一段路都没有人说话，我脑子里开始胡思乱想，想到他患了重病，可能连神志都不清楚了，我被请去服侍他。我不停地幻想着，刚想到我在把科隆香水往他的头上洒，汽车抵达了旅馆，我的遐思也就结束了。还有一回，我曾幻想自己住在曼德利地界上的一间小屋里，他有时去看我，我们就坐在炉火前，可现在突然谈到结婚，弄得我不知所措，甚至使我震惊，仿佛求婚者是英国的国王。我像是身处梦境。而他只管吃着果酱，仿佛这一切都很自然。书中的男人跪下向女人求婚，得有月光陪衬，哪像这样在饭桌旁定夺婚姻大事。

"我的求婚看来不太成功，"他说，"很遗憾。我还以为你爱我呢。这对我的自负是一个沉重的打击。"

"我的确爱你，"我说，"非常非常爱。你给我带来了极大的不幸，害得我哭了一夜，生怕再也不能和你相见。"

记得我吐露真情时，他开心地笑了，并隔着饭桌伸过手来。

"愿上帝保佑你，"他说，"你曾声称做一个三十六岁的女人是你的心愿，到了那个光辉的日子，我将提醒你，让你回忆回忆现在的情景。我的话你不会相信，可我不愿让你变老。"

我羞愧难当，为他的嘲笑而羞恼。看来女人不该对男人做这种表白。有许多事情我得从头学起。

"这件事就这么定了，是不是？"他边吃吐司和果酱，边说道，"你不用再陪伴范夫人，转而充当我的伴侣。你的职责跟从前几乎完全一样，因为我也喜欢看新图书，喜欢在客厅里摆鲜花，饭后也喜欢玩比齐克牌戏，以及让人为我斟茶。唯一的区别在于我不喝泰索尔茶，而倾向于喝伊诺牌的。而且，对于我爱的那种牌子的牙膏，你必须源源不断地保障供给。"

我用手指弹着桌面，心里拿不定主意，对他的话也疑窦丛生。他是否仍在恶作剧，拿我当笑料呢？他一抬头，看见了我脸上的愁云惨雾。"我对你太粗鲁了些，对不对？"他说，"这不是你理想中的求婚方式。按你的想法，我们应该出现在花丛中，你身穿洁白的衣裙，手拿一朵玫瑰花，远处传来小提琴演奏的华尔兹舞曲。我在一棵棕榈树后情感炽烈地向你求爱。那样，你才会感觉到自身的价值。不幸的小宝贝，多么可惜啊！不过你别伤心，我可以带你到威尼斯度蜜月，我们手拉手乘船观光。但不能耽搁得太久，因为我想领你去看曼德利。"

他想领我去看曼德利……我突然意识到这一切都可能发生。我将成为他的妻子,我们到花园里散步,沿着山谷里的小径信步走向砾石海滩。吃过早饭后,我将站在台阶上仰望天空,把碎面包屑撒给鸟儿,然后,我戴上遮阳帽,拿着长柄剪刀去采集布置房屋用的鲜花。我现在才明白自己小时候为什么买下了那张彩色明信片。原来那是种预兆,是我于冥冥之中向未来跨出的一步。

他想领我去看看曼德利……我的思绪似断了线的风筝,眼前浮想出了各种各样的人物和一幅幅场景……与此同时,他一直在吃柑橘,不时还递给我一片,看着我吃。我们将出现在人群当中,他冲着周围的人们说道:"诸位恐怕还未见过我的妻子吧。"德温特夫人!我将成为德温特夫人!我掂量着这个名称的分量,考虑着自己在支票、账单以及宴会请柬上的签字。我仿佛听见自己在电话上说:"下个周末为什么不到曼德利来玩玩?"曼德利总是高朋满座,宾客盈门。"啊,她实在太迷人了,你们应该和她认识一下……"人群外传来了窃窃私语,那是在议论我,而我把脸扭开,佯装没听见。

我想象着自己挎着一篮子葡萄和鲜桃到茅屋里去探望一位生病的老妪。老人家冲我伸出手说:"你真是太好了,夫人,愿上帝保佑你。"我说:"需要什么东西,就叫人到家里去取。"德温特夫人!我将成为德温特夫人!我仿佛看见了餐厅里那擦得明光锃亮的餐桌和长长的蜡烛。迈克西姆坐在一端,来聚餐的共有二十四个人。我的头上插着一朵小花。大家把目光投向我,举杯祝词:"为新娘的健康干杯!"过后,迈克西姆对我说:"我从未见过你像今天这么可爱。"曼德利的各个厅堂里都凉爽可人,鲜花遍布。我的卧室冬天生着火,有人敲响了房门。一个笑容可掬的女人走了进来,他是迈克西姆的姐姐,只听她说:"你给他带来了幸福,真是一件可喜的事情!你是个出色的女性,大家都为你感到高兴。"德温特夫人!我将成为德温特夫人!

"剩下的这点柑橘味道太酸,要是我就不吃了。"他说。我呆望着他,慢慢才明白了他的意思,于是低头看看盘中的橘子。那橘子被吃得只剩下了四分之一,此时已变硬发黑。他的话没错,那柑橘的确很酸,弄得我满嘴苦涩味,这工夫才觉察到。

"这消息由我转告范·霍珀夫人,还是由你去说?"他问。

他折起餐巾,推开盘子。我不明白他怎么能如此漫不经心地讲话,就好像这是件微不足道的小事,仅仅是对计划的一种调整。可对我,这是颗碎片横飞的重型炸弹。

"还是由你告诉她吧,"我说,"她会非常生气的。"

我们从桌旁站起身来。我心情激动,脸上泛着红潮,想到将要发生的事情,不由颤抖不已。不知他会不会笑吟吟地挽起我的胳膊,对侍者说:"祝贺我们吧。我和小姐要结婚了。"所有的侍者都会听见他的话,于是大家冲我们鞠躬和微笑,而我们从他们面前经过步入休息室,身后响起一片兴奋的议论声和热烈的欢呼声。可是,他只字未吐,一言不发地离开了平台,我跟着他朝电梯前走去。路过接待台时,那儿的人连瞧也没瞧我们一眼。接待员忙于处理一扎票据,此刻侧过脸跟助手说着什么。我心想,他不知道我就要成为德温特夫人了,我将到曼德利生活,曼德利将属于我。我们乘电梯到了二楼,然后穿过走廊。他边走边拉起我的手,把我的手甩来晃去。

"你不觉得四十二岁对你太老吗?"他问。

"啊,不老,"我慌忙说,也许语气显得过于急切了些,

"我不喜欢年轻的男人。"

"那是因为你从未结识过年轻男子。"他说。

我们来到了范夫人的套房门前。"这事我看还是我单独处理吧。"他说,"告诉我,对于婚姻的早晚你不会介意吧?你不需要办嫁妆或别的乱七八糟的东西吧?要说办事,几天内便可完成,简直易如反掌。到办事处登记,扯张结婚证,然后就可以开车到威尼斯或者任何一个你喜欢的地方。"

"不进教堂吗?"我问,"没有白色的婚纱、女傧相、钟声,以及唱诗班的童子吗?也不邀请你的亲朋好友吗?"

"你忘了,"他说,"那种婚礼我以前已举办过了。"

我们俩在门前伫立良久,我注意到当天的报纸仍插在信箱里。我和范夫人过于忙乱,吃早饭时没有看报。

"怎么样?"他问,"这样办可以吗?"

"当然可以,"我回答,"我刚才以为我们要回到家才结婚呢。我并不一定喜欢进教堂或者请宾客那一套。"

我冲他笑笑,露出一副欢快的表情。"这样不是挺有情趣的嘛!"

他已经转过身去,推开了房门。我们走进屋,踏入那条狭小的过道里。

"是你吗?"起居室里传来了范夫人的大声嚷嚷,"你到底干什么去啦?我往票房打了三次电话,他们都说没见到你的人影。"

我突然产生了一种欲望,想笑也想哭,或者又哭又笑,同时,心口感到疼痛。在这心烦意乱的时刻,我真希望这一切压根就没有发生,而我独自漫步于别的什么地方,嘴里吹着口哨。

"恐怕这都得怪我。"他说着走进起居室,随手关上了门。我听见她惊异地叫出了声。

随后,我步入自己的卧室,在敞开的窗户前坐下,那滋味就像在医院的休息室里等待手术的结果。真应该找本杂志翻阅,浏览自己所不关心的照片以及永远也记不住的文章,一直到护士出来。护士出来时,表情明朗,举止干练,由于经常接触消毒剂,人情味已被冲洗得荡然无存。她对我说:"一切顺利,手术做得很成功,一点都不用担心。我要回家睡会儿觉。"

客房里墙壁太厚,听不见隔壁说话的声音。不知他会对她说些什么,用些什么样的字眼。他也许会说:"第一次相遇,我就爱上了她。我们每一天都见面。"而范夫人回答:"啊,德温特先生,这是我所听说过的最富于浪漫色彩的风情事。"浪漫!这个词我在电梯里绞尽脑汁都没想起来。不错,我们的爱情当然是浪漫的,世人都会这般评价。这是一种突如其来的浪漫爱情。两人一下子就决定结婚,而且说到做到。多么了不起啊!我乐滋滋地抱膝坐在窗前的座位上,思索着奇妙的现实以及幸福的未来。我将嫁给自己的意中郎君,成为德温特夫人。既然得到了幸福,心口再痛,就未免太荒唐了。这肯定是神经在作怪。坐在这里,犹如等候在手术室门外。我们本该手拉手一道走进起居室,相互飞着笑眼,由他解释说:"我们彼此深深相爱,打算结为夫妻。"那样做更好些,显得更自然些。

相爱!他始终没说过爱我的话,也许没时间吧。早饭吃得匆匆忙忙,他一个劲往嘴里送果酱、咖啡和柑橘,哪还有闲暇。他倒是说过橘子的味道太酸。可是对于爱情,他却只字未提,只说要跟我结婚,语气简洁明了,很富于特性。富于特性的求婚方式比较理想,比较真诚。他跟别的人不一样,跟那些年轻小伙子不一样。年轻人惯于花言巧语、虚情假意,经常语无伦次、慷慨激昂地发些不可能实现的山盟海誓。起初向丽贝卡求婚时,他用的不会是这种方式……我不能朝这方面想,必须把这念头赶开,不能受魔鬼的诱惑涉入这思想的禁区!快滚开,撒旦!绝对不能产生这种念头,永远也不能,永远,永远!他是爱我的,希望能领我参观曼德利。他们俩的谈话怎么还没完?究竟何时才能把我叫进屋里去?

那本诗集放在我床头旁。他把借书这档子事忘了。看来那些诗对他无关紧要。"去呀,"魔鬼在我的耳边低语,"把书翻到扉页。你不正想这样做吗?快去把书翻到扉页吧。""一派胡言,"我争辩道,"我不过是想把书放到行李堆里。"我打了个哈欠,迈着悠闲的步子走到床头柜前,顺手拿起书。床头灯的电线缠住了我的脚,把我绊了个趔趄,书从我的手中掉到地板上,正巧翻到了扉页——"献给迈克斯——丽贝卡。"她已经死了,不应该把死人记挂在心上。死者平静长眠于地下,坟头上青草丛生。可她那奇特的斜体字多么富于生气,多么遒劲有力!那墨迹像是昨天方才留下,那题词仿佛是昨日的杰作。我从化妆盒里取出指甲剪,一边把那页纸剪下来,一边做贼似的向身后张望。

扉页被剪得干干净净,一点毛边都没有留下。这下子,诗集显得洁白无瑕,成了一部无人翻阅过的新书。我把剪下来的那一页撕成碎片,扔进废纸篓里。随后,我走到窗前坐下,可心里老想着那些碎片,过了一会儿便不由自主地又站起身朝废纸篓里看了看。甚至在撕碎之后,纸片上的墨水仍又浓又黑,字迹并没有被销毁。我取过一盒火柴,点着了那些碎纸。火舌吐出美丽的火焰，使纸片变红、卷边，令斜体的题词无法辨认。碎纸顿时化为一堆白灰。最后消失的是字母R，它在火焰中扭曲着身体，朝外卷了一下边，显得奇大无比，接着也被火舌吞没，留下的不是灰烬，而是轻盈的粉末……我走过去在脸盆里洗了手，感觉好多了。就好像墙上的日历在新年之初翻到了元月一日，我有一种一切从头开始的利落感觉，觉得神清气爽，欢快的心里充满了自信。这时，门开了，他走进了我的卧室。

"一切顺利，"他说，"她起初惊得一句话也说不出来，不过这会儿醒过了神。我下楼去票房叮咛一下，确保她能搭上第一趟火车。刚才她举棋不定，可能是希望做证婚人，但我的态度非常坚决。现在你去跟她谈谈。"

什么高兴啦、幸福啦，这一类话他一句也没说，也没挽起我的胳膊陪我进起居室，而是莞尔一笑，挥挥手，径自沿走廊去了。我去见范夫人时心里惴惴不安，感到十分难为情，像是一个通过朋友递了辞呈的女仆。

她正站在窗前吸烟，衣服把肥大的胸脯绷得紧紧的，那顶可笑的帽子斜扣在脑门上。这个古里古怪、又矮又胖的女人，我以后再也见不到了。

"好啊，"她说道，声音干涩冷酷，与跟他谈话时用的腔调肯定不一样，"看来我得为你办事的效率喝彩哩。瞧你不声不响，心眼倒是挺多。你是怎么把事情办成的？"

我不知怎么回答才好，打心里讨厌她的皮笑肉不笑。

"我一患流感，反倒给你带来了好运，"她说，"现在我才明白你是怎么打发时光的，以及你为何那般健忘。什么打网球啦，全是骗人的鬼话。你完全可以对我讲实话嘛。"

"对不起。"我说。

她好奇地望着我，用眼睛把我上下打量。"他说想跟你在几天内结婚。幸好你没有亲人，省得他们问这问那。你的事以后跟我无关，我彻底撒手不管了。真不知他的朋友们会怎么看待，不过我想一切都由他自己定夺。你知道他比你大许多岁吗？"

"他才四十二岁，"我说，"我虽然年轻，但面相老。"

她一听笑了，一边把烟灰弹到地上说："这话一点不假。"她用从未有过的异样眼光继续打量着我，眼睛在我的身上溜来溜去，像是牲口市场上的专家在对我估价。她的眼神似乎要究根问底，让人很不舒服。

"请告诉我，"她亲昵地说，好似朋友之间在讲知心话，"你是否做下了不应该做的事情？"

她那副神气，简直跟那个曾经许给我百分之十回扣的裁缝布莱兹一模一样。

"我不明白你的意思。"我说。

她哈哈一笑，耸了耸肩膀。"啊，好吧……别往心上去。我常对人说，别看英国姑娘喜欢曲棍球，她们是很有心计的。这么说，我只得一个人到巴黎去，你留下来等你的郎君为你们扯结婚证喽？我注意到他并没有邀请我参加婚礼。"

"他可能谁也不想请。再说，到那时候你已经坐上船了。"我说。

"嗯，嗯。"她说，同时取出化妆盒，往鼻子上扑着粉，"如此看来，你是经过深思熟虑的。不过，这件事情毕竟办得太仓促了些，仅仅用了几个星期的时间，你说是吧？他可能不太随和，你只好委屈一下自己，多顺从他。以前你一直过的是受庇护的生活，我也没领你见多少世面。到了曼德利，你就要挑起女主妇的担子了。恕我坦率直言，亲爱的，我看你难以胜任。"

她的话跟我一个小时前的观点不谋而合。

"你缺乏经验，"她仍在侃侃而言，"又不熟悉周围的环境。在我的桥牌茶座上，你几乎连两个连贯的句子都说不出来，怎么好跟他的朋友们周旋呢？她在世的时候，曼德利的晚会可是出了名的。这些情况他肯定跟你讲过吧？"

我略一踌躇，她却没等我回答，就又滔滔不绝说了下去。真是谢天谢地！

"我自然希望你得到幸福，并承认他相当富于魅力。不过……恕我直言，我个人认为你犯了个大错误，日后肯定追悔莫及。"

她放下粉盒，偏过头看了看我。也许她最后讲出了心里话，可我不想听她的坦率直言。我一声没吭，可能脸上露出了愠怒的表情，只见她耸耸肩，踱到镜子跟前，调整起她的蘑菇形帽子来。我庆幸她就要走了，庆幸再也见不到她了。我痛恨跟她在一起度过的这几个月。几个月来，我受雇于她，拿她的钱，像一个死气沉沉、不会说话的影子一样跟在她屁股后边。不错，我是缺乏经验；不错，我怕羞，幼稚，跟白痴一样。我心里全都明白，不需要她告诉我。我觉得她心怀叵测，出于某种不可告人的妇人之见痛恨我们的婚姻。她的社会地位价值观受到了沉重打击。

哼，我才不管她那一套。我将忘掉她，忘掉她带刺的话语。就在刚才焚烧扉页的时候，我心里产生了新的信念。过去已一笔勾销，我和他要开始新的生活。犹如废纸篓里的纸灰，如烟的往事已被风吹散。我即将成为德温特夫人，即将到曼德利安居乐业。

她马上就会离去，独自一人坐上咣当响的火车。而我和他将到旅馆的餐厅里，坐在同一张桌旁吃饭和规划未来。我正处于一个伟大历程的起点。也许待她走后，他最终会向我倾心吐胆，说他爱我，说他感到幸福。直到现在他都抽不出一点时间，在这，这种话不是轻易说的，必须等到时机成熟。我一抬头，看见了她在镜子里的映像。她在观察我的表情，嘴角挂着一丝宽容的微笑。我心想，她终于要表现出大度的姿态了，伸出手祝我走运，说些鼓励的话，告诉我事事都将一帆风顺。可是，她仍在那里冷笑，把一绺散开的头发卷起塞进帽子下。

"当然，"她说道，"你知道他为什么要娶你，对不对？你不至于自作多情，认为他爱你吧？其实全因为他家的空房子使他神经紧张，简直要让他发疯。你进来之前，他对我交了底。他不能孤身一人在那儿生活……"

第七章

我们于五月初前往曼德利，按照迈克西姆的说法，是与第一批燕子及风信子同时抵达。这是盛夏之前最美妙的时节，山谷里的杜鹃花浓香扑鼻，血红的石楠花争奇吐艳。记得那天上午驱车离开伦敦时，天正下着倾盆大雨，下午五点钟左右已快抵达曼德利，正好是用茶点的时间。时至今日，我还能想得起自己当时的情形，虽然结婚已七个星期，穿着打扮却仍跟平时一样，不像个新娘：黄褐色的针织连衣裙，脖子上系一条貂皮围脖，裹一件不成样子的雨衣，大得一直拖到脚踝。我当时心想，穿雨衣能挡风遮雨，而且由于雨衣很长，可以使自己的个子显得高一些。我在手里攥着一双长手套，还提着一只大皮包。

"别看在伦敦下雨，"我们动身时，迈克西姆说，"你等着瞧吧，一到曼德利就会阳光灿烂。"

果不其然，乌云被我们抛在了艾克赛特，离我们越来越远，此刻头顶上是广阔的蓝天，眼前是白色的公路。

看到太阳，使我心情愉快。我有些迷信，把下雨视为不吉利的兆头，伦敦铅灰色的天空叫我郁郁寡欢。

"感觉好些了吗？"迈克西姆问。我冲他笑笑，拉住他的手,心想对他来说,回自己家该是何等轻松,大模大样走进门厅,捡起那儿堆放的信件,摇铃吩咐下人送茶点。谁知他对我忐忑不安的心情能猜出几分。他问我"感觉好些了吗"是否意味着他理解我的处境呢?

"没关系,我们马上就到家。我想你该吃些茶点了。"他说。随后他放开了我的手,因为汽车来到了一个转弯处,必须减慢速度。

这时我才明白,原来他把我的沉默错认作是由疲倦造成的,却不知我特别害怕到达曼德利,就跟我在理论上对它特别向往一样。这一时刻一旦来临,我倒希望再往后拖拖。我希望把车停在路边的一个家庭旅馆,到咖啡厅里坐在并不令人留恋的炉火旁。我希望做一个浪迹天涯的游客,一个爱自己丈夫的新娘,而不是像现在这样,作为迈克西姆·德温特的妻子第一次来到曼德利。我们经过了许多友好的村落,看到一座座农舍的窗口都洋溢着亲切的气氛。一位农妇怀抱婴儿,站在门口冲我微笑;一位男子提着桶叮当叮当地横过公路,向一眼井走去。

我希望我们能够跟他们相处,或者做他们的邻居。傍晚,迈克西姆斜依在农舍的大门上,抽着烟斗不无自豪地欣赏他亲手栽种的一株高大茁壮的蜀葵,而我在一尘不染的厨房里忙碌,摆桌子准备吃晚饭。梳妆台上有一架闹钟发出响亮的嘀嗒声。一排餐盘闪闪发亮。吃过饭后,迈克西姆读他的报纸,靴子放在火炉围栏上,我则从梳妆台的抽屉里取出一大堆缝补的活计。那将是一种安详平稳的生活方式,而且轻松自如,不需要遵循清规戒律。

"只剩下两英里路了,"迈克西姆说道,"看见山顶上那一大片林子了吗?林坡下是山谷,再往前可望见大海。曼德利就在那里，而那片树木就是曼德利的森林。"

　　我强作笑颜，没有吱声，心里一阵恐慌，产生了一种无法控制的如坐针毡的感觉。喜悦和兴奋的情绪风消云散，幸福和自豪荡然无存。我就像一个初次上学的学童被人牵往学校，像是一个从未离开过家门的身无一技之长的小姑娘外出谋生。结婚后这短短七个星期培养起来的一点点自制力，此刻似一片破布在风中发抖。似乎我连最起码的行为标准也不懂，待会儿肯定分不清该用右手还是左手、该站还是该坐，以及吃饭时该用什么样的汤勺和餐叉。

　　"我要是你，就把雨衣脱下来，"他瞥了我一眼说，"这儿连个雨星星都没有。还有，把你那可笑的毛围巾系端正。小可怜，都怪我鬼吹火似的拖你回家，本该给你在伦敦多购置些衣服。"

　　"只要你不介意，我是无所谓的。"我说。

　　"多数女人心里什么都不想，只记挂添置衣服。"他心不在焉地说。汽车转过一个弯，来到了一个十字路口，这儿是一道高墙的起点。

　　"到家啦。"他说，声音里掺进了一丝激动的情绪。而我用双手紧紧抓住汽车的皮座。

　　汽车转入弯道，左前方出现两扇高大的铁门，旁边有个门房。铁门敞开着，一过去就是长长的车道。汽车进门时，我看到门房黑洞洞的窗口露出几张窥视的面孔，一个小孩从房子后边跑出来，投来好奇的目光。我龟缩到座位里，心儿怦怦直跳，知道人们为什么探头探脑，小孩为什么盯着我瞧。

　　他们是想看看我长的是什么模样。可以想象得出来，此刻他们正在小厨房里兴奋地议论和嘲笑。"她不肯把脸露出来，"他们会说，"只看见了她的帽尖尖。没关系，明天就清楚了，宅子里会传出话来的。"

对于我怯生生的窘态，他也许有所察觉。只见他拉起我的手吻吻，笑了笑说："这儿的人有些好奇，你不必介意。大家都想知道你是个什么模样，几个星期来他们可能净谈论这件事。你只要落落大方，定能赢得他们的爱戴。家务事不用你劳心，一切都由丹弗斯夫人操持。就交给她全盘处理吧。一开始她可能会对你态度生硬，因为她的脾气跟别人不一样，你可不能斤斤计较。她为人处世就是那个样子。看到那片灌木了吗？每逢绣球花盛开时，就像耸起一道蓝色的围墙。"

我没有应声，却遐想起了自己很久以前在一家乡村商店买彩图明信片的情景。那时我手里摆弄着明信片走到明媚的阳光下，怀着喜悦的心情暗自思忖："把这放进我的影集倒是挺合适。'曼德利'，一个多么可爱的名字！"谁知曼德利现在成了我的归宿，成了我的家园。我将给朋友们写信说："今年一夏天我们都待在曼德利，希望你们能来玩。"眼下，这条车道对我又新奇又陌生，但以后我会熟悉这儿曲折的路况和每一个转弯处，会经常来这儿散步。我能够看得出园丁修剪了哪一片灌木，剪去了哪一截树枝。我将到铁门旁的门房去探望那位老妪，问候她说："今天腿感觉如何？"老太太不再充满好奇，把我迎进她的厨房。我真羡慕迈克西姆，无忧无虑，泰然自若，嘴角挂着微笑，这表明回家使他心情高兴。

但愿我也能像他一样微笑，像他一样泰然自若，可那一天似乎遥遥无期，真希望它能快快来到。我觉得自己既胆小又愚蠢，只要能摆脱现状，我宁愿做一位老太婆，头发花白，步履蹒跚，已在曼德利度过了许多年头。

铁门"咣当"一声在我们身后关上，一条尘土飞扬的公路从视野中消失了。我发现眼前的车道跟我想象中的不一样。我原以为曼德利的车道一定是一条宽阔的砾石路，两旁有整齐的草坪，路面被耙子和扫帚整修得平平展展。

但事实上，这条车道蜿蜒曲折，宛如一条长蛇，有些地方窄得像条羊肠小径。两旁大树参天，摇曳的树枝交错纠缠在一起，在我们头顶上方遮出一片浓荫，恰似教堂里的穹隆顶。绿色的树枝挤成一堆，厚厚叠摞起来，即便正午的太阳也难于穿透，只能在车道洒下一些斑斑点点、时隐时现的温暖金光。周围静悄悄的，无一丝响动。刚才在公路上的时候，有欢快的西风吹拂在脸上，路边的小草翩翩起舞，可是来到这里，却一丝风儿也没有。就连汽车引擎也换了腔调，低声哼哼着，不再似先前那般吵闹。车道深入山谷，大片的树林迎面压来。高大的山毛榉挺着可爱、平滑的躯干，擎托起密密麻麻盘错在一起的枝杈。另外还有一些叫不上名字的树木。汽车跟它们擦身而过，近得一伸手就能摸着。再往前走，我们驶过了一座小桥，桥下流淌着狭窄的溪水。这条根本算不上车道的小路仍弯弯曲曲向前延伸，像一条被人施了魔法的丝带，穿过黑暗沉静的树丛，插入纵深处，插入森林的心脏。至此，还是看不见空地和房屋。

车道长不见尾，开始令我的神经承受不了。我老以为再转一个弯或再绕一个圈就会见端点，可每次探头望去，都会感到失望。前面没有房屋、田野，没有宽敞温馨的花园，除了寂静、深奥的森林什么都没有。铁门已经成为一种记忆，公路则属于另外一个时代、另外一个世界。

蓦然，幽暗的车道前方闪现出一片空地和一线蓝天。黑乎乎的林子顿时稀薄了下来，那些无名的灌木不见了踪影，路两旁可以看见远远高出人头的血红色墙壁——汽车驶入了石楠花丛。石楠花的突然出现使我有些慌乱，甚至有些吃惊。在森林中行驶时，我没料到会有这样的情景。石楠花红艳艳的，吓了我一跳。这种植物一株挨着一株，茂盛得令人难以置信，看不见叶子，也看不见枝干，只有满目血淋淋的红色，俗丽而怪诞，跟我以前见过的石楠完全不同。

我朝着迈克西姆望了一眼。他笑笑问："喜欢吗？"

我气喘吁吁地说了声"喜欢"。却不知自己讲的是否是实话，因为我素来都将石楠看作普普通通的家花，或呈紫色或呈粉红色，整整齐齐排列在圆形花圃内。这儿的石楠花简直是怪物，密密匝匝直插青天，美得反常，大得出奇，根本不像植物。

我们离宅子已经不远。果然不出我所料，车道由窄变宽，伸向一片开阔地。汽车在两旁血红色石楠花的簇拥下转过最后一个弯，终于来到了曼德利。啊，曼德利，我魂牵梦绕的地方，多年前我的那张彩图明信片描绘的曼德利！它典雅，妩媚，精雕细琢，完美无瑕，躺在平展的草地和绿茸茸的草坪怀抱中，游廊延伸向花园，花园延伸向大海，甚至比我梦中的曼德利还要迷人。汽车驶到宽大的石阶前，面对着敞开的房门停了下来。透过一扇直棂窗，我看见了大厅里挤满了人，接着迈克西姆压低声音骂了一句："那女人真该死，她明知道我不喜欢这一套。"随即，他猛地踩住了刹车闸。

"发生什么事啦？"我问，"那些人是干什么的？"

"恐怕你得应应景啦,"他怒气难平地说,"丹弗斯夫人把家仆和庄园里的雇工都召来欢迎我们。没关系,你不用张口,一切由我应付。"

我摸索着找车门把手,心里有点发毛,由于坐车时间太长,身上感到很冷。正当我乱摸门锁时,管事步下了台阶,身后跟着一个男仆。他为我打开了车门。

这位管事是个面孔慈祥的老人,我仰脸冲他笑笑,伸出了手,可他似乎没看见,而是拿起了毛毯以及我的小化妆盒,一边扶我下车,一边就把身子转向了迈克西姆。

"啊,我们总算到家啦,弗里思。开了一路车,累散了骨头架子,需要喝杯茶。我没料到还有这套仪式。"迈克西姆说着,把头朝大厅的方向偏了偏。

"老爷,这是丹弗斯夫人吩咐的。"管事毫无表情地说。

"我猜就是,"迈克西姆生硬地说,"走吧。"他转过来招呼我道,"反正时间不会长,完了就可以喝茶去。"

我们俩一起登上了台阶,弗里思和那个男仆抱着毛毯以及我的雨衣尾随在后边。我感到心口隐隐作痛,由于紧张,喉咙发紧。

至今,我闭上眼睛回忆往事,仍能记起自己当时的情形:穿着针织裙,汗湿的手抓着一双长手套,身板单薄,窘态十足,站在门槛上。我仿佛仍能看见那宏伟的石砌大厅,那朝着藏书室敞开的大门,墙壁上彼得·莱利[1]和范戴克[2]的画作,以及通向吟游诗人画廊的华美楼梯。大厅里是一片人的海洋,一行接一行地一直

---

1 彼得·莱利(Peter Lely,1618—1680),荷兰裔英国画家
2 安东尼·范戴克爵士(Sir Anthony van Dyck,(1599—1641),比利时弗拉芒族画家,英国国王查理一世时期的英国宫廷首席画家。

排到石砌甬道和餐厅,他们就像围在断头台四周的观众一样张着大嘴好奇地盯着我瞧,而我则好比一个五花大绑的犯人。有个又瘦又高的人从人海中钻了出来,一身深黑色衣服,高高的颧骨、深陷的大眼睛以及惨白的肤色使她看起来就像一具骷髅。

她朝我走过来。我伸出手,打心眼里羡慕她高贵和镇定的气质。可握手时,我却发现她的手软绵绵、沉甸甸,跟死人的手一样冰凉,似一种没有生命的东西躺在我的掌心。

"这是丹弗斯夫人。"迈克西姆介绍道。她开口说话时,仍把那只僵死的手放在我的掌心,一双深陷的眼睛一刻也没有离开我的双眸。我动摇了,不敢跟她的眼神对峙。直到这时,她的手才在我的掌心蠕动起来,一下子恢复了生命力。我觉得浑身不自在,也感到自惭形秽。

现在我已记不清她的话了,只记得她代表她自己以及全体家仆雇工发表了一席演讲,欢迎我到曼德利来。她的辞令都是预先准备好的、干巴巴的,纯粹是逢场作戏,声音冷冰冰缺乏生气,跟她的手一个样。她讲完话后,仿佛要等着我致答词。记得我当时脸像块红布,结结巴巴说了几句感谢的话,慌乱中把两只手套掉到了地上。她猫下腰为我把手套捡了起来,递给我时,我看见她嘴角闪过一丝轻蔑的冷笑。我当即就猜出,她一定笑我缺乏素养。她的表情有些异样,使我感到芒刺在背,即使她退回人群中时,她那黑色的身影仍是那般突出、醒目和与众不同。她缄口不语,可我知道她在用眼睛死死盯着我。迈克西姆挽起我的胳膊,简短地致了答词,显得十分从容,一点窘态也没有,简直不费吹灰之力。然后,他拥着我进藏书室用茶,随手关上门,我们又进入了两人世界。

两条矮脚长耳犬从壁炉旁跑过来迎接我们。它们把爪子搭在迈克西姆身上，柔软的长耳朵向后撇着表示亲热，还用鼻子嗅他的手。随后，它们抛开他，跑过来嗅我的脚跟，样子十分警惕和疑惑。瞎了一只眼的老母狗很快对我失去了兴趣，咕噜一声回到了壁炉旁。小狗杰斯珀却把鼻子伸进我的手里，下巴偎在我的膝上，我抚摩它柔软的耳朵时，它的眼里露出深沉的灵性，尾巴甩得噼啪响。

我摘掉帽子和寒碜的小围脖，连同手套及提包一股脑儿扔到了窗前的座位上，这时才感觉好受些。这是一间舒适、深长的大厅，藏书靠墙放着，一直堆到天花板。这种藏书室单身汉进去，就绝对舍不得离开。大壁炉旁摆着敦实的椅子以及作为狗窝的篮子，我觉得那两条狗从不往篮子里卧，而是卧在椅子上，因为那儿有凹陷的痕迹。长窗面对草坪，目光越过草坪，可以看见大海在远处微光闪烁。

屋子里一片静谧，飘荡着古老年代的气味。尽管初夏季节这儿总摆着紫丁香和玫瑰，但那种气味却经久不变。无论什么样的气息，不管是来自花园还是大海，只要进了这个房间，就会失去它原有的清新，成为这一成不变的藏书室的一个部分，与那些发霉的从未有人读过的书籍混成一片，与涡卷花饰的天花板、暗色壁板以及厚重的窗帘混成一片。

屋里的陈旧气息带着一股苔藓味。在那种青苔遍地、野藤绕窗、很少举行礼拜式的沉寂教堂里，常常可以闻到这种气味。藏书室里祥和静谧，是个供人遐思冥想的好地方。

茶点很快就端了上来。上茶的仪式庄严隆重，由弗里思和年轻的男仆完成，直至他们离去，我都一言未发。迈克西姆在浏览大堆的信件，而我摆弄着两块滴着油汁的烤面饼，用手拧成碎块，一边呷着滚烫的热茶。

他时不时抬头看看我，冲我笑笑，然后又埋头读信。这些信件大概是近几个月里堆积起来的。我不由陷入了沉思，想到自己对他在曼德利的生活，对这儿日复一日的程序，对他的男女相识和朋友，以及他理财治家的方式，都了解得太少了。几个星期的时间如白驹过隙一晃而过，我随他驾车漫游法国和意大利，心里只想着我如何爱他，以他的眼光观览威尼斯，对他随声附和，关于过去和将来都不闻不问，满足于眼前的一点小小的荣耀。

他比我想象的活泼，比我预想的温和，在许多方面都焕发出青春的活力，跟我头一次见到的那个迈克西姆，跟那个独自坐在餐厅的饭桌旁，目光呆滞、神秘莫测的陌路人，简直判若两样。我的迈克西姆又笑又唱，往水里投石子，拉着我的手，眉头舒展，心无芥蒂。我把他视为情人和朋友。在那几个星期里，我竟然忘了他以前过的是一种安稳平静、有条不紊的生活，这种生活必须一如既往地持续下去，而那几个星期只是短暂的假日，转眼便被抛在了身后。

他阅信时，我在一旁观察着他，只见他时而蹙额，时而微笑，时而表情木然地把一封信扔到一边。感谢上帝，幸亏里面没有我从纽约写来的信，不然他也会漫不经心地扫一眼，也许先是对信上的署名感到困扰，随后便打着哈欠把它扔进纸篓里的信堆上，顺手端起自己的茶水。想到这里，我感到不寒而栗。我的生活似乎变成另外一种模样，那时他还会像现在一样坐在此处喝茶，照常过他那在任何情况下都不会改变的平稳日子，对我不加多想，起码不觉得遗憾，而我将在纽约陪范·霍珀夫人打桥牌，日复一日地翘首企盼一封永远也不会来到的回信。

我仰身靠在椅背上环顾四周,想在心中注入一些自信,使自己真正明白这是在曼德利,那个彩图明信片上的远近闻名的曼德利。我必须让自己相信,眼前的一切都属于我,是他的财产也是我的。我坐的这把深深的椅子、堆至天花板的浩瀚的书籍、墙上的油画、花园、森林,以及我从书报上看到的曼德利的所有财产,现在都归我所有,因为我嫁给了迈克西姆。

我们将在这儿白头偕老。到了老年,我和迈克西姆还会像现在一样坐在这里喝茶,身边卧着这两条狗的后裔,屋里仍飘荡着古旧的苔藓味。总有一天,这儿会被小孩子——我们自己的孩子——搅得乱七八糟、一塌糊涂。我仿佛看见他们穿着泥靴子在沙发上打滚,经常把棍棒、板球拍、大折刀和弓箭拿进屋里。

在现在这张光亮、干净的桌子上,到时候将出现一只丑陋的匣子,里边盛着蝴蝶和飞蛾,还有一只匣子盛的是用棉花包起来的鸟蛋。"不要把这种玩意儿拿进来,"我会对他们说,"快拿到你们的书房去,亲爱的。"孩子们高声叫嚷着一哄而散,只剩下了那个蹒跚学步的小不点,他比哥哥们性情沉静。

房门一开便打断了我的幻想,弗里思带着那位男仆走进来收拾茶具。"丹弗斯夫人想知道,你是否愿意去看看你们的房间,夫人?"茶具撤走后,弗里思问我。

迈克西姆把目光从信件上抬起来问:"他们把东厢房收拾得怎么样?"

"在我看来,收拾得相当不错,老爷。开工的时候把那里弄得一团糟,丹弗斯夫人还害怕在你们回来之前完不了工呢。可他们总算在上个星期一把活干完了。我觉得你们在那儿会住得很舒服的,老爷。那边房间的光线是非常充裕的。"

"你们把房间做了更动?"我问。

"哦,没什么大的更动,"迈克西姆简短地说,"只不过把东厢套间重新装饰和粉刷了一下,供我们使用。弗里思说得对,那一侧会让你心情舒畅,从房间里观赏玫瑰园,景色是很美的。我母亲在世时,那儿曾经用作客房。我把这些信看完就去找你,你先走一步,跟丹弗斯夫人交个朋友,这可是个好机会。"

我慢吞吞立起身,出了房门向大厅里走去,心中又出现了原来的那种惶恐不安的感觉。真希望我能等等他,然后挽起他的胳膊和他一道去看房间。我不愿独自一人去面见丹弗斯夫人。大厅里人已走光,此刻显得十分空旷。我的脚步落在石板上,回声直冲屋顶。我为自己弄出的响动很是内疚,就像在教堂里走路一样,感到不自在和拘束。啪嗒啪嗒的声音在我的脚下响起,穿着毡底鞋的弗里思一定觉得我是个傻瓜。

"这个厅真大啊,是吧?"我说道,声调显得过于轻快、过于做作,跟小学生一般幼稚。

而弗里思却十分庄重地回答:"是的,夫人。曼德利是个大庄园,虽不如有些庄园那么宏伟,可也够气派的了。昔日,这儿曾是宴会厅。至今,遇到举办盛宴和舞会这种大的场面,还是使用这座大厅。另外,这儿每星期开放一次,接纳公众参观,你可能是知道的吧。"

"是的,这我清楚。"我嘴上应着,心中仍在为自己啪嗒响的脚步声感到不安。我觉得他对待我就像对待一位观光客,而我自己的举止也的确像个客人,彬彬有礼地东瞧西望,观赏墙上挂着的乐器和油画,用手抚摸那精雕细琢的楼梯。

楼梯口有个身着黑衣的人在等着我,惨白的骷髅脸上那双深陷的眼睛紧紧地盯着我。我回头去寻忠实的弗里思,可他已经穿过大厅进了远处的甬道。

现在只剩下了我和丹弗斯夫人两人。我迎着她走上宽敞的楼梯,她仍木头人似的站着,双手抱胸,眼光一刻也不离开我的面孔。我堆起笑容,对方却没有反应,这我也不怪她,因为我笑得没有情由,那是一种假作欢快的蠢笑。

"但愿没有让你久等。"我说。

"你的时间由你自己支配,夫人,"她说,"我的职责是执行你的吩咐。"随后,她转身穿过画廊的拱门,进了前边的走廊。我们沿着铺着地毯的宽阔的通道走去,接着向左转弯,过了一道橡木门,先下一段窄楼梯,又攀上一段对称的楼梯,最后到了一扇门前。她一把推开门,站到一旁让我过去。我踏入一间休息室,或称女性化妆室,里面有沙发、椅子和写字台。这个房间连着一间双人大卧室,卧室里有宽敞的窗户和洗澡间。我即刻走到窗前,向外张望。下边是玫瑰花园以及游廊的东半部分,过了玫瑰园便可看见一片平展的草地,一直延伸至邻近的森林。

"原来,从这儿看不见大海。"我回过头对丹弗斯夫人说。

"是的,从这一侧是看不见的,"她回答,"甚至也听不见大海的涛声。从这间厢房,你简直不知道大海竟近在咫尺。"

她说话的样子有些古怪,好像话中有话。她以重音强调了"这间厢房"几个字,仿佛是想让我明白,我们此刻待的房间比较低劣。

"多叫人遗憾,我喜欢大海。"我说。

她没有搭话,只是目不转睛地盯着我,双手仍抱在胸前。

"不过，这个房间十分漂亮，"我说，"我一定能住得很舒服。想来，装修这房间是为了迎接我们的归来。"

"是的。"她说。

"这儿以前是什么样子？"我问。

"紫红色的壁纸，各种各样的窗帷，德温特先生觉得那种情调不太活跃。这房间很少有人住，除了偶尔接待接待客人。可德温特先生来信特别吩咐过，说你们要用这地方。"

"这么说，这不是他原来的卧室？"我问。

"不是，夫人，他以前从未住过这间厢房。"

"哦，"我说，"他没告诉过我。"

我信步走向梳妆台，开始梳理头发。行李已经打开，发刷和梳子都放在托盘里。多亏迈克西姆送给我一对发刷，气气派派地摆在梳妆台上，此刻让丹夫人一饱眼福。这是一对崭新、昂贵的发刷，给我脸上增了光彩。

"东西是艾丽斯替你收拾的。在你的贴身使女来之前，由她服侍你。"丹夫人说道。我又冲她笑了笑，把拿在手中的发刷放到了梳妆台上。

"我没有贴身使女，"我尴尬地说，"艾丽斯是家里的女仆吧？有她招呼我就行了。"

她脸上又露出了第一次相遇时，我笨拙地把手套掉在地上时的那种表情。

"恐怕这并非长久之计，"她说，"你该知道，像你这样地位的夫人通常是应该有贴身使女的。"

我脸一红，又伸手去拿发刷。我很清楚，她的话里是带刺的。"如果你认为有必要，那就烦请你代我物色一个，"我避开

蝴蝶梦　89

她的目光说，"可以找个寻工作干的年轻姑娘。"

"既然你吩咐下来，我照办就是了。"她说。

接着出现了沉默的局面。我希望她快走开，简直不明白她为什么要赖着不动，抱两手于黑衣前，不住眼地打量我。

"你在曼德利有许多年头了吧？"我鼓鼓劲，又开了口，"可能比他们的时间都长吧？"

"没有弗里思的时间长，"她说道，声音冰冷，缺乏生气，跟她那只曾经放在我掌心的手一样，"老太爷在世的时候，弗里思就来了，当时德温特先生还小。"

"明白了，"我说，"原来你是在那以后才来的？"

"是的，"她说，"是在那以后。"

我又一次抬起头来，又一次看到了她惨白的脸上那双诡秘、阴沉的眼睛，不知为什么，心里油然产生一种异样的感觉，一种不安、不祥的感觉。我想挤出一丝笑容，却又做不到。我发现，那双暗淡无光、无情无义的眼睛控制住了我。

"我来时，头一位德温特夫人刚嫁过来。"她原先单调平板、显得冷酷无情的声音，此刻突然注入了活力，亢奋和富于寓意，瘦骨嶙峋的脸上有了些血色。

这一变化突如其来，使我震惊、害怕，不知该做什么或说什么好。仿佛她端出来的是一些禁词，是一些久久埋藏在心底、此刻再也压抑不住的话。她的目光仍一刻不离我的面孔，以奇异的眼神打量着我，里面既有怜悯，又掺杂着鄙夷。我觉得自己比以前想象的还要幼稚，对人世间的风风雨雨太缺乏经验。

显而易见，她蔑视我，带着她那一类人的庸俗偏见，认为我压根就不是什么贵妇人，而是一个卑微、怯懦、缺乏自信的女孩子。她的眼神里除了鄙夷之外,还带有一种明显的憎恶或怨恨。

我觉得自己必须说点什么,总不能傻坐着摆弄发刷,让她看出我在怕她和不信任她。

"丹弗斯夫人,"我脱口说道,"但愿我们能交朋友,取得相互理解。你必须对我有耐心,因为我以前过的是完全不同的生活,曼德利的这种生活我还是头一次接触。我想做出点样子来,最重要的是让德温特先生幸福。我可以把所有的家计营生都交给你安排,这一点德温特先生已交待过。你按以前的惯例操持家务,不要因为我而改弦易辙。"

我顿住了话头,有点气喘吁吁,心里仍有些不安,不知自己说的话是否得体。我再次抬起头时,见她已挪了地方,正站在门旁,手搭在门柄上。

"非常好,"她说,"但愿一切都能令你顺心遂意。我掌管这个家已经一年多了,从没让德温特先生不满过。当然,已故的德温特夫人在世时,情形大不相同,应酬多,经常举办宴会。虽然有我操持,可她也喜欢亲自过问。"

我又一次感觉到她在斟酌着自己的词句,试图探明我的心思,一边还观察着我脸上的反应。

"我很愿意把家里事交给你,"我重申了自己的态度,"非常愿意。"

听了我的表白,她脸上又出现了先前我在大厅里跟她握手时所注意到的表情,那是一种明显的嘲讽和轻蔑的表情。她知道我绝对不是她的对手,也知道我心里害怕她。

"还需要我做些什么吗?"她说着,装模作样地用眼光把屋里扫视了一圈。

"不需要了，"我说，"我想一切都齐备了，住在这里会很舒适的。你把房间收拾得非常漂亮。"后一句话是曲意逢迎，是为了讨得她的欢心。她耸了耸肩膀，脸上仍没有笑容，说道："我只不过执行了德温特先生的旨意。"

门敞开着，但她把手放在门柄上，迟迟不肯离去，仿佛仍有话说，却又拿不定主意该怎么说，于是就站在门边等着我为她创造机会。

我真希望她赶快离开。她像影子一样站在那里，用深嵌在那张死人脸上的凹陷的眼睛观察和审视着我。

"如果有不中意的地方，是否请你立即告诉我？"她问。

"好的，"我说，"一定转告，丹弗斯夫人。"可我很清楚她是言不由衷。这一场对白之后，双方又出现了冷场。

"倘使德温特先生问起他的大衣柜，"她猛不丁说道，"请转告他，那无法搬到这里。我们试过，但这些门道太窄，硬是过不来。这儿的房间规格比西厢的小。如果他不喜欢这套房间的布置，让他直言相告。这些房间让人真不知如何布置才好。"

"请别担心，丹弗斯夫人，"我说，"我相信他一定会非常满意。只是辛苦了你，让我心里过意不去。我一点都不知道他要重新装饰和布置房间。其实没必要费这种力气。住在西厢房，我相信我一样会感到满意和舒适的。"

她以异样的目光瞧了瞧我，转动着门柄说："德温特先生说你们愿意住这一侧。西厢房历史悠久，大套间里的卧室比这儿的大一倍，非常漂亮，天花板上带有涡卷花饰，罩着刺绣花毯的椅子件件是珍品，精雕细刻的壁炉也非常华贵。在整座庄园里，那算是最美的房间，从窗口观风景，可以从草坪一直望见大海。"

我听后感到不自在和难为情。我不明白她的话里为什么会蕴藏着如此深的怨恨,转弯抹角地暗示我要住的这个房间比较低劣,够不上曼德利的标准,二流人物只能住二流房间。

"德温特先生大概是想把最漂亮的房间腾出来让公众参观。"我说。她仍在转动门柄,一听这话又抬起头瞧了瞧我,观察着我的眼神,迟疑了一下才回了话。这次说话时,她的声音显得更加低沉和单调。

"卧室从不对公众开放,"她说,"只有大厅、画廊以及楼下的房间才供人参观。"她停顿了一下,注视着我有什么反应,"德温特夫人在世时,他们两口子住在西厢房。我刚才告诉你的那个鸟瞰海洋的大房间就是德温特夫人的卧室。"

接着,我看见她脸上掠过一道阴影,退到墙根,躲在不显眼的地方。门外响起脚步声,迈克西姆走了进来。

"怎么样?"他问我,"可以不可以?你喜欢这地方吗?"

他情绪高昂地环顾一周,欢快得像个小孩子。"我一直认为这个房间最叫人着迷,"他说,"那许多年当客房用,实在可惜,可我总觉得有朝一日自己能住进来。你的活干得很漂亮,丹弗斯夫人,我给你打满分。"

"谢谢,老爷。"她说道,脸上不带任何表情。说完,她就转身走了出去,并轻轻带上了门。

迈克西姆走到窗前,把头探出窗外说:"我爱这片玫瑰园。记得小的时候,我跟在母亲的屁股后边在园子里玩,迈着蹒跚的碎步,观看母亲摘除凋谢的花卉。这个房间气氛祥和、欢快和静谧。你简直想不到,这儿离海边只有五分钟的路程。"

"丹弗斯夫人也这么说。"我告诉他。

他离开窗口，在屋里走来走去，摸摸家具，看看图片，开开衣橱门，抚弄抚弄我那从行李里取出的衣服。

"你跟丹弗斯处得怎么样？"他突然问道。

我转过身去，又对着镜子梳起头来。"她的态度似乎有些生硬。"隔了一会儿我才说道，"也许她以为我要干涉家务事吧。"

"我看她不会介意的。"他说。我抬起头，见他正瞧着镜子里的我。随后，他转身又踱到窗前，低声吹着口哨，以脚后跟为支点把身子前后摇来晃去。

"别跟她计较，"他说，"她在许多地方都与众不同，可能很难让别的女人和她相处。你不必为此烦心，如果她的确让你觉得讨厌，赶她走就是了。可话又说回来，她很有能力，可以操持所有的家务事，省得你费心劳神。她对下边的人有点蛮横，只是不敢在我面前逞凶。她要是放肆，我早就叫她滚蛋了。"

"待她了解了我，我们大概会处得相当好的，"我连忙说，"刚开始的时候对我有点憎恶感，也是很自然的事情。"

"憎恶你？为什么要憎恶你？你到底是什么意思？"他问。

他从窗口转过身来，皱着眉头，脸上带着古怪的怒容。不知他为何如此计较，我真后悔不该讲这话。

"我的意思是，对于一个管家而言，照料单身汉要省事得多，"我说，"我看她已习惯了这种生活，也许怕我横加干涉。"

"横加干涉，上帝啊……"他嚷嚷起来，"如果你认为……"他话说了半截便停下，走到我跟前吻了吻我的额头。

"不要再提丹弗斯夫人了，"他说，"我怕是对她不大感兴趣。走，我领你去看看曼德利。"

那天晚上我再也没见到丹弗斯夫人，我们也没再谈论她。一旦把她从心里驱逐出去，我便感到快活了些，不那么强烈地觉得自己是个不速之客了。我们在楼下的厅堂里转悠，观赏墙上的油画，迈克西姆用胳膊搂着我的肩膀，这时我才开始感到自己如愿以偿，成了梦境中想象的自我，把曼德利当成了我的家。

我的脚步落在大厅里的石板上所发出的声响不再令我提心吊胆，迈克西姆掌着钉子的鞋底发出的声音比我的要响得多，还有那两条狗啪嗒啪嗒的脚步声也给人以舒适、惬意的感觉。

我心情愉快，还别有缘故呢。那是我们在曼德利度过的第一个傍晚，刚进家门不久便四处观赏油画，用去不少时间，后来迈克西姆看了看时钟，声称天色太晚，吃饭不用更衣了。这一来，省得我受窘。不然，那个叫艾丽斯的使女肯定会问我穿什么样的衣服，还会帮我更衣。那时，我将穿着范夫人施舍给我的一件衣服（那衣服她女儿穿着不合身），裸露着肩膀，忍受着寒冷走下漫长的一段楼梯到餐厅里去。我害怕在那个庄严肃穆的餐厅里正襟危坐地吃饭。现在由于不用更换衣服，情况便显得非常轻松自然了，就跟我们以前在餐馆时别无两样。我穿着舒适的针织裙，说说笑笑，谈论着在意大利和法国的见闻。我们甚至还把沿途拍的照片放到餐桌上，弗里思和那个男仆像侍者一样不足为虑，他们不会似丹弗斯夫人那般用目光逼视我。

饭后我们到藏书室休息，不一会儿就有人拉上了窗帘，并往壁炉里添了柴火。虽然已是五月份，但仍寒气逼人，幸好炉火熊熊，给我以温暖。

饭后像这样坐在一起还是头一遭。在意大利的时候，我们吃过饭就出去逛大街、散步、开车兜风、上小咖啡馆，或者依在桥的栏杆上观风景。此刻的迈克西姆不由自主地走向大壁炉左侧的椅子，伸手取过报纸。他把头枕在一个宽大的垫子上，燃起一支香烟。"这是他的生活规律，"我暗自思忖，"情况历来如此，这是他多年养成的习惯。"

他没有朝我这边瞧，兀自看着报，由于恢复了原来的生活模式，又当上了一家之主，显出一副安然自得的神态。

我手托下巴，抚摸着长耳狗，陷入了沉思。我心想自己并非第一个坐在这把椅子上的人，以前另外还有一个人也坐过；她在坐垫上留下了印迹，她的手曾经放在椅子的扶手上；她曾经也用这把银质咖啡壶斟过咖啡，还把这只杯子放至她的唇边，她也像我现在一样俯身抚摸过长耳狗。

我下意识地打了个寒战，仿佛有人打开我身后的门，放进了一股冷风。我坐在丽贝卡的椅子上，身子靠的是丽贝卡的垫子。长耳狗跑过来把头搁在我的膝上，因为这是它的老习惯，因为它记得昔日丽贝卡曾在这儿喂它吃糖。

第八章

我万万没料到曼德利的生活竟是那般有板有眼、按部就班。现在回想起来,我记得迈克西姆在回家后的第二天起了个大早,穿好衣服,甚至未等用早点就写起信来。九点钟刚过,我听到当当当一阵钟声,慌慌张张下了楼,发现他已经快吃完了饭,正在削水果。

他抬头望望我笑着说:"你可别见怪,以后慢慢就习惯了。每天的这个时候,我都不能白白蹉跎过去。要知道,管理曼德利这样的庄园,必须全力以赴。咖啡和热菜放在餐具柜上。早点我们历来都是自己取着吃。"我做了些解释,说什么表慢啦、洗澡时间太长啦,可他一句也没听,而是埋头看信,并对信中的内容皱起了眉头。

我清楚地记得,我们的早餐之丰盛给我留下了深刻的印象,甚至使我有点震惊。大银壶里沏着茶,另外还有咖啡;加热器上放着一盘盘热气腾腾的炒鸡蛋、培根和鱼;一罐煮鸡蛋温在特制的加热器里;一只银质汤钵里盛着麦片粥;另一个餐具柜上放着一块火腿以及一片冷熏肉;餐桌上则摆着司康饼、吐司和许多罐果酱、橘子酱及蜂蜜,两端放着堆得高高的几盘水果。我觉得奇怪的是，迈克西姆在意大利和法国早餐只吃一片面包、一点水果，喝一杯咖啡，回到家竟吃如此丰盛的早宴，足够一打人饱餐一顿。这种情形日复一日、年复一年地持续，他竟然一点也不觉得荒唐，一点也不觉得浪费。

我留意到他吃了一小块鱼，而我吃了一个煮鸡蛋。那么别的食物怎么处理呢？那些炒鸡蛋、美味的培根、麦片粥以及剩下的鱼怎么处理呢？厨房的门后边是不是有一些叫人觉察不到、看不见的穷苦人在等着施舍呢？要不，就是把余下的美味佳肴扔掉，塞进垃圾箱里？关于这一点我永远无从得知，当然也不敢询问。

"谢天谢地，幸亏我的亲戚不多，对你的骚扰也不大，"迈克西姆说道，"我只有一个难得见面的姐姐和一个半瞎的祖母。顺便提一句，我姐姐比阿特丽斯请求来吃午饭，对此我早有所预料。她大概是想见见你。"

"今天吗？"我的情绪一下子降到了冰点。

"不错，根据早餐接到的信来看是这样的。她待的时间不会很长。我想你会喜欢她的。她性格耿直，心里有什么就说什么，不是个口蜜腹剑的人。如果她不喜欢你，定会当面奉告。"

他的话难以叫我安心，我反倒觉得表里不一也是件好事，那样不至于叫我难堪。迈克西姆从椅子上立起身说："今天早晨我有一大堆事务需要料理，你可以自己玩吗？我很愿意带你到花园里去，可我得见我的代理人克劳利，我已经很久没有过问庄园的事务了。另外还有，克劳利要来家里吃午饭。你不会介意吧？对你来说没什么吧？"

"当然不会介意，"我说，"我会非常高兴的。"

他拿起信件走了出去。记得我当时很失望，因为根据原先的想象，第一天早餐，我们应该手挽手到海边散步，直至人乏兴尽才回来，凑合着吃顿冷餐，然后到藏书室窗外的栗子树旁休息。

我磨磨蹭蹭地吃着这第一顿早餐，拖延了很长时间。后来见弗里思走进餐厅，躲在屏风后向我张望，我才意识到时间已过了十分钟。我立刻跳起身来，心里感到很内疚，抱歉地说自己不该耽搁得那么久。他鞠了个躬，一语未吐，显得十分礼貌和恭敬，我见他眼里掠过了一丝诧异的神情。大概是我的谈吐不太得体。也许我不该说道歉的话，因为那会降低我在他心目中的地位。真不知什么样的言谈举止才恰当。他大概跟丹弗斯夫人一样，怀疑沉着、典雅和自信并非我天生的素质，我得经过长期的勤学苦练，付出痛苦的代价，才能使自己变得落落大方。

我离开餐厅时，没留神脚下，被门边的台阶绊了一下，弗里思奔上前扶住我，捡起了我的手帕。那个男仆罗伯特此时正站在屏风后，见状扭头窃笑。

穿过大厅时，我听到了仆人们的悄悄议论声，其中一个还笑了起来——我猜想一定是罗伯特。也许，他们在嘲笑我。我回到楼上，想躲进卧室里去，可一推门，发现女仆正在打扫房间，一个扫地，另一个在擦梳妆台。她们诧异地望着我。我慌忙退了出去。早晨的这个时候是不该进房间的，谁也没料到我会闯进去，这违犯了曼德利的常规。我进了藏书室，发现里边冷飕飕的，窗户都敞开着，壁炉里的木柴已经摆好，但没有点着。

我关上窗户，环顾四周想找盒火柴，可是却没能找到。这该如何是好？我不愿摇铃唤仆人。昨晚炉火熊熊、温暖舒适的藏书室，今天早晨却像是一座冰窖。楼上的卧室里倒是有火柴，可我不想去取，害怕打搅女仆们干活。我无法容忍她们扬起满月似的面孔再盯着我瞧。我决定等弗里思和罗伯特离开餐厅后,从餐具柜上取火柴。于是,我踮起脚尖溜进大厅竖起耳朵聆听,那两人仍在收拾东西,可以听见他们的说话声以及移动托盘的声音。过了一会儿,一切都静了下来,他们一定是由仆人走的小门进了厨房。我穿过大厅,又一次踏入了餐厅。果然不出我所料,餐具柜上放着一盒火柴。我快步走过去,将火柴拿在手中,可就在此刻,弗里思回来了。我企图把火柴偷偷塞入衣袋,却见他惊奇地往我手里瞧。

"你需要什么东西吗,夫人?"他问。

"哦,弗里思,"我窘迫地说,"我到处都找不到火柴。"

他立刻取过一盒火柴交给我,同时把香烟也递了过来。我又感到一阵窘迫,因为我不会抽烟。

"不,事情是这样的。"我说,"我在藏书室里感到很冷,大概是刚从国外归来,觉得这儿的天气冷冰冰的,所以就想找火柴把壁炉生着。"

"藏书室里通常到下午才生火,夫人。"他说,"过去德温特夫人总是到起居室里,那儿生着很旺的火。当然,如果你想在藏书室也生上火,我可以吩咐人去办理。"

"哦,不,"我说,"我没有这个意思。我还是到起居室去吧。谢谢你,弗里思。"

"那里有信纸和笔墨,夫人,"他说,"当年,德温特夫人一用过早点就到那儿写信和打电话。你要是想跟丹弗斯夫人通话,那儿还有内线电话可供使用。"

"谢谢,弗里思。"我说。

我转身又进了大厅,嘴里哼着小调,装出一副充满自信的样子。我不能告诉他，我从没到起居室去过，昨天晚上迈克西姆没领我到那儿参观。我穿过大厅时，知道他正站在餐厅门口观望着我，认为自己必须要显得熟门熟路。大楼梯左侧有一扇门，我轻率地走了过去，心里暗暗祈祷，愿这扇门通向我的目的地。谁知近前把门一推，却发现是个堆放乱七八糟东西的杂物间，里面有一张用于修剪花枝的桌子，靠墙根放着几把柳条椅，另外还有两三件雨衣挂在一个衣架上。我大模大样地退了出来，目光掠过大厅，看见弗里思仍站在原处。我的一举一动都没逃过他的眼睛。

"夫人，你应该走楼梯这侧右边的那个门，"他说，"穿过客厅就可以到起居室。笔直通过那个带套间的客厅，然后朝左拐。"

"谢谢，弗里思。"我谦恭地说，再也不那么神气活现了。

我按照他的指点，穿过长长的客厅。这是一个漂亮、对称、惹人喜欢的厅堂，窗外是一直铺展向大海的草坪，我想这大概是一个供公众参观的地方，要是弗里思当讲解员，他肯定知道墙上那些画的历史以及屋内家具的制作年代。客厅的确很美，这我清楚，那些桌椅可能全是无价之宝，可尽管如此，我却不愿久留。我简直想象不来自己能坐到那些椅子上，站在那精雕细刻的壁炉前，或者把手中的书放到那些桌子上。这儿的气氛庄严肃穆，使人联想到博物馆的展室，展览柜前拦着绳子，房门旁的椅子上坐着一个身披斗篷、头戴帽子的门卫，活似法国城堡里的哨兵。我过了客厅，向左转弯，来到了自己尚未看到过的起居室。

看见那两条狗卧在起居室的火炉前，我心里感到高兴。小狗杰斯珀立刻摇着尾巴跑过来，用鼻子拱我的手心。老狗听见我走近，扬起了它的鼻子，瞎眼睛朝我这边凝视着，嗅了嗅空中的气味，发现我不是它期待的人，便咕噜一声把头扭开，又对着炉火出神去了。这就是它们的日常生活。它们跟弗里思一样，知道藏书室里下午才生火，所以凭着长期养成的习惯来到这起居室里取暖。不知为什么，还没走到窗前，我就猜出外边一定有石楠花丛。果不其然，敞开的窗户下密密匝匝排列着大簇大簇的石楠花，和我昨天黄昏时看到的一样，血红血红的，显得很俗丽，已经蔓延到了车道上。花丛中间有一片空地，宛如微型草坪，平平展展铺着一层苔藓。空地的中央，立着一尊吹笛的森林神裸体小雕塑。红艳艳的石楠花作为背景，而空地则像一个小舞台，森林神在上边舞蹈和表演。

这间房子跟藏书室不同，没有那种发霉的气味，没有古香古色但已经破旧的椅子，没有堆满杂志和报纸的桌子。藏书室的桌上总是堆放着杂志和报纸，那是长期形成的习惯，迈克西姆的父亲，或也许是他的祖父喜欢这样的摆设。

起居室里女人味十足，典雅而妩媚，每一样家具都是女主人精心挑选出来的。一把把椅子、一只只花瓶，乃至每一样小摆设都相映成趣，与她的性格相符合。仿佛她在布置这个房间时，拣自己最中意的，把曼德利的奇珍异宝一件件往怀里收，凭着可靠的直觉只拿顶好的，对二流货或者没有价值的东西置之不理，嘴里念叨着："我要这个，还有那个……"家具的风格和制作年代清清楚楚，令人一目了然。因此，房间显得尽善尽美，使人赞叹和称奇。它不像对公众开放的客厅那般冷清、肃穆，而是荡漾着勃勃生气，似窗下那一簇簇的石楠花一样，光彩夺目，熠熠生辉。我还注意到，石楠花不满足于仅在窗外的小草坪上展露风姿，也钻进了这间屋子来。壁炉架上有它们艳丽的面孔，沙发茶几上的花瓶里有它们婀娜的身影，也可见它们亭亭玉立在金蜡台旁边的写字桌上。

起居室里摆满了石楠花，甚至连墙壁也被染得红彤彤一片，在上午的阳光下闪烁着火焰般的光芒，石楠花是这里唯一的一种花，我怀疑如此安排是有其目的的，当初布置房间时便以展示石楠花为目标。不然，在别的房间为什么瞧不见这种花？餐厅里摆着鲜花，藏书室里也摆着鲜花，但都修剪得整整齐齐，作为陪衬物，而不像这儿的石楠花一样触目皆是。

我走过去，在写字台旁坐下。我感到奇怪的是，如此漂亮、艳丽的房间同时又具有浓厚的办公气氛。我原以为，这个风格雅致、鲜花遍布的起居室，只是一个供人休息和闲谈的场所。

可这张写字桌虽然样子华美，却不是女人的小玩具，由你用来咬着笔杆写几行字，然后不经意地走开，日复一日地周而复始，墨台歪斜地放在桌上。这儿的鸽笼式文件架上贴着"待复信件""存留信件""家务""庄园事务""菜单""杂务"和"通讯地址"字样的标签，每个标签都是我已经熟悉了的那种潦草、遒劲的笔体写成。认出这笔体时，我惊骇万状，因为自从把诗集的扉页毁掉之后，我再也没见过她的字，想不到在这儿又撞上了。

我随手拉开抽屉，发现里面也有她的字迹，这次是写在一个打开的皮封面记事簿上。记事簿以《曼德利宾客录》为标题，内容按星期和月份编排，记载着来往客人的姓名、他们住过的房间以及他们的饮食。我一页一页地翻着，看出里面记录的是整整一年的情况。女主人只消把记事簿打开，就能够知道哪位客人哪一天在她家过夜、睡在哪个房间以及她给他提供的是什么样的饭菜，日期乃至时辰都有案可稽。抽屉里还有些又厚又白的信纸，是随便记事用的。另外，还有印着徽章和地址的家用信笺以及盛在小盒子里的雪白名片。

我取出一张名片瞧了瞧，拆开包在外边的薄纸，看见上面印着"迈·德温特夫人"的字样，底角是曼德利的地址。我把它放回盒子里，合上抽屉，突然产生了一种做贼心虚的内疚感，仿佛我在别人家做客时，女主人对我说"当然可以，尽管用我的桌子写信好啦"。而我却鬼鬼祟祟偷看人家的私信，犯下了不可饶恕的错误。她随时都可能走进来，发现我拉开了我根本无权触动的她的抽屉。

蓦然，我面前的桌子上电话声大作，吓得我心往上一提，跳起身来，以为自己的不良行为已被人发现。我用哆嗦的手拿起话筒问道："哪一位？你找谁？"电话线的彼端传来一种古怪的嗡嗡声，接着响起一个低沉、冷酷的声音，也分不清是男是女。"德温特夫人吗？"那声音问，"你是德温特夫人吗？"

"恐怕你搞错了，"我说，"德温特夫人去世已一年多了。"我傻坐着等对方回话，迟钝地望着话筒。那声音不相信地略微提高了些，又问了一遍名字，这时我才恍然大悟，顿时红了脸，知道自己做了件无法挽回的错事，真是覆水难收。"我是丹弗斯太太，夫人，"那声音说，"我在用内线跟你通话。"我的口误过于明显，愚蠢得让人不能原谅，如置之不理只会使情况雪上加霜，那自己就会显得更加愚不可及。

"对不起，丹弗斯夫人，"我结结巴巴磕磕绊绊地说，"电话铃一响吓了我一跳，我都不知道自己在说些什么。我没意识到是我的电话，也不知道是内部线路传来的。"

"很抱歉,夫人,我打扰了你,"对方说,我心想她一定猜到我在翻人家的抽屉,"我只想问一声,你是否要见我,以及你对今天的菜谱是否满意。"

"哦,"我说,"我当然愿意,我是说我当然对菜谱满意。就按你的意思准备吧,丹弗斯夫人,不必征求我的意见。"

"我看你最好还是过目一下吧,"那声音接着说道,"今天的菜谱就放在你手边的墨台上。"

我在桌上乱寻一气,终于找到了一页自己先前没留意到的纸。我匆忙浏览一遍,上面有:咖喱对虾、烤小牛肉、芦笋、巧克力冻慕斯。这是午餐的菜肴?我猜想可能是的。

"看到了,丹弗斯夫人,"我说,"非常合适,的确都很好。"

"如果哪样菜想换掉,请告诉我。"她回答,"我立刻吩咐下去。我在'调味汁'一项旁边留了一块空地方,供你填自己喜欢的调味汁。我不清楚你平时吃烤牛肉以哪种汁为佐料。德温特夫人对调味汁是极端讲究的,每一次我都得跟她商量。"

"这个……这个……容我想想,丹弗斯夫人,"我说道,"我不太清楚,最好和往常一样,就要德温特夫人喜欢的那种吧。"

"你没有自己的偏爱,夫人?"

"没有,的确没有,丹弗斯夫人。"

"要是德温特夫人,肯定会选葡萄酒调味汁,夫人。"

"那就用葡萄酒调味汁吧。"我说。

"请原谅,我不该在你写信的时候打扰你,夫人。"

"一点也没打扰,"我说,"请别客气。"

"家里的信件中午送走，到时候罗伯特会去取你的信，并负责贴邮票，你只需在电话上通知他一声就行了。假如有紧急信函，他可以叫人立刻送到邮局去。"

"谢谢，丹弗斯夫人。"我说。我停了一会儿，可她没再说话，随后那一端"咔嗒"一声响，她把话筒挂上了。我也放下了话筒。我低头瞧瞧桌面，见墨台上放着现成的信纸。那个鸽笼式文件架凝视着我，上边贴的"待复信件""庄园事务"和"杂务"诸标签似乎在责备我无所事事。那个从前坐在这个位子上的女主人可没有像我这般把时间白白浪费掉。她会抓起内线电话，雷厉风行、斩钉截铁地发号施令，用铅笔画掉自己不中意的菜目，而不是跟我一样只会说"是的，丹弗斯夫人""当然，丹弗斯夫人"。她打完电话就开始写信，也许一口气要写五六封或者六七封回信，全用的是那种我非常熟悉的奇特斜体字。她撕下一页又一页光滑的白纸，纸用得很浪费，因为她写字时笔画特别长。在每封私信的底部，她都要签上自己的名字"丽贝卡"。那个高大、倾斜的字母R，跟旁边的字母在一起如鹤立鸡群。

我用手指敲着桌面。文件架上现在空荡荡的，既无待复的信件，我也不知道有什么该清算的账单。丹弗斯夫人说如有紧急信函，就给罗伯特打电话，由他派人送往邮局。不知丽贝卡都写过多少紧急信函，也不知信发往何处。也许是写给裁缝："我的白缎子衣服星期二必须赶出来。"或者是写给她的理发师："我下个星期五去做头发，我想跟安东尼先生约在三点钟。我要洗发、按摩、固定发形和修指甲。"不，写这种信太浪费时间，她只要让弗里思给伦敦挂个电话就行了。弗里思在电话中会这样说："我这是代表德温特夫人讲话。"

我仍在一个劲儿地用指头弹桌子，想不出自己该给谁写信好。只认识一个范·霍珀夫人。我待在自己的家里，守在自己的桌旁，竟无事可做，只能给范夫人，一个自己所讨厌的、今生今世永不愿再见到的女人写信，想起来实在荒唐可笑。我把一页信纸移到跟前，操起一支笔尖明晃晃的细长钢笔写道："亲爱的范·霍珀夫人……"我写写停停，非常吃力，在信中祝愿她旅途愉快，愿她的女儿身体健康，愿纽约的天气晴暖。我平生第一次发现自己的笔体竟是如此蹩脚难认，如此缺乏形体，既无个性又谈不上风格，甚至像出自未受过教育的人之手，完全是二流学校的劣等生写的字。

第九章

车道上传来汽车的声音，我猛然惊跳起来，知道比阿特丽斯夫妇已大驾光临。看看时钟，刚过十二点。想不到他们来得这么早。迈克西姆还未归来。不知能不能从窗户跳进花园躲起来。这样，弗里思领他们来起居室，见我不在就会说："夫人大概出去了。"这样做看起来十分自然，不会让他们起疑心。我冲向窗口时，那两条狗以询问的目光望着我，杰斯珀摇着尾巴追了过来。

窗外是游廊，再往前可见一小片草地。正当我准备拨开石楠花朝外跳时，他们说话的声音在附近响了起来，我只好又退了回去。他们经花园走了过来，显然是因为弗里思告诉他们，说我在起居室里。我疾步走入大客厅，直奔近旁左首的门。出了门就是一条长长的石砌甬道，我沿着甬道狂奔，心里十分清楚这是一种愚蠢的行径，并为这种神经质的突然发作鄙视自己。可我知道自己这会儿不能见那些人。甬道似乎通往后堂，我转过一个弯，来到另一段楼梯跟前。在这儿，我和一个从未见过的女仆撞了个满怀，她提着拖把和桶，可能是个打杂的用人。她诧异地望着我，仿佛碰上了鬼一样，没料想会在这种地方见到我。我心慌意乱地道了声早安，夺路向楼梯冲去。她问了一句"早安，夫人"，张大嘴，瞪圆眼睛，好奇地望着我一步步跑上楼梯。

我想楼梯一定通往卧室，我可以回到东厢我的房间，在那儿躲一会儿，直至开饭时分出于礼节不得不露面的时候再下楼去。

我八成是弄错了方向，因为一过楼梯口的一扇门，我就来到了一条长长的走廊上。这条走廊以前没见过，与东厢的那条有点相似，只是稍微宽些，另外由于墙上镶着壁板，光线也比较暗。

我踌躇了一下，然后朝左拐，来到了一个宽阔的楼台和另一段楼梯前。这儿非常安静，幽暗幽暗的，周围一个人影也没有。如果说女佣上午来打扫过卫生，那她们此时已干完活下楼去了，没有留下任何痕迹，闻不到刚清扫过地毯后弥漫在空气中的那种土腥味。我站在原地思忖着，不知该朝哪个方位走。四处静得反常，仿佛置身于一座空无一人的宅子里，我产生了一种压抑感。

我胡乱推开一扇门，来到一个漆黑的房间里，这儿的百叶窗全关着，透不进一丝太阳光，但我隐隐约约可以看见房子中央裹在白罩单里的家具的轮廓。屋子里空气发闷，有一股霉味，像是一个难得使用一次的房间，东西都堆在床中央，上面遮着层床单。也许打上个夏天以来，窗帘就没拉开过，如果你现在走过去拉起窗帘，打开咯吱咯吱响的百叶窗，一只关在里边达数月之久的死蛾子也许会掉下来，跟一枚被人遗忘的扣针以及一片最后一次关窗前被风吹入的枯叶混杂在一起。我轻手轻脚掩好门，无所适从地顺着走廊朝前走，两侧排列着一扇扇紧闭的房门，最后来到一个嵌入外墙的凹室里。这儿有一扇宽大的窗户，总算使我见到了阳光。向窗外望去，可以看见下边平展的草地延伸至大海，碧绿的海面上白浪滚滚。在西风的吹拂下，粼粼波纹从岸边迅速荡漾开去。

蝴蝶梦 109

大海近在咫尺，比我想象的要近得多。海水就在草坪那边一个小树丛脚下翻腾，离这儿只有五分钟的路程。如果把耳朵贴近窗口，可以听见一个眼睛看不到的小海湾里传来海浪拍岸的声音。我这时才知道自己已绕了个圈子，此刻正站在西厢的走廊里。果然如丹弗斯夫人所言，从这儿可以听见大海的喧嚣。在冬天，海水也许会漫上绿色的草坪，危及房屋本身。即便在此时此刻，由于风儿大，窗户玻璃上蒙了一层水汽，像是有人在上面呵了热气。这种水汽带着盐味，是从海上飘过来的。一片疾驰的乌云遮住了太阳，海水骤然变色，成了一团漆黑，白浪显出狰狞可怕的面目。大海已不再是我刚才看到的那种欢快明亮的样子。

不知怎么，我暗自庆幸自己的房间位于东厢。说来说去，我还是喜欢欣赏玫瑰园的景色，而不愿听大海的涛声。我回到楼梯口的楼台上，手扶栏杆准备下楼，却听见身后有开门的声音，我扭头见到丹弗斯夫人。我们相互对视着，一时间谁也没说话。我弄不清她眼里闪射触动的是怒火还是好奇，因为一见到我，她的脸就变成了一副面具。她虽然一言未语，我却感到内疚和惭愧，就仿佛私闯民宅被人抓住了一样，满脸羞得通红。

"我是想回自己的房间，不料迷了路。"我说。

"你来到了对面的一侧，"她说，"这是西厢。"

"是的，我知道。"我说。

"你没进那些房间里看看？"她问我。

"没有，"我说，"我只是推开了一个房间的门，但没有进去。那儿一团漆黑，东西都用罩布遮着。我很抱歉。不过，我并不想动房间里的东西。你大概是希望把这一切都封存起来吧。"

"如果你想查看那些房间，我会打开的，"她说，"你只需吩咐一声就行了。屋子里布置得停停当当,是可以住人的。"

"哦,不,"我说,"我绝无此意,千万别这般想。"

"也许,你想让我领你在西厢各处参观一下吧?"她问。

我摇摇头。"不,不用参观了,"我说,"我得下楼去。"我举步朝下走,而她在一旁跟着我,像是狱卒在押送囚犯。

"无论何时,只要你有空,跟我打声招呼,我都可以领你参观西厢的房间。"她又旧话重提。不知为什么,她硬要带我参观西厢的做法使我隐隐约约有些不舒服,勾起了我对往事的回忆。小的时候,我有一次到朋友家玩,那家的一个比我年岁大的女儿拽住我的胳膊,附在我耳旁低声说:"据我所知,我母亲卧室的橱柜里锁着一本书。我们去看看。好吗?"我记得她激动得脸色发白,小眼睛闪着亮光,一边还不时用手捏我的胳膊。

"我可以叫人把遮尘布取掉,让你看看那些房间当年住人时的模样,"丹弗斯夫人说,"原本今天上午就该领你参观,只是我想你一定在起居室写信。其实,有什么事,你可以往我的房间挂电话。只需一时半刻,就能把那些房间清扫出来。"

这时,我们已走下了那一小段楼梯。她推开一扇房门,侧身让我过去,阴森森的目光注视着我的面孔。

"多谢你的美意,丹弗斯夫人,"我说,"哪天想参观,我会告诉你的。"

我们一起走到门外的楼台上。这时,我看到我们身处大楼梯的顶端,在吟游诗人画廊的背后。

"我不明白你怎么会迷路,"她说,"通向西厢的门跟这儿的门是截然不同的。"

"我没走这个方向。"我说。

"那你一定是穿过石砌甬道,走的是后面那条道?"她问。

"是的,"我躲开她的目光说,"我是从石砌甬道过来的。"

她不住眼地盯着我瞧,仿佛是想让我解释为什么突然慌慌张张离开起居室,跑到了后宅去。我蓦然产生一种感觉,认为她了解我的一举一动,也许我一跨入西厢,她就从门缝里观察着我。

"莱西夫人和莱西少校已经来了一会儿了,"她说,"十二点刚过我就听见他们的汽车声。"

"啊!"我说,"这我可不知道。"

"弗里思一定把他们引到起居室了,"她说,"这工夫该有十二点半了。现在把路摸清了吧?"

"是的,丹弗斯夫人。"我说着下了楼步入大厅。我知道她仍站在楼上观望着我。

现在非得回起居室见迈克西姆的姐姐和姐夫了,无法再躲进卧室里去。就在走入起居室的当儿,我回眸一瞧,看见丹弗斯夫人还站在楼梯口,像是一个身着黑装的哨兵。

我先在门口停留了片刻,手搭在门上,听着里边嗡嗡的说话声。如此看来,我待在楼上的时候,迈克西姆已经归来,可能还带来了他的代理人,因为根据屋里的声音,像是有许多人。我感到惶恐不安,小的时候被唤去跟家里的客人见面时常有这种感觉。我转动门柄,不顾一切地冲了进去。屋里的人立刻都停止了谈话,大家把脸都转了过来。

"瞧,她终于来了,"迈克西姆说,"你躲到哪里去啦?我们正想派人分头去找你呢。这是比阿特丽斯,这是贾尔斯,这是弗兰克·克劳利。小心点,你险些踩到狗的身上。"

比阿特丽斯高高的个子，宽宽的肩膀，眼睛和下巴酷似迈克西姆，可是却不如我想象的那么婀娜，气质较为粗犷，属于养狗成癖、精于骑射的一类人。她没有吻我，只是牢牢握住我的手摇了摇，直视着我的眼睛，随后转向迈克西姆说："跟我想象的完全不一样，也压根不符合你的描述。"

大伙儿笑了起来，我也跟着笑了，可心里却老大不安，不知道他们是否在取笑我。我暗自感到纳闷：她把我想成了什么样子？迈克西姆又是怎样描述我呢？

迈克西姆碰碰我的胳膊，介绍我和贾尔斯认识。贾尔斯伸出一只巨掌，握住我的手，把我的指头都捏麻了，一双温和的眸子从角质边眼镜后盈盈含笑。

随后，迈克西姆又为我介绍了他的代理人弗兰克·克劳利。那人面无血色，骨瘦如柴，喉结突得高高的，但在他的眼里我却看到了令人轻松的目光。我不明白这是什么缘故，也没有时间细想，因为弗里思走进来，递给了我一杯雪利酒。而且，比阿特丽斯又开口跟我说了话："迈克西姆说你们昨天晚上才回来。这我可不知道，不然，我们绝不会今天就来骚扰。我问你，你觉得曼德利怎么样？"

"我几乎还没怎么细看呢，"我回答，"当然，这地方的景色是很美的。"

果然不出所料，她把我上上下下打量一遍，但态度坦诚直率，不像丹弗斯夫人那样阴险恶毒。她有权审视我，因为她是迈克西姆的姐姐，迈克西姆走至我身旁，挽起我的胳膊，为我撑腰鼓劲。

"你的气色好多了，老弟，"她偏着脑袋端详着迈克西姆说，"感谢上帝，一脸病容都不见了。我想这都多亏了你。"她说着冲我点了点头。

"我一直都很健康，"迈克西姆不高兴地说，"从未生过病，谁要是不如贾尔斯那么胖，你就以为人家在生病。"

"胡言乱语，"比阿特丽斯说，"你心里很清楚半年前自己是个什么样的悲惨样子。当时我来看你，把魂都给吓掉了，心想你算彻底垮了。贾尔斯，你可以证明。上次我们来，迈克西姆是不是看上去像鬼一样可怕？我是不是说过，他肯定会垮掉？"

"啧，依我看，老伙计，你像是换了个人，"贾尔斯说，"出去跑这一趟给你带来的好处真不小。克劳利，你说他的气色健康不健康？"

迈克西姆的肌肉在我的胳膊下一紧缩，我晓得他在强压怒火。不知怎么，这番有关于他健康的言论令他心头不快，甚至惹恼了他。我觉得比阿特丽斯太没有眼色，不该喋喋不休唠叨个没完，把此事大肆渲染。

"迈克西姆把脸晒黑了，"我羞涩地说，"一黑遮百丑。你们没见他在威尼斯的做法，一吃过早点就上晾台晒太阳，认为把脸晒黑更潇洒些。"

大伙儿都笑了。克劳利先生说："这个时节的威尼斯一定风景迷人，是吧，德温特夫人？"我回答道："非常美，天气的确好得出奇。我们只碰上了一个雨天，是吧，迈克西姆？"

就这样，话题令人欣慰地从迈克西姆的健康转向了意大利的见闻，这种事绝不会让迈克西姆生气。大家还在一起愉快地谈论天气。现在，我们都感到很轻松，不再觉得吃力了。迈克西姆同贾尔斯和比阿特丽斯谈论起了他的汽车性能，克劳利先生则询问我威尼斯的运河里现在是否真的只有汽船,而没有游览小船了。我觉得他醉翁之意不在酒,并非关心运河里停泊的是什么样的船只,他问这话是为了帮助我,好使大家不再纠缠于迈克西姆的健康问题。我心里非常领情。别看他呆头呆脑,却是我的盟友。

"杰斯珀需要多锻炼,"比阿特丽斯用脚踢踢小狗说,"还不足两岁,就长得这么肥。你都给它喂些啥呀,迈克西姆?"

"亲爱的比阿特丽斯,它跟你们家的狗生活习性完全一样,"迈克西姆说,"别卖弄了,不要以为对于动物你比我懂得多。"

"亲爱的老弟,你出门这几个月,怎么能知道他们给杰斯珀喂的是什么食物呢?弗里思绝不会领着它一天两次地到大门口散步。从毛色看,这狗已经好几个星期没撒过欢了。"

"我宁愿让它膘肥体壮,也不愿让它像你们家的狗那样蠢头蠢脑,一副饿死鬼的样子。"迈克西姆说。

"这话太没道理,我们的'雄狮'在二月份的克拉夫跑狗赛上拿了两项第一哩。"比阿特丽斯说。

气氛又一次变得剑拔弩张,不知这姐弟俩是不是一见面就斗嘴,让旁听的人跟着受窘。我希望弗里思进来宣布开饭。要不,他们是用铃声唤人吃饭?我对曼德利的规矩还不甚了了。

"你们住得离我们有多远?"我在比阿特丽斯身旁坐下问,"你们来这儿是不是早早就得动身?"

"我们住在邻郡,在特鲁切斯特的另一端,离这儿五十英里,亲爱的。我们那儿的猎场比较好。迈克西姆要是肯放你,你就到我们家住一段时间,让贾尔斯教你骑马。"

"我怕是不会打猎,"我承认道,"我小的时候倒是学过骑马，但骑术拙劣，现在差不多忘光了。"

"你必须重新捡起来，"她说，"在乡下生活不会骑马怎么行呢，时间无法排遣。迈克西姆说你喜欢画画，按说当然是件好事，但那不能锻炼身体。下雨天无事可做，画上几笔倒是挺不错。"

"亲爱的比阿特丽斯，我们可不像你，离了新鲜空气就活不成。"迈克西姆说。

"我没跟你讲话，老弟。人人都知道你喜欢悠然自得地在曼德利的花园里散步，从不愿把步子加快一些。"

"我也非常喜欢散步，"我急忙说，"我相信，漫步于曼德利永远也不会让我感到厌倦。天气暖和的时候，还能洗洗海水浴。"

"亲爱的，你真是一个乐观主义者，"比阿特丽斯说，"我记不得有谁在那儿洗过海水浴。水太凉，海滩上沙砾太多。"

"我不在乎，"我说，"我爱洗海水浴，只要潮水不猛就行。到海湾里洗澡安不安全？"

无人搭腔。我这才猛然意识到自己讲了些不该讲的话。我的心怦怦直跳，脸颊红得似两团火。我感到迷惘和痛苦，弯下腰抚摩杰斯珀的耳朵。

"杰斯珀可以去游泳减少点脂肪，"比阿特丽斯打破了短暂的沉寂说，"不过，这家伙要是泡在海湾里怕是吃不消。你说呢，杰斯珀？啊，亲爱的老伙计杰斯珀！"我们俩一道爱抚地摸着那条狗，谁都不看对方一眼。

"我的肚子都快饿瘪了，怎么还没有开饭？"迈克西姆说。

"壁炉架上的钟，时针才指到一点。"克劳利先生说。

"那个时钟总是很快。"比阿特丽斯说。

"几个月来,这架钟报时都非常准确。"迈克西姆说。

就在这时,房门开了,弗里思来宣布饭菜已摆好。

"诸位,我得先洗洗手。"贾尔斯瞧着自己的手说。

大家都如释重负地站起身,信步穿过会客室向大厅走去。比阿特丽斯挽着我的胳膊,我们俩趋前几步打头阵。

比阿特丽斯对我说:"好人儿弗里思看起来总是那个样子,一见他,我就觉得自己又回到了少女时代。对我的胡说八道请别介意。你比我想象的甚至还要年轻。迈克西姆说过你的年龄,可你看起来完全还是个孩子。告诉我,你是不是非常爱他?"

我没料到她会提这样的问题。她一定在我脸上看到了惊讶的表情,因为只听见她轻声笑了笑,捏了捏我的胳膊说:"你不必回答,你的心情我看得出来。我是个爱管闲事、惹人讨厌的家伙,对吧?你别往心上去。我和迈克西姆就跟猫和狗一样,一见面就吵架,但我心里是疼爱迈克西姆的。他脸色好多了,这我得再次对你表示祝贺。去年的这个时候我们都非常为他担心。那件事的原委你当然是知道的。"

说话间我们来到了餐厅,她再没说什么,因为周围有仆人在场,后边的人也赶了上来。我坐下来,展开餐巾,心里犯起了嘀咕。比阿特丽斯要是了解到,我对去年海湾里发生的那场悲剧一无所知,迈克西姆绝口不提,我则从不过问,她会说些什么呢?

想不到午餐吃得如此顺利。饭桌上不见唇枪舌剑,也许比阿特丽斯终于变得圆滑些了,她跟迈克西姆谈论曼德利的事务,谈论她的马、花园以及姐弟俩共同的朋友,坐在我左首的弗兰克·克劳利则和我随便闲聊,一点也不让人感到费劲,这叫我很感激。贾尔斯大吃大喝，不太说话，只是偶尔记起有我在场，才胡乱地敷衍一句。

"你们大概还用的是原来的那个厨子吧，迈克西姆？"当罗伯特又为他端来一份冷蛋奶酥时，他说道，"我常跟比[1]讲，曼德利是英国仅存的一块美食圣地了，只有在这里才可以吃上地道的食品。根据我的记忆，这冷蛋奶酥跟过去的味道一样。"

"我们定期调换厨子，"迈克西姆说，"但烹饪标准保持原样。丹弗斯夫人掌握着所有的秘诀，由她为厨子们做指导。"

"那个丹弗斯夫人是个很不简单的女人，"贾尔斯冲我说道，"你看我的话对不对？"

"哦，很对，"我说，"丹弗斯夫人看起来的确是个了不起的人。"

"只可惜她那副嘴脸上不了油画，是不是？"贾尔斯说完，捧腹大笑起来。弗兰克·克劳利没说什么。我一抬头，见比阿特丽斯正在观察我。随后，她把脸掉开，跟迈克西姆谈起了话。

"你打过高尔夫球吗？"克劳利先生问。

"没有，我不会打。"我回答，心里庆幸话题又被转开了，这样就把丹弗斯夫人抛在了脑后。虽说我不会打高尔夫球，对那种游戏一窍不通，但我宁愿听他高谈阔论。高尔夫球是个安全可靠、枯燥无味的话题，不会给大家带来难堪。待吃过奶酪，喝完咖啡，我心里七上八下，不知是否到了离席的时候。我不住眼地瞧迈克西姆，可他没作任何表示。贾尔斯打开话匣子，讲了一段在雪堆里朝外扒汽车的故事，真不明白他的思路怎么会转到那上

---

1 比阿特丽斯的爱称。

边。故事很难懂，可我彬彬有礼地听着，不时地点头，微微含着笑，同时觉察到迈克西姆在餐桌的一端已变得如坐针毡。最后，贾尔斯终于停了下来，我看见迈克西姆使了个眼色。他把眉头微微一皱，脑袋朝门口那儿偏了偏。

我立刻站起身，移动椅子时笨拙地把餐桌碰得摇晃了一下，使贾尔斯的那杯葡萄酒翻倒在桌上。"哎呀，糟糕！"我叫了一声，便站在一旁不知如何是好，慌慌张张地伸手取餐巾擦拭。

可迈克西姆却说道："没关系，让弗里思收拾吧，请不要再添乱子了。比阿特丽斯，她对这儿还不熟悉，你带她到花园里去。"

他一脸倦容，显得筋疲力尽。真希望这些客人今天没来，好好的一天硬是让他们给毁了。应付场面实在太费劲，就像我们刚回家时的情形一样。我也感到很疲倦，既疲倦又忧郁。迈克西姆建议我们到花园里去的时候，显得有些脾气暴躁。我真是笨到了家，竟把葡萄酒杯给碰翻了。

我们到了游廊，然后漫步走向平展的绿色草坪。

"我觉得你们急匆匆回到曼德利来是一种失策，"比阿特丽斯说，"如果在意大利纵情游览，多待上三四个月，仲夏时节再回来，情况会好些。那样从你的角度来考虑，比较容易适应环境，对迈克西姆也大有好处。我禁不住有一种感觉，你初来乍到，局面很难打开。"

"啊，不，我觉得没什么，"我说道，"我清楚自己终究会爱上曼德利的。"

她没再吱声。我们在草坪上来回溜达着。

"给我讲点你的情况吧，"她末了说道，"你在法国南部时都干些什么？迈克西姆说你和一位可怕的美国女人住在一起。"

我讲了范·霍珀夫人以及后来发生的事情。她听时显得很同情，但神情有些发呆，仿佛在想什么心事。

我收住话头时，只听她说："是啊，正如你所言，事情发生得太突然，但我们大家打心眼里为你们感到高兴。我希望你们能生活幸福。"

"谢谢你，比阿特丽斯，"我说，"非常感谢。"

不知她为什么要说希望我们能生活幸福，而不说确信我们能幸福。她和蔼可亲，诚恳坦率，我非常喜欢她，但她的声音里含有一丝忧虑，令我感到害怕。

"当迈克西姆写信告诉我，"她挽着我的胳膊接着说道，"说他在法国南部发现了你，还说你年轻漂亮，我得承认我当时的确有些惊讶。当然，大家都以为你是个交际花之类的摩登女郎，脸上涂脂抹粉，因为在那种地方不会遇到别的类型的姑娘。午饭前你走入起居室时，我简直感到意外极啦。"

她开心地大笑，我也跟着笑了起来。可她没说明是对我的外表感到失望还是宽慰。

"可怜的迈克西姆，"她说，"他经历了一场可怕的磨难，但愿你已经使他忘掉了往事。当然，他对曼德利是一往情深的。"

我一方面希望她像这样轻松自然地讲述下去，多告诉我一些过去的事情，而另一方面，我心里却不想了解，不愿再听她回首往事。

"我们姐弟俩没有一点相像的地方，性格差别太大。"她说，"我的好恶和喜怒都表现在脸上，胸内无城府之见。迈克西姆则截然相反,他非常沉静,非常矜持,让你永远也猜不出他那可笑的脑袋瓜里在想什么。我这人稍微一惹就恼,恼了就火,发完火便万事皆休。迈克西姆一年也发不了一两次火,可一旦发火——上帝啊——那可是动真格的。他可能永远也不会对你发脾气,我觉得你是个文静的小东西。"

她莞尔一笑,捏了捏我的胳膊。我心里则想,做一个文静的人,给人以何等安宁和舒适的感觉,膝上放着编织的活儿,眉宇舒展,不急不躁,无忧无虑。可是我想入非非,易激动,易恐惧,把烂指甲咬来咬去,心中无所适从,不知怎样才好。

"我提个建议,你不会介意吧?"她继续说道,"我觉得你应该把头发收拾一下。何不烫成卷发?你的头发太细了,披散在帽子下非常难看,你不妨把它们拢到耳朵后边去。"

我顺从地照办了,等着听她赞美。她把头偏到一边,以挑剔的眼光把我打量一番,然后说道:"不,不,我觉得反而更糟。过于严肃,不适合于你。你所需要的是烫发,再扎起来就行了。我从不喜欢圣女贞德式那种乱七八糟的发型。迈克西姆是什么意见?他认为这发型适合于你吗?"

"不清楚,"我说,"他从未提起过。"

"哦?也许他喜欢这样。别听我多嘴。告诉我,你在伦敦或巴黎有没有添置衣服?"

"没有,"我说,"当时没有时间。迈克西姆急着要回家。要添置衣服,随时都可以定做嘛。"

"看你的打扮,我就知道你对衣着一点也不讲究。"她说。

我带着歉意,低头看了看身上的法兰绒裙子,然后说道:"其实不然,我非常喜欢漂亮的衣服,只是截至目前还没有许多钱去买。"

"我不明白迈克西姆为何不在伦敦多留个把星期，给你买些像样的衣服穿，"她说，"在这一点上他就有点自私了，和他平时的为人不符。再说，他通常对衣着是很挑剔的。"

"是吗？"我说，"他似乎对我的衣着从不挑剔。我觉得我不管穿什么，他既不注意也不在乎。"

"哦？是吗？这么说他的性格一定是变了。"

她把目光调开，冲杰斯珀吹了声口哨，两手插在衣袋里，然后仰首望着楼上。

"原来你们没有住西厢房。"她说。

"没有，我们住东厢房，那儿的一切都收拾得停停当当。"

"是吗？我预先一点都不知道。我不明白这是为什么。"

"全是迈克西姆的主意，"我说，"他好像比较喜欢那里。"

她没说什么，一个劲盯着楼上的窗户瞧，嘴里吹着口哨。"你跟丹弗斯夫人相处得怎么样？"后来她突然问道。

我猫下腰，轻轻拍着杰斯珀的脑袋，抚摩着它的耳朵。"我不常见她的面，"我说，"她让我有些害怕。像她这种人我以前从没见过。"

"我猜也是这样的。"比阿特丽斯说。

杰斯珀仰望着我，一双大眼睛显得谦卑和羞怯。我吻了吻它毛茸茸的脑袋，把手放在它的黑鼻梁上。

"你没必要害怕她，"比阿特丽斯说，"无论如何都不能让她看出你的畏怯。当然，我没和她打过交道，而且也不想与她交往。不过，她见了我总是客客气气的。"我仍在轻拍杰斯珀的脑袋。"看她的样子友好不友好?"比阿特丽斯问。

"不,"我说,"不十分友好。"

比阿特丽斯又吹起了口哨,用脚轻蹭杰斯珀的脑袋。"我要是你,就尽量少跟她接触。"她说。

"我不接触她。她在管家理财方面十分精明能干,我没必要介入。"

"哦,我想对这一点她并不介意。"比阿特丽斯说。昨天晚上迈克西姆也说过同样的话,姐弟俩的看法竟不谋而合,这让我觉得奇怪。依我之见,丹弗斯夫人唯一不高兴的是别人对家务的干涉。

"到时候她大概会收敛的,"比阿特丽斯说,"但一开头事情会让你心情十分不愉快。当然,此人的妒忌心重得不可理喻。我老早就有这种顾虑。"

"为什么?"我抬头望着她问,"她为什么要妒忌呢?迈克西姆似乎并不特别喜欢她。"

"我的傻孩子,她心里想的不是迈克西姆。"比阿特丽斯说,"她对迈克西姆只有尊敬和服从,再无其他的什么感情可言。"

她停顿了一下,微微蹙起额头,心里游移不定地望了望我,又接着说道:"原因你应该清楚。她讨厌你到这儿来,这才是问题的症结。"

"为什么?"我问,"她为什么要讨厌我?"

"我以为你知道呢,"比阿特丽斯说,"我以为迈克西姆对你解释过呢。那只是因为她崇拜丽贝卡。"

"噢,这下我明白了。"

蝴蝶梦 123

我们俩不住手地轻拍和抚摩杰斯珀,而杰斯珀难得受到这样的宠爱,于是欣喜若狂地打了个滚,仰面朝天躺在那里。

"男人们过来啦,"比阿特丽斯说,"我们叫人搬几把椅子来,到栗树下坐坐。贾尔斯吃得太胖了,跟迈克西姆一比,简直让人恶心。弗兰克大概该回办公室去了。这人枯燥乏味,从来说不出一句风趣的话。喂,诸位,你们在讨论什么?又在对世道说长道短了吧?"她说完哈哈大笑起来。男人们漫步走过来,大家围成圈站在一起。贾尔斯把一根树枝扔出去,让杰斯珀衔回来。我们都把目光投向杰斯珀。克劳利先生看了看手表说:"我必须走啦。非常感谢你的午餐,德温特夫人。"

"你一定得常来。"我和他握手时说。

我心里在嘀咕,不知其他人是否也准备走。不清楚他们只是来吃顿饭,还是要玩一天。真希望他们都走,因为我想和迈克西姆单独在一起,就像在意大利时一样。

大家到栗树下坐着,椅子和毛毯是罗伯特送来的。贾尔斯仰卧在地,帽子扣在眼上,不一会儿就鼾声大作,嘴巴张开着。

"把嘴闭上,贾尔斯。"比阿特丽斯说。

"我没有睡着。"贾尔斯睁开眼咕噜了一句,随后又把眼睛合上了。

我觉得他毫无吸引力,不明白比阿特丽斯为何嫁给了他。她可能压根儿就不爱他。也许,她也在对我作同样的感想,我见她不时把困惑和若有所思的目光落在我身上,仿佛在问自己:"迈克西姆究竟看上了她哪一点?"不过,那是和善的目光,没有丝毫的恶意。这个时候,姐弟俩正在谈论他们的祖母。

"我们得去看看老太太。"迈克西姆说。

比阿特丽斯则接口说道:"可怜的祖母,都老糊涂了,吃的饭都顺着下巴朝下流。"

我靠着迈克西姆的膀子听他们谈话,下颌搁在他的衣袖上。他和比阿特丽斯说话时,漫不经心地抚摩我的手,对我想也不想。

我暗自思忖:"我对杰斯珀也是这个样子。我现在就像是他的杰斯珀,依偎在他身旁。他时而想起来,就拍我几下。我一高兴,就把他偎得更紧一些。他喜欢我和我喜欢杰斯珀一模一样。"

风住了,午后一片宁静,令人昏昏欲睡。刚刚修剪过的草坪发出浓郁的芳香,像是夏日的气味。一只蜜蜂在贾尔斯的头顶嗡嗡盘旋,贾尔斯一挥帽子把它驱赶走。杰斯珀在太阳地里晒得浑身发热,伸着舌头跑到我们跟前。它"扑通"一声卧倒在我身旁,舔着它的肚子,大眼睛里含着歉意。房宅的直棂窗上阳光闪闪,从那儿我可以看见绿草坪和游廊的映象。附近的烟囱轻烟袅袅,我心里在思量,不知藏书室里是否已按惯例生起了火。

一只画眉掠过草坪,飞向餐厅窗外的木兰树。我坐在草地上,能够闻到木兰花淡淡的清香。周围静悄悄的,一片祥和的气氛。远处的海湾里传来阵阵涛声。这工夫潮水肯定已经消退了。那只蜜蜂又在我们头上方嗡嗡作声,停下来品尝栗子花蜜。

我心想:"这就是我一直梦想的情景,是我理想中的曼德利的生活。"

我渴望一直坐在这里,不说话,也不听别人交谈,永远记住这珍贵的时刻,因为我们享受到了安宁,像头顶嗡嗡叫的蜜蜂一样悠然和倦怠。再过一会儿,情况就会不一样。明日复明日,岁月更迭,我们的命运也随之发生变化,再也不能像现在这样坐在一起。有的人也许将远走他乡，或经受磨难，或迎接死亡。未来无根无底、无影无形地铺展在我们面前，也许跟我们所期待和规划的完全两样。不过，眼前的这一时刻固若金汤，是不会变化的。我和迈克西姆手拉手坐在一起，什么过去和未来，对我们都无关紧要。这是一个安全、奇特的时间片断，他过后就会忘掉，永远也不会再想起，不会把这当成一个神圣的时刻。他在谈什么要把车道旁的树丛砍掉一些，而比阿特丽斯表示同意，并加进一些自己的建议，同时还把一片草叶向贾尔斯抛去。对他们而言，这只不过是饭后休息，是一个普通下午的三点一刻，跟任何其他的时刻、其他的日子没什么两样。他们和我不一样，并不想保留和珍存这段时光，因为他们心里没有恐惧。

"好啦，我想我们该走啦，"比阿特丽斯把草叶从裙上拂去说，"今天请卡特赖特夫妇吃饭，我可不想误了时间。"

"维拉最近怎么样？"迈克西姆问。

"还不是老样子，逢人便讲她的健康状况。她丈夫现在显得老态龙钟，他们一定会问起你们二位。"

"请代我向他们问好。"迈克西姆说。

我们立起身。贾尔斯抖掉帽上的尘土。迈克西姆打个哈欠，伸了伸懒腰。太阳钻进了云层。我仰望天空，发现老天已经变了脸，布满了鱼鳞状的云块，翻滚的乌云一层一层朝一块聚拢。

"又起风了。"迈克西姆说。

"但愿别碰上大雨。"贾尔斯说。

"恐怕天气要变坏。"比阿特丽斯说。

我们缓步走向车道和等在那儿的汽车。

"你们还没看东厢房装修得怎么样呢。"迈克西姆说。

"上楼瞧瞧去吧,"我建议道,"花不了多长时间。"

我和比阿特丽斯进了大厅,往大楼梯那儿走去,男人们则跟在后边。

比阿特丽斯曾在这儿住过许多年,想起来似乎让人觉得不可思议。小的时候,她跟着保姆在这楼梯上跑上跑下。她在曼德利长大,熟悉这儿的一景一物,无论何时,都比我更有资格做这儿的主人。她的心里一定隐藏着许多回忆。不知她是否追溯过逝去的岁月,是否回忆过那个扎着小辫的苗条女孩。与过去相比,她现在判若两人,成了一个四十五岁的精力充沛、安于现状的夫人……

我们到了东厢房,贾尔斯在过低矮的门道时弓了弓腰说:"太妙啦!装修得相当不错,是不是,比?"

比阿特丽斯对迈克西姆说:"喂,老弟,你可真会摆阔气。新窗帘,新床,所有的一切全是新的。还记得吗,贾尔斯,当年你腿疼,走不成路的时候,我们就住在这个房间?当时这儿肮脏不堪。我的老母亲根本就不懂得什么叫享福。迈克西姆,这地方你从来没让住人吧?过去,家里来的客人太多的时候,总是把单身汉安顿在这里。啧,现在布置得真漂亮。另外,窗外还有玫瑰花园,这始终是一大优势。让我给鼻子扑点粉好吗?"

男人们下楼去了。比阿特丽斯照着镜子说:"这些都是丹弗斯为了你们张罗的?"

"是的。我觉得她干得非常出色。"

"她训练有素,这不足为奇,"比阿特丽斯说,"用用你的梳子,你不介意吧?这两把发刷真漂亮。是结婚礼物?"

"是迈克西姆送给我的。"

"嗯,我很喜欢。我们也得送你一些礼物。你想要什么?"

"哦,我的确不知道。请不必费心。"我说。

"亲爱的,别再傻啦。尽管你们没请我们参加婚礼,我也不至于吝啬得连件礼物都不送!"

"希望你别见怪。迈克西姆当时想在国外办婚事。"

"我当然不会见怪。你们俩倒是非常明智。总之,这不像……"她把话说到半截,手中的包掉在了地上,"糟糕,把锁扣摔坏了吧?还好,没摔坏。我刚才说什么来着?一下子记不起来啦。啊,对啦,我在说结婚礼物。我们得想想送什么东西好。你大概不喜欢珠宝吧?"

我没有回答。她又接着说道:"这和普通的年轻人结婚大不相同。那天我的一个朋友的女儿嫁人,还不是老一套,礼品都是些衬衣、咖啡用具和餐室座椅之类的东西。我送了一盏很漂亮的台灯。那是我在哈罗德百货商店买的,花了五英镑。你如果到伦敦添置衣服,一定要去找卡洛克斯夫人,她的审美力极强,而且不敲竹杠。"

她从梳妆台旁立起身,拉了拉裙子。

"你们是不是打算请许多人来做客?"她问。

"不知道,迈克西姆没说过。"

"那家伙是个怪人,怎么都琢磨不透他。过去,家里宾客盈门,连张空床都剩不下。我简直不明白你们……"她猛然收住了话头,用手拍了拍我的胳膊,才又说道,"好吧,以后再看看情况吧。可惜你不会骑射,太遗憾了。你没有玩过游艇吧?"

"没有。"我说。

"感谢上帝。"她说。

她向门口走去，我跟着她来到了走廊上。

"哪天心情好，一定到我们家去玩，"她说，"我总希望客人能不请自来。人生短暂，我没工夫四处发请帖。"

"非常感谢你的好意。"我说。

我们来到了俯瞰着大厅的楼梯口，看见男人们站在门外的台阶上。贾尔斯喊道："快点走，比。已经掉雨点了，我没打开遮雨棚。迈克西姆说，根据晴雨表天要下雨。"

比阿特丽斯拉起我的手，俯身在我的脸颊上匆匆吻了一下说："再见。亲爱的，请原谅我提了一些无礼的问题，说了一些不该说的话。我做事历来都不讲究策略，这一点迈克西姆会告诉你的。还有，正如我先前讲的那样，你跟我想象的完全不同。"她直视着我，噘起嘴唇吹了声口哨，然后从包里取出一支香烟，"咔嗒"点着了打火机。

"你要知道，"她关上打火机，边朝楼下走边说，"你跟丽贝卡截然不一样。"

我们来到外边的台阶上，发现太阳已遮在了云堆后，空中正下着蒙蒙细雨，罗伯特飞快地跑过草坪去搬椅子。

第十章

我们目送着汽车消失在车道的转弯处。然后，迈克西姆拉起我的胳膊说："谢天谢地，总算走了。你快跑去取件衣服来。该死的雨天，我想出去散散步哩。老是坐着聊天，简直叫人受不了。"他脸色苍白，看上去很疲倦。比阿特丽斯和贾尔斯是他的亲姐姐和姐夫，我不明白招待他们怎么会使他累到这种程度。

"稍等，我上楼去拿衣服。"我说。

"花房里有一大堆雨衣，取一件就行了，"他不耐烦地说，"女人家一进卧室就是老半天。罗伯特，你能不能进花房为德温特夫人取件衣服？前前后后客人们丢下的雨衣总有六七件，全挂在那儿。"说着，他已站到了车道上，冲着杰斯珀喊道："小懒骨头，跑跑路，把身上的膘好好减一减。"杰斯珀知道要去溜达，兜着圈子撒开了欢，歇斯底里地狂吠不止。"别叫啦，蠢东西，"迈克西姆吆喝道，"罗伯特怎么磨蹭了这么长时间？"

罗伯特拿着件雨衣从大厅跑了出来。我忙不迭地穿在身上，整理了一下衣领。雨衣太大太长，但来不及再去换了。我们动身穿过草地向树林走去，杰斯珀跑在前边带路。

"我觉得陪家里人坐坐之后，很长时间就不用见面了。"迈克西姆说，"比阿特丽斯是天底下最好的人，但她总出洋相。"

我不明白比阿特丽斯哪一点得罪了他，可一想最好还是别问。也许，他仍在为饭前有关于他健康的那场谈话恨恨不已。

"你觉得她怎么样？"他问道。

"我非常喜欢她。她对我很好。"

"吃过饭的时候，她在外边都跟你说了些什么？"

"哦，很难讲得清。我觉得大部分时间是我在那儿说话。我谈了范夫人，谈了我们俩是怎么萍水相逢，以及诸如此类的事情。她说我跟她的想象完全不一样。"

"她把你想象成了什么样子？"

"大概是比较漂亮和老练些吧，按她的话就是交际花类型的人。"

迈克西姆一时没吱声，猫下腰捡起一根树枝，扔到远处让杰斯珀去衔回来，最后才说道："比阿特丽斯有时候愚蠢至极。"

我们爬上草地尽头的草坡，钻进了林子。树木非常茂密，林子里光线很暗。我们踏过断枝残叶，不时还踩上刚露头的羊齿草嫩绿的根茎和行将开花的圆叶风铃草的新枝。此刻的杰斯珀悄然无声，用鼻子在地上嗅着。我搭住了迈克西姆的胳膊。

"你喜欢我的发型吗？"我问。

他吃惊地低头望着我说："你的发型？怎么问这个？我当然喜欢。你的发型怎么啦？"

"哦，没什么，我只是随便问问。"我说。

"你可真滑稽。"他说。

我们来到一片林间空地上，这儿有两条方向相反的分道。杰斯珀毫不犹豫地走上了右边的小径。

"不是那条路，快回来，老伙计。"迈克西姆喊叫了起来。

那条狗站在原地回头望着我们，把尾巴摇来摇去，但硬是不肯回来。

"它为什么偏要走那条路？"我问。

"大概是出于习惯吧，"迈克西姆简短地说，"朝前走有个小海湾，我们的一条船曾停泊在那儿。杰斯珀，老伙计，你给我过来。"

我们拐上了左首的小径，谁都没有再言语。隔了片刻，我回眸一瞧，见杰斯珀也跟了上来。

"这条路通向我给你讲过的那个山谷，"迈克西姆说，"马上就可以闻到杜鹃花香。下点雨没关系，反而会使花香更浓。"

现在他情绪似乎又恢复了，显得兴高采烈，成了我熟悉和爱慕的那个迈克西姆。他谈论起了弗兰克·克劳利，夸他是个非常有教养的好人，十分可靠，对曼德利赤胆忠心。

我心想："这情景多美好啊，就像在意大利时一样。"我仰脸冲他微笑，挽紧他的胳膊，见他脸上蹊跷的倦容逐渐消失，内心顿觉释然。我嘴上胡乱应着"对""真的吗""太妙啦，亲爱的"，脑子却又想起了比阿特丽斯，不明白她的来访为何令他不快，不知道她怎么得罪了他。我还想起了比阿特丽斯谈到他的脾气时说的那席话，她说他每年总要发一两次火。

当然，她了解他，因为她是他的姐姐。不过我有自己的看法，认为迈克西姆并不像她所说的那样。我可以想象得出来他闷闷不乐、落落寡合、脾气暴躁的样子，却想象不来她所描绘的那种雷霆大怒的嘴脸。也许她有些言过其实，因为人们对自己亲属的看法往往更主观。

"瞧！你看那儿！"迈克西姆突然说道。

我们站在一个林木苍翠的山坡上，眼前的小径蜿蜿蜒蜒通向一个山谷，谷旁有一条潺潺流淌的小溪。这儿没有黑压压的大树，没有盘根错节的矮树丛，但狭路两侧却可见杜鹃花和石楠花。这儿的石楠花与车道旁的那些血红色的庞然大物不同，它们五彩缤纷，有橙红色的，有白色的，也有金黄色的，显得美艳多姿，在蒙蒙夏雨中低垂着妩媚娇柔的蕊头。

空气中弥漫着花香，甜丝丝的令人昏昏欲醉。我觉得那香馥馥的气味融入了奔腾的溪水中，与落地的雨珠以及脚下湿漉漉的茂盛苔藓合为一体。除了小溪潺潺的流水和淅沥的雨声，周围再也没有别的响动。迈克西姆说话时，把声音压得又低又轻，仿佛不愿打破四下的宁静。

"我们把这里称作'幸福谷'。"他说。我们默默无语、一动不动地站着欣赏近旁洁白的鲜花。迈克西姆弯下腰捡起一片落地花瓣，把它递给我。花瓣被踩躏得皱皱巴巴，卷曲的边沿已经发黑，可我放在掌心揉搓时，仍能闻到浓郁的芳香，清新得宛若树上的鲜花。

这时，传来了鸟儿的啁啾。起先是一只画眉，它清越爽朗的鸣叫在汩汩的溪水上回荡。过了一会儿，藏在我们身后林子里的另一只画眉应和着歌唱起来。顿时，四周的沉寂化成了一片喧闹的鸟语。那叫声伴随着我们步入山谷，白色花瓣的芳香也与我们寸步不离。

这儿的气氛令人神魂颠倒，像是具有魔力一般。我没想到景色竟会如此之美。

此时，空中乌云密布，阴沉沉的，与正午刚过时相比，变化最大。但持续不断的淅沥雨声并不能搅乱山谷中温馨静谧的气氛;雨水与小溪汇为一处,画眉鸟婉转的鸣叫在湿润的空气中回荡,和周围的环境十分和谐。路边的杜鹃花团锦簇,我擦着滴水的花朵朝前走去。小水珠从浸透了的花瓣上滚落到我手上。我的脚下也有花瓣,已经变了颜色,被水泡得发胀,但芬芳犹存,而且更加浓郁、醇厚。另外还有苔藓的香气、泥土的苦涩味、羊齿草梗以及弯弯曲曲埋在地里的树根发出的气息。我拽住迈克西姆的手,一句话也不说。幸福谷使我着了魔。我终于看到了曼德利的精髓,我将熟悉、了解和热爱这块地方。我忘掉了刚来时路上的情景,忘掉了那黑压压的密林以及俗丽、傲然、炫目的石楠花。我也忘了那些宽敞的房宅,那走路时回荡着脚步声的寂静大厅,以及那罩着遮尘布的静得让人不安的西厢房。在那儿我是一个冒昧闯入的外人,在陌生的厅堂房间里蹿来蹿去,坐在人家的桌旁椅上。而此处却另当别论,幸福谷是谁都可以涉足的地方。

我们来到了小路的尽端,鲜花在我们头上方构成拱形顶。我们不得不弯腰从拱顶下钻过。当再次直起身子时,我抹去发上的雨珠,发现幸福谷、杜鹃花以及那些树木被抛在了后边。我们置身于一个狭小的海湾里,脚下是坚硬的白色砾石滩,浪花拍打着前方的海岸,此情此景跟许多星期前迈克西姆在蒙特卡洛对我描绘的一模一样。

迈克西姆低头冲我笑笑,观察着我脸上迷惘慌乱的表情。

"有些吃惊,是不是?"他说,"谁也料想不到会一下子看见大海,这变化太突兀,简直称得上惊心动魄。"他捡起一块石头抛到远处的海滩上,然后对杰斯珀说:"去衔回来,好乖乖。"杰斯珀撒腿跑开,寻石头去了,两只黑色的长耳在风中啪啪作响。

令人痴醉的气氛烟消云散，魔法被解除了。我们又成了两个平凡普通的人，在海滩上嬉戏。我们朝远处抛掷石块，跑到水边玩打水漂的游戏，捞取漂浮的木片。潮水已经返回，在海湾里拍打作声，将小礁石淹没，把水草冲上石滩。我们捞到一大块漂浮的木板，把它拖回高潮线以上的海滩。迈克西姆冲我哈哈笑着，拨开遮在眼睛上的头发。我挽起被海水打湿的雨衣袖子。后来我们回头一看，发现杰斯珀不见了踪影。我们又是喊叫又是打呼哨，但仍不见它出现。我焦急地向海湾口瞭望，只见海浪飞溅在礁石上。

迈克西姆说："它不在那儿，不然我们会看到的。它不会被浪涛冲走的，杰斯珀，蠢东西，你在哪儿？杰斯珀！杰斯珀！"

"可能回幸福谷了吧？"我说。

"它刚才在那块礁石旁嗅一只死海鸥来着。"迈克西姆说。

我们踏着海滩又向山谷走去。迈克西姆边走边喊："杰斯珀！杰斯珀！"

在远处，在海滩右侧的岩石后边，我听见了短促、凶狠的狗吠声。"听到了吗？"我说，"它是从那条路翻过去的。"我说着就顺着狗吠的方向去爬那滑溜溜的礁石。

"回来，"迈克西姆声音严厉地说，"不要往那边走。不要管那条愚蠢的狗。"

我一迟疑，从礁石上朝下望了望说："它也许摔下去了。可怜的小家伙。我去把它抱回来。"杰斯珀又在狂吠，这次声音更远了，"喂，你听，我得去找它。不会出什么事吧？该不会是潮水把它困住了吧？"

"它没事，"迈克西姆暴躁地说，"不要去找它，它知道回家的路。"

我装着没听见,开始攀爬礁石群,向杰斯珀摸去。嶙峋的巨石遮住了视线。我在湿漉漉的礁石上一步一滑、一步一绊地拼命向杰斯珀的方向挣扎。想起来,迈克西姆真够狠心的,竟抛下杰斯珀不管,这让我无法理解。再说,现在正是涨潮的时间。

我攀到那块障眼的巨石旁举目远眺,惊奇地发现前边又是一个小海湾,和我刚离开的那个很相似,只不过稍微宽阔些,形状更圆些。一道石头小防波堤横贯海湾,隔出一个微型天然港。那儿没有停泊船只,仅有一个浮筒。湾里的滩上也尽是白色的砾石,跟我抛在身后的海滩一样,但更为陡峭,突兀地没入海水里。树林与高潮线处杂乱的水草衔接在一起,几乎蔓延到了礁石上。林边有一幢狭长、低矮的房屋,既像渔屋又似船库,和防波堤用的是同一类石料。

海滩上有个人,可能是个渔民,穿着长筒靴,戴着防水帽。杰斯珀在冲他狂吠,围着他转圈子跑,还不时朝他的靴子上扑。那人理也不理,只顾低头在砾石滩上找东西。

"杰斯珀,"我喊道,"杰斯珀,到这儿来。"

那狗抬头望望,摇摇尾巴,却不肯服从命令,仍一个劲纠缠那个孤零零待在海滩上的人。

我回头瞧瞧,仍不见迈克西姆的踪影。我翻过砾石,来到下边的海滩上。脚步落在砾石上发出咯吱咯吱的声响,那人闻声抬起头来,我这才看清他长着一双白痴一般的眯缝小眼,红红的嘴里淌着口水。他冲我笑笑,露出无牙的牙龈。

"你好,"他说,"今天的天气真恶劣,是吧?"

"下午好,"我说,"恐怕天气就是不太妙。"

他不停地傻笑着，饶有兴趣地打量着我说："我在挖贝壳，从上午就开始挖了，但这儿找不见贝壳。"

"哦，我很遗憾。"我说。

"一点不错，这儿没有贝壳。"

"跟我走，杰斯珀，"我喊道，"天不早啦。跟我走，老伙计。"

可杰斯珀正怀着愤怒的心情。也许是风儿和海水惹恼了它，只见它缩回身逃到一旁，汪汪汪吠着，撒腿在海滩上漫无目的地胡乱跑窜。我看出不用绳子牵着它，它绝不会跟我走。于是我把脸转向那个又弓下腰开始毫无成效地挖掘贝壳的汉子。

"你有绳子吗？"我问。

"嗯？"

"你有绳子吗？"我又重复了一遍。

"这儿没有贝壳，"他摇摇脑袋说，"从上午就开始挖了。"他冲我点点头，擦了擦他那淡蓝色的水汪汪的眼睛。

"我想找条绳子拴狗，"我说，"它不肯跟我走。"

"嗯？"他又露出了白痴般的傻笑。

"算啦，这没关系。"我说。

他茫然地瞧瞧我，然后身子倾向前，用手戳戳我的胸口说："我认识这狗，它是宅子里的。"

"是的，"我说，"我想让它跟我回去。"

"它又不是你的狗。"

"它是德温特先生的，"我温和地说，"我想把它带回家去。"

"嗯？"

我又一次呼唤杰斯珀，可它正在追逐一根随风飘舞的羽毛。我琢磨着也许能在船库里寻到绳子，于是便踩着海滩向那儿走去。前边肯定曾经是个花园，可现在杂草丛生，和荨麻混成一片。小屋的窗户被木板钉死，房门无疑也上了锁。我朝上拉了拉插销，心里并不抱多大希望。可出乎我的意料，虽然起先有些不顺利，但房门终究还是打开了。由于门楣太矮，我低着头走了进去。我心想这一定是个普通船库，由于长期不用落满了灰尘，地上堆放着绳索、船台和桨橹。这儿的确满目灰尘，处处脏污，可是却不见绳索和船台。这房间横贯整个小屋，里边陈设着家具。拐角处有张书桌，另外还有一张台桌、几把椅子，靠墙摆着一张沙发床。梳妆台上放着茶杯和盘子。书架上陈列着书，架顶上有几个轮船模型。我当时觉得这儿一定有人住，也许海滩上的那个可怜的人就住在此处。可四处瞧瞧，却不见最近住人的迹象。炉格锈迹斑斑，显然没生过火；落满灰尘的地板上看不见脚印；由于潮湿的缘故，梳妆台上的瓷器蒙上了蓝色的霉点。整个房间弥漫着刺鼻的霉味。蜘蛛在轮船模型上吐丝织网，像是给轮船提供了一副狰狞可怕的索具。这儿没人居住，也没人来。刚才开门时，门上的折叶曾咯吱咯吱响。雨点打击在房顶和护窗板上，发出空洞的响声。沙发床的布料被老鼠咬破，露出锯齿状的窟窿和毛边。屋里空气既潮湿又阴冷，光线幽暗，气氛压抑。我顿生厌恶之感，不想久留。我讨厌雨点击打屋顶发出的空洞声，那声音似乎在房间里回响。我听到炉格也有滴水的声音。

我四处张望寻找绳子，但这儿根本没有可用来拴狗的东西。房间的尽头还有一扇门，我走过去把门推开，心里产生了一丝疑虑和恐惧。我有一种奇怪的不安感觉，害怕无意中碰上什么自己所不愿见到的东西，某种于我有害的可怕东西。

当然，我这种顾虑很荒唐。我推开门，看到的只不过是一个船舱而已。这儿有我曾想象到的绳索和船台，还有两三张船帆、一些护舷用具、一只小船、几罐油漆和一些航海用的七零八碎的杂物。架子上有一团细绳，旁边放着一把生了锈的折叠式小刀。这下可有东西拴杰斯珀了。我打开折叠刀，割下一截细绳，又回到了外间屋里。雨仍在下着，滴落在房顶上和炉架里。我不愿再看那破损的沙发、发霉的瓷器以及轮船模型上的蜘蛛网，于是头也不回地冲出屋子，穿过吱呀响的房门，来到了白色的海滩上。

那汉子停止了挖掘，呆呆望着我，杰斯珀立在他的身边。

"过来，杰斯珀，"我喊道，"听话，好乖乖。"我弯下腰抓住它的项圈，这次它老老实实地听我摆布。

"我在那小屋里找到了些绳子。"我对那汉子说。而他却没有搭腔。

我把绳子松松地拴在项圈上，拉着杰斯珀跟他道了声再见。

那汉子点点头，用白痴似的眯缝眼注视着我说："我看见你进那里了。"

"是的。这没什么，德温特先生不会见怪的。"

"她现在不到里边去了。"他说。

"是的，现在不去了。"

"她出海了，对不对？再也不回来了吧？"他问。

"当然不回来了，你别担心。"我说。

他又弯下腰挖贝壳，咕咕哝哝自言自语着。我穿过砾石滩，看见迈克西姆双手插进衣袋，站在礁石旁等我。

"对不起，"我说，"杰斯珀不肯过来，我只好去找绳子拴它。"

他猛然掉过身，向树林走去。

"不从礁石群翻过去吗？"我问。

"既然到了这儿，为什么还要翻过去？"他气恼地说。

我们经过那座小屋，走上了林间小道。"对不起，耽搁了这么长时间。都怪杰斯珀不好，"我说，"它一个劲冲那个人乱叫。那人是谁呀？"

"他叫本，"迈克西姆说，"是个毫无恶意的可怜人。他父亲曾是护林人，家就住在农场附近。那截绳子是从哪儿搞来的？"

"是海滩小屋里找到的。"我说。

"门开着吗？"他问。

"是的，一推就开了。绳子是在里间屋找到的，那儿还有一些船帆和一只小船。"

"噢，我知道了。"他应了一句就不做声了，过了一会儿才又补充道，"小屋应该是锁着的，门怎么会开着呢？"

我没吱声，因为这不关我的事。

"是不是本告诉你门开着？"

"不是，"我说，"我问的话他好像一句也听不明白。"

"他那是装傻，"迈克西姆说，"只要愿意，他是可以讲出明智的话。他可能经常出入那座小屋，只是不想让你知道。"

"恐怕不是这回事，"我说，"那地方看起来很荒凉，不像有人去过，到处落满灰尘，地上连个脚印也没有。屋里潮湿得厉害，那些书、椅子和沙发怕是要沤坏。那里还有老鼠呢，把一些沙发罩都咬破了。"

迈克西姆没有答声。他大步流星地向前走去，出了海滩，爬上了一个陡坡。这儿的景色与幸福谷迥然不同，黑压压的树木十分茂密，小径旁也没有杜鹃花。雨水从粗大的树枝上重重滴落下来，溅在衣领上，顺着我的脖子朝下淌。我打了个寒噤，那滋味很不好受，像是有个冰冷的手指伸进了领口。由于不习惯攀爬礁石，现在我觉得两腿发痛。杰斯珀因为疯狂地撒欢已累得筋疲力尽，吐着舌头落在了后边。

"杰斯珀，看在上帝的分上，快点走，"迈克西姆说，"你就不能让它加快速度，拉紧绳子或怎么的？比阿特丽斯的话一点不差，这狗养得太肥了。"

"都是你不好，"我说，"你走得太快了，我们跟不上。"

"当初你要是听我的话，而不是发了疯似的爬那些礁石，这工夫我们该到家了，"迈克西姆说，"杰斯珀明明知道回去的路，我简直不明白你为什么偏要去找它。"

"我以为它摔伤了，害怕潮水淹着它。"我说。

"如果有被潮水淹着的危险，难道我会丢下狗不管吗？"迈克西姆说，"我叫你别到那些礁石上去，你现在却累得乱发牢骚。"

"我没有发牢骚，"我说，"不管是谁，就是长一双铁腿，像这样追风逐电般的行路也会累的。还有，我去找杰斯珀的时候，以为你会跟我一道去，谁知你却留在了后边。"

"我为什么非要跟在这该死的狗后边瞎胡跑，把自己累得要死呢？"

"爬礁石找杰斯珀并不比在海滩上追逐漂木更累。"我反驳道，"你说这话只是因为你没有别的借口。"

"傻孩子，我为什么要找借口呢？"

"喔，我不清楚。"我厌倦地说，"我们不谈这个了。"

"不，要把话说清楚，是你先挑起来的。你说我想找借口，这究竟是什么意思？我为什么要找借口呢？"

"大概是为没有跟我一道爬礁石到这边来吧。"我说。

"什么？你为什么以为我不愿到这边海滩来？"

"算啦，迈克西姆，其中的缘故我怎么清楚？我又不是个善于揣测别人心思的人。我只是觉得你不愿过来，从你的脸上可以看出来。"

"从我的脸上能看出什么？"

"我已经告诉你了，我能看出你不愿过来。好啦，到此为止吧。我对这话题腻烦透了。"

"女人家争辩不过别人的时候，总以此为理由。也好，就算我不愿来这边的海滩吧。你该满意了吧？对于这鬼地方或那座该死的小屋，我从不涉足。你要是跟我一样有着相同的经历，你绝不愿意到这儿来，也不愿谈论这地方，甚至连想都不愿想。行啦，你可以把这话消化去啦。但愿这一下你该满意了。"

他面色苍白，眼睛显得疲倦和凄苦，又露出了我初次见到他时的那种阴郁迷惘的表情。我伸出胳膊拉住他的手紧紧地握住。

"求求你，迈克西姆，求求你。"我说道。

"怎么啦？"他粗暴地问。

"我不愿让你这样，看上去太叫人伤心了。求求你，迈克西姆，把我们刚才的话都忘了吧。那是一场无谓、愚蠢的争论。对不起，亲爱的，对不起。我求你振作起来。"

"真该留在意大利，"他说，"永远都不回曼德利。啊，上帝呀,我真蠢,为什么要回来?"

他急躁地穿行于林海中,步子迈得甚至比先前还要大。我只得气喘吁吁地跑着追赶他,眼睛里噙着泪水,用绳子拖着可怜的杰斯珀。

我们终于来到了小径的顶端。只见另有一条小径向左通往幸福谷。原来,我们一路爬上来的这条小径,正是下午刚开始散步时杰斯珀想走的那条路。这时我才知道杰斯珀当初为什么朝这边拐。这条路通往它非常熟悉的那块海滩以及那座小屋。这是一条它走惯了的老路。

我们一言不发地出了林子来到草坪上,又穿过草坪回到屋里。迈克西姆绷着脸,不带任何表情。他对我连看也不看,径直步入大厅,再从大厅到藏书室里。弗里思正待在大厅里。

"马上给我们送些茶点。"迈克西姆说完,便关上了藏书室的门。

我拼命忍住眼泪,不愿让弗里思看见。不然,他一定会认为我们俩吵了架,他会跑到仆人中间把事情传得沸沸扬扬:"德温特夫人刚才在大厅里哭了,看起来好像情况不太妙。"

我扭过身去,不让弗里思看见我的脸。可他却走了过来,动手帮我脱雨衣。

"让我把你的雨衣拿到花房去,夫人。"他说。

"谢谢,弗里思。"我回话时,脸仍背着他。

"今天下午这种天气出去散步恐怕不太好,夫人。"

"是的,的确不太好。"我说。

"这是你的手帕吧,夫人?"他说着捡起了一样掉落在地板上的东西,我顺手装进衣袋里,对他道了声谢。

我踌躇着不知是上楼好还是随迈克西姆之后进藏书室好。弗里思回来见我没动地方，不由露出了惊讶的神色。

"现在藏书室里的火已生得旺旺的，夫人。"

"谢谢你，弗里思。"我说。

我慢吞吞地穿过大厅到了藏书室，推开门走了进去。迈克西姆坐在他的椅子上，杰斯珀卧在他脚旁，那条老狗则卧在篮子里。迈克西姆没有看报，虽然报纸就放在他身边椅子的扶手上。我上前跪倒在他旁边，使两张面孔凑得近近的。

"别再生我的气啦。"我柔声细语地说。

他双手捧住我的脸，低头用他那疲惫困倦的眼睛望着我说："我没有生你的气。"

"我惹得你不高兴，这和让你生气是一样的。你的心被刺伤，悲痛欲绝。我不忍心看你这副样子，因为我太爱你了。"

"是吗？你爱我？"他紧紧搂住我，用阴郁、不安的眼神审视着我，那是受到惊吓的孩子痛苦的眼神。

"怎么啦，亲爱的？你脸色为何这般难看？"

未等他回答，我听见房门开了，于是急忙缩回身去，假装伸手取木柴往火里添。弗里思和罗伯特一前一后走进来，开始了上茶点的那一套仪式。

昨天的一幕又重新上演：摆桌子，铺上雪白的桌布，端上蛋糕、烤面饼以及煨在小火炉上的银质热水壶。杰斯珀摇尾贴耳，以期待的目光望着我的脸。大概过了有五分钟的时间，送茶点的人才走了出去。我瞧瞧迈克西姆，看见他脸上又有了血色，疲倦和迷惘的神情已荡然无存，他正伸手取一块三明治。

"那帮人来吃饭，搅得人心烦意乱，"他说，"可怜的比阿特丽斯老是跟我合不来。我们俩小的时候像狗一样，到了一起就打架。不过我还是非常爱她的，愿意为她祝福。幸好他们住得离这儿较远。说到这里我倒想起来了，我们哪天得去看看祖母。给我倒杯茶，亲爱的，请原谅我刚才的粗暴无礼。"

暴风雨过去了，一场插曲落下了帷幕。那事绝不应该再提起。他喝茶时冲我莞尔一笑，然后拿起了椅子扶手上的报纸。那笑容是对我的奖赏，就像在杰斯珀的脑袋上轻轻拍了一下，意思是说：小狗乖乖，好好卧着，不要再打搅我了。我又成了杰斯珀，成了我原来的角色。我取过一块烤面饼分给两条狗吃。我自己倒不想吃东西，因为我肚子一点也不饿。我蒙袂辑屦，非常疲惫，感到无精打采，浑身乏力。我望望迈克西姆，他仍在看报，已经把报纸翻过去了一页。我的手指沾满了烤面饼上的黄油，于是就把手伸进衣袋摸手帕。掏出来的是一块绣着花边的小手帕，我定睛一看不禁皱起了眉头，发现那手帕不是我的。我想起手帕是弗里思从大厅的石砌地板上捡起来的，它一定是从雨衣口袋里滑落了出来。我把它在手中翻过来查看。这手帕肮脏不堪，上面附着雨衣口袋里的绿色绒毛。它一定在雨衣里放了很长的时间。手帕的角上绣着字，高大斜体字母"R"与"德温特"几个字交织在一起。与其他的字母相比，"R"巍巍峨峨，尾巴从绣花边处甩开，直入手帕的中心。这只是一块小手帕，是个微不足道的东西，被人揉成一团塞进口袋，然后就忘了。

手帕塞入口袋后，我肯定是第一个穿这件雨衣的人。从前穿这件雨衣的女子是个瘦高个儿，肩膀比我宽，因为我发现雨衣又大又长，袖子没过了我的手腕。雨衣上缺几枚扣子，她也没把扣子缝上去，一定把雨衣当作斗篷披在身上，或穿雨衣时不系扣子,敞着怀,双手深深插在衣袋里。

手帕上有一团粉红色,那是口红留下的痕迹。她曾用手帕擦过嘴唇,然后揉作一团塞进了衣袋。就在我用手帕揩我的手指时,注意到上边有一股淡淡的清香。我认出这是一种自己所熟悉的香味,于是闭上眼睛竭力回忆。这是一种飘忽不定、隐隐约约、难以名状的芳香。就在下午散步的时候,我曾呼吸和触摸过这种香气。

接着我恍然大悟,原来手帕上的这种残留香气正是幸福谷里被捻碎的白色杜鹃花瓣发出的芬芳。

第十一章

　　阴冷的雨天持续了整整一个星期,这种天气于交夏之际在西部乡村是很常见的。我们再没有到海滩去过。从游廊和草坪上我可以眺望到灰蒙蒙、阴沉沉的大海,但见拍天大浪卷过海岬处的灯塔,向海湾冲来。我想象着浪头如何倾入海湾,轰然巨响着砸在礁石上,随后又铺天盖地涌向倾斜的海滩。站在游廊上,我可以听见下边大海的呻吟,低沉而凄惨,那声音单调乏味,持续不断,一刻也不停。由于天气恶劣,海鸥也飞到了陆地上来。它们在房子上空转着圈盘旋,发出阵阵哀鸣,拍打着展开的翅膀。此刻我才开始明白,为什么有些人忍受不了大海的喧嚣,那声音有时让人觉得凄怆悲凉,经久不息地滚动,轰轰隆隆,嘶嘶做声,使你的神经永远得不到安宁。幸亏我们的房间坐落在东厢,我探首望窗外,看到的是玫瑰园。在万籁俱寂的夜晚,有时睡不着觉,我就蹑手蹑脚下床摸到窗前,把胳膊支在窗台上,享受那安宁寂静的气氛。

　　在这儿听不见躁动的大海,也正是由于这个缘故,我的心境才一片平静,才不至于去想那条通往灰色海湾和废弃小屋的陡峭的林间小径。我不愿把那小屋记挂在心里,可白天老是想起它。

每当从游廊瞭望大海,它的影子就萦绕在我心间。我会回忆起瓷器上的蓝色霉点、轮船模型桅杆上结的蜘蛛网,以及沙发床上老鼠咬的窟窿。我会想起雨点落在屋顶上发出的啪嗒啪嗒的声响,想起那双水汪汪的眯缝眼和他那白痴般诡秘的笑容。这些回忆令我心神不宁、闷闷不乐。我想忘掉它们,可同时又想知道自己为何心神不宁,为何被它们搅得惴惴不安、郁郁寡欢。尽管我不肯承认,但在我的心底的确埋藏着一粒好奇的种子,那种子在慢慢地、偷偷地长大。我就像孩子一样,听大人说了"这些事情不准谈论"之后,心里疑窦重重,渴望探个究竟。

我忘不了当我们走在林间小径上时,迈克西姆惨白的脸色和迷惘的眼神,也忘不了他的话:"啊,上帝呀,我真蠢,为什么要回来?"怪都怪我只身进了那个海湾,又打开了一扇通往过去的门户。迈克西姆虽然恢复了常态,我们一道生活,吃睡,散步,写信,驱车到村里兜风,朝夕相处,但我知道由于我的莽撞,我们俩之间有了罅隙。

他孤独地处于罅隙的另一侧,我不能够接近他。我神经紧张,生怕说话时不注意,哪句心不在焉的话,哪个不经意的话锋,会使他眼里又露出那种神情。我害怕提到大海,因为大海会使人联想到船只、海滩、溺水……甚至弗兰克·克劳利一天来吃午饭,谈到在三英里开外的克里斯港举行的船赛,也吓得我胆战心惊。我眼睛死死盯着餐盘,立时感到一阵心悸。迈克西姆似乎并不在乎,照样谈笑风生,我却不安地热汗直冒,不知谈完话之后会产生什么样的结局。

记得弗里思离开餐厅,大家正在吃奶酪的时候,我却起身到餐柜那儿再取一些奶酪,这倒不是因为桌上的奶酪已吃光,而是我还想坐在那儿听他们讲话。我嘴里哼着小调，这样就听不见他们谈话的内容了。这样做当然是很荒唐和愚蠢的，带着病态的心理，属于精神病人的过敏性反应，跟我平时乐观的天性格格不入。可我欲罢不能，真不知该怎么办才好。另外，家里一来客人，我就益发怯懦和笨拙，显得手足无措、呆头呆脑。记得刚到曼德利的头几个星期，本郡的左邻右舍纷纷前来拜访。迎接客人、握手寒暄以及半个小时礼节性的交谈，比我起初所预料的还要叫人苦恼，因为我心头又添了新的顾虑，生怕他们说出不当讲的话来。一听见车道上传来汽车的声音，一听见震耳的门铃声，我便惊慌失措地往自己的房间里跑，想起来真是活受罪。我胡乱往鼻子上扑点粉，匆忙梳几下头发，接着必然会听到敲门声，仆人用银托盘送进客人的名片。

"好吧，我马上下楼去。"随后，我啪嗒啪嗒的脚步声在楼梯上响起，一路穿过大厅。我推开藏书室的门，有时则更为糟糕，步入冷冰冰、死气沉沉的长形会客室，在那儿会看到一位或两三位陌生的女人正在等我，有时来客则是一对夫妻。

"你们好！对不起，迈克西姆在花园里，弗里思找他去了。"

"我们觉得必须来向新娘表达我们的敬意。"

我傻笑一声，慌乱地说几句应酬的话，然后就停下来把眼光在屋里扫来扫去。

"曼德利的景色还是这么迷人。你喜欢这地方吗？"

"哦，是的，十分……"我感到怯生生的，可又急于取悦客人，于是女学生的口头禅便脱口而出，什么"啊，来劲""噢，棒极啦""地道"和"没说的"等，这类词从不使用，只用于这种尴尬的时刻。记得我甚至还对一位拿长柄眼镜的老年贵妇人说了声"顶呱呱"。迈克西姆一来，我就感到如释重负，可是却又害怕客人说出不谨慎的话来。我立刻变得沉默寡语，唇边挂着拘谨的微笑，双手放在膝上。客人们会把注意力转向迈克西姆，跟他谈论一些我一无所知的人及地方，还不时向我投来狐疑满腹、大感不解的目光。

可以想象得到，他们驱车离去时会这样议论："老天呀，她是个多么乏味的女人，几乎连嘴也不张。"随后他们又会说，"她和丽贝卡相比真是不一样。"这话最初我是从比阿特丽斯口中听到的。以后萦绕于我心中，从别人的眼中及话里我都能看到这句话的影子。

有时我会收集一些零碎的信息，补充进我内心的秘密仓库。所谓的信息，只是别人随便说出的一个词、一个问题以及不经意的一个短语。如果迈克西姆不在眼前，我在听到这片言只语时会偷偷地感到一种苦涩的欢乐，并为自己暗中积累知识而内疚。

有时我得去回访，因为迈克西姆在这种事情上拘泥于形式，绝不肯让我放任自流。他要是不陪我去，我就得单枪匹马地应付场面。我搜索枯肠寻话说的时候，常会出现冷场。他们问："德温特夫人，曼德利是否打算大宴宾客？"我则回答："不知道，截至目前迈克西姆没怎么提起过。""当然现在还为时过早。在过去的那些日子里，曼德利可谓门庭若市。"又是一阵冷场。"客人们纷纷从伦敦赶来，因为曼德利常举办盛大的聚会。"我支吾道："是啊，我听人这样说过。"在一阵沉默之后，对方又压低嗓门，以议论死者或在教堂里说话时常用的那种声音悄语道："要知道，她非常受人们的爱戴，是个了不起的人。"我说："是啊，的确了不起。"闲坐一会儿的工夫，我会看一眼遮在手套下的手表说："恐怕我该走了，都四点多啦。"

"不留下来喝茶吗？我们每天四点一刻用茶。"

"不，不，真的，非常感谢。我答应过迈克西姆……"我的话拖泥带水，不是个囫囵话，但意思双方都心照不宣。宾主站起身来，彼此都明白无论是挽留喝茶还是借故辞行均为虚伪的客套。有时我心想，如果把礼仪抛到一旁，会出现什么样的情况呢？譬如，我坐上了汽车，并向站在门阶上的女主人挥手告别之后，却突然又打开车门说："我决定还是不回去了。走，再到客厅里坐坐去。如果你愿意，我就留下吃晚饭，或今天夜里在你们家留宿。"

我常常纳闷，不知礼貌周全、温文尔雅的女士是否能经受得住这种意外的变化，呆板的脸上是否会堆起欢迎的假笑。"当然好啦！你提出来，真让人感到高兴！"我真希望自己有胆量试这么一次，但实际上却总是"砰"地关上车门，随后，汽车沿着平展的沙砾面车道徐徐驶去，女主人则松一口气，回到屋里，又恢复了原来的样子。

邻近一个小镇上的教主夫人曾经这样对我说："依你看，你丈夫是否打算在曼德利举办化装舞会？每一次舞会的场面都极为壮观，让人终身难忘。"

我只好笑了笑，仿佛非常了解情况似的说："我们还没决定呢，要做的事情以及要讨论的问题实在太多了。"

"是啊，我想也是的。但我希望不要把这件事情束之高阁。你得多给他吹吹风。去年当然是没举办成，可我记得两年前我和主教去参加过一次化装舞会，那场面太令人着迷了。曼德利举办那类盛会,是个得天独厚的地方。大厅宏伟堂皇,人们在里边翩翩起舞,柱廊里乐声袅袅,一切都是那么和谐美好。组织那么大的活动的确不容易,但大伙儿全都有口皆碑。"

"是呀,"我说,"这事我得问问迈克西姆。"

我想起了起居室的写字台上那个贴着标签的鸽笼式文件架,脑海里出现了一沓沓的请柬和长长的一串姓名、地址,仿佛看见一个女人坐在写字台旁,在她想邀请的人的名字旁边画钩,然后取过请柬,把笔在墨水里蘸一下,以龙蛇之笔挥毫疾书。

教主夫人说:"有一年夏天,我还到曼德利参加过一次游园会。那是一次别开生面的活动,鲜花争奇斗艳,姹紫嫣红,阳光明媚灿烂,大家围坐在玫瑰园的小桌旁品茶。那主意新颖别致,真是出得太妙啦。当然,她那个人脑袋瓜灵……"

她打住话头,脸上微微泛红,担心自己的话说得不妥帖。为了避免出现尴尬的局面,我立刻表示同意她的见解,壮起胆子、厚着脸皮说:"丽贝卡一定是个了不起的人物。"

我简直不能相信,自己最后终于说出了她的名字。我吐出了这个名字,响亮地说出了"丽贝卡"这几个字。我深深松了口气,仿佛经过洗礼,摆脱了一种令人无法忍受的痛苦。丽贝卡!我把这名字从嘴里说了出来。

不知主教夫人是否瞧见了我脸上的红晕,但见她管自侃侃而论。我则如饥似渴地听着她的谈吐,就像躲在关闭的窗户下偷听一样。

"你从没见过她的面吗?"她问。当我摇头时,她迟疑了片刻,显得有些为难,不知该怎么往下说。"其实我们跟她并不很熟,因为主教来此地任职才四个年头。不过,我们去曼德利参加舞会和游园会时,她对我们待之以礼。有一年的冬天,我们还赴过一次宴会。她的确是一个非常可爱的人,浑身充满了活力。"

"还有,她好像对所有的事情都很精通,"我摆弄着手套上的纹饰说道,声音显得漫不经意,表示我不是个斤斤计较的人,"像她那么聪明美丽且又热衷于交际的人,是不常见的。"

"是啊,我想也是的,"主教夫人说,"她不愧为一个才华横溢的人。现在我还能想起开舞会的那天晚上的情景。她站在台阶下跟客人们一一握手,乌云一般的头发衬托出冰肌玉肤,一身衣服非常合体。她的确有一副闭月羞花的姿容。"

"她还亲自料理家务呢。"我微笑着说,仿佛在显示"瞧,我一点没醋意,经常跟人谈起她哩"。接着,我又说:"当家理财一定耗去了她大量的时间和精力。我就不行,把家务都交给了管家。"

"噢,其实一个人不能事事操心。你还非常年轻,不是吗?毫无疑问,你终究会安顿下来的。再说,你有自己的嗜好,对吧?听人讲你喜欢画素描。"

"哦,那算不上什么。我不会有大的造诣。"

"这可是一种很好的小小天赋,"主教夫人说,"并非人人都能挥毫作画。你千万不要把它丢了,曼德利处处美景,都可以上画。"

"是啊,大概是这样的。"我说,心里被她的话弄得郁郁不乐。我眼前蓦然浮现出一幅幻景:我拿着折凳信步穿过草坪,一边腋下夹着盒铅笔,另一边夹着她所说的那种"小小天赋"。所谓的天赋让人听起来像是病态的癖好。

"平时喜欢玩野外游戏吗?会骑射吗?"她问。

"不会，"我说，"那种活动我是不沾手的。我只喜欢散步。"岂不知，散步跟骑射相比有天地之别，让人大为扫兴。

她却轻快地接口说："散步是世界上最好的一种锻炼，我和主教也经常散步哩。"而我心里在想：那位主教大人是否头戴宽边铲形帽，脚蹬绑腿式长筒靴，胳膊上挎着娇妻，一圈一圈绕着教堂散步呢？接下来，她开始讲起他们夫妇俩多年前到彭奈恩山区度假，如何每天平均走二十英里的往事。我频频点头，脸上挂着礼貌的微笑，却不知彭奈恩是个什么样的地方，心想大概跟南美洲的安第斯山脉差不多吧。过后我才想起，在中学的地图册上涂着粉红色的英国中部有一条用毛边线标出的山脉，那就是彭奈恩。在那个地方行路，主教可能始终都戴着他的那顶帽子，穿着那双靴子。

谈话至此，不可避免地出现了冷场的局面。客厅里的时钟以刺耳的声音报了四点钟，我又没必要地看了看手表，从椅子上站起说："很高兴到你们这儿做客，希望你们有空到我们家去。"

"我们求之不得，只不过主教老是忙得不可脱身。请代我向你丈夫问好，一定要让他把舞会再办起来。"

"好的，我一定会的。"我撒着谎，假装自己对舞会的事情非常了解。回家的路上，我蜷缩在汽车的角落里，一边啃大拇指的指甲，一边幻想着曼德利办舞会的情景：大厅宾客满堂，都穿着化装舞服，欢声笑语不绝于耳，柱廊里音乐绕梁；晚宴可能设在客厅里，靠墙放着自助餐长条桌；可以看见迈克西姆站在楼梯前笑着和宾客们握手，还不时转过脸望望身旁的一个人，那人高高的个子，袅袅婷婷，披一头黑发，正如主教夫人说的，乌云一般的头发衬托出冰肌玉肤；那女人眼观六路，无微不至地招待着她的客人，时而回过头对仆人发号施令；她没有一丝一毫的窘态，举止雍容典雅，翩翩起舞时在空气中留下白色杜鹃花的那种淡淡的芳香。

"你们准备不准备邀四方客人到曼德利，德温特夫人？"我仿佛又听见了我曾经拜访过的住在克里斯另一侧的那个女人富于暗示、十分好奇的声音，仿佛又看见她态度暧昧、目光疑惑地从头到脚打量我，用世人审视新娘的眼光飞快朝我的腹部一瞥，看我是否怀了身孕。

我今生今世都不愿再见到她，不愿再见到任何一个她这类的娘儿们。她们到曼德利来，只是想寻根究底，打探别人的隐私。她们喜欢用挑剔的目光观察我的相貌、举止和身材，看我和迈克西姆关系如何，是否相亲相爱，这样，她们回去后在议论我们时便可以大发感慨："啊，曼德利今不如昔喽。"她们拜访我们，只是因为她们想把我跟丽贝卡做一番比较。

我决定再也不做这类回访了，这事得跟迈克西姆谈清。我才不管她们是否觉得我粗鲁无礼呢。这会给她们更多挑剔的借口、更多议论的资料，把我视为一个缺乏教养的人。她们会这样说："这也难怪，你不想想她是什么货色。"接着，一声冷笑，耸一耸肩膀。"亲爱的，难道你不知道吗？他是在蒙特卡洛或什么地方把她捡回来的。当时她身无分文，跟着一个老太婆当女伴。"又是一声冷笑，对方挑起了眉梢。"胡言乱语，不会是真的吧？男人们实在太古怪了。特别像迈克西姆那样的人，平时多挑剔呀，丽贝卡死后，他怎么会干出那种傻事？"

我不在乎，也不计较，任她们怎样说吧。当汽车驶入曼德利的铁门时，我抬起身子冲在门房里的那个女人微笑。她正弯腰在屋前园子里摘花,听见汽车响便直起了身子,可是却没有看见我的微笑。我挥手致意,她却目光空洞地望着我发呆,大概是不认识我。我又缩回到了座位上。汽车继续沿着车道行驶。

来到一个狭窄的转弯处时,我看见前方不远的地方有个男人在车道上行走。原来是代理人弗兰克·克劳利,他听见汽车声,便停住了脚步。司机减慢了车速。弗兰克·克劳利看见我坐在车上,摘下帽子冲我笑了笑,似乎显得很高兴。我也冲他笑了笑。他见到我感到高兴,这让我觉得快慰。我喜欢弗兰克·克劳利,并不像比阿特丽斯那样觉得他枯燥乏味或缺乏情趣,也许因为我本人就是个乏味的人吧。我们俩一样,谁都不善于辞令,正所谓物以类聚,人以群分。

我敲敲窗玻璃,叫司机把车停下。

"我下车陪克劳利先生走回去。"我说。

克劳利为我打开车门问:"去做客了吗,德温特夫人?"

"是的,弗兰克。"我说。我叫他弗兰克,是因为迈克西姆这样称呼他,可他老尊称我为德温特夫人。唉,他就是这种人。即使我们俩被抛在荒岛上,在那儿朝夕相处度过我们的余生,我还照样是他的德温特夫人。

"我刚才去拜访主教,他碰巧出了门,他的夫人在家。那两口子特别喜欢散步,在彭奈恩山区的时候,每天都走二十英里的路。"我说。

"我对那一带不熟悉,"弗兰克·克劳利说,"听人讲周围乡村的景色十分迷人。我的一个叔叔曾在那儿居住过。"

弗兰克·克劳利讲话总是这个样子,四平八稳,平平淡淡,滴水不漏。

"主教夫人想知道，曼德利什么时候再举办化装舞会。"我用眼角的余光观察着他说，"她声称自己参加了上一次的舞会，玩得十分开心。我以前不知道这儿还举办化装舞会，弗兰克。"

他回话前犹豫了一下，神色有些不安，隔了一会儿才说道："哦，有这么回事。曼德利的化装舞会通常是一年一度，郡里的人云集于此，还有很多客人来自伦敦，的确是个盛大的场面。"

"筹办舞会，一定花费了很大的精力。"我说。

"是的。"

"大概主要由丽贝卡操持吧？"我以漫不经心的口气问道。

我直视前方的车道，但却可以感到他把脸转向了我，仿佛想从我的表情中看出点什么。

"我们大家都非常努力。"他不动声色地说。

他说话时的态度有点叫人感到可笑的矜持，那腼腆的神色使我想起了自己。我突发一念：他是不是爱上了丽贝卡。要是真有此事，那么换上我，也会用这种声音说话。这一念头引出了许多新的猜疑。弗兰克·克劳利如此羞怯和呆板，决不会向任何人谈自己的心事，更不会向丽贝卡倾吐衷曲。

"要是举办舞会，恐怕我发挥不了多大作用，"我说，"无论筹办任何活动，我都是个酒囊饭袋。"

"你不必操持，只需保持原来的样子，应付场面就行了。"他说。

"承蒙你的好心安慰，弗兰克，可我恐怕连这一点也做不好。"

"我认为你一定能做得非常出色。"他说。

啊，亲爱的弗兰克·克劳利，他讲话是多么得体，多么会体贴人呀！我差点要相信了他的话，但又想到他可能是在宽慰我。

"你能不能问问迈克西姆办舞会的事情？"我说。

"你为什么不自己问呢？"

"不，我不想问他。"

我们沉默了下来，沿着车道徐徐前行。我既然破了戒，说出了丽贝卡的名字，先是在主教夫人面前，现又当着弗兰克·克劳利，这一来我心里就涌起了强烈的冲动，老想提这名字。这名字给我以异样的满足，使我感到兴奋。此刻，我心里清楚，过不了一时半会儿，我会又一次提到这个名字。

"前几天我到海滩上去了，"我说，"就是筑着防波堤的那片海滩。杰斯珀真叫人生气，老是冲着一个可怜的人狂吠，那人长着一双白痴的眼睛。"

"你指的一定是本。"弗兰克说，声音此时已经非常自然了，"他总是在海岸边游荡。他是个大好人，你不必害怕他，他连只苍蝇都不愿伤害。"

"其实我并没有害怕。"我说。我嘴里哼着小调以增加自信心，过了一会儿才又轻描淡写地说："恐怕那座小屋会烂掉的。那天我进去找绳子什么的要拴住杰斯珀，却发现瓷器上结了霉斑，书也一点点在腐烂。为什么不采取点措施呢？东西烂掉多可惜呀。"

我知道他不会立刻回答。果然见他弯下腰去系鞋带。我做出一副样子，假装端详灌木上的一片叶子。

"我想，如果迈克西姆打算采取措施，他会告诉我的。"他一边摸摸索索地系鞋带一边说道。

"那些全是丽贝卡的东西吗？"我问。

"是的。"

我扔掉那叶子，又随手摘了一片在掌心里翻来覆去摆弄着。

"她用那小屋做什么？"我问，"屋里好像家具齐全。从外边看，我还以为是个船库呢。"

"原先的确是个船库，"他说，声音又变得局促不安，似乎对这个话题感到很不自在，"后来……后来她把小屋改装成了现在的样子，放入家具和瓷器。"

我原来想着他会称丽贝卡的名字或称其为德温特夫人，可是他总用"她"相称，这让我觉得蹊跷。

"她是不是常用那地方？"我问。

"是的，她常去那儿，举办月光野餐会以及……以及一些别的活动。"

我们又并排走在了一起，我嘴里仍哼着小调。"多有趣啊！"我用愉快的口吻说，"月光野餐会一定非常具有诗情画意。你参加过吗？"

"去过一两次。"他说。他的态度变得十分静默，显得不愿谈这种事情，我却假装没留意到。

"小港湾里怎么只有浮筒？"我问。

"那儿曾经拴过船。"

"什么船？"

"她的船。"

一种奇怪的激动感涌上我的心头，觉得必须追问下去。我知道他不愿谈这种事，可尽管我为他难过，并为自己的行为震惊，却还要盘根问底，因为我无法就此罢休。

"船到哪里去了？"我问，"她淹死的那天，是不是开的那

蝴蝶梦　159

只船？"

"是的，"他平静地说，"当时船翻了，沉到海底，她落到了水中。"

"那船有多大？"

"约三吨级，上面有个小船舱。"

"它是怎么翻的？"我问。

"海湾里也会起大风大浪的。"

我脑海中出现了那泛着泡沫的碧绿色的大海，仿佛看见一股股的水流冲过海岬。狂风是否骤起，形成风道从山上的灯塔处吹了下来？小船张着白帆在风浪大作的海面上飘摇，颤抖，是否最终葬身于狂风之下？

"没有人能去救她吗？"我问。

"没人看见她航海，也没人目睹那次海难。"

我留着心眼，不去盯着他看，害怕他瞧见我脸上惊讶的表情。我一直都以为事情发生在一次船赛中，参赛的还有别的从克里斯来的船，人们从悬崖上观看赛况。我不知道她竟是孤零零的一个人在海湾里驾船。

"家里该有人知道呀！"我说。

"没人知道。她常常一个人出海，不一定什么时候回来。夜间就宿在海滩小屋里。"

"她不害怕吗？"

"害怕？不，她什么都不怕。"

"那么……迈克西姆就愿意让她一个人出海吗？"

他迟疑了片刻，然后简短地说了声不知道。我有一种感觉，他在为什么人保守秘密。是为迈克西姆、丽贝卡，还是为他自己呢？不知为什么，他的行为有些古怪。

"她一定是在船沉后往岸边游的时候淹死的吧？"我问。

"是的。"

我知道遇到这样的天气小船会左摇右摆，葬身于海底，海水涌入驾驶舱，在骤起的狂风里，船帆会把船体朝下压。当时，海湾里一定漆黑一片。对于一个拼命游水的人而言，海岸一定显得非常遥远。

"过了多长时间，才发现她的尸体？"我问。

"大约两个月。"

两个月！我以为淹死的人只消两天就会被人发现，因为尸体会在涨潮时被冲到岸边来。

"是在哪个地方发现的？"我问。

"埃奇库姆比附近，离此地约四十英里的海峡里。"

我七岁的时候曾到埃奇库姆比度过假。那是个大地方，有一个码头，还可以看到毛驴。记得那时我还在沙滩上骑过毛驴呢。

"隔了两个月，怎么能知道是她呢，尸体是怎么认出来的？"我问。

不知为什么，他每说一句话都要略加犹豫，仿佛在斟词酌句。难道他真的爱她，对她的死悲痛欲绝？

"迈克西姆到埃奇库姆比认的尸。"他说。

我突然不想再问了，为自己的行径感到恶心，既恶心又厌恶。我就像个瞧热闹的人，站在人圈外好奇地观看一个被车撞倒的人；又像是廉价公寓里的穷房客，听说死了人，就问能不能看看尸体。我痛恨我自己。我提的问题有失身份，叫人感到可耻。弗兰克·克劳利一定会为此而瞧不起我。

蝴蝶梦　161

于是我赶快说:"那段日子对你们而言都不好受。你大概不愿再回首往事。我这里只不过是想问问能不能对那座小屋采取点措施,看着家具受潮烂掉怪可惜的。"

他没有言语。我觉得浑身燥热难受。他一定觉察出我并非因为关心那座空屋才提了这许多问题,而他此刻的沉默正说明对我的行为感到震惊。我们之间建立了自然、稳固的友谊,我把他视为盟友,而今这一切竟毁于我手中,他对我的印象再不会和从前一样了。

"这条车道真长啊,"我说,"总使我想起格林童话中王子走迷了的那条森林小径。想着快到了,但总是遥遥无尽头,另外还有这黑压压、密匝匝的林木。"

"是的,这样的车道是有些罕见。"他说。

可以看得出来他仍存有戒心,等待着我的进一步发问。我们之间出现了不容忽视的困窘局面。看来得设法弥补,即使忍屈含辱我也在所不惜。

"弗兰克,"我不顾一切地说,"我知道你心里在想什么。你无法理解我刚才为什么要问那许多事情。你一定觉得我具有病态的好奇心,说话做事卑鄙可憎。我向你保证不是那回事。只是因为……因为我有时觉得自己处于一种十分不利的环境中。在曼德利居家过日子,一切对我十分陌生,跟我自小所习惯的生活截然不同。每当我像今天下午那样回访客人的时候,总觉得他们在上下打量我,似乎在琢磨我在曼德利能取得多大成就。我仿佛听到他们说'迈克西姆究竟看上了她哪一点'。弗兰克呀,后来连我也开始纳闷、怀疑,产生了一种赶也赶不开的可怕念头,认为自己不该嫁给迈克西姆,认为我们不会得到幸福。每一次和生人见面，我都清楚他们有一个共同想法——她跟丽贝卡相比差得太远！"

我气喘吁吁地收住了话头，为自己的突然发作略微有些惭愧。我破釜沉舟，再也没有退路了。

他把脸转向我，表情十分关切，却又顾虑重重。

"德温特夫人，千万别这么想，"他说，"就我而言，你和迈克西姆结婚，我心里说不出有多高兴。他的生活会因此大为改观。我坚信你们一定能过得幸福美满。依我看，遇到你这样的一个不太……"他脸一红，想找个适当的字眼，"不如这样说吧，一个不太熟悉[1]曼德利情况的人，既新鲜又有趣。如果周围人对你评头论足，使你感到不快，那……那他们这是太无礼了。我从没听到一句微词，要是让我碰上，我会特别当心，再不许他们胡说八道。"

"谢谢你的好心，弗兰克，"我说，"你的话给了我极大的安慰。我觉得自己非常笨，不善于待人接物，因为以前没必要和人接触。我心里老是在猜想曼德利从前的情景。过去的女主人无论是出身还是教养都无愧于这座庄园，处理问题轻松自如。我天天都在想，我所缺乏的自信、仪态、美貌和聪明才智她全都具备——啊，这些素质对于一个女人是何等重要！没办法呀，弗兰克，没办法。"

他没吭气，仍带着关切和心事重重的表情。后来他掏出手帕擤了擤鼻子说："你不应该有此言论。"

"为什么不？难道这不是事实？"

---

[1] 此处为法语。

"你所拥有的素质同样重要,甚至比那些还重要得多。也许我说话有些冒失,因为我对你并不十分了解。我是单身汉,对女人知之不多。你知道,在曼德利这地方,我的生活比较单调,但要让我说,善良、诚恳以及——请恕我冒昧——以及谦逊,对于男人,对于做丈夫的来说,其价值远远大于天底下任何一种才智和美貌。"

他看上去情绪亢奋,又擤了擤鼻涕。我的话不仅搅乱了我自己的心情,现在看来对他的震动却更大,一旦意识到这一点,我反倒平静了下来,产生了一种优越感。我不明白他为何如此小题大做。毕竟我没说多少话呀,只不过表露了些继承丽贝卡位置后内心的不安全感罢了。他安在我身上的这些素质一定是丽贝卡的长处。她一定是个善良、诚恳的人,要不怎么交那么多朋友,怎么那样受人爱戴。至于说谦逊,我吃不准他指的是什么,这个词我始终弄不明白。我总觉得这个词的意思从某种程度上是指,在到浴室的路上,走廊里碰上人要跟人打招呼……可怜的弗兰克呀。比阿特丽斯曾说他是个枯燥乏味的人,连句风趣的话都说不出来。

"这个……"我有些不好意思说,"你举的那些优点我还是不明白。我觉得我并不太善良,也不特别诚恳,至于谦逊,那是因为我选择的余地一直都不宽敞。单身住在蒙特卡洛的旅馆里,遇上个男人便匆匆忙忙结了婚,这总不能算是十分谦逊吧?不过,也许你并不愿考虑这种情况。"

"亲爱的德温特夫人,你应该清楚,我从不认为你们的相遇有什么摆不上台面的地方。"他低声说。

"不,你当然不会那样想。"我表情庄重地说。亲爱的弗兰克呀,我八成是吓着了他。"摆上台面"——多么典型的弗兰克式语言!这让人立刻会想到台面下发生的事情。

"我坚信,"他话刚出口便犹豫了一下,仍然显出忧心忡忡的样子,"我坚信,迈克西姆要是了解了你的心情,一定会非常担忧、非常痛苦的。现在他大概还一无所知。"

"你不会告诉他吧?"我慌忙问。

"不会,当然不会。你把我当成什么人啦?可你要明白,德温特夫人,我非常了解迈克西姆,目睹他经历过了许多……心理上的变化。他要是发现你在为……哦……为往事担忧,那比任何事情都会令他伤心。这一点是毋庸置疑的。现在,他看起来气色很好,身体非常健康。不过,莱西夫人那天说的话也是对的,去年他已到了崩溃的边缘。当然,她当着他的面说那些话未免有些失策。所以,你对他是举足轻重的。你年轻,生气勃勃,而且通情达理,与过去的事没有一丝一毫的瓜葛。忘掉吧,德温特夫人,把过去忘了吧。感谢上天,他以及我们大家,都把往事抛在了身后。谁都不愿再缅怀过去,迈克西姆尤为如此。全要靠你领着我们摆脱过去,而不是再把我们送回过去的漩涡。"

他是对的,他当然是对的。亲爱的好人儿弗兰克,我的朋友、我的助手!我自私自利,神经过敏,好一个自卑心理的牺牲者。

"我早该把这些跟你谈清。"我说。

"那就好啦,"他说,"那可以使你少受些痛苦。"

"我现在感到心情愉快,愉快得多了。无论发生什么事情,你都是我的朋友,对吗,弗兰克?"

"对,责无旁贷。"他说。

我们走出幽暗的树林,车道又豁然明朗起来,前边闪现出了石楠花。那些石楠花已成强弩之末，全盛期已过，显得有点凋败。待到下个月，花瓣将一片片从硕大的花盘上飘落，园工会前来清扫。石楠花的美是短暂的，持续不了很长时间。

"弗兰克，"我说，"在结束这场谈话之前，也许是永远结束吧，你能不能答应我，如实回答我一个问题？"

他一愣神，用狐疑的目光望了望我说："这多不公平。也许你提的问题我无法回答或不可能回答呢？"

"不，不是那类问题。不涉及个人隐私或那一类性质的事情。"

"好吧，我尽力而为。"他说。

我们来到了车道的开阔处，曼德利跃然眼前，在草坪的怀抱中显得宁静、祥和，像往常一样以它对称典雅的美和朴实无华的风姿令我嗟叹不已。

阳光在竖棂窗上闪烁，爬满地衣的石墙上染上了一抹柔和、微弱的光辉。藏书室的烟囱里飘出一缕淡淡的青烟。我啃着大拇指的指甲，从眼角观察着弗兰克。

我以很随便的声音毫无顾虑地说："请你告诉我，丽贝卡非常美丽吗？"

弗兰克沉吟良久。我看不见他的面部，因为他把脸掉开朝着房宅。

"是的，"他慢吞吞地说，"她大概是我一生当中所见过的最美丽的女人。"

我们步上台阶，走进了大厅，我摇铃唤仆人送点心来。

第十二章

我不常见丹弗斯夫人的面。她闭门索居，很少出来。她仍然每天往起居室打电话，并把菜谱交给我过目，走一下形式，但我们的接触仅限于此。她为我雇了个贴身女佣，名叫克拉丽斯，是庄园里某个下人的闺女。那姑娘性格文静，举止得体，感谢上帝，从没给人当过女佣，所以不懂得那一套量人度物的可怕准则。整个宅子里，只有她对我怀有几分敬畏感。在她眼里，我是女主人，是德温特夫人。别人的流言蜚语可能没有对她产生影响。她离开家门很长时间，在十五英里外的姑妈家长大，在某种程度上和我一样，也是曼德利的陌生人。和她在一起，我感到轻松自如。我可以不在意地对她说："喂，克拉丽斯，能帮我补补袜子吗？"

先前的女佣艾丽斯总是摆着盛气凌人的架势。我常常从抽屉里偷偷取出衬衫和睡衣自己缝补，而不敢劳驾她。有一次，我看见她把我的一件衬衫搭在胳膊上，仔细查看那低劣的质料和寒碜的花边。我永远也不会忘记她脸上的表情。她看上去有些震惊，仿佛她自己的尊严受到了重创。我以前对内衣从不留意，只要干干净净、齐齐整整就行，至于衣料如何或有无花边，对我是无所谓的。书本上的姑娘嫁人时，要准备十几套衣服作为嫁妆，而我对这些却不闻不问。艾丽斯脸上的表情给我上了一课，于是我赶紧给伦敦的一家商店写信索取内衣目录。待我把衣服选好时，艾丽斯不再服侍我了，克拉丽斯接替了她的位置。为了克拉丽斯而购置新衣似乎是一种浪费，所以我把目录表塞进抽屉，再也没给商店写信。

我常怀疑艾丽斯把这事张扬了出去，使我的内衣成了仆人们的热门话题。这种事见不得人，得趁男人们不在跟前的时候，压低嗓门悄悄议论。其实，艾丽斯过于孤傲清高，不会让这事落为别人的笑柄。例如，她和弗里思之间就从未有过"把衬衫拿去"这类不文不雅的对白。

不，我的内衣酿成的比较严重的事件，更像秘密审理的一桩离婚案……我暗自庆幸艾丽斯把我交给了克拉丽斯管理。克拉丽斯连真假花边都辨不清。丹弗斯夫人雇来了她，真是设身处地地为人着想。她一定认为我们可以成为意气相投的伴侣，是天造地设的一对。现在我知道了丹夫人讨厌我、恨我的原因，心里感到轻松了一些。原来，她恨的并非我本人，而是我所代表的一切。她对任何一个取代丽贝卡位置的人，都会一视同仁。至少在比阿特丽斯来吃饭的那天，我从她的话里听出了这层弦外之音。

"你知道吗？"比阿特丽斯说，"她对丽贝卡崇拜得五体投地。"

那话当时吓了我一跳，有点出乎我的意料。可后来一细想，我对丹夫人的恐惧便逐渐减弱了。我开始为她感到难过，可以想象得到她心里的感觉。每当听到有人唤我"德温特夫人"，她一定很伤心。她天天早晨给我打内线电话，而我回答"是的，丹弗斯夫人"的时候,她一定在想着另一个人的声音。她穿堂越室,到处都看得见我留下的踪迹——窗前座位上的帽子、椅子上的编织袋。这一切都会使她联想起另一个曾经也这般留印迹的人。甚至连我这个从未见过丽贝卡的人也会浮想联翩。丹夫人熟悉她的步态和声调,她眸子的色泽、脸上的微笑以及头发的质地。我对这些都一无所知,也没打听过,可有时我跟丹夫人一样,觉得丽贝卡的音容笑貌历历如在眼前。

弗兰克让我忘掉过去,我自己也想把往事置之脑后。可弗兰克不必像我一样天天坐在起居室,触摸那支她曾经握过的钢笔。他不必把手放在墨台上,两眼盯着鸽笼式文件架上她留下的笔迹。他不必观看壁炉架上的烛台、钟表、插着鲜花的花瓶以及挂在墙上的油画,日复一日地回忆:这些东西都属于她,是她亲手挑选来的,跟我没有一点缘分。吃饭时他不必坐在她的位置上,手执她曾经用过的刀叉,不必用她的杯子饮酒喝茶。他没有穿过她的衣服,没有在衣袋里发现她的手帕。他没有像我一样留意到那条瞎眼老狗茫然的目光,它卧在藏书室的篮子里,听见我的脚步声——一个女人的脚步声,便抬起头嗅嗅空气,随后又把脑袋垂下,因为我不是它所期待的那个人。

烦琐的小事本身又无聊又没意思,然而却明摆在那里,使你没法熟视无睹、充耳不闻和无动于衷。苍天在上,我实在不愿意把丽贝卡想来想去。我渴望幸福,也希望使迈克西姆幸福,渴望和迈克西姆朝夕相处、形影不离。这是我心中唯一的愿望。可是我却禁不住会想到她的音容笑貌,梦见她的婷婷倩影。我在她踩过的小径上漫步,在她躺过的床上休息,禁不住会觉得自己在曼德利——我的家里——竟像是一个外来的客人,静候着女主人的归来。闲言碎语和责难数落，每时每刻、每日每夜都会使我想到自己的处境。

"弗里思，"一个夏日的上午，我抱着满怀的丁香花走进藏书室说，"弗里思，在哪儿可以找到大花瓶盛这些花？花房里的花瓶都太小了。"

"向来都是用客厅的那个白色雪花石膏瓶盛放紫丁香，夫人。"

"不怕弄坏吗？闹不好会摔碎的。"

"德温特夫人一直用的都是那只花瓶。"

"噢，我明白了。"

于是，石膏花瓶被送了来，里面已经灌了水。我把清香的丁香花插入瓶中，一枝一枝地整理顺溜，紫红色的花瓣发出浓郁香味充斥了房间，与那种从敞开的窗户飘入的刚整修过的草坪散发出的芬芳融合在一起。我不由暗自心想："丽贝卡也这样做过。她跟我一样，也是把丁香花一枝枝插入这白花瓶。我只不过是步了别人的后尘。这是丽贝卡的花瓶，丽贝卡的丁香花。"她一定跟我一样信步走入花园，头上戴的软檐园艺帽就是我有一次在花房的柜中看到的压在一些旧垫子下边的那顶。她踏过草地向紫丁香花丛走去，也许还哼着小调，吹口哨召唤后边的狗跟上来，手里拿着我现在正握着的这把剪刀。

"弗里思，能把窗口处的书架从桌旁移开吗？我要把花放在那儿。"

"德温特夫人总是把石膏花瓶摆在沙发后的桌子上。"

"哦，这个……"我手捧花瓶犹豫起来。弗里思的脸上毫无表情。当然，如果我说我喜欢把花瓶摆在窗旁的小桌上，他肯定会服从我,而且会立刻把书架移开。

"好吧,"我说,"也许放在大桌子上更漂亮些。"于是,石膏花瓶按照过去的规矩摆在了沙发后面的桌子上……

比阿特丽斯曾答应送一件结婚礼物,她没有忘记自己的诺言。一天上午,来了一个大包裹,那包裹大得几乎让罗伯特搬不动。我刚刚审阅过当天的菜谱,正坐在起居室里。我对包裹一直怀有孩子般的偏爱,于是激动地剪断绳子,撕下深褐色的包装纸。里边的东西像是书籍。我猜得不错,果然包的是书,是厚厚的四册《绘画史》。第一册里夹着张字条,上写:"但愿你喜欢。"下边的签名是:"爱你的比阿特丽斯"。我想象得到她进威格莫尔大街的书店里买书的情景。她雄赳赳、气昂昂地拿眼光四处一扫说:"我想买套书送给一位热爱艺术的朋友。"店员则回答:"好的,夫人,请你到这边来。"她把书拿到手,带着几分疑虑抚摸着说:"喔,价钱倒合适。这是送人的结婚礼物,一定得体面些。这几本全是艺术书籍?"店员回答:"是的,这是地地道道的艺术书籍。"最后比阿特丽斯便写了字条,付了书钱,留下收书人的地址:"曼德利庄园,德温特夫人"。

比阿特丽斯真好,知道我喜欢绘画,就特意跑到伦敦的书店里为我买了这些书,这其中包含着她的一片深情厚谊。她可能在幻想这样一幅情景:在一个下雨天,我坐下来认真地欣赏书中的插图,也许还取过图画纸及颜料盒,动手临摹其中的一幅画。亲爱的比阿特丽斯啊!我突然傻乎乎地竟想放声哭一场。我把沉甸甸的画册集拢来,在起居室里东瞧西望,想找个地方存放。起居室小巧玲珑,不适合摆这种大部头著作。没关系,反正这房间现在归我使用。我把书并排竖着放在桌子上。这几部书相互依偎着，摇摇欲倒。我退后一些观看效果，也许动作太猛，引起了震动。最前边的一部书倒了下去，其他的几部也相继倒下。桌子上原来除过烛台，还放着一尊小巧的爱神陶瓷像。这些书一倒，碰翻了陶瓷像，但见那爱神砸在废纸篓上，随后落地摔了个粉身碎骨。我像个闯了祸的孩子一样慌忙朝门口望了望，然后跪倒在地，把碎片拢到手里。我找个信封把碎片装进去，再将信封藏在桌子抽屉的深处。末了，我把书拿到了藏书室，在书架上为它们寻了块存身之地。

当我把书洋洋得意地拿给迈克西姆看时，他开心地笑了。

"亲爱的比可真会买东西，"他说，"你一定很得她的欢心。她这个人是不轻易跟书本打交道的。"

"她说起过什么……呃……对我的看法没有？"我问。

"她来吃饭的那天吗？没有，她没说什么。"

"我以为她会给你写信或什么的。"

"除非家里出了大事，否则我和比阿特丽斯是不通信的。写信纯粹是浪费时间。"迈克西姆说。

看来，我的出现在他们家里算不上大事。不过，我要是比阿特丽斯，遇上弟弟结婚，肯定会谈点什么，发表发表看法或在信里写下片言只语。当然，除非我讨厌弟媳，或者认为她配不上我弟弟，那则另当别论。可比阿特丽斯毕竟不辞辛苦地跑到伦敦为我买了书呀。她要是讨厌我，才不会那样做呢。

记得第二天吃过午饭，弗里思把咖啡送到藏书室后久久不肯离去，在迈克西姆身后转悠了一会儿说："老爷，能跟你说句话吗？"

迈克西姆把目光从报纸上抬起来，露出些许惊讶的神情问：

"什么事，弗里思？"

弗里思绷着脸，表情沉重，噘着两片嘴唇。我马上想到大概是他的老伴离开了人世。

"是关于罗伯特的事，老爷。他和丹弗斯夫人中间有了点摩擦。他心里很难过。"

"啊，老天呀。"迈克西姆冲我做了个鬼脸说。我弯下腰抚摸杰斯珀，这是我感到困窘的时候必不可少的习惯性动作。

"老爷，情况好像是这样的：丹弗斯夫人指责罗伯特偷走了起居室里的一件贵重的摆设。罗伯特负责把鲜花送到起居室，插进花瓶里。今天上午他插过花后，丹弗斯夫人进屋发现少了一件摆设。丹弗斯夫人说那件摆设昨天还在，于是便指责罗伯特偷了去，或打碎后把残片藏了起来。罗伯特矢口否认，含着眼泪来找我评理。老爷，你吃饭时可能也注意到了他有些不对劲吧。"

"难怪他上肉排时没给我盘子，"迈克西姆咕哝道，"想不到罗伯特还这么脆弱。依我看，事情可能是别人干的。说不定是哪个女仆的作为。"

"不会的，老爷。丹弗斯夫人是在女仆们打扫房间之前进去的。德温特夫人昨天离开后还没有人去过呢，罗伯特送花是第一个进去的人。老爷，这事让罗伯特和我都很难堪。"

"是啊，当然面子上不好看。你最好把丹弗斯夫人叫来，我们当面澄清。到底是哪件摆设呢？"

"回老爷的话，就是写字台上放的那尊陶瓷爱神像。"

"啊，上帝呀！那可是家里的一件珍品！必须把它找回来。你马上去叫丹夫人来。"

"我这就去，老爷。"

蝴蝶梦　　173

弗里思走了，屋里又剩下了我们两个人。

"这事真让人头疼，"迈克西姆说，"那尊爱神像值很多钱哩。还有，我最讨厌仆人间争吵。我不明白他们有了纠葛为什么要来找我。这是你管的事，宝贝。"

我把目光从杰斯珀身上抬起来，脸红得像火烧，对迈克西姆说道："亲爱的，我原来想告诉你，可是……可是我竟给忘了。其实，爱神像是昨天我在起居室的时候打碎的。"

"你打碎的？弗里思在跟前的时候，你为什么没说出来？"

"我也不知道。反正我不愿当着他的面说，怕他把我看成笨蛋。"

"这一来，他就益发觉得你蠢了。你得跟他以及丹夫人解释清楚。"

"啊，不，求求你，迈克西姆，你跟他们说吧。还是让我上楼去吧。"

"别冒傻气。别人还会以为你怕他们呢。"

"我的确怕他们。不是害怕，但至少也……"

门开了，弗里思把丹夫人请了进来，我忐忑不安地望了望迈克西姆。他耸了耸肩，显得好气又好笑。

"全是一场误会。丹弗斯夫人。爱神像是德温特夫人摔碎的，她忘记提了。"迈克西姆说。

大家把目光转向了我。我觉得自己成了个做错事的孩子，脸上感到火辣辣的。"对不起，"我拿眼睛盯着丹夫人说，"没想到会让罗伯特背黑锅。"

"夫人，那件摆设还能修复吗？"丹夫人问，她对我是罪魁祸首似乎并不感到惊奇，转过惨白的死人脸，一双阴森森的眼睛打量着我。我觉得她早就知道是我捅的娄子,她责备罗伯特只是为了看我有没有胆量站出来承认。

"恐怕修补不成了,"我说,"都摔成了小碎片。"

"你把碎片是怎么处理的?"迈克西姆问。

这情景就像审讯犯人,逼其交出罪证。就连我自己也觉得我的行为太可耻、太卑鄙。

"我把碎片塞进了一个信封里。"我招认道。

"那么你把信封放到哪儿了?"迈克西姆边点烟边问,那声调既像开玩笑,又含着怒气。

"我把它放到写字台的抽屉里了。"

"看来,德温特夫人担心你把她投入监狱,你说是吧,丹弗斯夫人?"迈克西姆说,"也许你可以找到信封,把碎片送往伦敦。如果破碎程度太严重,无法修复,那也就算啦。好吧,弗里思,让罗伯特把眼泪擦干,别再哭了。"

弗里思走后,丹夫人仍赖着不动。"我当然会向罗伯特道歉的,"她说,"可当时的迹象对他很不利。我没想到那摆设是德温特夫人摔碎的。以后再发生这种事情,德温特夫人应该跟我说一声,那样,我就可以妥善处理,免得给大家带来不愉快。"

"这是自然的,"迈克西姆不耐烦地说,"我简直不明白她昨天为什么没那样做。你进屋的当儿,我正要跟她讲呢。"

"德温特夫人也许不知道那摆设的价值吧?"丹夫人把目光落在我身上说。

"我知道,"我可怜巴巴地说,"当时我就怕是件贵重物品,所以我才小心翼翼地把碎片拢在了一起。"

"然后藏到抽屉里去,让别人找不到,嗯?"迈克西姆说着哈哈一笑，耸了耸肩膀，"丹弗斯夫人，只有打杂的女佣才会干出这种事吧？"

"曼德利的女佣是从不准碰起居室的那些贵重摆设的，老爷。"丹弗斯夫人说。

"是的，我想你不会允许的。"迈克西姆说。

"这是一次十分不幸的事件，"丹夫人说，"以前，起居室里的东西从来没有摔碎过。我们一直都非常当心。自打……自打去年开始，那儿的卫生由我亲自打扫，因为对谁我都不能信赖。德温特夫人在世的时候，我们俩常常一道擦洗那些贵重的摆设。"

"不错，哦……事情已无法挽回，"迈克西姆说，"就这样吧，丹弗斯夫人。"

她走了出去，我坐在窗前的座位上，眼睛朝窗外望着。迈克西姆又拿起了报纸。我们俩谁也没讲话。

"非常抱歉，亲爱的，"隔了一会儿，我说道，"我太不经心了。简直弄不清事情是怎么发生的。我只是把那些书摆在桌子上，看它们能不能竖着放，谁知爱神像却掉到了地上。"

"我的乖孩子，别再想它啦。那有什么关系呢？"

"有关系，我的确该当心点。这下丹弗斯夫人一定生我的气了。"

"她生哪门子气？那瓷器又不是她的。"

"虽然不是她的，可她为那些东西感到自豪。那儿以前没碎过东西，我却开了先河，想起来实在让人难过。"

"亏了是你闯的祸，总比让不幸的罗伯特担罪强。"

"我倒希望是罗伯特干的。丹弗斯夫人永远也不会原谅我

的。"

"让丹弗斯夫人见鬼去吧,"迈克西姆说,"她又不是万能的上帝,对不对?你说你怕她,不知你是什么意思。"

"我倒不是说真的害怕她。我不常见她的面。具体是怎么回事,我的确说不清道不明。"

"你干的事情荒唐透顶,"迈克西姆说,"打碎了东西,为什么不把她叫来吩咐说'喂,丹弗斯夫人,把这玩意儿修补一下'。她会听命的。你倒好,把碎片塞进信封藏到抽屉里。正如刚才所言,你的行为像个女佣,而不像一家之主。"

"我的确像个女佣,"我慢慢吞吞地说,"我知道自己在许多方面都跟下人一样,所以我和克拉丽斯有诸多共同之处。我们俩平等相待,因而她喜欢我。那天我去看望她母亲,你猜老人家说什么?我问她克拉丽斯和我们在一起是否快活,她对我说,'当然喽,德温特夫人。克拉丽斯看起来非常快活,她对我说,"妈,我不像是在侍奉一位贵妇人,倒像是和自家人在一起。"'依你看,她是不是在恭维人?"

"上帝才知道,"迈克西姆说,"想起克拉丽斯母亲的寒碜样,我觉得是对我们的侮辱。她的小屋总是凌乱不堪,弥漫着煮白菜的气味。有那么一段时期,她的九个孩子都不满十一岁,整天见她光着脚、头上缠着袜子在那片园子里溜达。我们差点没把她辞掉。想象不来克拉丽斯怎么会这般干净利落。"

"她一直跟一个姑妈住在一起,"我说道,同时心里感到很不是滋味,"我知道我的法兰绒裙子前摆的下角有块污渍。可我从没有光脚走过路,从没有把袜子缠到头上。"现在我才明白,为什么克拉丽斯不像艾丽斯那样对我的内衣嗤之以鼻,"也许正因为如此,我情愿看望克拉丽斯的母亲,而不愿拜访主教夫人那种人,"我继续说道,"主教夫人从未说过我像自家人。"

"你穿着那条邋遢的裙子拜访她,我想她不会夸奖你的。"迈克西姆说。

"我拜访她的时候并没有穿旧裙子,而是穿的外套,"我说,"反正我是瞧不起那些以衣帽取人的家伙。"

"我觉得主教夫人并不怎么看重穿戴,"迈克西姆说,"不过,你紧靠着椅子边缘坐着,一副唯唯诺诺的样子,活似个找工作的人,也许真会让她觉得意外哩。咱俩唯一回拜过人家一次,你就是那副尊容。"

"我在生人面前扭扭捏捏,也是身不由己呀。"

"我知道你身不由己,宝贝,可问题在于你不去努力克服。"

"这就对我太不公平了,"我说,"每天、每次出门访友或在家待客,我都努力克服。你是不理解的,因为所有的一切对你都很容易,你熟悉这种生活。而我却没受过这方面的教养。"

"胡扯,"迈克西姆说,"这不牵扯你所声称的教养,而是一个入乡随俗的问题。你不会以为我喜欢串门吧?其实我都烦透了。可身处这种环境,又不得不应付。"

"我们谈的并非烦不烦的问题,"我说,"光厌烦,不足以使人害怕。如果我仅感到厌烦,情况就不一样了。我讨厌别人上上下下打量我,就仿佛我是一头待估价的母牛似的。"

"谁上上下下打量你?"

"这儿所有的人。每一个人都是如此。"

"即便如此,又有什么关系呢?给他们的生活增加点情趣嘛。"

"为什么非得由我提供情趣，把我当作他们评头论足的对象？"

"因为这儿的人只对曼德利的生活感兴趣。"

"我在他们眼里一定是个十足的傻瓜。"

迈克西姆没答话，继续看他的报。

"我在他们眼里一定是个十足的傻瓜，"我把刚才的话重复了一遍，接着又说，"恐怕这就是你娶我的原因。你知道我乏味无聊，沉默寡言，又没见过世面，所以不会招致蜚短流长。"

迈克西姆把报纸往地上一摔，霍地站起来问："你是什么意思？"

他脸色阴沉得有点古怪，声音粗暴，绝非平时说话的口气。

"我……我也不知道，"我说着，身子朝后倚在窗台上，"我没有恶意。你的脸色怎么这般吓人？"

"你在这一带听到什么流言蜚语啦？"他问。

"没有。"我说，他的眼神吓得我心里发毛，"我这样说，只想找点话说。请别那样看着我，迈克西姆。我说错什么话啦？究竟是怎么回事？"

"有人跟你嚼舌根啦。"他一字一板地说。

"没有，根本没那回事。"

"那你为什么刚才那样说话？"

"实话相告，没有任何原因，只是随便说出口的。我刚才的心情是又气又恼。我讨厌去拜访那些人，这种心情由不得我。你责备我忸忸怩怩，我又不是故意的。真的，迈克西姆，我不是故意的。请你相信我。"

"那种话并不十分悦耳,是吧?"他问。

"是的,是的,那话太粗鲁,让人讨厌。"

他心情愁苦地盯着我,两手插在口袋里,以后脚跟为支点前后摇晃着身子,慢条斯理、若有所思地说:"我怀疑自己娶了你,是不是做了件极其自私的事情。"

一股冷气透上心来,我感到非常难过。"你是什么意思?"我问。

"我算不上适合你的人吧?"他说,"我们俩年岁相差太大。你当时应该再等等,嫁一个跟你年龄相仿的小伙子,而不是像我这样一个已度过半生的老头子。"

"无稽之谈,"我连忙说,"你明明知道对婚姻而言,年龄是无关紧要的。咱俩当然般配。"

"是吗?这我可不知道。"他说。

我在临窗的座位上跪起身,张开双臂搂住他的肩头。"怎么对我讲这种话?你明明知道我爱你甚于世界上的一切。我心里只有你。你是我的父兄、我的儿子,我的一切。"

"都怪我,"他说道,似乎没在听我讲话,"我把你逼得太紧了,没给你时间仔细考虑。"

"我不想仔细考虑,"我说,"没有什么可选择的。你不明白,迈克西姆。当一个人坠入了爱河……"

"你在这地方住得快乐吗?"他把目光掉开,望着窗外说,"有时我真怀疑。你比以前消瘦了,气色也不如以往。"

"我当然住得快活。我爱曼德利,爱这儿的花园和一草一木。我并不是对拜访朋友斤斤计较,只是由于心烦才说了那番话。如果你让我天天去串门,我都在所不惜。随便做什么我都不在乎。至于嫁给你，我连一分钟也没后悔过，对此你肯定心中有数吧？"

他又带着那种可怕的心不在焉的态度拍了拍我的脸颊，俯身吻吻我的额头说："可怜的小羊羔，你的日子并不太幸福，是吧？我这个人怕是很难相处。"

"你不难相处，"我急切地说，"你平易近人，非常容易相处，比我想象的要容易得多。我原以为结婚是件可怕的事，丈夫酗酒，脏话满口，早饭时见吐司没烤好便怨气冲天，整个儿让人讨厌得不行，可能身上还有难闻的气味。这些缺点你一样都没有。"

"老天呀，但愿没有。"迈克西姆说着，露出了微笑。

见他绽出了笑容，我趁机也笑了，拉起他的手吻了吻。"要说咱俩不相配，那简直太荒唐了。瞧，我们俩每天傍晚都坐在这儿，你看书读报，而我做编织活儿，多么和谐温馨，就像是一对结婚多年的老夫妻。谁说我们不合适？谁说我们不幸福？可你的一席话，让人觉得我们的结合仿佛是个错误似的。那不是你心里的想法，对吧，迈克西姆？你不觉得我们的婚姻是美满的，是天赐良缘吗？"

"如果你说是，那就是吧。"

"不，这不也是你的看法吗，亲爱的？这不光是我个人的见解吧？我们难道不幸福，不非常非常幸福吗？"

他没回话，眼睛仍凝视着窗外，而我执着他的双手。我的喉咙发干发紧，眼睛灼痛。我心想：上帝啊，我俩像在演戏，过一会儿幕就会降下，我们将向观众鞠躬致意，然后回化妆室去。这不可能是我和迈克西姆现实生活中的一个瞬间。想着想着，我一屁股坐在临窗的座位上,松开了他的手。我仿佛听见自己用冰冷严酷的声音说:"如果你认为我们在一起不幸福,干脆就明说吧,希望你能表里如一。我宁肯一走了之,也不愿再跟你生活在一起。"当然,这话并没有真的说出口。这是剧中女郎的台词,而非我对迈克西姆讲的话。我幻想着扮演这个角色的人物形象:高挑的个子,亭亭玉立,勇敢无畏。

"喂,为什么不回答我的话?"我说。

他捧住我的面孔盯着我瞧,此情此景就跟去海滩玩的那天,弗里思送茶进来时一模一样。

"我怎么能回答你呢?因为我并不知道答案。你说幸福就算幸福吧。我心里一点主意也没有。我相信你的话,我们是幸福的。问题解决了,我们的看法取得了一致!"他又吻了吻我,然后走到房间的那边。我仍僵硬笔直地坐在窗旁,两手放在膝上。

"你讲这话是因为对我失望了,"我说,"我不善交际,做事呆板,在穿着上窝窝囊囊,待人接物有欠大方。在蒙特卡洛时我曾告诫过你会是这种情况。现在你却嫌弃我跟曼德利格格不入。"

"别瞎扯。"他说,"我从没说过你穿着窝囊,也没说过你不善交际。这全是你自己的胡思乱想。至于在生人面前忸怩,日后会克服的。我刚才都告诉过你了。"

"我们的争论绕来绕去又回到了原处,"我说,"事情的起因不就是因为我打碎了起居室的爱神像吗?如果没闯下那祸,就不会有这场风波。说不定此刻我们已喝完咖啡,进花园散步去了。"

"唉,让那该死的爱神像见鬼去吧。"迈克西姆厌倦地说,

"它就是碎成千万片,你真的以为我会在乎吗?"

"那玩意儿非常贵重吗?"

"鬼知道。我想是吧。我的确记不清了。"

"起居室里的摆设都很贵重吗?"

"是的,大概是吧。"

"为什么把最值钱的东西都摆进了起居室里?"

"不知道。大概是因为摆在那儿漂亮吧。"

"一直都放在那儿吗?你母亲在世的时候就在那里摆着?"

"不,不,我想不是的。那些东西原先散布在各个房间里。记得那几把椅子最初在杂物房里。"

"什么时候起居室布置成了现在这个样?"

"我结婚的时候。"

"爱神像就是那个时候摆进去的?"

"我想是的。"

"也是从杂物房找来的?"

"不,不,不是从那儿找来的。实际上我记得是件结婚礼品。丽贝卡对瓷器是很懂行的。"

我没用眼睛去看他,顾自修起了指甲。他非常自然、非常平静地说出了丽贝卡的名字,一点绊都没打。隔了片刻,我飞眼瞧了瞧他。他正站在壁炉旁,两手插在口袋里,呆呆地望着前方。我寻思他一定在想丽贝卡,在想着事情的奇怪性:我的结婚礼品竟毁掉了丽贝卡的结婚礼品。他一定想着那尊爱神像,在回忆是谁把它送给了丽贝卡。他重温旧事:当时怎样收到了邮包,丽贝卡是何等高兴。她在瓷器鉴赏方面是行家里手。也许他步入房间时,她正跪在地上撬那个装瓷器的小匣子。她一定抬头望望他,嫣然一笑说："瞧，迈克斯，你看这是什么礼物。"她把手插入刨花填料里，取出那尊单脚站立、手持弓箭的爱神像。"把这个小像摆到起居室里。"她说。迈克西姆在她旁边跪下身，二人一道欣赏那爱神像。

我继续修着指甲。我的指甲很丑陋，跟小学生的一样，表层长过了头，已不再呈半月形。拇指盖几乎被啃进了肉里。我又望了迈克西姆一眼，只见他仍站在壁炉前。

"你在想什么？"我问。

我的声音沉着冷静，可心儿却在胸膛里怦怦乱跳，心情苦涩、怨恨。他点着一支烟——虽然刚刚吃过午饭，这已经是一天里的第二十五支了。他把火柴往炉膛里一扔，随手拿起了报纸。

"没想什么。怎么啦？"他说。

"哦，我也不知道。你的表情太严肃，太恍惚。"

他漫不经心地吹起了口哨，手指把香烟夹得变了形。"其实我在思考，他们是不是选中了苏里队到奥佛尔球场跟中塞克思队对垒。"他说。

他重新在椅子上坐定，把报纸折起来。我将目光投向窗外。不一会儿，杰斯珀跑过来，爬到了我的膝上。

第十三章

　　迈克西姆六月底要到伦敦参加一个讨论公务的宴会,与郡里的事有关,邀请的全是男宾。他出门两天,我将孤单单一人待在家里。我心里有一种恐惧感。当目送着汽车消失在车道的转弯处时,我觉得这仿佛成了我们的永别,好像再也见不到他了。下午我散步回来时,就会有车祸的消息。我将看到弗里思脸色惨白、魂不守舍地等着向我禀报噩耗。某家乡村医院的大夫肯定已打来电话说:"你们必须鼓起勇气,恐怕要准备承受巨大的不幸。"

　　弗兰克闻讯赶来,我们一道前往医院,而迈克西姆已认不出我来。我坐在桌旁吃午饭的时候,就这么一幕一幕胡想着,仿佛看见当地人云集于墓地参加葬礼,我则依在弗兰克的胳膊上。那情景栩栩如生,我吃饭时难以下咽,不住地支棱起耳朵等着听电话铃响。

　　下午我坐到花园里的栗树下,膝上放着一本书,可是几乎没一点心思去看。当我瞧见罗伯特穿过草坪走来时,便知道接到了电话,顿时感到头晕目眩。"夫人,俱乐部来了电话,说德温特先生十分钟前到了那里。"

　　我合上书说:"谢谢你,罗伯特。他可真够快的。"

"是呀，夫人，一路上挺顺利的。"

"他有没有要我接电话，或留下什么特别的口信？"

"没有，夫人。那边只说他已安全抵达。电话是服务员打来的。"

"知道了，罗伯特。非常感谢。"

我大大松了口气，再也没有头晕目眩的感觉了，痛苦冰消雪融，像是横渡海峡抵达了彼岸。我顿时感到饥肠辘辘，待罗伯特回到房子后，便经长条窗悄悄爬进餐厅，从食品柜里偷了些饼干。总共六块，是巴斯－奥利弗牌的。另外还顺手拿了个苹果。没想到我竟饿得这么厉害。我溜进林子里美餐一顿，生怕在草坪上吃东西会被仆人从窗口瞧见，那样他们会找厨师搬弄是非，说什么看见德温特夫人偷吃水果和饼干，大概是嫌厨房里的饭菜不可口，厨子听了肯定恼羞成怒，也许会向丹夫人诉苦。

由于迈克西姆已平安抵达伦敦，也由于肚子里填了几块饼干，我感到通体舒泰，心情出奇的快活。自由自在的感觉油然而生，仿佛无拘无束一身轻松，就像小时候度周末一样，既不上课也不用预习，想干什么便干什么，穿上件旧裙子和一双橡皮底布鞋，跟邻家的孩子一道在空地上玩"猎犬追野兔"的游戏。

我当时正是这样一种心情。自从来到曼德利，我还没有这般痛快过。大概是因为迈克西姆到了伦敦的缘故吧。

我为自己感到震惊，茫茫然无法理解，因为我并不想让他离开自己呀。谁知我现在竟心情轻松，一步一跳，快活得像个小孩子，真想在草坪上奔跑，滚下坡去。我抹去嘴上沾的饼干屑，大声呼唤杰斯珀。也许，我有这种心情，只是因为这是个阳光明媚的日子吧……

我和杰斯珀穿过幸福谷向小海湾走去。杜鹃花已经凋谢，呈褐色的残花皱巴巴地躺在苔藓地上；风信子尚未凋败，为山谷旁的林子铺了一层茸茸的地毯；嫩绿的羊齿草钻出土壤，蜷曲着身子。苔藓的气味浓郁扑鼻，而风信子却散发出土腥气和苦涩味。我躺在风信子花丛旁的荒草上，双手枕在头下，杰斯珀守在我的身边。它气喘吁吁地低头望着我，样子傻乎乎的，涎水顺着舌头和厚厚的下颚滴落着，树上有几只鸽子栖息在枝头。四周一片安宁和静谧。不知为什么，当只有你一个人的时候，这种地方竟会如此迷人。如果这时有个学校里的同窗好友坐在身旁唠叨："告诉你，那天我见希尔达啦。你该记得她，就是网球打得呱呱叫的那个。她已结了婚，有了两个孩子。"那该多叫人扫兴和乏味。你欣赏不成身边的风信子，也无法聆听头顶鸽子的咕鸣。我不想见任何人，甚至包括迈克西姆。倘使迈克西姆在这儿，我就不能像现在这样躺着，嘴里嚼着一片草叶闭目养神。我得察言观色，留意他的眼神和表情，看他是喜欢还是厌倦，揣测他心里在想什么。而此刻我松松快快，不必为这些事情牵肠挂肚，因为迈克西姆远在伦敦。一个人待着是多么舒畅。不，这不是我心里的话，而是一种不忠和邪恶的念头。迈克西姆是我的生命，是我的一切。我从风信子花丛旁站起身，厉声吆喝杰斯珀。我们沿着山谷向海滩走去。潮水已经退去，大海显得非常平静和遥远。放眼望去，还宛若一个平静如镜的大湖。此刻我想象不了大海会有波涛汹涌的场面，正如在炎热的夏日想象不了冬季的严寒。空中没有一丝风儿，阳光照射在轻轻拍岸的海水上，但见那海水注入礁石间，形成一片片小水洼。杰斯珀一溜烟攀上礁石，回头望望我，一只耳朵朝后贴在脑袋上，样子既古怪又俏皮。

"杰斯珀,别往那边去。"我喊道。

它当然不听我的话,"噌"地跑开了,像是有意跟我作对。"这家伙真讨厌!"我出声地说道,仿佛并不想到那边的海滩上去,可实际上已经爬上礁石追它去了。"唉,看来也是没办法呀,"我心想,"反正迈克西姆不在跟前,再说这不能怪我。"

我踏着礁石间的水洼,哼着歌朝前走。退潮时分的小海湾与涨潮时不一样,不再那么狰狞可怕。微型港口里的水只有三英尺左右深。在平静的浅水里荡一叶小舟,岂不逍遥自在。浮筒仍在原处,上边漆着白绿两色,这些我上一次倒是没注意到。也许当时下着雨,色彩朦胧不清吧。海滩上空无一人。我踩着沙砾走到海湾的另一侧,爬上防波堤低矮的石壁。杰斯珀一马当先冲向前去,好像这是它的老习惯。堤壁上安着一只环,一架铁梯没入水中。这儿大概是拴小船的地方,顺着梯子可以到船上去。浮筒在对面约三十英尺开外的地方,上边写着什么字。我伸颈偏头一瞧,见那字母是:"Je Reviens"。多么滑稽的名字,不像是船只。不过,也许是一条法国渔船吧。捕鱼的船有时爱用这类名字,什么"平安归来"啦、"安然无恙"啦。"Je Reviens"的意思是"我回来啦"。是啊,我想这是一艘相当吉祥的船只。只不过用在那条一去不复返的船身上,就不恰当了。

越过海岬上的灯塔到那边湾里航船,有点寒气逼人。湾里的海水煞是平静,可即便在今天这种风和日丽的日子,海岬周围也可见潮头你追我赶,海面上泛起一片白色的泡沫。小船绕过海岬,驶出陆地环抱的海湾,就会东倒西歪地听由风浪摆布。海水也许会冲上船,横扫甲板。掌舵的人抹一把溅在眼睛和头发上的海水,抬头望望绷得紧紧的船帆。不知那船是什么颜色,也许跟浮筒一样，也是绿白相间吧。弗兰克说那船不很大，还带着一个小船舱。

杰斯珀在嗅那架铁梯。"过来，"我吆喝道，"我可不想到海水里去找你。"我沿着港口的堤壁回到了海滩上。和上次相比，小屋似乎不那么朦胧、不那么阴森可怕了。这种变化是太阳造成的，今天不下雨，没有雨点啪嗒啪嗒击打房顶的声音。我踏着海滩向小屋缓步走去，不管怎样，这只不过是座无人居住的小屋，没有什么可害怕的，一点都不用感到恐惧。任何地点只要一段时间不住人，都会显得潮湿、阴森，甚至包括新建的平房庭院。再说，这儿不是还举办过月光野餐会之类的活动嘛。度周末的客人可能常来这儿洗海水浴，然后扬帆泛舟。我站住观望那长满了荨麻的荒芜花园。应该派个人，派个园丁来清理清理。不该弃之不管，让野草丛生。我推开花园小门，向小屋走过去。小屋的门虚掩着。我记得上次把门关得紧紧的。杰斯珀狂吠起来，把鼻子伸到门下嗅个不停。

"别胡闹，杰斯珀。"我喝道。可它仍然用劲地嗅着，将鼻子伸向门缝。我推开门，探头向里望了望。跟上一次一样，屋内还是黑洞洞的，各样东西都原封未动。模型船的索具上仍挂着蜘蛛网。不过，房间尽头通向船库的那扇门却敞开着。杰斯珀又汪汪叫了起来，随即传来东西掉地的声音。杰斯珀狂吠怒吼，从我的胯下蹿进屋，向船库的那扇敞开的门冲去。我尾随其后，心儿怦怦乱跳，走到屋子中央便惴惴不安地站住了。"杰斯珀，快回来，别胡闹。"我喝道。它站在门口，仍疯狂地吠叫，声音有些歇斯底里。船库里显然有动静。绝不是老鼠，否则它一定会扑上去的。"杰斯珀，杰斯珀，到这儿来。"我喊道。可它硬是不听。于是，我慢慢朝船库门口摸过去。

"里边有人吗？"我问。

没有人回答。我弯下腰把手放在杰斯珀的项圈上，顺着门边向里张望，只见有个人坐在墙拐角，从他那蜷缩的姿势看，甚至比我还惊恐。原来是本。他企图藏到一张船帆的后边。"怎么回事？你来这儿干什么？"我问。他愚蠢地朝我眨巴着眼睛，嘴巴半张着。

"我没干什么。"他说。

"安静一点，杰斯珀。"我苛责一声，把手捂到了它的口鼻上。接着，我解下腰带，穿在狗的项圈上牵住它。

"你要干什么，本？"我问，这次胆气稍微壮了些。

他没有回答，只顾用狡黠的白痴眼睛观望我。

"你最好还是出去吧，"我说，"德温特先生不喜欢让人来这里走动。"

他摇晃着身子站了起来，鬼鬼祟祟咧嘴笑着，还用手背擦了擦鼻涕，另一只手则藏在背后。"你手里拿的是什么，本？"我问。他像个孩子一样服服帖帖把那只手伸出来让我看，原来是根钓鱼线。"我没干什么。"他把刚才的话又重复了一遍。

"那根线是这儿的吧？"我问。

"嗯？"

"听着，本。那根线你想要拿走就拿走吧，但以后再不能干这种事了。拿别人的东西不是诚实的行为。"

他没吱声，眨巴着眼望着我，不安地蠕动着身子。

"跟我走。"我语气果断地说。

我走进大房间，而他尾随在后边。杰斯珀早已停止了狂吠，此时在嗅本的脚后跟。我不愿再待在小屋里,于是疾步走到了外边的阳光下。本拖着脚步跟在后面。然后,我关上了房门。

"你还是回家去吧。"我对本说。

他把钓鱼线宝贝似的攥在胸口前。"不会送我进疯人院吧?"他问。

这时我才发现他吓得浑身打哆嗦。他的手颤抖着,哀求的目光死死盯住我的眼睛,像是一个不会说话的哑巴。

"当然不会。"我温和地说。

"我什么都没干,"他又这样说道,"我从没跟人多过嘴。我不想被送进疯人院。"说着,一颗泪珠滚下了肮脏的脸。

"别害怕,本,"我说,"没人会把你送走的。不过,不许你再到小屋去了。"

我转身走了,而他撵上来拉住了我的手。

"来,"他说,"我给你样东西。"

他傻乎乎地一笑,朝我勾勾手指,转身向海滩走去。我跟上他,见他猫下腰把礁石旁的一块扁石头搬起来,下面露出一小堆贝壳。他捡了一个递给我说:"这是送给你的。"

"谢谢,多漂亮的贝壳。"我说。

他又咧嘴笑笑,一个劲地抓耳挠腮,把恐怖感抛到了九霄云外。"你的眼睛像天使。"他说。

我吃了一惊,又垂下眼帘看那贝壳,不知说什么好。

"你和那一位不一样。"他说。

"你在说什么呀?什么那一位那一位的?"

他摇摇头,眼里又闪出狡黠的目光,把一根手指放到鼻梁上说:"她高高的个子,皮肤黝黑,让人觉得跟蛇一样。我亲眼见她来过这儿,一到夜里就来。我的确看到她了。"他顿住话头,目不转睛地望着我。我什么话也没说。他又说道:"有一次我朝屋里偷看,瞧见了她。她怒气冲冲地对我说:'你不认识我吧?你以前没在这儿见过我,以后也不会再见到了。要是让我发现你从窗口偷看,我就叫人送你进疯人院。你恐怕不愿进那种地方吧?疯人院对病人可凶啦。'我对她发誓不对任何人讲,还像这个样子摸了摸帽子。"他比画着用手拉了拉头上的防水帽。"她现在走啦,是吧?"他忧心忡忡地问。

"我不明白你指的是谁。"我慢吞吞地说,"没有人要送你进疯人院。再见吧,本。"

我扭过身,用腰带拽着杰斯珀,沿海滩向小径走去。可怜的人儿,一看就知道是白痴,疯癫癫的说话没个准。不可能有人威胁他,要送他进疯人院。迈克西姆说他没有恶意,不会伤害人,弗兰克也这样说。也许他曾听家里人议论过他的事,于是那记忆便经久不消,宛若一幅可怕的场景萦绕于一个小孩的脑海里。在个人好恶的问题上,他的心理也跟儿童一样。他会无缘无故喜欢上一个人,今天跟你交朋友,明天就沉下脸不理你。他对我友好,是因为我允许他留下那根钓鱼线。明天再碰上他,他也许就不认识我了。拿一个白痴的话当真,未免太荒唐。我回眸眺望海湾,但见潮水已经涨起,正在港口的防波堤周围慢慢打着漩涡。本消失在了礁石后,海滩上又空无一人了。透过黑压压的林木间的缝隙,可以瞧见小屋石砌的烟囱。不知什么原因,我突然想拔腿逃跑。于是,我牵着杰斯珀,气喘吁吁地沿陡峭、狭窄的林间小径奔跑起来,头也没有回一下。就是把世界上所有的财宝都给我,我也不愿再回那小屋里或海滩上。仿佛有个人守候在那个寻麻丛生的小花园里,睁着眼睛观看,竖起耳朵倾听。

杰斯珀跟着我奔跑时,汪汪叫个不停,可能把这当成了一种新的游戏。它老是企图咬拴在身上的带子,想把它咬断。我以前倒没注意到这儿的树木如此稠密,一株紧挨一株,卷须的树根铺在小径上,存心要把人绊倒。我喘着粗气,边跑边寻思应该把这儿清理一下。迈克西姆真该派些人手来。矮树丛没有一丝美感,盘根错节的灌木该统统砍倒,让阳光洒到小径上来。这儿昏天黑地,光线太暗淡了。光秃秃的桉树被荆棘缠得透不过气来,看起来就像漂白过的死人肢体;树下流淌着一条发黑的浑浊小溪,几乎被多年雨水冲积和淤泥堵死,分成涓涓细流无声无息地向海滩移动;这儿的鸟鸣不如幸福谷的婉转动听。四周一片异样的沉寂。我上气不接下气地在小径上奔跑,耳旁仍能听见潮水涌入海湾的哗哗声。此时我才明白迈克西姆为何不喜欢这条小径和海滩,我也不喜欢。我真愚蠢,竟然选了这条路线。真应该待在那边的海滩上,在白色的沙砾上散会儿步,然后从幸福谷回家。

出了密林来到草坪上,看见那巍然屹立在开阔地上的房宅时,我心里一阵喜悦。树林总算被甩在了身后。我打算让罗伯特把茶点端来,送到栗树下。我一看表,还不到四点钟,比我想象的要早。看来还得再等一会儿。按曼德利的规矩,不到四点半是不用茶点的。我暗自庆幸弗里思不在家。罗伯特往花园里送茶点,不至于讲究那么多仪式。我信步踏过草坪向游廊走去时,眼睛无意中看到了某种金属反射出的太阳光束,那金属隐匿在车道转弯处的石楠绿叶丛中。我手搭凉棚想看看究竟是什么东西。瞧上去像是汽车的散热器。我心想是不是家里来了客人。可如果是客人,就该把车开到房宅跟前,而不是藏在这远离房子的车道转弯处,藏在这灌木丛中。我又走近了些仔细一瞧,果然是一辆汽车。现在可以看得见车的挡泥板和引擎罩。多么蹊跷啊!通常,客人是不在这儿停车的。连那些商贩送货也是走后边的路,经过旧马厩及汽车库。这不是弗兰克的莫里斯牌汽车,他的车我非常熟悉。这是一辆跑车,车型又长又矮。我真不知该怎么办好。如果来的是位客人,罗伯特就会引进藏书室或客厅。我走过草坪时,客人可以从客厅瞧见我。我不愿让他们看见我这副打扮。我还得留他们吃茶点呢。我待在草坪边犹豫不决。不知是什么原因,也许是因为太阳光在青草上猛然闪烁了一下吧,我偶然抬头望了望,结果惊奇地发现西厢房的一扇百叶窗竟被打开了,窗前站着一个人——一个男子。那人大概瞧见了我,只见他慌忙向后缩去,而他身后伸出一条胳膊关上了百叶窗。

那是丹夫人的胳膊,我认出了她的黑衣袖。我当时闪过一念,认为这是一个公众参观日,她正领游客观看房间。不过这不可能。因为带客人参观历来都是弗里思分内的事,而弗里思今天不在家。再说,西厢房不对公众开放,甚至连我都还没有到那些房间里看过。不,据我所知今天不是公众参观日。星期二观光客是从不到这儿来的。也许,这里边的名堂与整修房间有关吧。不过,怪就怪在那男子为何向外张望,一看见我就急忙缩回身子,随即百叶窗便"啪"地合上。还有,那辆车为何停放在石楠花丛后,让房子里的人看不见?算啦,这些都是丹夫人的事,跟我无关。她的朋友来看她,她领着进西厢房参观,这不是我操心的事。可这种事情据我所知是史无前例的。奇怪的是,它偏偏发生在迈克西姆不在家的时候。

我迈着步子穿过草坪向房宅走去,浑身觉得不自在,他们也许透过百叶窗的缝隙仍在偷偷看我。

我迈上台阶，经前门步入大厅。大厅里看不见陌生的帽子或拐杖，托盘里也没有名片。显而易见，这不是正规来拜访的客人。见鬼，这不关我的事。我进花房在盆子里洗了手，免得再上楼去。如果在楼梯上或者什么地方跟他们撞个满怀，叫人怪尴尬的。我记得午饭前把编织活丢在了起居室里，于是便经过客厅去取，忠实的杰斯珀寸步不离地跟在身后。起居室的门开着。我发现编织袋有人动过，原先放在长沙发上，后来被人拿起塞到了坐垫后边。曾经放编织活的长沙发上，留下了谁坐过的痕迹。有人不久前坐在那里，见我的编织活儿碍事，便把它拿了起来。桌旁的椅子也挪了位置。看来，趁我和迈克西姆不在家的时候，丹夫人好像在起居室里接待过她的客人。我心里顿时感到很不舒服。还不如不知道的好。杰斯珀边在长沙发底下嗅着，边摇动着尾巴。不管怎样，它对来客并未持怀疑的态度。我把编织袋拿在手里，抬脚向外走去。这时，大客厅里的那扇通往石砌甬道和后堂的房门却被推开了，我听到了说话声，便急忙又退回起居室，还算及时，没被人瞧见。我躲在门背后冲杰斯珀直使眼色，它站在门道处望着我，舌头耷拉在外边，不停地摇着尾巴。这小坏蛋会使我暴露的！我敛声屏息站着，一动也不敢动。

这时只听丹夫人说："她一定到藏书室去了。不知怎么她回来得这么早。她如果真在藏书室，那你从大厅出去，她就不会瞧见你。等等，我去查看一下。"

我明白他们是在说我，心里益发感到不舒服了。这一切都显得鬼鬼祟祟、偷偷摸摸。我不想看到丹夫人干什么不光彩的事情。可杰斯珀猛地把头扭向客厅，摇着尾巴跑了过去。

"你好，小杂种。"我听见那男子说道。杰斯珀激动地汪汪叫了起来。我束手无策，四周乱看想找个地方藏身，但这种愿望还是落空了。接着我耳旁响起脚步声，那男子走了进来。他起初没看见我，因为我躲在门后，可杰斯珀朝我冲来，一边仍高兴地叫个不停。

那男子霍然旋转身，这下看见了我。我还从未见过任何人像他这么惊讶。我倒成了破门而入的盗贼，他则是这家的主人。

"请你原谅。"他上下打量着我说。

他高大，强健，长得一表人才，但却是金玉其外，败絮其中。他的肤色因太阳暴晒显得红扑扑的，一双蓝眼睛火辣辣的，通常使人联想到酗酒和放荡的生活。他的头发跟他的皮肤一样，也有些发红。要不了几年他就会发胖，脖领后堆起肥肉。他那粉红的嘴唇过于柔软，暴露出他的本性。从我站的地方就能闻到他嘴里喷出的威士忌味。此刻他堆起满脸的微笑，那是向所有的女人献媚的笑容。

"但愿没有吓着你。"他说。

我从门后走出来，心想自己的表情一定愚蠢至极。"没有，没那回事，"我说，"我听见有人说话，弄不清是谁，没想到今天下午有贵客光临。"

他则以诚恳的口吻说："惭愧、惭愧，我这么莽撞地前来打扰，实在太不应该。但愿你能原谅我。其实我只是顺便来看看丹尼[1]，她是我多年的老朋友了。"

"噢，当然，没什么关系。"我支吾道。

---

[1] 丹弗斯夫人的昵称。

"好心的丹尼害怕惊扰别人。她不愿麻烦你。"他说。

"哦,这一点关系都没有。"我边搭讪边用眼睛看杰斯珀,只见它乐得又蹦又跳,还把爪子往那男人的身上搭。

"这小家伙还没有忘记我,是吧?"他说,"都长成个小牛犊了。上次见他的时候,它还是个胎毛未褪的幼崽呢。不过,它的膘太肥了,需要多活动活动。"

"我刚才带它散步走了很远的路。"我说。

"真的?不知你还这么喜欢户外活动。"他说。他不住手地轻拍着杰斯珀,亲昵地冲我微笑着,后来掏出烟盒给我:"抽支烟吧?"

"我不会抽。"我答道。

"真不会抽?"说着,他给自己取了支烟点着。

对这类事情我向来都不计较,可他在别人的房间这么随便,就让我有些看不惯了。这是一种失礼的行为,对我不够礼貌。

"迈克斯老兄近来可好?"他问道。

我为他说话的口气感到惊讶,听起来就好像他跟迈克西姆非常熟似的。他把迈克西姆称作迈克斯,让人觉得耳生。以前没有谁这样叫过迈克西姆。

"谢谢,他非常好,"我说,"近来他到伦敦去了。"

"把新娘一个人丢在家里?嗨,这太不应该了。他就不怕谁把你抢跑?"

他张嘴大笑起来。我不喜欢他的笑声,觉得那笑声有点叫人讨厌。而且,我也不喜欢他本人。正在这时,丹夫人走了进来。她的目光一落在我身上,我便觉得寒气攻心。我心想:啊,上帝呀,她一定对我恨之入骨。

蝴蝶梦 197

"喂，丹尼，你可来啦，"那男子说，"你百般谨慎，结果还是不顶用。这家的女主人就藏在门的背后。"他又哈哈大笑起来。丹夫人没言语，只是一个劲地盯着我瞧。"怎么，不准备把我介绍一下？"他说，"无论怎样，向新娘表示问候也是礼节嘛，难道不对吗？"

"夫人，这位是费弗尔先生。"丹夫人平静地说，显得十分勉强。我觉得她并不想把他介绍给我。

"你好。"我说。随后，我努力做出礼貌的样子，又说道，"留下来喝茶吗？"

他一下子露出了欣喜若狂的表情，对丹夫人说道："听听，多么让人高兴的邀请！请我留下来喝茶？老天哪，丹尼，我真不愿推却这一番盛情。"

我瞧见她给他丢了个警告的眼神，心里顿时觉得十分不自在。眼前的一切很不对劲，他们不该那么鬼鬼祟祟。

"哦，也许你是对的，"他说，"喝茶是一种绝妙的享受。不过，我看还是现在告辞的好。走，瞧瞧我的车去。"他的声调还是那么亲昵，那么令人讨厌。我并不想去看他的汽车，觉得非常尴尬、窘迫。"走吧，"他又说道，"那可是辆呱呱叫的汽车，速度快得让可怜的迈克斯老兄所有的车都望尘莫及。"

我想不出借口谢绝。这简直是强人所难、荒谬绝伦，让我感到讨厌。丹夫人为什么站在旁边，用冒火的眼睛望着我？

"车停在什么地方？"我有气无力地问。

"在车道的转弯处。我没把它开到门口来，怕惊扰了你。我想着你下午可能要睡觉的。"

我没说什么，觉得他的谎言根本站不住脚，我们一起经过会客室，走进了大厅。我见他扭过脸冲丹夫人挤了个眼。丹夫人没跟他挤眉弄眼，我猜想她做不出来这种事。她的面色异常严厉、冷酷。杰斯珀连蹦带跳出了门向车道跑去。它似乎跟这位客人非常熟，为他的突然出现感到喜不自禁。

"我大概把帽子忘到车上了。"那男子边说，边装模作样巡视着大厅，"其实，我进门时没走这边。我是从侧门溜进来的，把丹尼堵在了她的房间。怎么，你也出来看看我的车吧？"

他用探询的目光望着丹夫人。她沉吟良久，用眼角的余光观察着我。

"不了，我想我就不出去了。再见，杰克先生。"她末了说道。

他抓住她的手，亲热地握了握。"再见，丹尼，多保重。你知道怎么跟我联系。能再次见到你，我心里不知有多高兴。"他说完出门走上了车道，杰斯珀围着他撒欢，我慢腾腾跟在后边，心中仍然觉得十分不舒服。

"亲爱的曼德利还是老样子，没多大的变化，"他仰望着那些窗户说，"这里边大概凝聚着丹尼的心血。她是个了不起的女人，对吧？"

"是的，她非常能干。"我说。

"你觉得这儿怎么样？喜欢过与世隔绝的隐居生活吗？"

"我非常喜欢曼德利。"我生硬地说。

"迈克斯遇到你时，你正在法国南部的某个地方，是不是？是在蒙特吧？我对蒙特那地方十分熟悉。"

"不错，我当时在蒙特卡洛。"我说。

我们说着话，来到了他的汽车跟前。只有他这类人，才会开一辆绿色跑车招摇过市。

"你觉得怎么样?"他问。

"非常漂亮。"我礼貌地说。

"坐上车兜兜风,送你到大铁门那儿怎么样?"

"不,我不想去,"我说,"我累坏了。"

"你觉得作为曼德利的女主人跟我这号人乘车兜风,看上去不光彩吧?"他说完哈哈大笑起来,冲我摇着头。

"哦,不是的。"我唰地红了脸说,"不是那么回事,真的。"

他用那双放肆、可恶的蓝眼睛兴冲冲地不住上下打量着我。我觉得自己就像个酒吧女招待。

"啊,算啦,"他说,"我们不应把新娘引入歧途,对吧,杰斯珀?那是伤天害理的事情。"他取过帽子和一双硕大无朋的驾驶手套,把烟蒂扔到了车道上。

"再见。"他伸出手说,"很高兴见到你。"

"再见。"我说。

"顺便提提,"他漫不经心地说,"你要是不跟迈克斯讲我来的事,那你就是积阴德的大好人。恐怕他对我不太欣赏,我也不清楚其中的缘故,再说,那会给可怜的丹尼带来麻烦。"

"我不告诉他,"我尴尬地说,"我答应你不告诉他。"

"你真是个大好人。另外,你是不是改变了主意,想去兜兜风呢?"

"不,我不想去。请你不要介意。"

"那就再见吧。也许哪天我还会来看你。滚下去,杰斯珀,你这个小鬼头,会把车上的漆抓坏的。依我看,迈克斯到伦敦去，把你孤零零丢在家里，实在不像话！"

"没关系，我喜欢一个人在家。"

"老天呀！真的吗？这岂不是咄咄怪事！你明明知道这是不对的，违背人之常情。你们结婚多久啦？三个月吧？"

"差不多。"我说。

"真希望我也有个结婚三个月的新娘在家等着我，可惜我是个孤苦伶仃的单身汉。"他又大笑起来，一拉帽檐遮住眼睛，"再见喽。"他说着发动了引擎，汽车似离弦的箭向前冲去！屁股后边噗噗噗喷出一股股废气。杰斯珀伫立着目送汽车远去，耷拉着耳朵，尾巴夹在两腿中间。

"喂，走吧，杰斯珀，"我说道，"别像个白痴似的。"我慢慢走回房子里。丹夫人已不见了踪影。我站在大厅里摇了摇铃，可过了约摸五分钟都没见动静。于是，我又摇了摇。不一会儿，艾丽斯走了进来，满脸的不高兴。"什么事，夫人？"她问。

"哦，艾丽斯，罗伯特不在吗？我想到外边的栗树下用茶点。"

"罗伯特下午到邮局去了，还没有回来，夫人。"艾丽斯说，"丹弗斯夫人告诉过他，说你今天晚一些时间用茶。弗里斯也没在家。现在大概还没到四点半呢，不过你要是即刻就想用茶点，我可以给你拿来。"

"哦，没关系，艾丽斯，我等罗伯特回来吧。"我说道。看来，迈克西姆一出门，家里的事情就全都乱了套。据我所知，弗里斯和罗伯特从没有同时出过门。当然喽，今天是弗里斯的休息日，丹夫人差遣罗伯特去了邮局，而我又被认为去远处散步。于是那个叫费弗尔的男子便乘机来找丹夫人，时间选得几乎恰到好处。这里边肯定有鬼。还有，他请求我不要告诉迈克西姆。这种局面的确十分难对付。我不想把祸水引到丹夫人身上，也不想惹起任何风波。更为重要的是，我不愿让迈克西姆为此而烦恼。

我心里纳闷，不知这个费弗尔是何许人，竟然把迈克西姆称为"迈克斯"，还没有谁这般叫过他呢。我倒是在一本书的扉页上见过"迈克斯"这个名字，以细细的斜体字写成，风格奇特，"M"的尾角特别长、特别醒目。我以为只有一个人曾经这样称呼他⋯⋯

我就这么站在大厅里，拿不定主意何时用茶，茫然不知所措。突然，我产生了一个念头：也许丹夫人不诚实，背着迈克西姆干什么勾当，今天我回来得早，发现了她和那位男子在密谋策划，后者装出一副熟悉曼德利和迈克西姆的样子掩人耳目。那两人不知在西厢房都做了些什么。他们看见我在草坪上，为什么就关上了百叶窗呢？我心里隐隐有一种不安的感觉。弗里斯和罗伯特出了门，而女仆们下午一般都在自己的卧室更衣换装，于是家里便成了夫人的天下。那男子难道是小偷，花钱雇丹夫人做内线？西厢房可是有些值钱的东西呀。我蓦然产生了一种强烈的冲动，想摸上楼到西厢房里去看个究竟。

罗伯特尚未归来。用茶点前刚好有时间走一趟。我望望画廊，有些踌躇不决。整幢房子寂静无声。仆人们都在厨房后边下人的房间里。杰斯珀正在楼梯下舔碗里的水，扑哧扑哧的声音响彻了石头大厅。我提步向楼上走去，心儿怦怦直跳，一种奇特的兴奋感觉涌遍全身。

第十四章

　　我又来到了初到曼德利的第二天上午曾经涉足的那条走廊。自打上次以后,我再没有到这儿来过,而且也不想来。阳光从凹室的窗户倾洒进来,在深色的壁板上织出金色的图案。

　　四周静悄悄的,听不见一点声响。跟上一回一样,我又闻到了那种怪怪的霉味。我对房间的排列布局不熟悉,吃不准该往哪儿走。记得丹夫人上次是从我身后的一扇门里出来的,从方位看,那儿正是我想进的房间,那个房间的窗户面临草坪,远眺大海。于是我转动门柄,走了进去。由于百叶窗全关着,屋里自然漆黑一片。我伸手摸到墙壁上的开关,扭亮了电灯。这是一间小巧玲珑的前室,我估计是更衣用的,靠墙放着一些高大的衣柜,屋子尽头有扇门开着,里边是个较大的房间。我趋前步入里间屋,打亮了电灯,乍眼一看便吃了一惊,因为房间里的家具摆设一应俱全,好像还住着人哩。

　　我原以为这儿的桌椅,还有靠墙的那张硕大的双人床,全都蒙着防尘布,谁知一件件家具都裸露在外。梳妆台上放着发刷、梳子、香水和胭脂。床也铺得整整齐齐,可以看到雪白的枕套以及被罩下边露出的一角毛毯。梳妆台、床头柜以及雕花壁炉架上都摆着鲜花。一件绸缎晨衣搭在椅子上,而椅下放着一双卧室里穿的拖鞋。在扑朔迷离的一瞬间,我的大脑似乎出了偏差,倒退到了过去的岁月,眼前出现的是她去世前的情景……好像丽贝卡马上就会走回房间,哼着歌在梳妆台的镜前坐下,取过梳子梳理秀发。如果她坐在那儿,我可以从镜子里看见她的身影,她也可以看见我就这么站在房门旁。奇迹并没有出现,可我还是傻站着等待什么事情发生。后来,墙上挂钟的嘀嗒声把我重新带回了现实中。挂钟的表针指着四点二十五分,跟我的手表一样。嘀嗒的钟声使人头脑清醒,给人以舒畅的感觉。我这才想到了眼下的处境,想到茶点马上就会送到草坪上供我享用。我慢慢走到房子中央,发现这是一个无人使用、无人居住的房间。甚至连鲜花的芬芳也驱除不掉那股发霉的气味。窗帘遮得严严的,百叶窗关得紧紧的。丽贝卡再也不会回到这个房间来了。即便丹夫人在壁炉架上摆鲜花,往床上铺床单,也无法使她重返阳间。她死了,已经死去一年了,和德温特家族的先辈们一道长眠于教堂墓穴中。

　　大海的阵阵涛声清晰可闻。我走到窗前,猛地打开百叶窗。不错,这个窗口正是费弗尔和丹夫人半小时前待过的地方。长长的太阳光束直射进来,使电灯光显得朦胧恍惚、昏黄暗淡。我把百叶窗又开大了一些,明亮的日光泻在床上。顿时,枕头上的睡衣袋、梳妆台的玻璃面、发刷以及香水瓶,全都闪闪发出光辉。

　　日光给房间以更强烈的现实感。当百叶窗紧闭,靠电灯照明时,这房间比较像舞台上的布景,像两场戏之间布置好的一幕场景。夜戏已落幕散场,舞台上换上了明天日戏的第一幕布景。可日光却使房间生机盎然,充满勃勃活力。我忘了那股霉味,忘了另外的几个窗户还捂着窗帘。我又成了一位客人,一位不速之客,鬼使神差地误入了女主人的卧室。梳妆台上放着她的发刷,椅上搭着她的晨衣,而椅下摆着她的拖鞋。

自从进了房间,我这才感觉到自己的两条腿在不停地颤抖,软得跟面条一样。我坐到梳妆台前的凳子上,已经没有了那种怦然心跳、奇特的兴奋感觉,一颗心沉甸甸的似压了铅块。我木呆呆、傻愣愣地环视着房间。不错,这的确是一个漂亮的房间。丹夫人在我们初到曼德利的那天晚上并没有夸大其词,这的确是整幢房子里最美的地方。那精致的壁炉架,那天花板,那精雕细刻的床架,那窗帷的饰穂,还有那壁上的挂钟以及我旁边梳妆台上的烛台,如果这一切全属于我,我定会奉为至宝,爱不释手。可惜它们不是我的,而属于另外一个人。我伸手摸了摸发刷。其中一把比另一把旧些,这里边的缘故我很清楚,因为光尽着一把用,另一把忘记用,那么拿去清洗时就会发现一把干干净净,几乎动也没动。从镜子里看,我的面孔多么苍白和瘦削啊,披散的头发又细又直。难道我一直都是这副模样?我平日的气色比这要红润些吧?镜子里的映影脸上蜡黄,相貌平平,冲我瞪着眼睛。

我从凳子上站起身,走过去摸了摸椅子上的晨衣,又把拖鞋拿在手中,一阵恐惧感袭上心头,愈来愈强烈,最后转变为绝望。我触摸了一下床上的被子,手指顺着睡衣袋上交错叠合刺绣出的"R de W"[1]这几个字母滑动着。这些字母绣在金色的缎面上,摸起来有凸起的强烈手感。装在衣袋里的睡衣薄如蝉翼,呈杏黄色。我摸着摸着,就把睡衣拉出袋子贴在脸上。衣服凉丝丝、冰冷冷,原先一定香气扑鼻,散发出白杜鹃花的那种芬芳,

---

[1] Rebecca de Winter(丽贝卡·德温特)的缩写。

现在却隐隐透着点霉味。我把它叠起放回到袋里，与此同时心中隐隐作痛，因为我发现睡衣上有些褶子，衣料被揉得皱巴巴的，自从主人穿过之后再没有人动过，也没有洗熨过。

我突然有一阵冲动，从床边走开，回到了小巧玲珑的前室，我刚才在那儿看到过一些衣柜。我打开其中一个柜子，果然不出所料，里面满都是衣服。晚礼服装在白袋子里，我从口袋上方瞧见了银光闪闪的衣料；一件织锦缎上衣闪烁着金色的光泽；旁边是一件颜色似葡萄酒、质地柔软的丝绒衣；另外还有一件白色长裙，裙裾一直拖至衣柜的底板；上层架子上有把驼毛扇，从一片薄绉纸下探出脑袋来。

柜子里有一种闷出来的怪味。户外的杜鹃花香馥馥、甜丝丝，可这种香气闷在柜里则变了味，而且使那些绫罗绸缎也失去了光泽。一开柜门，陈腐的气味便冲我扑面而来。我关上柜子，又回到了卧室里。窗口射入的太阳光明亮而清朗，仍铺洒在金色的床罩上，字母图案中的那个高耸的斜体R显得格外清晰醒目。

这时，我听见后边有脚步声，一转身看见了丹夫人。我一辈子都不会忘记她脸上的那种得意洋洋、幸灾乐祸、兴致勃勃，同时又古怪、邪恶的表情。我简直被吓坏了。

"出什么事了吗，夫人？"她问。

我欲笑笑不出，想说话也说不出来。

"你不舒服吗，夫人？"她凑近一步，声音非常温柔地问。我忙朝后一缩身子，觉得她要是再靠近一些，我会晕过去的。我感到她呼出的气喷在了我的脸上。

"我没事，丹弗斯夫人，"我隔了一会儿才说，"没想到会在这儿见到你。事情是这样的，我从草坪上注意到有扇百叶窗没有关严,于是便上楼来看能不能把它关好。"

"让我关吧。"丹夫人说完,无声无息地走过去将百叶窗拉紧。日光消失了。在恍惚、昏黄的电灯光下,房间重又蒙上了虚幻的色彩,显得既不真实又阴森可怕。

丹夫人又走回来,站到我身边,莞尔一笑,态度一反往日的冷漠和严酷,变得出奇的亲昵,甚至有些逢迎讨好。

"你为什么要说窗户是开着呢?"她问,"我走前把它关得好好的。窗户是你打开的,不对吗?你是想来看看这房间。可你以前为什么没说过让我领你来呢?任何一天,我随时都可以效劳的,你只需吩咐一声就行了。"

我想溜,却挪不动脚步,只好继续愣愣地望着她的眼睛。

"既然来了,我就领你好好参观一下吧。"她殷勤备至地说,那声音甜蜜蜜的,可是却非常虚假,让人心里发毛,"我知道你想来看看,老早就想饱饱眼福了,只不过不好意思说出来罢啦。这个房间很漂亮,是吧?你可能从来都没见过如此惹人喜欢的房间。"

她抓住我的胳膊,拉着我走到床前,我无法抗拒她,宛如一个任人摆布的木偶。她的手的触摸叫我浑身起鸡皮疙瘩。她说话时声音压得很低,显得很亲昵,令我又厌恶又害怕。

"这是她的床,很漂亮,对吧?我一直让金色的床罩铺在上边,这是她生前最喜欢的。这袋里的是她的睡衣,你刚才摸过了,是吧?她离开人世前,最后穿过的就是这件睡衣。你想再摸摸吗?"她把睡衣从袋里取出来举到我面前,"你拿住摸摸,质地多么轻多么软。自从她最后一次穿过,我一直都没洗。我把它连同那晨衣和拖鞋按那天夜里的样子摆着。在那个夜晚,她一去不复返,淹死在水中。"她把睡衣折起又放回袋子里,"要知道,她的一切都由我一手操办。"她说着,又抓住我的胳膊,把我引到晨衣和拖鞋跟前,"我们把贴身使女换了一个又一个,没有一个合适的。她常对我说,'丹尼,你服侍我比任何人都强,我谁都不要,只要你。'瞧,这是她的晨衣。她比你个头高得多,光看这长度就知道。你放到身上比比,都到你的脚踝了。她有一副美丽的身材。这是她的拖鞋。她常这样对我说,'丹尼,把拖鞋丢给我。'按她那么高的个子,她的脚真可谓小巧玲珑。你把手伸进去试试,这拖鞋非常小、非常窄,是不是?"

她把拖鞋硬套到我手上,脸上始终挂着微笑,一边还注视着我的眼睛。"你怎么也想不到她会那么高,对不对?这拖鞋只有小巧玲珑的脚穿着才合适。她的身材也十分苗条。除非她站到你跟前,否则你就不知道她是位大高个。她跟我一模一样高,可躺在床上却像一个娇小的尤物,浓密的黑发似光环烘托出她的艳容。"

她把拖鞋放回地板,将晨衣搁在椅子上。"她的发刷你看过了,是不是?"她说着,把我拉到了梳妆台前,"你瞧,还是按她生前的样子摆着,没人洗过也无人动过。我每天晚上都为她梳理头发。'过来,丹尼,该梳头啦。'她常这样对我说,我就站到她身后,站在这个凳子旁为她梳头,一梳就是二十分钟。要知道,她是在最后的几年才留短发的。刚结婚的时候,她的一头秀发垂至腰部以下。那时,德温特先生为她梳头。我许多次走进这房间,见他脱掉外衣,手里拿着两把发刷忙活。'再用点劲,迈克斯,再用点劲。'她常常仰脸冲他笑着说,而他则百依百顺。每逢举办宴会,两口子都要更换衣服,家里总是高朋满座。'哎呀，我要迟到啦。'他经常这样说，一边把发刷丢给我，还回头冲她笑笑。那个时候，他总是满面春风、喜气洋洋。"至此，她停了下来，可手仍搭在我的胳膊上。

"当她把头发剪短的时候，大家都很生气，"她又说道，"可她一点都不在乎。'这是我自己的事，跟别人无关。'她老是这样对人家说。当然，留上短发，骑马和航海都要方便得多。一位著名画家还为她画了一幅骑马像呢。那幅画后来挂到了英国美术协会，你看到过吗？"

我摇摇头说："没有，没见过。"

"听说还是那一年的最佳作品哩，"她继续说道，"可德温特先生没看上眼，硬是不让挂在曼德利，大概是嫌没有淋漓尽致地展现她的丰姿吧。你想看看她的衣服吗？"她未待我回答，便领我进了那间小前室，将衣柜的门一一打开。

"我把她的毛皮衣饰放在这里，"她说，"截至目前还没有招虫，以后蛀虫也休想沾边，我时刻提防着呢。你摸摸这黑貂皮围脖。这是德温特先生送的圣诞节礼物。她曾经告诉过我价钱，可我现在给忘了。这栗鼠皮披肩傍晚时分用得最多。在寒风萧瑟的傍晚，她常常把它披在肩头。这个柜子里都是晚礼服。你打开过，对不对？插销没有闩牢。我觉得，德温特先生最喜欢让她穿着银白色的礼服。当然，她不管穿什么样的衣服、什么样的颜色，都非常好看。她穿这件丝绒衣，简直美若天仙。你把它放到脸上试试。质地软不软？你可以感觉到这衣服仍幽香阵阵，对不对？让人觉得她好像刚刚把衣服脱下来似的。她到过的房间我一闻就知道，因为屋里会留下她的缕缕余香。这个抽屉里都是她的内衣。这套粉红色衣服她一次都没穿过，死的时候，她身上穿着便裤和衬衫，可是却让水给冲掉了。数星期后找到她时，她身上一丝不挂。"

她把我的胳膊抓得更紧了，俯身向前，将那张骷髅脸凑得近近的，黑眼睛把我的双目搜索来搜索去，低声说道："她体无完肤，美丽的面孔已无法辨认，两条胳膊不见了踪影。尸体是德温特先生孤身一人到埃奇库姆比认领的。他当时生着重病，可他执意要去，谁都拦不住他，甚至连克劳利先生也无能为力。"

她停顿了一下，目光却一刻也没离开过我的面孔。"对于那次海难，我永远都不能原谅自己，"她说，"都怪我那天晚上不在家。我下午去了克里斯，在那儿把时间耽搁了，因为德温特夫人到伦敦去，预计很晚才回来。所以，我没有急着朝回赶。约莫九点半的时候我回到家里，听说她七点钟不到就回来了，吃过饭后又出了门。当然是到海滩上去了。当时刮着西南风，我很是担心。我要是在跟前，她是决不会去的。她总是对我言听计从。我会对她说，'要是换上我，今晚就不出门，天气多有不便。'她则回答，'好吧，丹尼，你这个小题大做的老太婆。'毫无疑问，我们会坐在这里促膝谈心，她会像以往一样把她在伦敦的所作所为讲给我听。"

我的胳膊被她的手指捏出了青痕，有点发麻。我可以看见她脸上的皮绷得是多么紧，使颧骨鼓凸出来。她的耳下藏着一些黄色小斑块。

"德温特先生当时到克劳利先生家吃晚饭去了，"她继续说道，"我不知道他是什么时候回来的，大概过了十一点钟才回来。将近午夜时分，风愈刮愈大，而她仍未回家。我下楼去瞧，藏书室的门底下不见有灯光透出来。我又回到楼上，敲了敲更衣室的门。德温特先生立刻应声道,'谁呀?什么事?'我说德温特夫人没回来,我很担心。待了一会儿,他打开房门,身上穿着晨衣。'她大概到小屋过夜了,'他说,'我要是你,就上床睡了。这种天气,她是不会回来的。'他面容疲倦,我不忍再打搅他。不管怎样,她多次留在小屋里过夜,而且无论怎样的天气也都驾船出过海。她也许压根儿就没出海,从伦敦回来后也只是想在小屋里过夜换换情绪。我向德温特先生道了声晚安,便回我的房间了。不过,我没有睡着,一直在思索她究竟干什么去了。"

她又打住了话头。我再也不愿听下去了,真想逃离她身边,逃离这个房间。

"我和衣坐在床上,一直等到清晨五点半钟,"她说,"然后我便无法再等下去了,于是起身披上外套,穿过树林向海滩奔去。天麻麻亮,空中仍飘着蒙蒙细雨,不过风已经停了。我到了海滩,见海水里有浮筒和那艘小艇,但游船却没有了踪影……"我听着听着,仿佛看见了沐浴在灰色晨曦中的小海湾,感到丝丝细雨飘洒在脸上,透过雾霭可以分辨出紧贴在海面上的浮筒那影影绰绰、朦胧不清的轮廓。

丹夫人松开我的胳膊,她的手落下去,又放回到她的身边。她丧失了绘声绘色的表现力,又换上了平日的那种生硬、呆板的声音。

"当天下午有只救生圈被海水冲到了克里斯,"她说,"次日,几个捕蟹人在海岬下的礁石堆里又发现了一只。七零八碎的索具也随着潮水上了岸。"她扭过身去关上抽屉柜,把墙上的一幅画扶正,从地毯上捡起一小团绒毛。我则茫然不知所措地观望着她。

"现在你知道了,"她说,"德温特先生为什么不再使用这些房间。你不妨听听那大海的涛声吧。"

尽管窗户关着,百叶板紧闭,我仍能听得见海浪冲击在小海湾的白色沙砾上所发出的低沉、悲怆的呻吟。这当儿,也许潮水汹涌地冲上岸,漫过海滩,直达小石屋的附近。

"自打她淹死的那天晚上起,他再也没住过这些房间,"她说,"他叫人把自己的东西从更衣室里搬了出来。我们在走廊尽头为他收拾了个房间,可我觉得他很少到那里睡觉。他常常坐在扶手椅上,一到早晨四处净是烟灰。白天,弗里思常听见他在藏书室里来回踱步,不停地走啊走的。"

我仿佛也看见了椅子旁边地板上的烟灰,也听到了他在藏书室里吧嗒吧嗒的来回踱步声……丹夫人轻轻关上了卧室与我们所处的前室之间的房门,并熄灭了电灯。我再也看不到那张床,再也看不到那枕头上的睡衣袋、梳妆台以及椅子旁的拖鞋了,她穿过前室,把手搭在门柄上,站在那儿等我跟上去。

"我每天都是亲自来打扫房间,"她说,"以后你如果还想来参观,只需吩咐一声就行了。你给我挂内线电话,我会照办的。我不允许女仆上这儿,所以除了我,没人来过。"

她又换上了曲意逢迎的亲昵态度,让人感到不舒服,脸上虚假的微笑显得很不自然。"德温特先生不在家,有时你感到寂寞,想来这些房间坐坐,那你只需要跟我打声招呼。你瞧这些房间多漂亮。屋里收拾得这么整齐,让你想不到她已久别人世吧?你会觉得她刚走不一会儿,傍晚就会回来。"

我挤出一个微笑,无言以对,觉得喉咙又干又紧。

"不仅仅在这个房间,"她说,"家里的许多房间都有这种迹象。在起居室、大厅,甚至包括小花坊,我感到她无处不在。

你也有同感吧?"

她用古怪的目光盯着我,声音压得非常低,似耳语一般。"有时我在走廊里行走,觉得她就在我的身后。那种急促、轻快的脚步声,我是绝对不可能搞错的。昔日的傍晚,我常见她到上边的吟游诗人画廊里,依着栏杆俯视大厅,呼唤那两条狗。我现在还时常感觉她待在那儿。我仿佛能听得见她下楼吃饭时裙裾拖在楼梯上发出的窸窣声,"她停顿了一下,但仍然打量着我,查看我的眼神,"依你之见,我们俩这么交谈,她能不能听得见?"她一字一板地问,"依你之见,死人会不会回到阳世监视活着的人呢?"

我咽了口唾液,狠劲掐着自己的手,指甲深深陷进了肉里。

"不知道,我不清楚。"我用高八度的声音答道,那声音很不自然,根本不像是我自己的声音。

"有时我心想,"她悄声低语地说,"有时我怀疑她又回到了曼德利,监视着我和德温特先生的一言一行。"

我们俩站在房门旁,瞪着眼睛瞧着对方。我简直无法把目光移开。镶嵌在她惨白的骷髅脸上的那双阴森、狠毒的眼睛,充满了恶意和仇恨。后来,她打开了通向走廊的房门说:"罗伯特已经回来了,一刻钟之前到的家。已经吩咐了他,让他把你的茶点送到栗树下。"

她闪到一旁放我过去。我跌跌撞撞来到走廊里,顾不得看朝哪里走,也没跟她说话,便糊里糊涂下了楼。然后拐个弯,推开通往东厢的那扇门,回到自己的房间里。我关上房门,把门反锁住,再将钥匙放入口袋里。

随后,我躺到床上,闭住双眼,觉得像害了场大病似的。

第十五章

　　翌日晨，迈克西姆打电话说他傍晚七点左右回庄园。电话是弗里思接的。迈克西姆没要求跟我讲话。我吃早餐时听电话铃响，以为弗里思会走进餐厅对我说："夫人，德温特先生请你接电话。"于是我放下餐巾，直起了腰，这时却见弗里思回到餐厅，把迈克西姆的口信告诉了我。

　　他见我推开椅子朝门外走，便连忙说："夫人，德温特先生把电话挂了。没别的事，只说他傍晚七点左右回来。"

　　我又坐回椅子上，捡起餐巾。弗里思见我迫不及待地往餐厅外跑，一定觉得我太愚蠢。

　　"明白了，弗里思，谢谢你。"我说。

　　我继续吃鸡蛋和培根，杰斯珀守在我脚旁，而那条老狗卧在拐角的篮子里。这一天真不知该如何打发。我昨夜没睡好，大概是因为孤身独眠的缘故吧。我辗转反侧，也乱梦迷离。我梦见我和迈克西姆漫游林间，他老是走在我前边，虽然只差几步，我也无法将他赶上。我看不见他的面孔，只能瞧得到他那大步流星始终走在我前边的背影。我睡着时一定哭过，第二天早晨醒来时只见枕头上泪痕斑斑。照照镜子，我的眼皮也肿了，一副尊容平平淡淡，没有一丁点儿女性的魅力。我往脸蛋上搽了些脂粉，可怜巴巴地想增加些红润，谁知却弄巧成拙，倒使我看起来像个不伦不类的马戏团小丑。也许这是因为我不懂涂脂抹粉的窍门吧。穿过大厅去吃早饭时，我留意到罗伯特瞪大眼睛盯着我瞧。

十点钟左右，我正在游廊把几片面包弄碎喂鸟，电话铃又响了。这次是找我的。弗里思跑来说莱西夫人要跟我通话。

"早上好，比阿特丽斯。"我拿起话筒说。

"喂，亲爱的，你好吧？"即使在电话里，她的声音仍独具一格，干脆利落，大有须眉丈夫之气，容不得半点废话。随后，未待我回答，她又说道："今天下午我想开车去看看祖母。现在我正跟别人一起吃饭，距你有二十英里。到时候我去接你，我们一道去探望祖母好吗？你也该去见见老太太了。"

"我非常愿意去，比阿特丽斯。"我说。

"太妙啦。那就说定了。我三点半左右去接你。贾尔斯在宴会上见迈克西姆了，他说饭菜糟得一塌糊涂，幸好有美酒相佐。就这样，亲爱的，下午见。"

"咔嚓"一声，她把电话挂了。我信步走回花园，为她打电话邀请我一道去看望祖母而高兴。这下总算有点事情可以期盼了，给今天单调的生活增添了些情趣。原来要苦熬到傍晚七点钟，中间的时间实在漫长。今天我心绪欠佳，不想带杰斯珀去幸福谷玩，去小海湾往水里扔石子。那种自由自在的感觉已经消失，那种穿着橡皮底布鞋在草坪上奔跑的孩子般的愿望已化为乌有。我带着书、《泰晤士报》以及编织活儿来到玫瑰园里找块地方坐下，俨然一副家庭主妇的形象，在温暖的阳光下哈欠连天，花丛里的蜜蜂嗡嗡飞舞。

我试图集中精力阅读那些索然无味的报纸专栏文章，后来又手捧小说，想深入那跌宕起伏的情节。我不愿思索昨天下午的事，不愿去想丹夫人。我竭力要忘记她此时此刻正在房子里，也许正从一扇窗口望着我。我不时把目光从书本上抬起，望一望草坪的另一侧，总觉得周围还有什么人。

曼德利的窗户星罗棋布，我和迈克西姆从不使用的空房间也多得出奇。过去，当他的父亲和祖父在世的时候，家里贵客盈门、仆役成群，这些房间里都住着人，而今却鸦雀无声，到处蒙着防尘罩。丹夫人不费吹灰之力就可以打开房门，进去后再把门带上，蹑手蹑脚、偷偷摸摸走过罩着布的房间，躲在放下的窗帘后窥视我的行动。

我心里没一点底。我坐在椅子上，即便扭过身仰望那些窗户也不会看见她。我记得小时候玩过一种游戏，隔壁的小朋友称之为"祖母的脚步"，我则管它叫"老巫婆"。你站到花园的尽头，背对着大家，他们一个挨一个，偷偷地一点点朝你跟前摸。每隔几分钟你转过头去，如果发现有谁在移动，那么被抓住的人就得退到后边从头开始。可总有一个比较大胆的小朋友会摸到非常近的地方，动作轻得无法觉察。你背对着他等在那儿，按规矩从一数到十，心里感到害怕，知道不等数到十，这位胆大的小朋友就会神不知鬼不觉地从背后摸上来，得意地大叫一声扑到你身上。此时，我的心情跟小时候一个样，感到很紧张，光害怕受攻击。我正在跟丹夫人玩"老巫婆"的游戏。

午饭结束了上午冗长的时间，带来了欢欣的气氛，欣赏弗里思那镇定自若、精明强干的气度以及罗伯特可掬的憨态，比看书读报强。在三点半钟，车道的转弯处准时传来了比阿特丽斯汽车的声音,一转眼汽车就停到了房子的台阶边。我已穿戴停当,手里拿着手套,这时便跑出来迎接。"喂,亲爱的,我来啦,天气真好,是吗?"她"砰"地关上车门,步上台阶迎住我,猛地把我一吻,在我的耳朵边重重拿嘴唇擦了一下。

"你看起来气色不好,"她把我上下一打量,快言快语地说,"脸蛋瘦成了一张皮,一点血色也没有。怎么搞的?"

"没什么,"我很清楚自己的脸色不好,于是便低首心虚地支吾道,"我这一类型的人血色是不旺的。"

"胡言乱语,"她反驳道,"上次看你完全不是这种样子的。"

"大概,原先在意大利晒出的颜色现在褪尽了。"我说着上了汽车。

"得啦,"她悻悻地说,"你和迈克西姆一样糟糕,容不得别人关心你的健康。用劲关车门,不然关不牢。"汽车沿着车道向前驶去,猛地转过弯,跑得似旋风一般快,"你该不会怀孕了吧?"她把敏锐的褐色眼睛转到我身上问。

"不是,"我窘迫地说,"我想不会的。"

"没有早晨恶心欲吐或类似的症状?"

"没有。"

"哦……当然并非人人都有反应。我生罗杰那阵子,就一点感觉也没有,怀胎九个月,壮得跟头牛一样。临盆的那一天,我还打高尔夫球呢。生儿育女,天经地义,没什么可难为情的。如果有异样的感觉,你最好告诉我。"

"真的没有,比阿特丽斯,"我说,"我没什么可隐瞒的。"

"说实话，我真希望你能赶快生个儿子继承曼德利的产业，那对迈克西姆是件大好事。希望你没有采取避孕的措施。"

"当然没有。"我说，心想这场谈话有点太出格了。

"哦，请别见怪，"她说，"你可别在意我说的话。如今的新娘毕竟都是多才多艺的。如果你喜欢打猎，偏偏在第一个狩猎季节就怀了孕，那岂不大煞风景。倘若两口子都是打猎迷，说不定还会断送掉你们的婚姻哩。像你这种情况是不要紧的，因为生孩子不会妨碍你作画。说到这里我想问问你的绘画情况如何。"

"近来我很少动笔。"

"真的？天气这么好，正适合到户外写生。你出外作画只需要带只折叠凳和一盒铅笔就行了，对吧？告诉我，你对我寄的那些书感兴趣吗？"

"当然感兴趣，"我说，"比阿特丽斯，你的礼物很合我的心意。"

她面露喜色地说："只要你喜欢就行。"

汽车风驰电掣。她把脚始终踩在油门上，每到转弯处便急打方向盘。我们的车从别的汽车边一掠而过，有两个司机把脑袋探出窗外满脸愠色地望着我们，在一条巷子里有位行人还冲她扬了扬拐杖。我为她感到脸红，可她似乎对这一切视而不见。我羞得在座位上把身子朝下缩了缩。

"罗杰下学期到牛津大学深造，"她说，"天知道他要怎么安排自己的生活。我觉得那纯粹是浪费时间，贾尔斯也有同感，可我们想不出别的办法，只好由他去了。其实，罗杰就像我和贾尔斯，心里只有马。前面那辆车在搞什么鬼？我的好人儿，你干吗不伸出手让他们闪开？说实话，如今有些开车的真该枪毙。"

我们拐上了一条主干道，险些撞上前面的车。"有客人到曼德利吗？"她问。

"没有，近来我们十分清静。"

"清静些好，"她说，"我一直都觉得举办那些大型聚会让人心烦。如果你到我们那儿去，你不会有惶惶不安的感觉。街坊四邻都是些非常好的人，彼此都很熟。我们相互宴请，在一起打桥牌，不跟外人交往。你会打桥牌吧？"

"打得不太好，比阿特丽斯。"

"哦，那没关系，只要会打就行。我不能容忍的是那些不懂又不愿学的人。冬天的茶余饭后，不打桥牌又干什么呢？总不能光坐在那里聊天呀。"

我不明白为什么就不能聊天，可心想还是少说为佳。

"现在罗杰到了懂事的年龄，生活可有趣了，"她继续说道，"他把朋友带回家，我们的确玩得很开心。去年的圣诞节，你要是跟我们在一起就好了。我们在一块儿猜字谜，那可是最有趣的游戏，亲爱的。贾尔斯如鱼得水，大显神通。他喜欢化装表演，一两杯香槟酒落肚，做出的滑稽相让你大饱眼福。我们常惋惜他没能人尽其才，他应该当演员才合适。"我听着听着，想起了贾尔斯的形象，想起他的大圆脸以及那副角质边眼镜。我觉得看到他酒后出洋相会让我不好意思。"他和我们的好朋友迪基·马什男扮女装，来了个二重唱。谁也不知道那究竟跟猜字谜有什么关系，但这也无妨，反正大伙儿乐得哄堂大笑。"

我有礼貌地微微一笑说："想得出来，那场面应该很有趣。"

我仿佛看见他们在比阿特丽斯的客厅里笑得前仰后合，这些人都是亲密无间的好朋友。罗杰长得一定像贾尔斯。此刻，比阿特丽斯在忆及往事时不由又笑出了声说:"可怜的贾尔斯。迪克¹把苏打水往他脖子里灌的时候,他脸上的表情叫我终身难忘。我们全都乐疯了。"

我有一种不安的感受,生怕比阿特丽斯今年圣诞节会邀请我和迈克西姆到她家去。也许,到时候我可以借故不去,就说患了流感。

"其实,我们的表演算不上十分精彩,"她说,"只不过自己寻个快活罢了。曼德利才真的是上演好戏的场所哩。我记得几年前演过一次古装戏,伦敦的演员前来献艺。当然,演那种戏,筹备起来是很费事的。"

"是啊。"我应了一声。

她半晌没言语,默默地只顾开车。

"迈克西姆怎么样?"她隔了一会儿问道。

"非常好,谢谢。"我说。

"心情非常愉快、高兴?"

"哦,是的,是这样的。"

汽车驶上狭窄的乡村街道,占去了她的注意力。我不知该不该把丹夫人的情况,把那个叫费弗尔的男子的情况告诉她。我不想让她把事情张扬出去,说不定她还会把风声透给迈克西姆呢。

"比阿特丽斯,"我最后作出了决定,于是便说道,"你听说过一个叫费弗尔的人吗?杰克·费弗尔?"

"杰克·费弗尔,"她重复了一遍,"是的,我知道这个名字。请等等,杰克·费弗尔……我当然听说过,一个俗不可耐的

---

1 迪基的爱称。

家伙。多年前我见过他一面。"

"他昨天来曼德利看望丹弗斯夫人了。"我说。

"真的?哦,也许他要……"

"为什么?"我问。

"大概因为他是丽贝卡的表兄吧。"她说。

这大大出乎我的意料之外。那家伙怎么会是丽贝卡的亲戚?想不到她竟有这样的表兄。杰克·费弗尔竟然是她的表兄!

"哦,"我说,"这我可是没有料到。"

"他过去可能常去曼德利,"比阿特丽斯说,"具体情况我也不清楚,所以无可奉告。我很少到曼德利去。"她的态度一下子冷淡下来,我觉得她不愿再谈这个话题。

"我不太喜欢那个人。"我说。

"是啊,这也可以理解。"比阿特丽斯说。

我等着下文,可她再没有吱声。我觉得最好不提费弗尔要我为他保密的事儿,以免把问题弄得复杂化。再说,汽车此刻已接近目的地,眼前闪出两扇白门和一条平展的砾石车道。

"别忘了,老太太的眼睛都快瞎了,"比阿特丽斯说,"这些日子头脑也有些糊涂。我给护士打过电话说我们要来,所以一切都不成问题。"

这是一幢人字顶的红砖大房子,大概是维多利亚王朝后期的建筑物,外表不怎么让人喜欢。我一眼就看出这栋房子里仆役成群,家务事安排得井然有序。这么多人都围着一位双目近乎失明的老太太打转转。

开门的是一个长得很齐整的客厅女仆。

"你好,诺拉,近来怎么样?"比阿特丽斯说。

"很好，谢谢你，夫人。愿你们身体健康。"

"啊，是啊，我们都很好。老太太的情况怎么样，诺拉？"

"很不稳定，夫人，一天好一天坏的。按说她的身子骨也不能算太糟糕。见到你，她肯定会高兴的。"女仆说着，好奇地瞥了我一眼。

"这位是迈克西姆的夫人。"比阿特丽斯说。

"啊，夫人，你好。"诺拉说。

我们穿过狭窄的门廊和摆满了家具的客厅，来到了一个阳台上。阳台的前边有一块修剪过的四方草坪。阳台的台阶上放着些石头花盆，盆里栽着许多色彩艳丽的天竺葵。在拐角处停着一把轮椅。比阿特丽斯的祖母坐在上边，身上围着披巾，背后垫着靠垫。待走到跟前，我发现她跟迈克西姆出奇地相像。迈克西姆老的时候，如果双目失明，一定也是这副模样。坐在她旁边椅子上的护士站起身来，把一个书签夹到自己刚才朗读的书里，冲比阿特丽斯嫣然一笑说："你好，莱西夫人！"

比阿特丽斯跟她握了手，并介绍了我。"老太太看起来精神很好，"她说，"八十六岁高龄了，身板还这么硬朗。祖母，我们来看你啦，"她提高嗓门说，"一路上平安无事。"

祖母朝我们这边望了望说："亲爱的比，真是个好孩子，特意跑来看我。我们这地方怪乏味的，怕没有你玩的东西。"

比阿特丽斯欠过身去吻了吻她说："我把迈克西姆的妻子也带来了。她早就想来探望你，可她和迈克西姆忙得抽不出身。"

比阿特丽斯在我的脊背上戳了戳低声说："去吻吻老人家。"我也猫下腰吻了老太太的脸颊。

祖母用手指摸了摸我的脸说："乖孩子，谢谢你来看我。我很高兴见到你,亲爱的。你该把迈克西姆也带来。"

"迈克西姆在伦敦呢,"我说,"今天晚上才回来。"

"那你下次叫他来,"她说,"坐在这把椅子上,亲爱的,让我看看你。比,你到这边来。小宝贝罗杰怎么样?他是个淘气的孩子,也不知道来看望我。"

"他八月份来,"比阿特丽斯大声说,"他就要离开伊顿公学到牛津大学去啦。"

"啊,天哪,他要变成小大人,让我认不出来了。"

"他现在个子比贾尔斯还高呢。"比阿特丽斯说。

她滔滔不绝地讲起了贾尔斯、罗杰,以及他们家的马和狗。护士拿来编织活儿,钩针碰在一起发出咔嗒咔嗒的声响。她把身子转向我,满面春风,兴致勃勃地搭讪起来。

"你喜欢曼德利吗,德温特夫人?"

"非常喜欢,谢谢。"我说。

"庄园里的风景很美,是吧?"她说着,钩针飞上舞下,"老人家行动不便,我们现在去不成了,多遗憾啊。我留恋曾在曼德利度过的那段时光。"

"那你哪天自己可以去玩嘛。"我说。

"谢谢你,我真想去看看。我想,德温特先生还好吧?"

"是的,非常好。"

"你们是在意大利度的蜜月吧?我们很喜欢德温特先生寄来的图画明信片。"

她说"我们",不知是护士对病人的称呼,还是指她跟迈克西姆的祖母为一个整体。

"他寄过明信片吗?我记不起来了。"

"他的确寄过，让大伙都激动了一阵子。我们喜欢这种纪念物，备了一个剪贴簿，把与家族有关的、凡是能勾起美好回忆的东西都贴在上边。"

"多有意思啊。"我说。

比阿特丽斯在一旁说话，片言只语灌进了我耳朵里。只听她说："我们把马克斯曼处理掉了。还记得马克斯曼吗？它是我手中最出色的猎犬。"

"啊，天哪，不会是马克斯曼吧？"她的祖母说。

"是它，可怜的狗，两只眼睛全瞎了。"

"可怜的马克斯曼。"老太太随声附和道。

我觉得当着老太太的面说什么瞎不瞎的，也许不太得当，于是向护士瞥了一眼。护士却仍在忙于咔嗒咔嗒地舞动钩针。

"你会打猎吗，德温特夫人？"她问。

"不会，我恐怕不行。"我说。

"也许你会喜欢上的。这个地方的人全都热衷于打猎。"

"噢。"

"德温特夫人非常热衷于艺术，"比阿特丽斯对护士解释说，"我告诉她曼德利处处美景，能绘出许多生机盎然的图画来。"

"那可真是的，"护士把手中狂舞的钩针停了一下表示同意地说，"多么高雅的情趣啊，我有个朋友，她那支画笔达到了出神入化的程度，一次过复活节我们到普罗旺斯，她画的素描美极啦。"

"真让人羡慕。"我说。

"我们在谈绘画的事，"比阿特丽斯大声对祖母解释说，

"你不知道我们家出了个艺术家吧？"

"谁是艺术家？"老太太问，"我怎么不知道？"

"就是你新过门的孙媳妇，"比阿特丽斯说，"你不妨问问我给她送了件什么样的结婚礼物。"

我满脸含笑，等着老人家发问。老太太把脸转向我这边说："比的话当真？我还不知道你是个艺术家呢，我们家里没有搞艺术的。"

"比阿特丽斯在开玩笑，"我说，"我的确不是什么艺术家，只不过喜欢画两笔，作为一种嗜好罢了，从未跟人学过艺。比阿特丽斯送我的结婚礼物是几本漂亮的书。"

"哦，"老人家一下子给搞糊涂了，"比阿特丽斯送书给你？这岂不是往山里送石头吗？曼德利藏书室里的书汗牛充栋，看都看不过来呢。"她开心大笑起来，我们也被她风趣的话逗乐了。我希望这话题到此为止，可比阿特丽斯还要啰唆几句。"你不明白，祖母，"她说，"那不是普通的书，而是艺术专著，总共四大部。"

护士也凑过来发表言论说："莱西夫人解释的意思是德温特夫人有个嗜好，就是酷爱绘画，所以她就送了四部精粹的艺术专著作为结婚礼物。"

"多么可笑的做法，"祖母说，"怎么能拿书当作结婚礼物？我结婚的时候没人给我送过书，即便送了，我也不会看的。"

她又呵呵笑了起来。比阿特丽斯面露愠色，我冲她微微一笑以示同情，可她大概没瞧见。护士又埋头打起毛衣来。

"我想用茶点了，"老太太抱怨说，"难道还没到四点半钟？诺拉怎么不送茶来？"

"怎么？中午吃那么多，现在又饿啦？"护士说完这话站起身，送给自己的病人一个明媚的微笑。

我感到筋疲力尽，不明白老年人有时候怎么如此烦人。他们比小孩子或小猫小狗要难以应付，因为在他们面前你得礼貌周全。这种冷酷的念头倒使我吃了一惊。我坐在那里，双手抱在膝上，对别人的话时时都准备随声附和。护士拍打一下靠垫，为老太太掖好披巾。

迈克西姆的祖母显得有些不耐烦了，合上眼睛，好像已累得没了精力。这时，她的模样更像迈克西姆了。我猜得出她当年是怎样一副丰姿：年轻美丽，身材颀长，用手提着裙裾，以免沾染上污泥，衣袋里装着糖果向曼德利的马厩走去。我仿佛看见她紧束着腰，衣领翻得高高的，仿佛听见她在吩咐仆人为她在下午两点准备好马车。这一切都如过眼烟云，化成了泡影。丈夫离开人世已四十个年头，儿子在阴间度过了十五个春秋。她住在这幢明亮的红色人字顶房屋里，在护士的照管下苟延残喘，等待着死神的召唤。我心想，我们对老年人的内心感受实在知之甚微。我们了解小孩子，了解他们的恐惧、愿望以及弄虚作假的把戏。昨天我自己还是个孩子，对这一切记忆犹新。可迈克西姆的祖母围着披巾坐在那里，睁着一双可怜的瞎眼，她心里究竟有什么样的感受，脑子里在考虑什么样的事情？她是否知道比阿特丽斯正哈欠连天，不时看手表？她是否猜得到我们来看她只是聊表心意、尽尽孝心？回家后，比阿特丽斯便可以宣称："好啦，这三个月我问心无愧了。"

她是否想到过曼德利？是否还记得当年坐在我现在的那个主

妇位置上在餐厅吃饭的情景?昔日,她是否也在栗树下用茶点?前尘旧事莫非已从她的记忆中抹去?那张平静、苍白的面孔后边难道成了一片空白?她是否只感觉得到身体上的痛痒以及异样的不适,阳光灿烂时隐隐生出感激之情,寒风呼啸时则瑟瑟发抖?

但愿我能用手抚去岁月在她脸上留下的痕迹。但愿能看到她年轻时的风韵,看到她红润的脸蛋和栗色的头发,看到她跟旁边的比阿特丽斯一样机敏和活跃,像比阿特丽斯那样谈论打猎的事情,谈论猎犬和马匹,而不似现在这般闭目养神,听凭护士为她整理脑后的靠垫。

"今天备有美味佳肴,"护士说,"水田芥三明治和茶水。我们喜欢吃水田芥,对不对?"

"今天有水田芥?"迈克西姆的祖母把脑袋从枕上抬起,朝门口那儿望了望说,"这你可没告诉我。诺拉怎么还不送茶点来?"

"护士小姐,你这工作就是一天付我一千英镑,我也不会干。"比阿特丽斯压低声音对护士说。

"哦,我都习惯了,莱西夫人。"护士嫣然一笑说,"这儿的环境非常舒适,当然,有的时候也很难,但别的地方更糟。她相当随和,比有些病人强些。另外,仆人们配合得也很默契,这才是真正至关紧要的。瞧,诺拉来了。"

客厅女仆送来了一张折叠小桌和一块雪白的桌布。

"怎么磨蹭了这么老半天,诺拉?"老太太不满地嘟囔道。

"现在刚刚四点半,夫人。"诺拉以一种特殊的声音说,跟护士一样,也是满面春风、和颜悦色。不知迈克西姆的祖母是否觉察到了人们都在用这种方式跟她讲话。我感到纳闷,不清楚这种情况最初始于何时,她当时是否留意到了。也许她曾心里嘀咕:"真是太荒唐,他们以为我老了。"可久而久之,她也习以为常了,如今觉得他们历来如此,成了她生活中的一种陪衬。那位栗色头发、楚腰纤细、拿糖果喂马的年轻女子今在何处?

我们把椅子挪到折叠桌跟前,开始吃水田芥三明治。护士特意为老太太夹了几片。

"你尝尝,这味道美不美?"她说。

我瞧见那张平静、镇定的脸上慢慢绽出了笑意。"我喜欢吃水田芥。"老太太说。

茶水烫得简直喝不成。护士小口小口地细品慢呷。

"今天的水又滚烫滚烫,"她对比阿特丽斯点点头说,"这事让我伤透了脑筋。他们老把茶放在火上煨,我给他们说过多少遍了,他们就是不肯听。"

"唉,仆人们全是一个样,"比阿特丽斯说,"我都懒得去管了。"

老太太用勺子搅着自己的茶,目光茫然而恍惚,我真希望能知道她心里在想什么。

"你们在意大利时,天气还好吧?"护士说。

"是的,风和日暖。"我说。

比阿特丽斯转过身对祖母解释道:"她说在意大利度蜜月时碰上了好天气。迈克西姆把脸都晒黑了。"

"迈克西姆今天为什么没来?"老太太问。

"我的好祖母,不是都告诉过你了嘛,迈克西姆有事到伦敦去了。"比阿特丽斯不耐烦地说,"是去参加一个宴会,贾尔斯也去了。"

"噢，明白了，那你们刚才怎么说迈克西姆在意大利？"

"他去过意大利，祖母，可那是四月份的事，现在他们回到了曼德利。"比阿特丽斯说着扫了护士一眼，耸了耸肩膀。

"德温特夫妇目前住在曼德利。"护士重复道。

"这个月份，庄园里风光绮丽。"我把身子凑近迈克西姆的祖母说，"玫瑰花争奇斗艳。真希望给你带来几朵。"

"是啊，我喜欢玫瑰花，"老太太含混地说，随后凑近些用她那双蒙眬的蓝眼睛注视着我，"你也住在曼德利吗？"

我一时语塞。局面一下子僵住了。后来还是比阿特丽斯圆了场，扯起大嗓门不耐烦地说："我的好祖母，你明明知道她住在曼德利，她和迈克西姆结了婚。"

我留意到护士放下手中的茶杯，飞眼瞧了瞧老太太。老人家瘫软地躺在靠垫上，扯着披巾，嘴唇微微发颤。"你们一个个讲话雨里雾里的，叫我听不明白。"接着，她把目光投向我，不由皱皱眉头，摇起了头，"亲爱的，你是谁？我怎么没见过你？我不认识你的面孔，记不得曼德利有你这么个人，比，这姑娘是谁？迈克西姆怎么不带丽贝卡来？丽贝卡太招人爱了。亲爱的丽贝卡在哪里？"

大家半晌都没说话，这是个令人活受罪的时刻。我感到自己涨红了脸。护士慌忙跳起身，向轮椅走去。

"我想见丽贝卡。"老太太又重复了一遍，"你们把丽贝卡弄到哪儿去啦？"比阿特丽斯笨拙地立起身，把桌上的杯盘碰得乱摇晃。她也涨红了脸，嘴角一抽一搐的。

"我看你们还是走吧，莱西夫人。"护士面红耳赤，慌乱地说，"她看起来有点疲倦了，有时糊涂劲上来，能持续几个小时。她的精神时常处于这种亢奋状态，想不到今天又旧病复发，真是不走运。你一定会理解的吧，德温特夫人？"她满脸歉意地转向了我。

"当然。"我连忙说，"我们还是走了的好。"

我和比阿特丽斯伸手去摸我们的提包和手套。护士回过头又招呼起病人来："好啦，你在说什么呀？我为你切的水田芥三明治这么可口，难道你不想吃啦？"

"丽贝卡在哪儿？迈克西姆为什么不把丽贝卡带来？"老太太用微弱的声音气愤地问。

我们经过客厅到了门廊，然后从正门走了出去。比阿特丽斯默默无声地把汽车发动起来，沿着平展的砾石车道驶出了白色的大门。

我两眼直视前方的路面。其实我对刚才的事并不计较，如果只牵扯我一个人，我才不会往心上放呢。我只是为比阿特丽斯而难过。

那场面对比阿特丽斯来说，太狼狈、太尴尬了。

出了村庄，她才开口对我说道："亲爱的，我心里抱歉极啦，这不知怎么说才好。"

"别说傻话，比阿特丽斯，"我慌忙说，"没关系，我一点都不在意的。"

"没想到她会糊涂到那种程度，"比阿特丽斯说，"不然我绝不会带你去看她。对此我万分抱歉。"

"没什么可抱歉的，请不要再说了。"

"真不明白是怎么回事。她对你的情况明明是了解的呀，我和迈克西姆都给她写过信。当时她对在国外结婚还挺感兴趣

的。"

"你忘了她已入耄耋之年，怎么能记得清呢？"我说，"她没有把我和迈克西姆联系在一起，只知道他跟丽贝卡是夫妻。"

随后，我们默默地驾车前行。重新坐到汽车上，给我一种解脱感。尽管路面颠簸，车身东摇西晃，我却全不在意。

"我竟给忘了，她是非常疼爱丽贝卡的，"比阿特丽斯慢言慢语地说，"我昏头了，应该想到会出现这种局面。依我看，老太太并没有真正弄明白那场灾难是怎么回事。唉，晦气，今天下午倒了邪霉。不知你会把我当成什么人呢！"

"比阿特丽斯，请别再自责了。实话讲，我对老太太的话并不介意。"

"丽贝卡对老太太总是殷勤备至，常常把她请到曼德利做客。可怜的祖母当时还充满了活力，不管丽贝卡说什么都惹得她捧腹大笑。当然，她总是十分风趣，而老太太喜欢她这一点，她那个人——我是指丽贝卡——颇有讨人喜欢的本事，男女老少，甚至连狗都为之倾倒。老太太大概一直都没把她忘了。亲爱的，下午让你受了这番委屈，你绝不会因此而感激我的。"

"我不在乎，我不在乎。"我机械地重复着，我对这话题不感兴趣，希望比阿特丽斯不要再说下去。那件事情有什么关系呢？有什么值得如此大惊小怪？

"贾尔斯会非常难过的。"比阿特丽斯说，"他会责怪我不该带你见老太太。我现在好像都能听到他在说'你做事蠢到家了，比'。为此我会跟他大动干戈地吵上一架。"

"这事不要再提了，我想还是忘掉的好。不然，别人听了只会添油加醋地四处传播。"

"贾尔斯会从我脸上看出名堂的,我什么事都瞒不过他。"

我沉默了下来,情知这事得在他们的亲朋好友中散布开去。我可以想象得来他们一小群人在星期天聚餐时的情景。他们一个个睁圆眼睛,竖起耳朵,气喘吁吁地感叹不已……

"老天呀,太可怕啦,怎么搞成了那样?"随后有人又说,"她怎么能承受得了?让谁都会窘死的!"

我唯一关心的,就是不要让迈克西姆听到风声。哪一天我也许会向弗兰克·克劳利讲出实情,但不是现在,可能要等上很长一段时间。

不一会儿,汽车驶上了山顶上的公路。极目远眺,可以望见克里斯的第一排灰蒙蒙的房顶,右边的低凹处铺展着曼德利郁郁葱葱的森林,再往前便是大海。

"你是不是急着赶回家去?"比阿特丽斯问。

"不急,"我说,"没什么可急的。怎么啦?"

"如果把你丢在庄园的大门口,你不会怪我不通情理吧?要是开飞车,我还能及时地赶到火车站接伦敦的那班车,省得让贾尔斯搭出租车回去。"

"当然可以,"我说,"我可以顺着车道散散步哩。"

"那就太感谢了。"她满怀喜悦地说。

我觉得今天下午的事情已经够她受的了。她想清静清静,不愿再到曼德利喝误了钟点的茶水。

我在庄园大门口下了车,跟她吻别。

"下次见到你,你可得长点肉,"她说,"瘦骨嶙峋的多不好看。向迈克西姆问声好,请原谅今天的事情。"

汽车一溜烟消失在飞扬的尘土之中,我沿着车道朝回走去。

想当年，迈克西姆的祖母乘着篷车也曾打这儿路过。随着岁月的流逝，这条车道是否发生了巨大变化呢？那时她还是个少妇，就跟我现在一样，冲门房里的那个女人微笑致意，昔日的守门人妻子向她行屈膝礼，张开的裙裾轻拂小径。可现在，这个女人只是朝我点点头，便回过身去呼喊一个正在后花园跟几只小猫咪玩泥土的小男孩了。迈克西姆的祖母曾低头躲开披垂的树枝，马儿曾沿着我眼前的这条蜿蜒的车道奔跑。这条道儿昔日比较宽，比较平展，路况也比较好，那时树林还没有蔓延上车道。

我脑海中出现的不是她现在围着披巾躺在靠垫上的形象，而是主宰曼德利时少妇的丰姿倩影。我看见她漫步于花园中，身后有个小男孩——迈克西姆的父亲在嘚嘚嘚地骑木马玩。小孩子穿一件笔挺的诺福克上衣，围一条白色的圆领。到小海湾野餐无异于一趟远征，所以难得享受这种乐趣。在哪本旧影集里可能还保留着一张照片——全家人围着一块铺在海滩上的桌布正襟危坐，后边有几个仆人站在一只巨大的野餐篮旁边。我还看到了几年前迈克西姆的祖母老态龙钟的形象。她拄着拐杖走在曼德利的游廊上，旁边有个人谈笑风生地搀着她的胳膊。那人身材颀长，体态婀娜，具有沉鱼落雁的容貌，比阿特丽斯说她还具有讨人喜欢的本事。她可能使人一见钟情、一见倾心。

漫长的车道终于走到了头，我看见迈克西姆的车停在房屋的前边，不由心头一喜，飞快地跑进大厅。他的帽子和手套放在桌上。我向藏书室奔去，在走近时听见里面有两个人在说话，其中一个人嗓门比较大，那是迈克西姆的声音。房门关着，我迟疑了片刻，没立刻进去。

"你可以写信传我的话，让他以后离曼德利远远的，听见了吗？别管是谁告诉我的，这无关紧要。我反正知道有人看见他的车昨天下午停在这儿。你要是想见他，尽可以到曼德利外面跟他见。我不许他进曼德利的门，明白吗？记住，这是对你的最后一次警告。"

我悄悄地离开房门，溜到楼梯那儿。听见藏书室的开门声，我三步并作两步跑上楼梯，躲到画廊里。丹夫人出了藏书室，随手带上了门。我一缩身，藏到了她看不见的墙根里。我朝她瞥了一眼，只见她脸色气得铁青，口眼歪斜，样子狰狞可怕。

她默默无声地飞快上了楼梯，一头钻进通往西厢的那扇门。

我候了片刻，然后慢慢下楼来到藏书室，推门走了进去。迈克西姆正手中拿着几封信站在窗旁，背对着我。一时间，我想再溜出门去，上楼躲进我自己的房间。他一定是听到了动静，只见他不耐烦地猛地转过身，口中问道："谁呀？"

我堆起微笑，伸出双手说："你好！"

"哦，是你……"

我一眼就看出他在为什么事情生闷气。他紧绷着嘴，皱着的鼻尖有点发白，问道："你干什么去啦？"他吻吻我的额头，用胳膊搂住我的肩膀。他昨日才离开我，可我觉得我们仿佛已阔别许久。

"我去看望你的祖母了，"我说，"今天下午比阿特丽斯开车带我去的。"

"老太太的情况怎么样？"

"还不错。"

"比在哪儿呢？"

"她拐回去接贾尔斯了。"

我们一道坐到临窗的座位上。我拉着他的手说："我真舍不得让你出门，都快想死你了。"

"是吗？"

有一会儿的工夫，我们俩谁都没说话，我只是握着他的手。

"伦敦的天气很热吗？"我问。

"是的，热得让人心烦。我一直都很讨厌那地方。"

我不知他是否会把刚才在藏书室里他和丹夫人之间发生的事告诉我。我感到纳闷，不清楚是谁把费弗尔的情况告诉了他。

"你有什么心事吧？"我问。

"今天太劳累了，"他说，"二十四小时之内开了两趟车，任谁都受不了。"

他起身踱到一边，点燃了一支香烟。我猜出他绝不会跟我提丹夫人的事情。

"我也累了，"我慢吞吞地说，"今天是个很有趣的日子。"

第十六章

记得一个星期天的下午,家里闯来一些不速之客,第一次提出了关于举办化装舞会的事儿。那天弗兰克·克劳利来曼德利吃了午饭,我们三个满以为可以到栗树下过一个清静的下午,谁料车道的转弯处却传来了令人心悸的汽车声。要通知弗里思已为时过晚,汽车转眼便到了我们跟前。当时我们腋下夹着坐垫和报纸,正站在游廊上。

我们见状只好走上前迎接不期而至的客人。事情往往这样,客人要么不来,要么纷至沓来。约莫过了半个小时的光景,又开来一辆汽车,紧接着有三位当地人从克里斯步行前来拜访。这一天的清静算完全葬送了。我们把那些可憎的熟人接待了一批又一批,按照惯例领他们房前屋后转一周,还要到玫瑰花园走走,到草地上散步,再去幸福谷观光览胜。

客人们自然还要留下来用茶点。这样,我们就不能到栗树下懒洋洋地消受黄瓜三明治了,而只好在客厅里摆出全套茶具,拘谨矜持地用茶点,这恰恰是我一向所讨厌的。在这种场合,弗里思当然如鱼得水,使着眼色把罗伯特支来支去,我则慌乱得浑身冒汗,不知如何驾驭那一对硕大的银质茶炊和水壶。至于何时用滚水冲茶,怎样才算恰到火候,我发现实在难以掌握,更令我作难的是跟旁边的客人虚与委蛇、敷衍周旋。

值此关头,弗兰克·克劳利成了我不可多得的帮手。他从我手中接过茶杯递给客人们,当我全力以赴对付那个银质茶炊,言语显得有些含糊其词时,他便不显山不露水地插几句话为我解围。迈克西姆一直在房间的另一端,给一个令人讨厌的家伙看书或观画,以无与伦比的技巧完美地尽着地主之谊,而沏茶倒水在他看来只是无关紧要的雕虫小技。他的茶放在鲜花后边的小桌上,已没有了热气。我和弗兰克孤军奋战,招呼着两大群客人的吃喝。我提着水壶忙得热汗直淌,弗兰克殷勤地为客人递送司康饼和天使蛋糕。关于化装舞会的事儿是由克里斯的令人厌恶的长舌妇克罗温夫人提出来的。当时出现了任何茶会都有的那种冷场局面,我看见弗兰克嘴唇嚅动正要说出他常挂在口头的那句"吉人自有天相"的傻话,克罗温夫人把一块蛋糕小心地放到盘子边上,抬头瞧见了碰巧来到她身旁的迈克西姆。

"哦,德温特先生,"她说,"有件事我早就想问你了。请告诉我,有没有指望在曼德利恢复化装舞会?"她说话时把头一偏,露出两排醒目的白牙,这在她看来算一种微笑。我慌忙把头低下,避到茶壶的暖罩后边一口接一口地喝茶。

沉吟了老半晌,迈克西姆才作出了答复,声音异常平静和沉着。"我没考虑过,"他说,"大概别人也没想过这个问题。"

"哦,可我向你保证,我们私下里常念叨这事,"克罗温夫人又说道,"每逢夏季,化装舞会曾给这个地方的人增添过无穷的乐趣。你不知那时我们多么快活。听了我的话,你能不能再考虑一下呢?"

"这个……不好办啊，"迈克西姆干巴巴地说，"筹备起来十分费事。你还是问弗兰克·克劳利吧，这种事由他操办。"

"啊，克劳利先生，你可得站在我这一边，"她锲而不舍地说，旁边有一两位客人跟着敲边鼓，"要知道，这是最得人心的活动，我们都很怀念曼德利的欢乐气氛。"

我听见弗兰克在我的身边用平静的声音说："如果迈克西姆愿意举办舞会，至于筹备工作，全不在话下。此事由他和德温特夫人定夺，跟我无关系。"

这一下，我立刻成了攻击的目标。克罗温夫人把椅子挪了挪，使茶壶的暖罩再也不能作为我的保护伞了。"德温特夫人，你该劝劝你的丈夫，只有你的话他才肯听。你是新娘，他应该为你举办舞会。"

"这是理所当然的，"有位男客随声附和道，"我们没参加成婚礼，总不能把我们所有的乐趣都给剥夺掉吧？诸位，赞成在曼德利举办化装舞会的请举手！看见了吗，德温特？一致拥护！"接着响起了一片欢笑声和鼓掌声。

迈克西姆点了支烟，我们的目光在茶炊的上方遇在了一起。

"你觉得怎么样？"他问。

"不知道，"我含含糊糊地说，"我无所谓。"

"她当然希望能为她办场舞会啦，"克罗温夫人激动地说，"有哪个女人不愿意呢？德温特夫人，你扮成德累斯顿牧羊女，把头发塞进大三角帽，看起来一定漂亮。"

我心想就凭自己这副笨拙的手脚，再加上削肩膀，哪能扮端庄典雅的德累斯顿牧羊女！多么荒唐的女人，难怪没人附和她。这次我还得感谢弗兰克，是他把谈话从我的身上引开了。

"迈克西姆,其实那天有人还谈起过这事哩。'克劳利先生,难道我们就不能为新娘举办一次庆祝活动吗?'那人说,'希望德温特先生再开一次舞会。过去我们玩得可高兴了。'说这话的是塔克,我们农场上的。"他冲着克罗温夫人补充了一句,"当然,任何一种热闹的场面都会叫他们心花怒放。我告诉他,我不清楚,因为德温特先生没有在我面前提起过。"

"听见了吧?"克罗温夫人得意地对着客厅里所有的人说,"我刚才是怎么说的?你们自己的人也要求开舞会哩。要是不给我们面子,也得为他们着想呀。"

迈克西姆犹豫不决的目光越过茶炊仍在观察着我。我突然觉得他也许担心我承受不了。他把我摸得透透的,知道我天性腼腆,无法应付这种场面。我不愿让他把我看扁,不愿让他觉得我丢了他的面子。

"我认为那一定非常有趣。"我说。

迈克西姆转过脸去,耸了耸肩膀说:"既然这样,事情就算定了。好吧,弗兰克,你放开手筹办吧。最好请丹弗斯夫人助你一臂之力,她可能还记得程序。"

"那位了不起的丹弗斯夫人,还在你们这里?"克罗温夫人问道。

"是的,"迈克西姆简慢地说,"再吃些蛋糕吧?如果吃够了,那我们到花园里转转。"

我们信步来到游廊上,大伙儿七嘴八舌地议论着舞会的事情以及在哪一天举行比较合适。最后我总算大大松了口气,乘车来的客人决定告辞离去,步行来的接到邀请,也搭便车跟着一起走了。我回到客厅又喝了杯茶,这次由于卸掉了应酬的负担,好好品了品滋味。弗兰克也走了来，我们把剩下的司康饼掰碎，全都吃进了肚，从感觉上就像两个同舟共济的难友。

迈克西姆在草坪上扔木棒逗杰斯珀玩耍。不知家家是否都如此，客人一走便洋溢着温馨愉快的气息。有一会儿的工夫，我们俩谁都没提舞会的事情。喝完了茶，我在手帕上擦了擦黏糊糊的指头，然后对弗兰克说："说实话，你对化装舞会一事是怎么想的？"

弗兰克略加犹豫，不经意地瞥了一眼窗外草坪上的迈克西姆说："我也不知道。迈克西姆似乎并不反对，是吧？我觉得他好像非常赞成那项提议。"

"他的处境很难，不能有别的选择，"我说，"克罗温夫人真是太令人讨厌了。你真的认为这一带的人津津乐道、翘首盼望的只有曼德利的化装舞会？"

"我认为大家都喜欢在一起热闹热闹，"弗兰克说，"对这类事情，当地人是很讲究传统习惯的。说老实话，克罗温夫人建议为你举办舞会，并没有言过其实的地方。德温特夫人，你毕竟是个新娘呀。"

这话听起来多么浮华乏味！但愿弗兰克别总这么一本正经。

"我算什么新娘，连个像样的婚礼也没举行，没穿过白婚纱，没戴过香橙花，也没请过女傧相。我才不稀罕为我开什么毫无意义的舞会呢。"

"披上喜庆盛装的曼德利火树银花，景观格外好看，"弗兰克说，"到时候你一定会喜欢的。你不必费心劳神，只要接待一下客人就行了，那没什么难的。也许，你到时候肯赏脸，陪我跳一支舞吧？"

亲爱的弗兰克！我喜欢他那副不苟言笑的殷勤神态。

"你愿意让我陪你跳多少支，我都乐意奉陪，"我说，"我只跟你和迈克西姆跳舞。"

"哦，那看起来多不好呀，"弗兰克认真地说，"客人们会生气的。谁邀请你，你就应该跟谁跳。"

我忍俊不禁，急忙把脸掉开。他受了我的戏弄，却还蒙在鼓里，那副憨态着实有趣。

"克罗温夫人让我扮成德累斯顿牧羊女，依你之见，那是不是一项好的建议？"我淘气地问。

他脸上没一丝笑意，表情严肃地把我打量了一通说："挺好的。我觉得你扮牧羊女非常合适。"

我憋不住，哈哈大笑起来。"啊，弗兰克呀弗兰克，我真喜欢你！"我说道。他微微红了脸，一定是对我冲动之下说出的话感到有些震惊，同时也有些气恼，觉得我在嘲笑他。

"看不出我的话有什么好笑的。"他板着面孔说。

迈克西姆从落地长窗走了进来，杰斯珀蹦蹦跳跳地紧随其后。"高兴个什么呀？"他问。

"弗兰克的看法真有意思，"我说，"他认为克罗温夫人的建议并不可笑，觉得我扮成德累斯顿牧羊女挺合适。"

"克罗温夫人是个惹人讨厌的家伙，"迈克西姆说，"要让她写那么多的请帖，亲自张罗筹办，她就不会那么起劲了。不过，情况历来都是这样的。当地人把曼德利看成防波堤末端歇脚的凉亭，指望我们为他们提供娱乐活动。这一来，我们怕是要把全郡的人都请来喽。"

"办公室里保存有记录，"弗兰克说，"其实费不了多大的劲，最耗时间的要数贴邮票了。"

"此事就劳你的大驾了。"迈克西姆冲我笑着说。

"不用了，办公室里有人办这事，"弗兰克说，"德温特夫人什么心都不用操。"

如果我突然宣布我打算包揽一切事务，他们会做出什么样的反应呢？他们可能会一笑置之，然后便谈论别的事情。不担责任当然叫我高兴，可一想到自己连贴邮票的本事也没有，心里便多了一分自卑感。我脑海中浮现出了起居室里的写字台，还有那个鸽笼式文件架，每一格的标签都用铁画银钩的斜体字写成。

"到时候你穿什么？"我问迈克西姆。

"我从不化装，"迈克西姆说，"唯有男主人可以享受这种特权，是不是，弗兰克？"

"我的确不能扮成德累斯顿牧羊女，"我说，"这下该怎么办呢？我对化装不太在行。"

"在头发上扎根丝带，扮成漫游仙境的爱丽丝不就行啦，"迈克西姆调侃地说，"看你啃指头的样子，还挺像的。"

"讲话别那么难听，"我说，"我知道自己的头发不好看，但还不至于到那种程度。等着瞧吧，我要让你和弗兰克大吃一惊，叫你们认不出我来。"

"只要你不把脸涂得墨黑，去装猴子，任你扮什么我都不介意。"迈克西姆说。

"那好，一言为定，"我说，"我的装束将是个秘密，不到最后一刻不会公开，你们别想打听到什么。跟我走，杰斯珀，我们对他们的谈话不感兴趣，是吧？"走进花园时，我听见了迈克西姆的笑声，他还对弗兰克说了些什么，我却没听清楚。

我希望他不要总是把我当成撒娇任性、缺乏责任感的小孩子，高兴了便时不时宠宠我，可平日却置我于不顾，或者拍拍我的肩膀让我到一边玩去。但愿我有神奇的法术，能够使自己聪明些、成熟些。这种情况何时了局？他跟我总隔着一段距离，我不了解他的情绪，不知道他内心的忧虑。难道我们永远不能肩并肩、手拉手地站到一起，中间没有鸿沟，他作为男人，我作为女人吗？我不愿充当小孩子的角色。我想成为他的妻子、他的母亲。我想成为一个老成的人。

我啃着指甲站在游廊上眺望大海，一时疑窦满腹，不知是否根据迈克西姆的吩咐，西厢房里木家具齐全，保持着原样。这个念头一天当中在我的脑子里翻腾了足有二十次。我不清楚他是否像丹夫人一样常去触摸梳妆台上的发刷，常打开衣柜门用手摸那些衣服。

"快点，杰斯珀，"我叫喊道，"你能不能跟我跑快些？"我怒不可遏，发疯似的在草地上奔跑，苦涩的泪水在眼眶里打转转，杰斯珀一蹦一跳地跟在后边，歇斯底里地狂吠不止。

举办化装舞会的消息不胫而走，很快便传开了。我的贴身使女克拉丽斯眼睛里闪烁着兴奋的光彩，把这事提来提去，从她的表现我猜得出，仆人们都在为此感到高兴。"弗里思先生说这儿将会重现昔日的风光场面，"克拉丽斯热切地说，"今天上午我听见他在甬道里对艾丽斯这么说。夫人，到时候你穿什么？"

"我也不知道，克拉丽斯，我想不出来穿什么好。"我说。

"母亲要我摸清后告诉她，"克拉丽斯说，"对于曼德利上一次舞会的情况，她记忆犹新，始终难忘。从伦敦租一套衣服，你觉得怎么样？"

"我还没拿定主意呢,克拉丽斯,"我说,"不过实话告诉你,我一旦决定下来,只让你一个人知道,而不告诉别人。那可是我们俩之间的秘密,不可外泄。"

"啊,夫人,太叫人激动啦,"克拉丽斯掩饰不住感情地说,"真不知我怎么才能熬到那一天。"

我很想知道丹夫人对这消息有什么样的反应。自从那天下午以来,我连她打电话的声音也害怕听到,幸好有罗伯特在我们之间传话,我就省得遭那份罪了。我忘不了她跟迈克西姆交谈后离开藏书室时脸上的表情。谢天谢地,她总算没看见我躲在画廊里。我还想知道她是否认为我把费弗尔来访的事情告诉了迈克西姆。真是那样,她一定会更加痛恨我。一想起她用手抓住我胳膊,以亲昵得令人发毛的声音附在耳旁绵绵细语的情景,我就感到不寒而栗。所以我避免跟她讲话,甚至用电话联系也不愿意。

舞会的筹备工作在按部就班进行。万般事端似乎均集中到了庄园办事处。迈克西姆和弗兰克每天上午都到那里去。正如弗兰克所言,我任何心都不用操,恐怕连张邮票也没贴过。关于服装的问题开始搅得我心神不宁。连个方案都想不出来,这似乎太无能了。我不停地想象着来自于克里斯以及当地的宾客,其中有那位在上次舞会上玩得很开心的主教夫人,有比阿特丽斯和贾尔斯,有令人讨厌的克罗温夫人,还有许多跟我素昧平生的人。他们个个都会对我评头论足,怀着好奇心观看我将怎样应付场面。最后,绝望之余,我记起了比阿特丽斯当作结婚礼物送给我的几本书。一天上午我跑到藏书室坐下来,抱着最后一线希望翻动着书页,把插图发疯似的浏览了一幅又一幅。鲁本斯、伦勃朗以及其他名画家的复制作品里的那些华丽的天鹅绒服饰和衬衫绸衣全都精美浮华，似乎没有一件适合我穿。我取过纸笔临摹了一两幅，但都不中意，一气之下便扔进了废纸篓，再也不愿去多想。

傍晚时分，我正在更衣准备去吃饭，有人叩响了卧室的房门。我说了声"请进来"，心想一定是克拉丽斯。门开了，来人不是克拉丽斯，而是丹夫人。她手里拿着一张纸。"前来打搅，希望多加原谅，"她说，"我不清楚这些画你是否真的不想要了。每天下来，所有的废纸篓总要拿来让我检查过目，以防扔掉有价值的东西。罗伯特告诉我，这张纸是扔在藏书室的废纸篓里的。"

我一见她的面就全身发冷，起初连话也说不出来。她把纸拿到跟前让我看，原来是我上午画的草图。

"不要了，丹弗斯夫人，"我过了一会儿，才说道，"扔了没关系，不过是张草图，我不需要了。"

"那好，"她说，"我想着最好问问你本人，免得发生误会。"

"是的，"我说，"这当然是对的。"我以为她会转身离去，谁知她仍站在门旁不肯挪窝。

"看来你还没有决定舞会穿什么服装？"她的声音包含着冷嘲热讽，显得有些幸灾乐祸。我想她一定是从克拉丽斯那儿听到了风声，知道我在为服饰伤脑筋。

"没有，我还没拿定主意呢。"我说。

她仍不住眼地观察着我，手搭在门柄上。

"我觉得你不妨到画廊里选一幅画，把上边的衣服样子临摹下来。"她说。

我假装在修指甲。其实我的指甲又短又脆，不宜再修磨，但手里有点事做,就不必去看她的嘴脸了。

"好的,我可以考虑考虑。"我嘴上支吾着,心里却责怪自己怎么从未想到过这个主意。看来,这是我走出困境的一个极好的出路。不过,我不想让她知道我的心思,便继续修磨着指甲。

"画廊里的每一幅画上都有漂亮的服饰,"丹夫人说,"尤其是那幅手拿帽子、着一身素装的年轻女子画像。不明白德温特先生怎么不举办古装舞会,大家都穿同一历史时期的服饰,样式基本一致,看起来和谐一些。让一个小丑跟一个涂脂抹粉、脸贴饰颜片[1]的夫人跳舞,看上去总是别扭。"

"有些人喜欢形式多样化,"我说,"他们认为那样更有趣。"

"我反正是不喜欢,"丹夫人说,声调出奇的正常和友好。我不由心想,她为什么要不辞劳苦地把我扔掉的草图又拿给我呢?莫非她最后终于想跟我握手言和了不成?要不,她发现把费弗尔的事情告诉给迈克西姆的并非是我,想以这种方式对我的沉默表示感谢?

"德温特先生没有建议你穿什么服装吗?"她问。

"没有,"我犹豫了片刻,然后说道,"到时候我想让他和克劳利先生大吃一惊。在此之前,我什么都不想让他们知道。"

"我知道自己不配提什么建议,"她说,"不过,你一旦决定下来,我劝你还是在伦敦定制衣服,此地没有干这种活儿的能工巧匠。据我所知,证券大街的沃斯裁缝店出一手好活儿。"

"我一定谨记心中。"我说。

---

1 17、18世纪时女人贴在脸上增加美观或掩饰疤痕的小绸片。

随后,她打开房门说:"夫人,我要是你,就到画廊里把那些画细细研究一下,特别是我刚才提到的那幅。你放心,我不会泄漏你的秘密的,我一定守口如瓶。"

"谢谢,丹弗斯夫人。"我说。她轻手轻脚地带上了房门。我又接着更换衣服,同时为她的态度感到困惑不解。她的言谈举止跟上次相见时迥然两样,也可能这得归功于那个令人讨厌的费弗尔。

费弗尔是丽贝卡的表兄!既然是丽贝卡的表兄,迈克西姆为什么不喜欢呢?他为何禁止费弗尔到曼德利来?比阿特丽斯称他是个俗不可耐的家伙,别的再没多说什么。我越想越觉得她独具慧眼。他那火辣辣的蓝眼睛、松弛的嘴角以及放肆肉麻的笑声,都透含着俗气。有些人会觉得他风度迷人,糖果店柜台后咯咯浪笑的女售货员和电影院里发放节目单的小妞就属于这类人。我可以想象得出来他怎样笑盈盈地给她们飞媚眼,嘴里还低声吹着口哨。那种媚眼和口哨声会让人浑身不舒服。我怀疑他对曼德利非常熟悉。他似乎像在家里一样随便,杰斯珀显然认得他,可这两桩事实跟迈克西姆对丹夫人讲的那番话格格不入。我怎么也无法把他和丽贝卡联系在一起。丽贝卡美丽动人,举止温文尔雅,怎么会有杰克·费弗尔这样的表兄?真是咄咄怪事!我断定他是家里的害群之马,天性宽容大度的丽贝卡是出于怜悯才时常邀请他来曼德利,也许是了解迈克西姆不喜欢他,趁迈克西姆不在家时才让他来。夫妻俩之间可能为此产生了龃龉,丽贝卡又总护着表兄,后来他的名字一经提起,便会出现叫人有些尴尬的局面。

我来到餐厅里,在平时的位子上坐下吃晚饭,迈克西姆高居首席。我想象着丽贝卡当年就坐在我这个位子上,正操起刀叉准备吃鱼,电话铃却响了。弗里思走进来说:"夫人,费弗尔先生想跟你通话。"丽贝卡从椅子上站起身飞快瞥了迈克西姆一眼,而迈克西姆什么也没说,只顾埋头吃鱼。她打完电话回来后又在自己的位置坐下,谈论起一件不相干的事,口吻轻松愉快、满不在乎,借以掩饰他们之间的愁云惨雾。起初,迈克西姆闷闷不乐,爱搭不理的,可她又是讲她一天的遭遇,又是讲她在克里斯见到了某某人,一点一点会使他心情好转起来。待吃完后边一道菜,他又会朗声大笑起来,笑吟吟地望着她,隔着饭桌向她伸过手。

"你这是在胡思乱想些什么呀?"迈克西姆问。

我骇了一跳,顿时绯红了脸。在刚才那短暂的一瞬间,也许有六十秒钟吧,我把自己当成了丽贝卡,而那个乏味无聊的自我根本不存在,压根就没到曼德利来。我的整个身心都回到了逝去的岁月里。

"你可知道,你刚才没有吃鱼,而是做了一连串离奇古怪的动作?"迈克西姆说,"你先是竖起耳朵,仿佛听见了电话铃声,接着嘴巴一动一动的,心不在焉地朝我瞧。你摇头晃脑,微微含笑,还耸动着肩膀。约摸只有一秒钟,你的表情便千变万化。你是不是在勤学苦练,准备开化装舞会时亮相?"他望着我,开心地笑起来。他要是了解我的思想、心绪和念头,了解了就在那一瞬间我把他视为昔日的迈克西姆,而我则是丽贝卡,那他不知还会怎么样呢。

"你看起来像是做了什么亏心事,"他说,"到底是什么事?"

"没什么,"我连忙说,"我没做亏心事。"

"告诉我,你在想什么?"

"干吗非得告诉你?你从来就不把心里的想法讲给我听。"

"你好像从未问过我嘛,不是吗?"

"我问过你一次。"

"我记不起来了。"

"当时我们待在藏书室里。"

"也可能吧。我说什么来着?"

"你说你在思索谁被选入苏里队跟中塞克思队对垒。"

迈克西姆又爆发出大笑声。"叫你大失所望啦?你希望我心里想什么呢?"

"反正是截然不同的事情。"

"什么事情?"

"哦,我也说不上来。"

"我就知道你说不上来。如果我告诉你,我在想苏里队和中塞克思队的事,那便是想苏里队和中塞克思队的事。男人家比你想象的要简单,我的小宝贝。可女人们的脑子弯弯道道多,里边装的是什么就让人捉摸不透了。知道吗,你刚才显得有些恍恍惚惚的,脸上的表情十分古怪。"

"是吗?什么样的表情?"

"我可能描绘不出来。你突然显得老成和虚伪了,反正让人挺不舒服的。"

"我不是故意要那样的。"

"对,我知道你不是故意的。"

我喝了些水,目光越过杯口注视着他。

"你愿意让我显得老一些吗?"我问。

"不愿意。"

"为什么？"

"你不适合出现老相。"

"总有一天我会老，这是无法避免的。我头上将会长出白头发，脸上布满皱纹，显得老态龙钟。"

"我不会嫌弃的。"

"那你嫌弃什么？"

"我不愿看到你刚才的那副模样。你嘴一歪，眼睛便闪现出恍然大悟的神情，但你悟出的不是正当的事情。"

我的好奇心被逗了起来，情绪异常兴奋。"此话怎讲，迈克西姆，那不正当的事情指的是什么？"

他没有立即给予答复，因为弗里思回到了餐厅撤换盘子。迈克西姆等弗里思转至屏风后，进了仆人的通道，才又开始说话。

"我初次见到你时，你脸上有一种特殊的表情。"他说，"至今那种表情依然存在。在此我就不加以描绘了，因为我不知怎样描绘才好。不过，这是我娶你的原因之一。刚才你进行离奇古怪的表演时，那种表情不见了，取而代之的是另外一种表情。"

"什么样的表情？跟我讲讲，迈克西姆。"我急切地说。

他把我打量一通，眉毛一挑，轻轻吹了声口哨说："听着，我的心肝。你小的时候，大人是不是禁止你看某些书籍？你的令尊大人是不是把那些书锁得严严实实？"

"是的。"我说。

"那就对了。说来说去，丈夫和父亲差别并不很大。有些事情我不想让你知道，而情愿把它们锁起来。情况就是如此。好啦，吃你的桃吧，别再东问西问的了，否则我就罚你站墙根。"

"希望你别把我当六岁的小孩子对待。"我说。

"你想让我怎样待你?"

"丈夫对待妻子那样。"

"你的意思是让我揍你?"

"不要开玩笑了。你怎么对每件事情都没个正经?"

"我没开玩笑。我是非常认真的。"

"不对,你的态度并不认真,从你的眼神就能看得出来。你一直都在取笑我,仿佛我是个傻头傻脑的小姑娘似的。"

"就像漫游仙境的爱丽丝。这可是我给你出的好主意。你买饰带和扎头发用的丝带了没有?"

"我警告你,到时候看到我的化装舞服,你可别惊得灵魂出窍。"

"我相信我一定会灵魂出窍的。吃你的桃吧,嘴里吃东西的时候不要讲话。饭后我还有许多信要写呢。"他未等我吃完便站了起来,在屋里踱来踱去,随后吩咐弗里思把咖啡送到藏书室去。我坐着不动,满肚子的不高兴,故意细嚼慢咽,磨磨蹭蹭地想引他发火,可弗里思不顾我正在吃桃,立即把咖啡送了去,迈克西姆见状便独自到藏书室去了。

吃完饭,我上楼到吟游诗人画廊观赏那些画。当然,对那些画我现在已十分熟悉,但从没有抱着以此为范本复制化装舞衣的目的细心研究过它们。丹夫人无疑是对的。我真蠢,以前竟没有想到过这点。其实我一直都很喜欢那个手拿帽子的白衣女郎。那是雷本[1]的手迹,画的是迈克西姆高祖父的胞妹卡罗琳·德温特。

---

1 亨利·雷本爵士(Sir Henry Raeburn, 1756—1823),苏格兰肖像画家。

她嫁了一位叱咤风云的辉格党人，好多年一直是风靡伦敦的美人。可这幅画是在那之前画的，当时她仍待字闺中。画中的白衣服倒不难仿制，那灯笼袖、荷花边以及紧胸衣，全都不在话下，难就难在那顶帽子上，恐怕到时候我得戴假发套。我这直直的头发怎么也卷不成那个样子。也许，丹夫人说的那家伦敦的沃斯裁缝店可以包揽全套行头。我把临摹下的图样以及我的尺寸寄去，让他们如法炮制。

最后我拿定了主意，顿感如释重负，像去了一块心病。我几乎有点盼望着开舞会了。说不定我和克拉丽斯一样，能够高高兴兴玩个痛快。

第二天早晨，我给那家裁缝店写了封信，随信寄去了临摹的图样。对方的回信十分叫人满意，满纸的客气话，说对我的订货深感荣幸，他们立刻动手缝制衣服，并负责准备假发套。

克拉丽斯激动得难以控制自己。随着那个辉煌日子的迫近，我也染上了舞会狂热症。贾尔斯和比阿特丽斯将在曼德利留宿，但幸好再无他人，不过，有许多客人将留下用晚餐。我以为开这样的舞会，家里肯定会留下大批宾客过夜，可迈克西姆却决定不那样做。"光举办舞会就已经够耗精力的了。"他这样说道。不知他只是在为我考虑，还是真的像他所声称的那样讨厌宾客盈门的场面。我常听人说，过去曼德利办舞会，总是人满为患，连浴室里和沙发上都睡着人。而今偌大的一幢房子里，留宿的客人却屈指可数，算算也只有比阿特丽斯和贾尔斯两人。

曼德利开始换上了崭新的喜气洋洋的面貌。工匠们来到大厅里铺设舞池；客厅里的一些家具被搬了出去，以便靠墙根摆放长条自助餐桌；游廊上和玫瑰花园里张灯结彩。不管到哪里，都会看到筹备舞会的忙碌景象。到处都是庄园里打杂帮工的人,弗兰克几乎天天来吃午饭。仆人们议论的净是舞会的事,弗里思昂首挺胸地走来走去,仿佛整个舞会都靠他一人独力支撑。罗伯特掉了魂似的丢三落四,午饭时不是忘送餐巾就是忘上菜肴。他的神色焦虑不安,像是忙着赶火车。那两条狗却情绪低落。杰斯珀夹着尾巴在大厅里转悠,见了打杂的张口就咬。它总是站在游廊上狂吠,然后就发疯似的冲到草坪的一个角落,暴躁地把青草往嘴里送。丹夫人从不跟我照面儿,但我始终能觉察到她的存在。工人们在客厅里布置长条桌时,可以听得到她的声音,在大厅里铺设舞池时,也是她在发号施令。每次我到场,她总是先我一步离开,只能瞥见她的裙角轻拂门槛,或者听见楼梯上她的脚步声。我是一个酒囊饭袋,谁的忙也帮不上。我无所事事地这儿走走那儿转转,老是碍别人的事。"请让让,夫人。"我听到背后有人这么说,他背着两把椅子,脸上淌着热汗,从我身边经过时冲我抱歉地笑笑。

"实在对不起。"我会慌忙闪到一旁说。随后,为了掩饰自己的游手好闲,我会建议:"我帮帮你吧?把椅子放到藏书室怎么样?"那人露出困惑的神情回答:"丹弗斯夫人吩咐我们把椅子送到后屋不碍事的地方,夫人。"

"噢,"我说,"当然,当然,我好糊涂呀。就按她说的送到后边吧。"我匆匆忙忙地走开,嘴里含含糊糊地说要找纸笔什么的,企图蒙骗人,让他觉得我很忙,但只是枉费心机。他穿过大厅时表情惊讶,我一看就知道自己的小聪明并没有欺瞒住他。

伟大的日子终于来临了。拂晓时分,大雾弥漫,天空阴沉沉的,但晴雨表的水银柱却居高不下,打消了我们的顾虑。浓雾倒是一个好的征兆。果然不出迈克西姆所料，十二点左右迷雾散尽，顿时天空晴朗，万里无云，阳光明媚，好一个宁静的夏日。整整一个上午，花匠们忙着往屋里运送鲜花，有今年最后一批白色紫丁香，有五英尺高的羽扁豆花和飞燕草，有数以百计的玫瑰花以及各种类型的百合。

丹夫人最后终于露了面，镇定自若、从容不迫地指挥花匠们摆花。她自己也整理花束，用敏捷、灵巧的手指插花。我看她看得入了迷，但见她插了一瓶又一瓶，亲自把鲜花从花房送往客厅，摆到屋里的各个角落。她摆的花疏密得当，色彩恰到好处，而需要庄重气氛的地方则一瓶花也不摆。

为了不碍别人的手脚，我和迈克西姆跑到办事处隔壁——弗兰克的光棍汉寓所里用午餐。我们三个插科打诨，谈笑风生，像是参加完葬礼后需要放松一下。我们开的玩笑漫无目的，空洞无物，因为我们心里老在想几个小时后将要发生的事。我的感受就跟结婚那天上午一样，沉甸甸的，觉得木已成舟、覆水难收。

说什么也得把今天晚上顶下来。感谢上天，沃斯裁缝店的师傅及时地送来了我的衣服。那衣服巧夺天工，无可挑剔，包在薄绵纸里。假发套也非常合适。早饭后我试了装，为自身的神奇变化惊呆了。我看起来丰姿绰约，完全不同于以往，像是换了个人，显得风趣、活泼，充满了生气。迈克西姆和弗兰克不明真相，老是追问我穿什么样的衣服。

"到时候让你们认不出我来，"我对他们说，"你们会惊得傻了眼。"

"你该不会扮成一个小丑吧？"迈克西姆沮丧地问，"不会绞尽脑汁想博得一笑吧？"

"不，根本不是那样。"我神气活现地说。

"我还是希望你扮漫游仙境的爱丽丝。"他说。

"依你的发式，也能扮圣女贞德。"弗兰克羞答答地说。

"我从没往那方面想过。"我斩钉截铁地说。

弗兰克一听涨红了脸，于是便用他那种典型的弗兰克式语调殷勤地又说道："不管你穿什么，我相信我们都会喜欢的。"

"别再助长她的气焰了，弗兰克，"迈克西姆说，"她被她那宝贝化装服迷了心窍，已经遏止不住她啦。现在只能指望比了，她可以杀杀你的威风。她要是不喜欢你的装束，马上就会直言相告。上帝保佑亲爱的比，她遇到这种场合总是洋相百出。记得有一次她扮蓬皮杜夫人[1]，进屋吃饭时脚下绊了一跤，假发套便松动了。'这烂玩意儿让我实在受不了。'她说道，那腔调一点也不拖泥带水。然后，她便把发套扔到椅子上，裸露着一头短发度过了一个晚上。她当时穿着淡蓝色绸缎裙什么的，那副怪模样可想而知。可怜的贾尔斯那一年时乖命蹇。他扮了个厨师，在吧台里坐了一晚上，样子愁闷到了极点。我想他大概是觉得比丢了他的脸。"

"不，不是那回事，"弗兰克说，"难道你记不得啦，他是在试骑一匹新买的牝马时摔掉了门牙。他觉得难为情，所以不愿张口。"

"哦，是因为那个缘故吗？可怜的贾尔斯。平时他是很喜欢化装的。"

"比阿特丽斯说他喜欢玩猜字谜的游戏，"我说，"她告诉

---

[1] 蓬皮杜夫人（Madame de Pompadour, 1721—1764），法国国王路易十五的著名情妇，交际花。

我,他们每年圣诞节都玩那种游戏。"

"这我知道,"迈克西姆说,"所以我从不到她家过圣诞节。"

"再吃些芦笋,德温特夫人,要不再来点土豆?"

"不要了,真的,弗兰克。我已经不饿了,谢谢你。"

"是紧张了吧。"迈克西姆摇摇头说,"别害怕,明天的这个时候戏就演完了。"

"我衷心希望如此,"弗兰克表情严肃地说,"我正准备吩咐下去,让所有的汽车明晨五时等待送客哩。"

我有气无力地笑了起来,泪花涌上了眼眶。"啊,天呀,"我说,"还不如给客人们发电报,让他们别来了。"

"算啦,鼓起勇气迎战吧。"迈克西姆说,"在若干年当中,再不用举办这种舞会了。弗兰克,我心里有些不踏实,我们还是到宅子里去吧。你觉得呢?"

弗兰克表示同意。我勉强跟在他们后边,实在不愿意离开这间既拥挤又不舒适的小餐室。这间餐室是弗兰克光棍寓所的缩影,而今在我眼里却象征着平静和安宁。到了家中,我们发现乐队已经抵达,正站在大厅里,脸色绯红,神情很不自然。弗里思比平时更加神气,招呼他们吃点心。乐师们将留下来过夜,我们对他们表示欢迎,大家在一起说了几句应景的无关痛痒的笑话,然后他们便被引到自己的住房,接着将有人领他们参观庄园。

下午的时光过得真慢。这就像出远门前的最后时刻,行装已打点停当,光等着出发了。我从一个房间转悠到另一个房间,失魂落魄之状几乎跟气哼哼跟在我身后的杰斯珀一个样。

我帮不上忙,最明智的办法就是彻底走开,带上狗到远处散步去。待我作出了这项决定,却又来不及了。迈克西姆和弗兰克吩咐上茶,等到喝完茶,比阿特丽斯和贾尔斯已双双而至。傍晚就这么猝然降临了。

"曼德利又恢复了昔日的风采。"比阿特丽斯吻吻迈克西姆,瞧了瞧四周说,"你们对每个细节都无一遗漏,可喜可贺。这些花典雅别致。"她转向我补充道,"是你插的吧?"

"不是,"我惭愧难当地说,"一切事务均由丹弗斯夫人负责操办。"

"噢,是这样,不管怎样……"比阿特丽斯只把话说了个半截。弗兰克为她点烟,待把烟点着,她似乎把要说的话也忘了。

"还是跟从前一样,由米切尔餐馆承办宴席吗?"贾尔斯问。

"对,"迈克西姆说,"大概一切都照旧,是吧,弗兰克?筹备舞会的详情末节,我们的办事处都存有记录,该记着的一样没忘掉,该请的人可能谁也没漏掉。"

"就我们几个人,多轻松自在,"比阿特丽斯说,"记得有一回我们也是这个时候来曼德利的,家里已聚了二十五个客人,全要留下来过夜。"

"你们都打算穿什么样的化装服?迈克西姆大概还是老样子,拒绝化装吧?"

"对,还是老样子。"迈克西姆说。

"我觉得你这样是大错特错。你要是化了装,整个舞会的气氛会更加活跃。"

"那你说说,曼德利的哪一次舞会气氛不活跃?"

"都很好,我亲爱的弟弟,每一次都筹备得有声有色。不过我觉得东道主应该起个带头作用才对。"

"我觉得有女主人作表率就足够了,"迈克西姆说,"为什么非得让我扮得跟傻瓜一样,出一身臭汗,弄得浑身不自在?"

"听听,你的话有多荒唐。谁让你打扮得跟傻瓜一样?我亲爱的迈克西姆,你一表人才,无论穿什么衣服都英俊潇洒。你可不像可怜的贾尔斯一样,得为自己的腰身担忧。"

"贾尔斯今晚穿什么?"我问,"是不是也要保守秘密?"

"不,我没有什么秘密,"贾尔斯眉飞色舞地说,"老实讲,这里边浸透着不少心血哩。服装是我请当地的一位裁缝赶制的。我将扮一个阿拉伯酋长的角色。"

"老天呀。"迈克西姆说。

"他的行头相当不错。"比阿特丽斯兴致勃勃地说,"当然,他得在脸上涂些颜色,还得摘掉眼镜。那头饰可是地道的真货,是我们从一位曾经侨居东方的朋友那儿借来的,其他的装束则由裁缝按报纸的图样复制。贾尔斯打扮起来,神气极啦。"

"你准备扮什么,莱西夫人?"弗兰克问。

"哦,恐怕我就比较逊色了。"比阿特丽斯说,"为了跟贾尔斯成双配对,我也弄了套东方的装束,但不瞒诸位,我的行头是假货。我准备脖戴几串珠子,脸蒙一块纱。"

"听起来挺不错嘛。"我有礼貌地说。

"是啊,是不赖。穿在身上很舒服,这是一大优点。热了我就取下面纱。你穿什么衣服?"

"别问啦,"迈克西姆说,"她谁也不会告诉的,没见过有哪个人把秘密瞒得这么紧。我坚信,她的衣服是她写信到伦敦定制的。"

"亲爱的,"比阿特丽斯颇感兴趣地说,"你花这么大气力折腾，是要让我们无地自容吧？要知道，我的服饰只是我自己随便做出来的。"

"别担心，"我开心地笑着说，"其实我的服饰很简单。迈克西姆老是取笑我，我发过誓要让他惊得灵魂出窍。"

"理应如此，"贾尔斯说，"迈克西姆自命清高，其实心怀妒忌，巴不得跟我们一样化装，就是不愿说出来罢了。"

"绝无此事。"迈克西姆申辩道。

"克劳利，你扮什么？"贾尔斯问。

弗兰克面露内疚之色。"我忙得不可开交，直到最后才考虑这事。昨晚翻出一条旧裤子和一件条纹足球衫，我想蒙一只眼睛扮海盗。"

"你怎么不写信向我们借衣服？"比阿特丽斯说，"家里有一套荷兰佬的服装，是罗杰去年冬天在瑞士买的，你穿上一定很棒。"

"我不准我的代理人扮成荷兰佬招摇过市，"迈克西姆说，"那样一来，他就别指望再收租啦。还是让他扮海盗吧，闹不定能把一些人吓得服服帖帖。"

"扮什么不行，怎么非扮海盗。"比阿特丽斯附在我耳旁嘟哝了一句。

我假装没听见。可怜的弗兰克，比阿特丽斯总是挑他毛病。

"我往脸上化妆，要花多少时间？"贾尔斯问。

"至少需要两个小时。"比阿特丽斯说。

"我要是你，现在就要考虑动手了。总共有多少人吃晚饭？"

"把我们算在内，总共十六个，"迈克西姆说，"没有生

蝴蝶梦 259

人,你全都认识。"

"我真有点急不可耐,想立刻就开始化装。"比阿特丽斯说,"这一切多么有趣啊。你决定重新举办舞会,实在让我感到高兴。迈克西姆。"

"要谢你就谢她。"迈克西姆朝着我一点头说。

"哦,冤枉好人,"我说,"那全是克罗温夫人的过错。"

"胡扯,"迈克西姆对我微笑着说,"看你激动的样子,就像小孩子头次参加晚会。"

"没有的事。"

"我真想看看你的服饰。"比阿特丽斯说。

"一点也没有新颖独到之处,真的。"我硬是不肯让步。

"德温特夫人声称到时候让我们认不出她来呢。"弗兰克说。

大家都笑盈盈地望着我。我高兴得红了脸,心里感到很幸福。周围的人对我既亲切又友好。想到这次舞会,想到自己的女主人身份,我突然乐得心中开了花。

这次舞会是特地为我而举办,因为我是新娘。我坐在藏书室的桌子上,两条腿悠来荡去,而别人却站立一旁。我真想跑上楼对着镜子试试那衣服和发套,在墙上的长镜前翻来转去欣赏自己。贾尔斯、比阿特丽斯、弗兰克以及迈克西姆全都围着我看,谈论着我的服饰,蓦然使我产生了一种新的意想不到的自豪感。他们都很想知道我将穿什么样的衣服。我在想着那件包裹在薄绵纸里的柔软的白衣,想着它将怎样掩饰我平板板的难看身躯以及尖溜溜的肩膀,想着光滑、明亮的鬈发套将怎样遮住我又细又直的头发。

"几点啦?"我漫不经心地说,张口打了个哈欠,装出一副满不在乎的样子,"不知是不是该考虑上楼去……"

　　在穿过大厅回我们房间的路上,我才第一次发现周围节日的气氛多么浓重,那些房间装点得多么美丽。就连那客厅,无人时我总觉得它肃穆和冰冷,此刻却五彩缤纷、姹紫嫣红,每一个角落里都有鲜花,红色的玫瑰花插入银质花碗,摆在餐桌洁白的台布上;长条窗面朝游廊洞开,一旦暮色垂降,便将燃起明亮的华灯。在大厅上方的吟游诗人画廊里,乐队已把家伙铺摆停当。大厅里洋溢着一种奇特的等待良辰佳时的气氛,我产生出从未有过的暖意,这暖意来自宁静、晴朗的夜晚,来自那些油画底下的鲜花,来自我们漫步走上宽宽的石头楼梯时送出的阵阵笑声。

　　原有的那种严肃的气氛已荡然无存。曼德利以一种不可思议的方式复活了,不再是我所熟悉的静得似一潭死水的曼德利了。此刻,这儿弥漫着一种前所未有的意义深远的气氛,一种自由自在、喜气洋洋、温馨愉快的气氛。很久很久以前这幢房子里的情景仿佛又跃然眼前,那时的大厅是举行宴会的地方,墙上挂着刀剑及饰毯,人们坐在大厅中央又长又窄的餐桌旁,哈哈大笑着,那笑声比我们现在的还要爽朗,扯起嗓门喝叫添酒、唱歌助兴,并把大块的肉扔到石板地上喂那些昏昏欲睡的狗。在以后的岁月里,曼德利依然一片欢快的气氛,不过又增添了几分典雅和庄重。今晚我即将扮演的是身穿当时白衣素服的卡罗琳·德温特,从这宽宽的石头楼梯步入大厅翩翩起舞。但愿我们能拂去岁月的阴霾,一睹她的芳容;但愿我们别用现代快步舞亵渎了这块地方,这种舞和环境太不相称,太缺乏浪漫色彩,与曼德利格格不入。我不知不觉竟突然跟丹夫人的看法一致了,认为应该举办个古装舞会,而不是搞成这种不伦不类的大杂烩,不要怪可怜的贾尔斯那样用心良苦、热情认真地想扮什么阿拉伯酋长。我发现克拉丽斯在卧室等我,圆圆的脸上激动得泛着红晕。我们似小学生一样咯咯笑个不停。我让她把门反锁上。接着,屋里响起了薄绵纸窸窸窣窣的声音,给人神秘的感觉。我们悄声低语,踮起脚尖走路,活似两个密谋策划的阴谋家。我觉得自己又成了圣诞节前夜的小姑娘。光着脚在屋里走来走去,偷偷摸摸地窃笑,压低嗓门惊叹感慨,这一切使我想起了多年前临睡时挂袜子的情景。不用担心迈克西姆,他在自己的更衣室里,到这儿来的房门已经关死。屋里只有克拉丽斯一个,她是我的盟友和亲密伙伴。衣服非常合体,我站着一动不动,克拉丽斯为我扣衣服时,我简直无法耐住性子。

"真漂亮,夫人。"她赞不绝口地说,一边还把身子向后仰着欣赏我,"这身衣服就是给英国女王穿也配。"

"左肩下边怎么样?"我担心地问,"那根扣带会不会露出来?"

"很好,夫人,一点也看不到。"

"怎么样,看上去怎么样?"不等她回答,我便扭身转体地照起了镜子,又是蹙额又是微笑,心理状态已有所不同,不再为自己的外表牵肠挂肚。那个平庸乏味的自我终于隐去了形迹。"把假发套递给我,"我兴冲冲地说,"小心别弄坏了,上面的发卷不能压平,戴上去不能把脸遮住。"克拉丽斯站在我肩后,我从镜子里看见了她的圆脸,看见她两眼异彩闪烁、嘴巴微张。我把耳朵根后面的头发梳整齐,用颤抖的手接过柔软、发亮的鬈发套,低声笑着,望着克拉丽斯。

"喂,克拉丽斯,"我说,"德温特先生见了会怎么说呢？"

我用鬈发套遮住我那鼠毛色的头发，尽量想掩饰住得意的心情以及自豪的微笑。这时有人走来把房门擂得山响。

"谁呀？"我惊慌失措地喊道，"你不能进来。"

"别害怕，是我，亲爱的。"比阿特丽斯说，"你打扮得怎么样啦？我想看看。"

"不行，不行，"我说，"你不能进来，我还没有准备好呢。"

克拉丽斯抓了满把的发夹站在我身旁慌作一团，而我正一个一个接过发夹整理那在匣子里被弄皱的鬈发套。

"我准备好了就下去。"我喊道，"你们都先下楼去，别等我。告诉迈克西姆，他不能到这里来。"

"迈克西姆已经下去了，"她说，"他来找过我们，说他敲你卧室的门，里面没人应声。时间别拖得太长，亲爱的，我们的兴趣都让你给逗起来啦。你真的不需要帮忙？"

"不需要。"我气昏了头，不耐烦地大声嚷嚷道，"你走吧，先下楼去。"

她为什么偏偏在这节骨眼上跑来添麻烦，搞得我手忙脚乱、晕头转向？我用一个发夹乱戳一气，把它固定在一绺鬈发上。比阿特丽斯那边已没了动静，想必她已顺着甬道走了。不知她穿着东方衣袍是否满意，不知贾尔斯把脸化得是否顺心遂意。这一切是多么荒唐可笑。为什么要这么瞎折磨，孩子一样幼稚？

镜子里冲我张望的那副面孔已经让我认不出来了：一双大大的眼睛，樱桃小嘴，冰肌玉肤，鬈发如云似雾套在头上。我照着镜子，觉得那里面的人根本不是我，于是不由绽出了微笑，那是一种新奇、悠然的微笑。

"瞧，克拉丽斯！"我说，"瞧，克拉丽斯！"我用双手提起裙子对她行了个屈膝礼，荷花边轻扫着地面。她激动得咯咯笑起来，有点难为情，可是却高兴得绯红了脸。我照着镜子轻移莲步，孤芳自赏。

"把门打开，"我说，"我要下楼了。你快跑去看看他们是否都在。"她领命而去，嘴里仍咯咯笑着。我把裙子从地上提起，跟在后边跑到了走廊里。

她回头望望我，招招手低声说："德温特先生、少校和莱西夫人他们下楼去了。克劳利先生刚到。他们都站在大厅里。"

我从大楼梯口的拱门处偷偷朝楼下的大厅张望。

不错，他们全在那儿。贾尔斯身穿阿拉伯白衣，哈哈大笑着向大家炫耀腰间的佩刀；比阿特丽斯裹着一件样式奇特的绿色长袍，脖颈上挂着珠子；可怜的弗兰克穿的则是条纹衫和海员靴，显得拘泥不安，有点傻乎乎的；唯有迈克西姆跟平时一样，穿着晚礼服。

"不知她在搞什么名堂，"迈克西姆说，"都在卧室中闷了老半天啦。几点啦，弗兰克？吃晚饭的客人马上就到，会让我们措手不及的。"

乐师们换过装，已到了画廊里。其中一个在为大提琴调音。他轻轻拉了一个音符，然后按着琴弦。灯光照射在卡罗琳·德温特的肖像画上，我身上的这套衣服是按临摹的肖像草图如法炮制的。这灯笼袖、腰带、蝴蝶结，以及我拿在手中的宽檐软帽，全都跟画上一模一样，我的鬈发就是她的鬈发，似画中人一般披散在脸的两旁。我觉得自己从未这般激动、快活和自豪过。我冲拿大提琴的那人招招手，然后将手指按在唇上让他别作声。他笑笑，弯腰鞠了个躬，穿过画廊向我所站立的拱门走来。

"你去让鼓手宣布我的出场，"我悄声说，"叫他擂鼓或什么的，然后高声通报卡罗琳·德温特小姐驾到。我想让楼下的人吃一惊。"他点点头表示心领神会。我的心突突乱跳，像有个小鹿在冲撞，脸颊火辣辣发烫。多么有意思的玩笑！多么疯狂、荒谬、幼稚的玩笑啊！我对着仍躲在走廊里的克拉丽斯微微一笑，两手提起裙子。咚咚的鼓声在大厅里回荡，把我这个一直在等待起影响的人，一时间反而吓得魂飞魄散。我看见楼下大厅里的人仰脸投来了惊讶、困惑的目光。

"卡罗琳·德温特小姐驾到。"鼓手高声喊道。

我趋前一步走到楼梯口，笑吟吟站在那儿，手中拿着帽子，跟画上的姑娘一样。我以为只要缓步走下楼梯，定会响起一片掌声和欢笑声。谁知没人鼓掌，没有人移动。

他们全都似木雕泥塑般呆呆望着我。比阿特丽斯低叫一声，随后又用手捂住了嘴。我仍微微含笑，一只手搭在楼梯扶手上。

"你好，德温特先生。"我说。

迈克西姆一动未动，手里端着酒杯愣愣凝视着我。他面无血色，如死灰一般。我见弗兰克走到他跟前仿佛想跟他说话，可迈克西姆把他推到了一边。我一只脚已踩在了楼梯上，这时却犹豫起来。情况有点不对头，他们可能没看明白吧？迈克西姆怎么那副模样？他们为什么都像哑巴，都像精神恍惚的病人一样？

迈克西姆走到楼梯跟前，眼光一刻也没离开过我的面孔。

"你这是在耍什么把戏？"他说话时，眼睛里燃烧着愤怒的烈火，脸色仍跟死灰一样白。

我呆若木鸡地站在那儿,手搭在楼梯扶手上。

"这是画上的衣服,就是画廊里的那幅。"我被他的眼神和说话的声音吓坏了,连忙说道。

接着,半晌都没人吭声。我们眼睛也不眨地呆视着对方。大厅里的人谁也没有动。我吸了口冷气,不由把手伸到咽喉处问道:"怎么啦,我做什么错事啦?"

但愿他们不要再那么木呆呆、表情茫然地望着我。但愿有谁说些什么。当迈克西姆再次开口说话时,我竟认不出他的声音了。那是种我所不熟悉的平静、沉着、冷若冰霜的声音。

"去把衣服换掉,"他说,"不管你穿什么都行。找件普通的晚礼服,或任何一件衣服。趁着客人还没来,你快去。"

我说不出话来,只顾愣愣地呆视着他。在他如面具一般惨白的脸上,只有眼睛是活的。

"怎么还站着不动?"他的声音严厉而古怪,"听见我的话了吗?"我转身昏头昏脑地穿过拱门跑进走廊,无意中瞥见那位为我通报的鼓手一脸的惊讶。我冲过他身旁,顾不得东南西北地跌跌撞撞朝前奔。泪水模糊了我的双眼。我不清楚这一切究竟是怎么回事。克拉丽斯已经不见了,走廊里空无一人。我中了邪一样,惊恐万状、晕晕乎乎地四处张望。这时我瞧见通向西厢的那扇门敞开着,有个人站在那儿。

那人是丹弗斯夫人。我永远都不会忘记她脸上那种得意洋洋的可恶表情。她活似幸灾乐祸的魔鬼,站在那儿冲我狞笑。

我从她身边跑开,顺着狭长的甬道向我自己的房间奔去,一路上被裙子的荷叶边绊得脚步踉跄。

第十七章

  克拉丽斯在卧室里等我，脸色苍白，一副惊恐的表情。她一看到我，便泪如雨下哭起来。我没说话，动手去拉裙子上的搭扣，把衣料都撕坏了，可还是无法把裙子解开。克拉丽斯跑过来帮忙，仍嘤嘤哭个不停。
  "没关系，克拉丽斯，不能怪你。"我说。她摇着头，泪水一个劲顺着脸颊朝下淌。
  "你漂亮的裙子，夫人，"她说，"可惜了你的漂亮白裙子。"
  "没关系，"我说，"能找到搭扣吗？脊背后边有一个，另一个在下面的什么地方。"
  她摸摸索索解搭扣，两手哆嗦不已，反而比我自己解还费事，一边还抽抽搭搭的。
  "夫人，你换件什么衣服呢？"她问。
  "不知道，"我说，"我也不知道。"她总算解开了搭扣，我挣扎着脱掉了裙子。"我想一个人待着，克拉丽斯。"我说，"听话，你出去好吗？你不用担心，我不会有事的。把刚才的事忘了吧。我想让你在舞会上痛痛快快地玩。"

"我给你熨条裙子吧，夫人？"她抬头用泪汪汪发肿的眼睛望着我说，"不会花多长时间。"

"不用了，"我说，"你别管，还是走吧，哦，克拉丽斯……"

"什么事，夫人？"

"刚才……刚才的事情不要对任何人讲。"

"是，夫人。"她说着又潸然泪下，哽咽做声。

"不要让别人看见你这副模样，"我说，"去你的卧室洗把脸，看怎么弄弄。没有什么值得流眼泪，多划不来呀。"

正说话间，有人敲房门，克拉丽斯恐慌地飞快瞥了我一眼。

"谁呀？"我问。门打开，比阿特丽斯走了进来。她径直朝我奔来，身穿东方人的装束，腕上的手镯叮当作响，一副古里古怪、荒唐可笑的样子。

"啊，亲爱的，亲爱的。"她说着，朝我伸出手来。

克拉丽斯悄悄溜出了房间。我突然感到疲惫不堪，无力再支撑下去，于是走到床前坐下，抬手取掉鬈发套。比阿特丽斯站在那儿观望我。

"你没事吧？"她说，"你看起来脸色煞白。"

"那是因为灯光的缘故，"我说，"灯光一照，人就显得面无血色。"

"坐下来歇歇就会好的。"她说，"你等一下，我去给你倒杯水。"

她走向浴室，每迈一步，手镯便是一阵叮当响，回来时手中端了一杯水。

我一点也不想喝，但为了不扫她的兴，便勉强喝了些。水还是温吞吞的,显然她没开着龙头让水先流一会儿。

"我当然立刻就知道是一场可怕的误会,"她说,"你总不可能清楚吧?"

"清楚什么?"我问。

"嗨,就是这衣服呀,小可怜,你按照画廊里的那幅少女画仿制的。上一次曼德利开化装舞会,丽贝卡也是这身装束,一模一样,根据同一幅画仿制同一套衣服。你刚才站在楼梯上,在那可怕的一刹那我还以为……"

她没把话说囫囵,轻轻在我的肩上拍了拍。

"可怜的孩子,你算倒了邪霉。其中的原因你怎么能知道呢?"

"我应该知道,"我惊得没了魂,脑子乱成一团,茫然望着她,嘴里痴呆呆地说道,"我应该知道。"

"胡言乱语,你怎么可能知道?我们谁的脑子也没想到会出这种事。事情一发生,大家都吓蒙了,我们谁也没料到,而迈克西姆……"

"迈克西姆怎么啦?"

"他认为你是故意的。你跟他打过赌,说要吓他一跳,对不对?多么没头没脑的玩笑。他当然不会理解。那情景着实令他震惊。我当下就告诉他,你绝对不是存心搞鬼,而是阴差阳错才选中了那幅画。"

"我应该知道,"我又念叨了起来,"全都怪我,我应该明白,应该想得到。"

"不,不,你别再伤脑筋了,安静下来,是能够把前因后果跟他解释清楚的。误会定会冰消雪融。我上楼看你时,第一批客人已经到了。他们正在喝饮料。没事的,我告诉弗兰克和贾尔斯找个借口,就说你的衣服不合适,让你大失所望。"

我一言未语,双手抱着膝头坐在床上。

"你该换什么衣服好呢?"比阿特丽斯说着走到我的衣柜前,打开了柜门,"瞧,这件蓝衣服怎么样?看上去蛮漂亮。你把它穿上,没有人会介意的。快点,让我来给你帮把手。"

"不,"我说,"我不打算下楼去。"

比阿特丽斯听了心里很不好受,呆呆地望着我,那件蓝衣服搭在胳膊上。

"可你必须下去,亲爱的,"她沮丧地说,"你总不能连面也不露呀。"

"不,比阿特丽斯,我不打算下去。发生了那种事,我怎么有脸见人。"

"不会有人知道化装服的事,"她说,"弗兰克和贾尔斯绝不会透露风声。我们已经商量好了,就说裁缝店送错了衣服,穿在身上不合体,所以你只好穿普通晚礼服。人人都会觉得这很自然,不会影响舞会。"

"你不明白,"我说,"我并不在乎穿什么衣服,这根本不是问题的症结。我所在乎的是刚才发生的事情以及我的所作所为。我现在不能下去,比阿特丽斯,我不能。"

"可是,亲爱的,贾尔斯和弗兰克完全理解你,他们充满了同情心。迈克西姆也一样,只不过猛一上来有些震惊……我设法把他拉到一边,跟他解释解释事情的原委。"

"不,"我说道,"不!"

她把蓝衣服放到我身旁的床上,非常焦虑、非常懊丧地说:

"客人马上就到齐了。你不下去，那让人觉得多古怪。我总不能说你突然患了头痛症吧。"

"为什么不能呢？"我倦怠地说，"那有什么关系？随便找什么理由都可以，没有人会介意的，反正他们也没有谁认识我。"

"走吧，亲爱的，"她拍拍我的手说，"振作起精神来，把这件漂亮的蓝衣服穿上。你该为迈克西姆着想，看在他的份上也必须下楼去。"

"我一直都在为迈克西姆着想。"我说。

"哦，那么你肯定……"

"不，"我抠着指甲，坐在床上前后晃动着身子说，"我不能下去，我不能。"

这时又有人敲门。"老天呀，到底是谁？"比阿特丽斯说着，向房门走过去，"什么事呀？"

她打开门，贾尔斯站在外边。"客人都到齐了，迈克西姆差我来看看这儿的情况。"贾尔斯说。

"她说她不愿下楼，"比阿特丽斯说，"这下该怎么好呢？"

我见贾尔斯透过开着的门朝我偷看。

"老天爷，全乱成一锅粥啦。"他低声说。他留意到我看见了他的目光，于是不好意思地把脸掉开了。

"怎么对迈克西姆说呢？"他问比阿特丽斯，"现在都八点过五分了。"

"就说她有点头晕，待一会儿争取下去。让他们吃饭不要等了。我马上下楼去，把事情安排一下。"

"好吧,就这么办。"贾尔斯搭着话,又朝我这边瞥了一眼,是怜悯的目光,但也很好奇,不明白我为什么坐在床沿上不愿下楼。他把声音压得低低的,就好像发生车祸后,家属在等医生抢救。

"还有什么事情需要我做吗?"他问。

"没有了,"比阿特丽斯说,"你现在就下楼去,我随后便到。"

他顺从地拖着阿拉伯长袍走了。我暗忖,多年后回想起这一时刻,我一定会捧腹大笑,那时会问自己:"还记得贾尔斯穿着阿拉伯服饰,比阿特丽斯脸蒙细纱,腕上的手镯叮当作响的情景吗?"岁月会为其增添养料,使这一瞬间成为惹人发笑的一幕。可眼下这一幕并不显得滑稽,我没有为之发笑。现在就是现在,并非未来,它过于生动,过于真切。我坐在床上,用手扯拉着鸭绒垫,把一根细细的羽毛从垫角的缝隙抽了出来。

"想喝点白兰地吗?"比阿特丽斯在作最后的努力,"我知道白兰地一般只能添虚勇,但有时也可以创造奇迹。"

"不,"我说,"我什么都不想喝。"

"我得下楼去了。贾尔斯说他们在等着开饭呢。我这一走,你肯定不要紧吧?"

"是的。谢谢你,比阿特丽斯。"

"唉,亲爱的,不用谢我。我真希望能为你做些什么。"她飞快地弯下身子,对着我的镜子往脸上敷了些粉,"上帝呀,看我都成了什么样子,"她说,"这该死的面纱把我害惨啦。可这也实在没办法。"接着,她窸窸窣窣出了房间,随手带上了门。我觉得自己硬是不肯下楼,辱没了她的一片好心。我所表现的是一种怯懦的行为,她无法理解。她属于另一种阶层,跟我不是一类人。那个阶层的女人和我不一样,她们个个都有胆有识。如果闯祸的是比阿特丽斯而非我,她会换件衣服回到楼下迎接客人;她会站在贾尔斯身旁,脸上挂着微笑跟客人们握手。我却办不到,因为我缺乏那股闯劲,缺乏那种胆量,缺乏良好的教养。

我眼前老是闪现出迈克西姆冒火的眼睛、惨白的面孔。他身后站着贾尔斯、比阿特丽斯以及弗兰克,全都哑巴似的愣愣地望着我。

我从床上站起身,走至窗前向下望。园丁们在玫瑰花园里四处走动,忙着检查灯泡看有没有毛病。天色渐渐变暗,西方天际飘浮着几缕淡红色的条纹状晚霞。待到暮色降临,华灯便会大放异彩。玫瑰园里摆上了桌椅,夫妻宾客可以来这儿休息。从窗口我闻得到玫瑰花香。园丁们边干活边说笑。"这里有个灯泡坏了,"我听到一个声音高喊道,"能把小灯泡再给我拿一只吗?要只蓝颜色的,比尔。"他把灯泡安好,悠然自得地吹起了一支时下正流行的小调。我心想,大厅上方吟游诗人画廊里的乐队今晚说不定也会演奏这支曲调。"行啦,"那人打亮电灯又关上,然后说道,"这儿的灯没问题啦,全都好看着呢。最后到游廊那儿检查一下。"他们绕过房角走了,嘴里仍吹着那小调。我真希望自己能充当那个人的角色,到了晚上把双手往衣袋里一插,帽子扣在后脑勺上,和朋友们一起站在车道旁观望汽车一辆辆驶到宅子前。他会跟庄园里其他的人聚在一处,然后到游廊的一个角落里,坐在特意为他们设置的长条桌旁喝苹果酒。"还跟从前一样,是吧?"他会感慨地说。可他的朋友则摇摇头,吸一口烟斗说:"这位新来的女主人和我们的德温特夫人不一样,相差太远了。"人群中，他们旁边有个女人，另外还有一些人，听了后全都点头称是。

"她今晚到哪儿去啦？一次也没到游廊来过。"

"说不清。我连她的面也没见。"

"德温特夫人过去都是这儿走走那儿瞧瞧，到处都可以看见她的身影。"

"对呀，正是那样。"

那位女人会把脸转向邻座，神秘地点点头。

"听说她今晚根本就不打算露面。"

"朝下说。"

"一点不错。宅子里的一个仆人告诉我，说德温特夫人整整一个傍晚都闷在房间里，没有下楼来。"

"她在搞什么名堂？是生病了吗？"

"不是，我想是在生闷气。听说她的化装服很叫她扫兴。"

这一小堆人里响起刺耳的笑声和嗡嗡的议论声。

"这种事真是闻所未闻，多给德温特先生丢面子。"

"要是我就忍受不了。她一个黄毛丫头怎敢如此放肆。"

"也许情况并不是这样。"

"这千真万确，宅子里都传遍了。"就这样，他们交头接耳，相互转告，又是微笑，又是挤眼，又是耸肩。风声还会传给那些来游廊上散心、来草坪上漫步的客人。三个小时后，将会有一对夫妇出现在玫瑰园里，坐在我窗下的椅子上。

"你看我听到的消息是真的吗？"

"什么消息？"

"嗨。她根本不是因为不舒服，而是因为他们俩大吵了一架,她才不肯露面!"

"怪不得!"听话人眉毛往上一挑,吹了声长长的口哨。

"依我看,事情的确有些蹊跷,你不觉得吗?我是说,不可能突然之间头就无缘无故痛得要死要活。我觉得这里边大有文章。"

"我看他好像有点不高兴。"

"我也有同感。"

"当然,我早就听说他们的婚姻不十分美满。"

"哦,真的?"

"嗯。好多人都这么说。他们说他已经开始意识到自己犯了个大错误。她的相貌本来就很平常,毫无动人之处。"

"是啊,我也听人讲她长得不怎么样。她是个什么样的人物?"

"哼,根本不值得一提,是从法国南部随便捡来的护士、家庭教师之类的角色。"

"老天呀!"

"唉,一旦想想丽贝卡……"

我就这么浮想联翩地望着那几把空椅子发呆。淡红色的天空变成了灰蒙蒙一片,晚星已经出现在了我的头顶上。夜幕垂降之前,玫瑰花园后边森林中的鸟儿归巢时飒飒扇动着翅膀。一只孤零零的海鸥横着穿过天空。我离开窗口,又回到床前,拾起件丢在地板上的白裙,把它连同薄绵纸放回匣子里,把假发套也放了进去。然后,我打开一个小橱,在里边寻找我在蒙特卡洛时为范夫人熨衣服曾经用过的那只袖珍熨斗。熨斗丢在一层架子的深处,和几件许久未穿过的羊毛衫放在一起。这是一只万能式熨斗,适用于各种电压。我把它跟墙上的插座接通,开始熨那套比阿特丽斯从衣柜里取出的蓝衣裙。我不慌不忙慢慢地干着,就像当年在蒙特卡洛为范夫人熨衣服一样。

熨完后,我把那套衣裙齐齐整整放在床上,然后把先前穿化装舞服时涂在脸上的脂粉擦了个干净。我梳了梳头,洗洗手,穿上蓝衣裙,又蹬上一双与之相配套的鞋。我仿佛又成了过去的自我,正准备陪范夫人下楼到旅馆的休息室去。我打开房门,来到了走廊里。周围寂静无声,好像这儿根本没举办什么舞会。我踮着脚尖走到甬道的尽头,转过弯去。只见通向西厢的那扇门紧闭着。听不见一点声响。来到画廊和楼梯口的拱门处,我才听见餐厅里传来嗡嗡不清的谈话声。客人们仍在吃饭。大厅里空荡荡的,画廊里也没有个人影。乐师们一定也在吃饭。我不知道他们的活动是怎么安排的,一切都由弗兰克经办——不是弗兰克就是丹夫人。

从我站的地方,可以看见画廊里卡罗琳·德温特的肖像正对着我。我可以看见一绺绺鬈发衬托着她的脸庞,可以看见她的芳唇上挂着微笑。我记起了主教夫人在我拜访她的那天曾对我说过的一席话:"她的倩影叫我终身难忘,穿一身洁白的衣裙,秀发似乌云一般。"我早应该想起这番话,早就应该了解情况。那些乐器,那个小巧玲珑的乐谱架,还有那面大鼓,摆在画廊里显得古里古怪。一位乐师把手帕忘在了椅子上。我倚在栏杆上,俯瞰楼下的大厅。那儿很快就会像主教夫人曾描绘的那样宾客满堂,迈克西姆站在楼梯脚下跟步入大厅的客人们一一握手。鼎沸的人声将直贯屋梁,乐队将在我此刻正凭栏伫立的画廊演奏,小提琴师和着音乐的旋律晃动起身体。

到那时，就不会像现在这么宁静了。突然，我身后的画廊里有块木楼板"咯吱"响了一下，我猛地旋转身查看。那儿没有人，画廊仍似方才一般空荡荡的。不过，有一股气流吹拂在我的脸上，一定是哪位客人打开甬道里的一扇窗户忘记关了。餐厅里嗡嗡的说话声不断传来。奇怪，我动也没动，楼板怎么会响呢？也许是因为今天晚上太热的缘故，旧楼板出现了膨胀的现象。冷空气仍一个劲朝我脸上吹着。乐谱架上有一页乐谱飘然落到了地上。我把目光投向楼梯上方的拱门，冷空气就是从那儿刮来的。我又到了拱门底下，待我经拱门步上长长的走廊，才发现通往西厢的那扇门被风吹开了，紧贴在墙壁上。西边的甬道漆黑一片，连一盏亮着的灯也没有。我可以感觉得到，风儿是从一扇敞开的窗户吹到我脸上的。我摸索着寻找墙上的电灯开关，但一无所获。我看得到甬道拐角的那扇窗户开着，窗帘被风吹得前后微微摆动。朦胧的夜光把奇形怪状的影子投在地板上。敞开的窗口传来大海的低语，那是潮水退离砾石海滩时发出的轻柔的咝咝声。

我没有走过去把窗户关上，而是穿着单薄的衣裙站在那儿瑟瑟发抖，倾听着大海的叹息和退潮声。过了一会儿，我飞快地转身朝回走，随手关上西厢的那扇门，经拱门又来到了楼梯口。

这时，叽叽喳喳的说话声响成了一片，比刚才更吵了。餐厅的房门已经打开，离席的客人正陆续往外走，只见罗伯特站在敞开的门旁，里面传来吱吱嘎嘎挪动椅子的声音以及嘈杂的谈笑声。

我缓步走下楼梯去迎接他们。

那个夜晚是我在曼德利第一次参加舞会，也是最后一次，在我的记忆中犹如一块巨大、单调的画布。如今回首往事，只能想起一些支离破碎、比较清楚的细节。要说背景,完全是模糊一片,隐隐约约浮现出无数面孔,其中没有一张是我认识的。乐队哼哼唧唧演奏着华尔兹舞曲,一曲接着一曲,似乎永远没有止境。我和迈克西姆站在楼梯脚下迎接迟到的宾客。我觉得在舞池中旋转的老是那些舞伴,脸上老是挂着那种凝固的笑容,他们扭腰挪步,像是牵线木偶一样,被只看不见的手所操纵。

舞会上有位妇人,我一直不知道她的芳名,以后再也没见过她。当时她穿着条用鲸骨圈撑起的淡红色裙子,大概属于过去某个世纪的款式,具体属于十七世纪、十八世纪还是十九世纪,我便不得而知了。她每次从我身边经过,华尔兹舞曲都正好奏到轻快的音节,于是她和着旋律又是躬腰又是摆身,同时还冲我嫣然一笑。这情景一次次重复,乃至变成了机械性的习惯动作,这就好像在轮船的甲板上散步时遇上了同样热衷于这种锻炼的乘客,我们深信待到经过前边的那座桥梁时还会跟他们擦身而过。

我至今仍记得她的样子:两排白牙异常醒目,颧骨上浓妆艳抹,脸上的微笑空洞却欢快,显然玩得很高兴。后来我在餐桌旁又见到了她,她用犀利的目光搜索着食物,把鲑鱼和龙虾蛋黄酱满满当当堆了一盘子,端起来躲到了一个角落里。还有那位克罗温夫人,穿一套荒唐可笑的衣裙,不知扮的是历史上的哪个风流人物,谁清楚是玛丽·安托瓦内特[1]还是妮尔·格温[2],要不就是这两人荒诞离奇的综合体吧。她激动得不断尖着嗓门叫嚷:"能参加

---

[1] 玛丽·安托瓦内特(Marie Antoinette,1755—1793),法国国王路易十六之妻,因穷奢极欲而有恶名。
[2] 妮尔·格温(Nell Qwyn,1650—1687),17世纪英国女演员,查理二世的情妇。

今天的盛会,你们得感谢我,而非德温特夫妇。"由于灌了香槟酒,她的声调比平时要高一些。

我记得罗伯特把一托盘冰块掉在了地上,记得弗里思看见闯祸的竟是罗伯特而非临时雇来的侍者,脸上所呈现出的表情。我真想跑到罗伯特跟前,和他站到一起说:"我知道你心里的滋味。这我是理解的。我今晚的运气比你还糟。"我现在仍记得,当时浮现在我脸上的那种皮笑肉不笑的表情与我眼中的痛苦格格不入。我记得亲切友好但冥顽不灵的比阿特丽斯当时偎在舞伴的怀里观察我,点头给予我鼓励,腕上的手镯叮当作响,面纱不时从热汗直冒的额头朝下滑。我仿佛看见自己又旋转着跟贾尔斯在一起狼狈地跳舞,他怀着善良的心肠真诚同情我,使我不忍拒绝他,可他牵着我在踩着脚跳舞的人群中穿来穿去,犹如在赛马会上牵着一匹马。他当时的话至今仍言犹在耳:"你的衣服真漂亮,这一比,让那些人全显得傻里傻气。"愿上帝保佑亲爱的贾尔斯,他以这种朴实、真诚的方式表示同情和理解,以为我对自己的服饰大失所望,以为我担心会露出寒碜相,以为我在为那天晚上的事斤斤计较。

弗兰克给我端来一盘鸡肉和火腿,可我无法下咽,后来他又把一杯香槟酒送到我跟前,我却一口也不想喝。

"希望你喝一些,"他轻声说,"我觉得你需要提提神。"为了不让他失望,我抿了三口酒。他眼上蒙着黑布,脸色显得苍白,模样古怪,看上去老了一些,像换了个人,平添了一些我以前从没见过的皱纹。

他俨然一副舞会东道主的样子忙着招待和应酬客人,为他们敬烟敬酒、提供食品,偶尔也迈着庄严、艰难的舞步,带着一副呆板的表情跟别人舞上几圈。他的那套海盗服穿在身上显得很拘谨，络腮胡子在红头巾底下乱蓬蓬的，一副惨相。我脑海中浮现出了他在光秃秃的单身汉卧室里对着镜子把络腮胡子套在手指上做卷儿的情景。可怜的弗兰克，亲爱的弗兰克，我从未问过他，所以一直不知道他对曼德利的最后一次化装舞会究竟讨厌到了什么样的程度。

乐队仍在演奏，翩翩起舞的一对对舞伴似牵线木偶一样走来走去，忽而横过大厅，忽而又转回来，可那个在一旁观看的根本不是我本人，不是一个有血有肉有情感的活人，而是一个有着我的形体在那儿站着的木头人，脸上固定着微笑的道具。站在旁边的也是一个木头人，脸上蒙着面具，挂着虚假的笑容，那双眼睛不属于我所爱恋、我所熟悉的那个男人。他那冷冰冰、木然的目光穿透我的身体，投向一个我无法涉足的充满痛苦和悲哀的地方，投向我不能理解的隐秘精神地狱。

他一直不跟我说话，不用手碰我。我们作为男女东道主并排站在一起，但心却不在一处。我望着他和客人们客套周旋。他时而跟人寒暄，时而开玩笑，时而绽出微笑，时而回过头喊某人的名字，除了我，没人知道他的一言一行、一举一动都是机械性的，好像由机器操纵一样。我们恰似剧中的两个演员，不过各行其是，在表演时并没有默契配合。为了这些我不认识并且不愿再见到的客人，我们得硬着头皮忍受着心中的痛苦，装模作样地把这场戏演下去。

"听说你妻子的衣服没按时送来。"一个满脸麻点、头戴飘带水手帽的家伙说着哈哈大笑起来，戳了戳迈克西姆的肋骨，"真是活见鬼。要是我，就以欺骗罪控告裁缝店。我妻子的表妹也曾有过一次这样的遭遇。"

"唉，实在不走运啊。"迈克西姆说。

"实话讲，"那水手转过脸对我说，"你应该算是一朵'勿忘我'。那是一种蓝颜色的漂亮的小花。你说对不对，德温特先生？告诉你的妻子，以后就叫她勿忘我。"他爆发出一串大笑声，怀里搂着舞伴翩然离去。"这主意不赖吧？一朵勿忘我。"这时，弗兰克又来到了我身后转悠，手里端着杯饮料，这次是柠檬汁。"不，弗兰克，我不渴。"

"干吗不跳舞？或找地方坐下休息休息，游廊有个拐角比较清静。"

"不，还是站着好。我不想找地方坐下。"

"我给你拿点吃的——三明治或桃子？"

"不，我什么也不想吃。"

此刻，那位身穿淡红色裙子的妇人又露面了，这次忘了冲我微笑。她酒足饭饱，脸上红扑扑的，不住眼地望着舞伴的面孔。她的舞伴身材细高，下巴像提琴一样。

舞曲奏了一曲又一曲——《命运圆舞曲》《蓝色多瑙河圆舞曲》《风流寡妇》。一、二、三，一、二、三，转圈；一、二、三，一、二、三，转圈……那位穿淡红裙的妇人过来了，又来了一位身着绿装的妇人——原来是比阿特丽斯，她的面纱已从额上揭开掀到了脑后，贾尔斯满脸淌着热汗。那位水手又露面了，这次换了个舞伴，在我的身边停了下来。那女的我不认识，扮了一个都铎王朝的贵妇，一个毫无特色的都铎王朝贵妇，脖子上围一圈褶边，穿一件黑天鹅绒衣服。

"你们什么时候去我们那儿玩？"她说话的口气，仿佛我们

蝴蝶梦　281

是老朋友似的。我随口答道:"过两天一定去叨扰,那天我们还议论这事呢。"不知怎么,我撒起谎来竟突然如此自如,一点气力也不费。"多么叫人高兴的舞会,真该对你表示祝贺。"她说。"非常感谢,"我说,"玩得还快活吧?"

"听说裁缝店送错了衣服?"

"是的。荒唐事,对不对?"

"所有的裁缝店都是一路货,不值得信赖。不过你穿这件淡蓝色的裙子,看起来既漂亮又活泼,比我这件厚天鹅绒裙要舒服多啦。别忘了,你们俩过两天一定来宫里吃饭。"

"我们一定去。"

她指的是什么样的地方?什么样的宫殿?难道我们款待的是王公贵族?她偎在水手的怀里,和着《蓝色多瑙河圆舞曲》的旋律轻快地走了,天鹅绒裙裾似扫毯器一般擦着地面。在事情过去许久之后的某一天深夜里,我睡不着觉,这才想起那位都铎王朝的贵妇原来就是喜欢在彭奈恩山区散步的主教夫人。

几点钟啦?我心里没个准数。晚上的时光一小时一小时的实在难熬,老是看见同样的面孔,听见同样的曲调。躲在藏书室里打桥牌的客人们不时像隐士一样溜出来看看舞会的盛况,然后又一头钻进藏书室去。比阿特丽斯拖着长袍走过来附在我耳旁低声说:"你何不坐下休息休息?你的脸色像死人一样。"

"我没事。"

贾尔斯脸上化妆的颜料被汗水冲得朝下淌。这可怜的人儿身上裹着阿拉伯毯子,都快闷死了。他走过来对我说:"走,我们到游廊观烟火去。"

记得我们站在游廊上仰望天空,只见烟火凌空开花,然后又徐徐落下。克拉丽斯和一个庄园外的小伙子待在角落里，欢快地笑着，每一枚爆竹在她脚旁啪啦一响，都会让她高兴得尖叫起来。她忘掉了刚才的眼泪。

"瞧，这一个多漂亮。"贾尔斯仰着大脸，张着嘴巴，"炸开啦，好哇，多美啊。"

烟火拖着咝咝的长音飞向空中，随之爆炸开来，化为一串翡翠似的礼花，人群中响起一片赞美声、高兴的大喊大叫声以及鼓掌声。

那位身穿淡红色撑裙的妇人挤到了最前边，脸上带着急不可待的神情，每落下一朵礼花都要给出一番评论："啊，多美呀……瞧那一枚，漂亮极啦……唉，这个怎么没炸开……小心，朝这边来啦……那些人在干什么？"连那些隐士也钻出了洞穴，来到游廊上和跳舞的人们一起观看烟火。草坪上黑压压的尽是人，火树银花照亮了一张张仰起的面孔。

烟火似离弦之箭接二连三射向空中，把夜空染得通红一片，金光万道。曼德利似一幢魔宅巍然屹立，每一扇窗户都闪着亮光，灰色的墙壁被落下的礼花抹上了斑斓的色彩。这是一所中了魔法的房屋，拥在黑色森林的怀抱之中。当最后一枚烟火凌空炸开、欢呼声散尽之后，刚才还那么美妙的夜晚一下子变得冷冷清清、死气沉沉，天空成了一张阴惨惨的黑幕。草坪上和车道上的人群渐渐散去，各奔东西。游廊里的客人们从落地长窗三三两两又回到客厅里。大家兴致已尽，舞会接近了尾声。我们表情茫然地站在那里。有人递给我一杯香槟酒。我听见车道上响起了发动汽车的声音。

"他们开始走啦，"我心想，"谢天谢地。总算开始走啦。"那位穿淡红色撑裙的妇人又在往嘴里塞东西吃。大厅里的客人得花一些时间才能走完。我瞧见弗兰克给乐队打了个手势。我站在客厅与大厅之间的门道口。旁边立着位素不相识的男子。

"今天的舞会妙不可言。"他说。

"是啊。"我说。

"我从头到尾都玩得很开心。"他说。

"我真高兴。"我说。

"莫莉没能来,都快气疯啦。"他说。

"是吗?"我说。

此刻,乐队奏起了《友谊地久天长》。那男子抓起我的手上下摇晃着,冲一旁喊道:"喂,你们都来呀。"另一个人拉起了我的另一只手,接着更多的人加入进来。我们围成大圆圈扯起喉咙引吭高歌。那位自称玩得很开心并说莫莉因为没能来气得发疯的男子,身穿中国的清朝服饰,当我们上下甩动手臂时,他的假指甲钩在了衣袖上。他哈哈大笑起来,大家也都跟着笑了。"旧日好友怎能忘怀。"我们仍在唱着。

在唱到结尾的几个小节时,喜气洋洋、兴高采烈的气氛猛然急转直下。鼓手把鼓杆嗒嗒敲了几个作引子,乐队随即奏起了《上帝保佑英王》[1]。大家脸上的笑容消失了,像被海绵抹得干干净净。那位清朝人双脚并拢立正,双手僵直地垂于身体两侧。记得我当时隐约怀疑他是个现役军人。他的长脸木呆呆的,垂着一撮清朝人的胡子,样子怪极啦。我的目光和那位身穿淡红裙的妇人的目光碰在了一起。她手中端着满满两盘冻鸡块,《上帝保

---

[1] 英国国歌。

佑英王》的曲调一奏，弄了她个措手不及。她只好硬挺挺地把盘子捧于胸前，像是捧着为教会募捐到的东西，脸上没有了一丝生气。当《上帝保佑英王》的最后一个音符消失时，她又放松了下来，疯狂地对鸡肉发起攻击，一边还扭过头与同伴说着闲话。这时有位客人走来跟我握了握手。

"别忘了，下个月十四号到我们家吃饭。"

"哦，要去吃饭？"我茫然地望着他。

"是的，你姐姐也答应了。"

"啊，那太好了。"

"晚宴八点半开始，请穿上晚礼服。届时敬请光临。"

"好的，我们一定去。"

客人们一行行排起队告别。迈克西姆在房屋的另一端。我重新堆起唱完《友谊地久天长》之后渐渐隐去的微笑。

"很长时间都没有度过如此快乐的夜晚了。"

"我真高兴。"

"非常感谢邀请我们参加这样的盛会。"

"我真高兴。"

"再见，舞会终于圆满结束了。"

"我真高兴。"

见鬼，英语里难道再没有别的词啦？我像个木偶一样又是鞠躬又是微笑，目光越过客人的头顶搜寻迈克西姆的身影。他在藏书室旁正被一伙人缠得不可脱身。比阿特丽斯也被人群包围着。贾尔斯领着一群散兵游勇到客厅的便餐桌前吃东西了。弗兰克在外边的车道上招呼客人上车。我处于一群陌生人的重围之中。

"再见，万分感谢。"

"我真高兴。"

大厅开始空了下来。黑夜已经过去，一个疲倦的日子即将破晓，当此之际，四周笼罩着单调、凄凉的气氛。朦胧的晨曦洒在了游廊上。可以看见，已经爆炸过的烟火架子在草坪上逐渐显出轮廓来。

"再见。真是一个奇妙的舞会。"

"我真高兴。"

迈克西姆出去到车道上跟弗兰克一起送客。比阿特丽斯也向我走来，边把叮当响的手镯往下摘。"这玩意儿让我一刻都忍受不了啦。天呀，我快要累死了。我好像跳一曲舞都没空。不管怎样，今天的舞会非常成功。"

"是吗？"我说。

"亲爱的，你还是睡觉去吧？看你这种筋疲力尽的样子。差不多整整一个晚上你都站着。男人们哪里去啦？"

"在车道上。"

"我想去喝点咖啡，吃些鸡蛋和培根。你也来一点吧？"

"不，比阿特丽斯，我不想吃。"

"你穿蓝色衣服迷人极啦。大家都是这么说的。至于先前的那件事，谁都没看出半点蛛丝马迹，所以你不用担心。"

"是的。"

"我要是你，明天早晨好好睡个懒觉，不要急着起来，早饭就在床上吃。"

"好，也许我会的。"

"我给迈克西姆招呼一声，就说你上楼休息去了，好吗？"

"好的，比阿特丽斯。"

"行啦，亲爱的，美美睡上一觉。"她匆忙吻了我，同时拍了拍我的肩膀，然后就到餐室找贾尔斯去了。我一步一阶慢慢爬上楼梯。乐师们已关了画廊里的灯，也下楼去吃鸡蛋和培根了。乐谱丢得满地都是。一把椅子被碰翻在地。烟灰缸里盛满了他们的烟蒂。一片舞会过后的狼狈景象。我沿着走廊向自己的房间摸去。天色一点点发亮，鸟儿开始啁啾。脱衣服时，不用打开电灯。洞开的窗户习习吹进来一股冷风，颇具寒意。昨晚玫瑰花园里的人一定不少，因为所有的椅子都挪动了位置。有张桌子上放着一托盘空酒杯。不知哪位客人把提包忘在了椅子上。我拉上窗帘，想让屋里的光线暗一些，可朦胧的晨曦仍从旁边的缝隙往里钻。

我爬上床，两腿疲惫不堪，后腰隐隐作痛。我仰面躺下，合上眼睛，雪白洁净的床单给我以舒适凉爽的感觉。但愿我的大脑能和我的肉体一样得到休息，放松下来，进入梦乡；但愿它不要像现在这样嗡嗡响，随着乐声跳动，以及在海洋一般的面孔前旋转。我把两手按在眼皮上，但那一幕幕的情景硬是不肯离去。

不知迈克西姆何时才能回来。我旁边的那张床显得光秃秃、冷冰冰。房间里的阴影很快便会彻底消失，墙壁、天花板和地板将在朝阳下豁然明亮起来。鸟儿的歌唱将会更加响亮，更加欢快，更加无拘无束。太阳将在窗帘上绘制出金黄色的图案。床头小钟嘀嗒作响，时间一分一分地流逝。我侧身躺着，眼看着分针移动了一圈，满一小时后又朝前移动，开始了新的旅程。可迈克西姆仍未露面。

第十八章

　　我可能是在七点钟过后不久睡着的。记得那时天已大亮,已经没必要再自欺欺人地觉得捂上窗帘便能挡住日光了。阳光从敞开的窗口泻入房间,把一幅幅图案印在墙上。我听见仆人们在底下的玫瑰园里收拾桌椅,并取下那串彩色灯泡。迈克西姆的床仍光秃秃,空荡荡。我横躺在床上,两条胳膊搭于眼上,形成古怪、荒唐的姿势,这种姿势最不容易睡着,可我迷迷糊糊接近了梦境的疆界,最后跨过了那条界线。一觉醒来,已过了十一点钟。中间克拉丽斯肯定来过,悄然无声地送来了茶,因为旁边放着一只茶盘和凉透了的茶壶,而我的衣服折叠得整整齐齐,那条蓝裙子已放入了衣柜里。

　　这一觉时间短,但睡得却很酣沉。此时喝着凉茶,我仍晕晕乎乎地睡意不消,于是瞪着模糊的双眼呆视着面前的空白墙壁。瞧见迈克西姆的空床,我才心头莫名其妙地一惊,回到现实中来,昨夜的痛苦又劈头盖脸向我压过来。他一直没回来睡觉。他的睡衣折得好好的,放在铺开的床单上,动也没人动过。克拉丽斯送茶来时,看到这情景不知会怎么想。她注意到了吗?她会不会找别的仆人嚼舌头?他们会不会在吃早饭时议论纷纷?奇怪,我为什么对这些斤斤计较，为什么一想到仆人在厨房里蜚短流长便忍不住感到悲伤？看来，我小肚鸡肠，心胸狭窄，是个世俗小人，才这么害怕别人说闲话。

也正因为这个缘故，昨晚我才穿一件蓝裙子下了楼，而没有继续躲在自己的房间里。这种行为缺乏胆量或勇气，是对世俗偏见可悲的让步。我下楼不是为了迈克西姆，也不是为了比阿特丽斯或曼德利，而是因为我不愿让参加舞会的客人们认为我跟迈克西姆发生了口角。我不愿让他们回去后散布流言蜚语："你肯定知道，他们的夫妻关系并不和睦。听说他一点也不幸福。"我下楼是为了我自己，是为了我那可怜的个人尊严。我呷着凉茶，感到既疲倦又痛苦，不由绝望地心想：只要外人不知道，我情愿和迈克西姆分开住，两人在曼德利各据一隅；如果能确保除我们俩之外无人知晓内幕，他即便不再对我温情脉脉，不再吻我，不到万不得已不跟我讲话，我相信自己也能够承受得了；如果能花钱堵住仆人的嘴，能在亲朋好友面前扮演夫妻的角色，在比阿特丽斯面前逢场作戏，那么，只剩下我们俩时，我们可以各回各的房间，各过各的日子。

我坐在床上呆望着墙壁，呆望着窗口洒进来的阳光以及迈克西姆的空床，心里遐想不已，觉得最丢人、最可耻的事情莫过于婚姻的破裂了。结婚才三个月，夫妻之间便有了裂痕。幻想现已荡然无存，我也就不愿再自欺欺人了。事实在昨晚已昭然若揭，我的婚姻很失败。人们要是了解实情，定会议论纷纷，那时他们的话就不是无中生有、捕风捉影了。我们俩合不来，不是理想的伴侣，不是相配的一对。对迈克西姆而言，我过于年轻，过于缺乏经验，更为重要的是，我不属于他的那个圈子。我就像个孩子或小狗一样，病态地、忍屈含辱和不顾一切地爱着他，可这于事无补。他所需要的不是这种爱，而是一种我所无法给予的东西，一种他曾经享有的东西。想当初缔结这桩婚姻时，我怀着近乎歇斯底里的青春激情和自负感，竟幻想自己能把幸福带给曾经有过无比幸福经历的迈克西姆。就连思想庸俗、见识肤浅的范夫人当时也清楚我在走一步错棋。"恐怕日后你会追悔莫及，"她说，"我认为你在铸成大错。"

我觉得她为人刻薄、残忍，哪还能听进她的劝告。无论从哪方面看，她都是对的。临别前她最后抛给我的那番卑鄙、刺人的话，是她一生中所发表过的最明智、最真切的言论："你总不会自作多情，以为他爱上了你吧？他是感到寂寞，无法忍受一幢空旷的大房子。"迈克西姆并没有堕入我的情网，他从来就没爱过我。意大利的蜜月以及在这里的朝夕相处对他都是无所谓的。我原以为他爱我，爱我这个人，其实并非真正的爱。那只是因为他是个男人，一个孤独的男人，而我是他的妻子，一个年轻的妻子。他根本不属于我，而是属于丽贝卡。他对丽贝卡仍念念不忘。因为丽贝卡，他绝不会爱我。正如丹夫人所言，丽贝卡仍在这幢房子里。西厢房、藏书室、起居室、大厅上方的画廊，甚至连挂着她雨衣的那个小花房里，无处没有她的痕迹。在花园里、森林中，以及那座石头海滨小屋里，处处都有她的踪影。走廊里回响着她的脚步声，楼梯上弥漫着她身上的香气。仆人们仍在执行着她的命令，我们吃的是她所喜欢的食品。她心爱的花卉充斥了各个房间。在她的住房里，衣柜里有她的衣服，桌上有她的发刷，椅子下有她的鞋，床上有她的睡衣。丽贝卡依然是曼德利的女主人，依然是德温特夫人。我在这儿无立足之地。我不该像个可怜的傻瓜一样闯入这块禁地。迈克西姆的祖母曾大声嚷嚷:"丽贝卡哪儿去啦?我想见丽贝卡。你们把她弄到哪里去啦?"她不认识我,没有把我往心上放。这也难怪,我在她眼里是一个陌生人。我不属于迈克西姆,也不属于曼德利。初次见面时,比阿特丽斯把我上下打量,直截了当、开门见山地说:"你跟丽贝卡相比真是天差地别。"当我谈起丽贝卡时,弗兰克显得冷淡和尴尬,不愿回答我连珠炮似的提问,其实我自己也不愿提那样的问题。不过,在走近宅子时,他用庄严、平静的声音这样回答了我最后的一个问题:"是的,她是我所见到过的最美丽的女人。"

丽贝卡,总是丽贝卡!在曼德利,不管我走到哪儿,坐在何处,甚至在心里梦间,我都会遇见丽贝卡。现在我已熟悉了她的体态,熟悉了她修长的腿和娇小玲珑的脚。她的肩膀比我的宽,双手灵巧能干,会驾舟驭马,曾抚花弄草、制作轮船模型,还曾在一本书的扉页上题词"献给迈克斯——丽贝卡"。我还熟悉她鹅蛋形的小脸,熟悉她的玉肤、乌云般的秀发,以及洒在身上的香水。我可以想象得出她的音容笑貌。即便在千人之中听到她的声音,我也能分辨出来。丽贝卡,总是丽贝卡!我永远也摆脱不了丽贝卡!

她的幽灵在缠绕着我,也许我也在打搅着她。正如丹夫人所言,她从画廊里注视着我,我在她的桌前写信时她就坐在我的身旁。我穿过的那件雨衣,我用过的那块手帕,全是她的遗物。说不定她不仅知道,而且看见我拿走了她的东西。杰斯珀曾是她的爱犬,如今跟在我身旁打转。那些玫瑰花属于她,现在却任我剪摘。我痛恨她,而她是否也痛恨我、害怕我?她是不是想让迈克西姆重新过孤身鳏居的生活?我可以跟活人争斗,却无法与死者抗衡。如果迈克西姆爱上了伦敦的某个女人，给她写情书，跟她幽会，和她同桌吃饭、同榻而眠，我尚可以与之决一胜负。我们势均力敌，我不必胆战心惊。愤怒和妒忌是能够加以抑制的。总有一天那女人会年老色衰，会产生厌倦情绪、改变态度，那时迈克西姆便会丧失对她的爱。可丽贝卡永远不会变老，她青春永驻，我无法跟她争风吃醋。她的魔力过于强大，叫我望尘莫及。

我起床拉开窗帘，阳光顿时洒满房间。玫瑰花园里的杂物已清理干净。每逢开过晚会，第二天人们总要津津乐道，对于昨晚的舞会，他们也会同样议论纷纷。

"你觉得够得上往日的标准吗？"

"哦，我想是的。"

"我认为乐队的演奏有点拖泥带水。"

"晚宴倒是非常丰盛。"

"烟火也不赖。"

"比·莱西开始显老了。"

"穿那样的服饰，哪能不显老？"

"我觉得他脸上有几分病容。"

"他一直都是那副样子。"

"你觉得新娘怎么样？"

"不怎么样，有点乏味。"

"我怀疑他们的婚姻是否美满。"

"说的也是，我怀疑……"

直至此刻，我才注意到房门下有张字条，于是便走过去捡了起来。字体方方正正，我认出是比阿特丽斯的手迹。那是她吃过早饭后匆忙用铅笔写就的。

我叩过你的房门,但无人应答,所以便猜想你一定听从了我的劝告正在睡觉,以解除昨夜的疲劳。贾尔斯心急如火,想早点回去,因为家里来了电话让他接替一位队员的位置,去参加板球比赛。比赛于下午二时开始。只有老天知道,他昨晚灌了那么多的香槟酒,还怎么看得清飞来舞去的球!我觉得两腿有点发软,不过睡觉还睡得挺香。弗里思说迈克西姆一大早便下楼吃饭,现在却不见他的人影!只好请你代为转达我们的爱心。非常感谢你们俩昨晚的盛情款待,我们玩得十分快活。不要再把化装服的事思来想去了(最后这一句的下边重重地画了条线)。你的亲爱的比。(随即有一句附言)望你们二人最近务必到我们家玩。

她在纸页的上端标出的时间是早晨九点半,而现在已近十一点半。他们离去大约有两个小时的工夫,此刻已到了家。比阿特丽斯打开旅行箱整理好东西,便走进花园像平时一样忙活起来。贾尔斯则调换手柄上的镶边,准备参加比赛。

待到下午,比阿特丽斯将换一件凉爽的长衫,戴一顶遮阳帽,去观看贾尔斯打板球。比赛结束后,夫妻二人到凉篷下用茶,贾尔斯热得满脸通红,比阿特丽斯则和朋友们谈笑风生。"我们到曼德利参加了舞会,真是太有趣啦。想不到贾尔斯竟然还能够跑得动。"她说着冲贾尔斯嫣然一笑,轻轻拍拍他的脊背。这一对夫妻已步入中年,少了浪漫的色彩。他们结婚已有二十年,长大成人的儿子即将赴牛津大学深造。他们非常幸福。他们婚姻美满,而不像我这样,结婚才三个月便有了裂痕。

我再也不能这么傻坐在卧室里了。女仆们要来打扫房间。也许，克拉丽斯压根就没注意到迈克西姆的床。于是，我把床弄皱，看上去他仿佛在上面睡过似的。如果克拉丽斯没把这事告诉那些女仆，我可不想让她们从中看出名堂。

我洗过澡，穿上衣服，然后下了楼。大厅里的舞池已经被拆卸走，花卉也搬了出去。画廊里的乐谱架不见了踪影。乐师们一定搭早班火车走了。园艺工人正在清扫草坪和车道上烟火的残骸余灰。用不了一时半刻，曼德利就再也不会有化装舞会的痕迹了。筹备的过程似乎如此漫长，清扫起来却异常简单，三下五除二便能干完。

我记得那位穿淡红色撑裙的妇人昨晚曾端着两盘鸡肉站在客厅门旁，那一幕现在在我看来是凭空想出来的，或者是一件很久以前的往事。罗伯特正在餐厅里擦桌子。他又恢复了呆笨、迟钝的老样子，不再似过去几个星期那样激动得忘乎所以了。

"早晨好，罗伯特。"我说。

"早晨好，夫人。"

"你在哪个地方见到德温特先生了吗？"

"他一吃过早饭，没等少校和莱西夫人下楼就出去了，再没有回来过。"

"你不知他到哪里去了吧？"

"不知道，夫人，说不上来。"

我迈着四方步又回到大厅，再经客厅到了起居室。杰斯珀见了我就冲过来，高兴地舔我的手，瞧它那亲热的劲儿，就好像我们阔别了很长时间似的。它昨天在克拉丽斯的床上过的夜，自午茶时分我就再没见它的面。也许，它跟我的心情一样，也嫌这段时间太长。

我拿起电话,问了庄园办事处的电话号码。说不定迈克西姆在弗兰克那儿。我觉得必须跟他谈谈,哪怕只谈两分钟也行。我得向他解释,昨晚的事我不是故意的。即便以后再也不跟他讲话,现在我也得把事情说清。接电话的是办事员,说迈克西姆不在那儿。

"克劳利先生在这儿,德温特夫人,"办事员说,"你想跟他通话吗?"我原想谢绝,可他没容我说话。我还没来得及放下话筒,便听见了弗兰克的声音。

"出什么事了吗?"奇怪,怎么一开口就问这种话?此念在我的脑海中闪过。他应该道声早安,或者问我昨夜是否睡了个好觉。他怎么竟问我出什么事了呢?

"弗兰克,是我,"我说,"迈克西姆到哪里去啦?"

"不知道,我没见到他。今天早晨他没露面。"

"没到办事处去过?"

"没有。"

"哦,原来如此。其实没什么。"

"吃早饭时你没见到他?"弗兰克问。

"没有。那时我还没起来呢。"

我迟疑了一下。唯有在弗兰克面前,我才不害怕吐露实情。"他昨夜没回房睡觉。"

电话线的另一端出现了沉默,弗兰克好像在搜索枯肠寻找应答的话。

"哦,"他终于开了口,语调非常缓慢,"原来是这样。"沉吟了片刻,他才又说道,"我正担心会发生这种事呢。"

"弗兰克,"我不顾一切地说,"昨夜客人们走后他说什么来着?你们都干了些什么?"

"我和贾尔斯以及莱西夫人在一起吃三明治,"弗兰克说,"迈克西姆没来,说是有事,到藏书室里去了。没过多久我也就回家了。也许莱西夫人可以把情况告诉你。"

"她走了,"我说,"吃过早饭就走了,留下张字条,说是没见迈克西姆的面。"

"哦。"弗兰克说。我不喜欢他这样,不喜欢他说话的腔调,觉得他声音刺耳,有一种不祥的预兆。

"你认为他会到哪里去呢?"我问。

"不知道,"弗兰克说,"说不定散步去了。"病人家属到医院询问病情,医生就是用这种声音安慰他们的。

"弗兰克,我必须见到他,"我说,"我得把昨晚的事跟他解释清楚。"

弗兰克没应声。我想象得出,他一定表情焦虑,额头上布着皱纹。

"迈克西姆以为我是故意的。"我说着,声音便哽咽了起来。泪水昨夜曾模糊了我的双眼,但没有流出来,此刻,在经过了漫长的十六个小时之后,却顺着我的双颊泉涌而下,"迈克西姆以为我在开玩笑,开一个残酷无情、罪该万死的玩笑!"

"不,不会的。"弗兰克说。

"我可以告诉你,他的确是那样的。你没见他的眼神,可我注意到了。你不像我一样整个晚上都守在他身旁观察他。他不跟我讲话,弗兰克。他再没有看过我一眼。我们在一起站了一个晚上,却始终连话也没搭。"

"那是因为没有机会,"弗兰克说,"那么多客人需要他接待。你说的情况我当然是看到了,但你要知道,我对迈克西姆非常了解,明白那是怎么回事,你瞧……"

"我并不怪他,"我打断他,说道,"他要是坚信我存心开那种卑鄙可恶的玩笑,那就随他怎么想吧。他可以再不跟我讲话,再不见我。"

"你不该说这种话,"弗兰克说,"你不知道自己在说些什么。等着,我到你那儿去。我想我是可以解释清楚的。"

让他来见我有什么用处?还不是陪我坐在客厅里,变着法儿好言好语劝我!我不需要任何人的同情。要劝我已为时太晚。

"不,"我说,"不,我不愿把事情提来提去的。既然已经发生了,要改变是不可能的。也许这还是件好事呢,它使我茅塞顿开,发现了一些早就应该明白的情况,一些当我嫁给迈克西姆时就应该怀疑到的情况。"

"你这是什么意思?"弗兰克问。

他的声音听上去又刺耳又古怪。我不明白迈克西姆不爱我跟他有什么关系。他为什么不愿让我了解内幕情况呢?

"我指的是他跟丽贝卡。"我说出她的名字时就像提到了一个禁忌的词儿,声音显得异样的酸楚,再也没有那种轻松和快活的感觉了,只有坦白罪行时的那种火辣辣的羞耻感。

弗兰克一时没有应声。我听见他在电话线的另一端倒吸了一口冷气。

"你这是什么意思?"他又问道,声音更加愤懑和刺耳,"你这是什么意思?"

"他不爱我,他爱的是丽贝卡,"我说,"他始终没有忘掉她,日日夜夜都在思念着她。他根本就不爱我,弗兰克,心里一直只有丽贝卡，丽贝卡，丽贝卡！"

我听见弗兰克惊叫了一声，可现在就是把他的魂吓掉我也顾不上了。"你这下该明白我心里的感受了，"我说，"你该理解我了。"

"听着，"他说，"我必须去跟你谈谈。我必须见你，听见了吗？事关重大，电话上不好讲。德温特夫人？德温特夫人？"

我"砰"地放下话筒，从写字台旁站起身。我不想见弗兰克，这事他帮不了我的忙。谁都无能为力，只能靠我自己。我哭得满脸通红，泪痕斑斑。我在房间里来回踱步，咬着手帕的一角，撕扯着手帕的边。

我心里有一种强烈的预感，觉得再也见不到迈克西姆了。出于某种奇异的直觉，我认为事情已无可逆转。他这一走，再不会复返。我心中明白弗兰克也相信这一点，只是不便在电话上承认罢了。他不想把我吓着。现在如果再往办事处给他挂电话，就一定会发现他已离去。办事员会说"克劳利先生刚刚出去，德温特夫人"。我可以想象得到弗兰克的情景：帽子都没戴就爬上他那又小又寒碜的莫里斯牌汽车，开着车前去寻找迈克西姆。

我走过去凭窗眺望耸立着森林神吹笛子塑像的那一小块林间空地。石楠花现已全部凋谢，待到来年才会重新含苞吐艳。没有了缤纷的色彩，高大的灌木显得阴惨惨，一片肃杀的景象。浓雾从海面上冉冉升起，使我看不见草坡下的森林。空气闷热。我可以想象得出来，昨夜的客人此时会感到多么庆幸："幸亏昨天没有这样的浓雾，不然就看不成烟火了。"我出了起居室，经客厅来到游廊上。太阳这时隐没在了一堵雾墙之后。曼德利像罩了口黑锅，顿时天昏地暗，日月无光。一个园艺工人推着辆双轮车打我身边经过，车上装满了昨夜人们丢在草地上的纸屑、果皮和乱七八糟的东西。

"早晨好。"我说。

"早晨好，夫人。"

"昨夜的舞会恐怕给你们添了不少麻烦。"我说。

"没什么，夫人，"他说，"我觉得大家玩得高兴、开心，这才是至关紧要的，对不对？"

"对，我想是这样的。"我说。

他的目光越过草坪投向林间空地，山谷从那儿倾斜着伸向大海。阴森的树林显得朦胧稀薄，模糊不清。

"这场雾真大，"他说。

⋯⋯他说。

⋯⋯子表示敬意，推着车子走⋯⋯的浓雾凝结成水汽，似蒙蒙⋯⋯珀垂头丧气地立于我的脚⋯⋯外边。潮湿沉闷的天气使它⋯⋯林那边的小海湾，从我站的⋯⋯色的雾团裹着湿润的盐味和⋯⋯它那儿奔去。我把手搭在杰⋯⋯拧出水。回头朝房宅望望，⋯⋯只能影影绰绰瞧见那儿有幢⋯⋯和游廊上的花盆。西厢大卧⋯⋯那里正在观望楼下的草坪。

蝴蝶梦　299

那人的身影朦胧不清，我一时惊恐万状，认为是迈克西姆，只见那人影移动了一下，抬起胳膊关上百叶窗，这时我才醒悟，原来是丹夫人。当我站在林边，裹罩在白色的雾团里时，她一直在观察我。她曾目送我从游廊漫步走上了草坪。也许她还用她自己房间里的电话分机偷听了我跟弗兰克在电话上的交谈。这下她会知道迈克西姆昨天夜里没回房睡觉。她可能听到了我的哭腔，知道我在掉眼泪。她知道我穿着蓝裙子跟迈克西姆一起，昨晚一连数小时站在楼梯脚下，知道我扮演着一个什么样的角色，也知道迈克西姆没看我一眼，没跟我说过一句话。她全都知道，因为那是她一手导演的好戏。那是她的胜利——她和丽贝卡的胜利。

我想起了昨晚看到她时的情景：她透过通往西厢的那扇门监视着我，惨白的脸上挂着穷凶极恶的狞笑。但我清楚她和我一样是个活生生的人，是现世阳间的生物，而不似丽贝卡那般属于亡人野鬼。我可以跟她讲话，却无法与丽贝卡交谈。

我突然心血来潮，穿过草坪回到房子里去。我经大厅爬上大楼梯，从画廊旁的拱门下进去，跨入通往西厢的那扇门，沿着阴暗寂静的走廊来到丽贝卡的房间。我转动门柄，走了进去。丹夫人仍站在窗旁，百叶窗已经关上。

"丹弗斯夫人，"我叫道，"丹弗斯夫人。"她转过身来瞧了瞧。我见她跟我一样，眼睛哭得红肿，而且苍白的脸上布满了愁云惨雾。

"有何贵干？"她问道。和我一样，她已经哭得嗓音混浊，含混不清。

万万没料到她竟会是这种惨相。我原以为她一定会发出残酷、邪恶的奸笑，就像昨天晚上那样。谁知她一反常态，成了一位心力交瘁的老太婆。

我裹足不前,手搭在敞开的门柄上,不知该对她说什么或做什么好。

她仍然睁着红肿的眼睛凝视着我,我却无言以答。"按老规矩,我把菜谱放到桌子上了,"她说,"你是否想调换哪样菜?"她的话给了我勇气,于是我离开门口,走到了房间中央。

"丹弗斯夫人,"我说,"我来这儿不是跟你谈菜谱的事。想必你也是清楚的吧?"

她没搭腔,管自把左手一张一合的。

"你总算如愿以偿了吧?"我说,"你不就想把事情闹到这种地步吗?这下该满意、该快活了吧?"

她把头扭开,眼睛望着窗外,和我第一次来这个房间时的情形一样。"你为什么要到这儿来?"她说,"曼德利没有人需要你。你来之前,我们相安无事,风平浪静。你干吗不待在法国呢?"

"你似乎忘了我爱着德温特先生。"我说。

"你若是真爱他,就绝不会嫁给他。"她说。

我一时语塞,觉得她的话太荒唐、太没情理。她却脸背着我,用那种哽咽、混浊的嗓音滔滔不绝地说了下去。"我以前大概对你恨之入骨,可如今我不再恨你了。我的仇恨以及所有的情感似乎都燃烧成了灰烬。"

"你为什么要恨我呢?"我问,"我做了什么对不起你的事,才激起了你的仇恨?"

"你妄图霸占德温特夫人的位置。"她说。

她仍不愿用眼瞧我,把脸背着我,阴沉沉地站在那儿。"这儿的一切，我没做过一丝一毫的变动，"我说，"曼德利仍和从前一样。我不发号不施令，事无巨细统统交给你负责。倘若你给我机会，我们本来可以成为朋友，可你从一开始就存心跟我过意不去。当时和你握手时，我便从你的脸上看了出来。"

她没有吭声，贴在衣服上的那只手仍不停地一张一合。"许多人都结两回婚，男的女的都有，"我说，"每天有成千上万桩二次婚姻在缔结。按你的说法，仿佛我嫁给德温特先生是犯了弥天大罪，是对死者的亵渎。难道我们没有权利像别人那样过幸福生活吗？"

"德温特先生并不幸福，"她最后终于转过头来望着我说，"再笨的人也看得出来。只消瞧瞧他的眼睛就明白了。他仍处于痛苦之中，自从她死后，他一直都是这个样子。"

"不是这样的，"我说，"他不是一直都这个样子。我们在法国时，他挺开心的。那时他显得年轻，非常年轻，总是乐呵呵的。"

"哦，他毕竟是个男人，不对吗？哪个男人度蜜月时不放松一下？德温特先生还不满四十六岁呢。"

她傲慢不恭地笑笑，耸了耸肩膀。

"你怎么敢这样对我讲话？太放肆了！"我说。

我再也不害怕她了，走上前摇着她的胳膊说："是你诱骗我昨晚穿上了那套化装服，不然我绝不会想到那幅画。你存心想刺伤德温特先生，使他遭受痛苦。他受的折磨难道不够吗，你还那般阴险毒辣地取笑他？你以为让他遭受折磨和痛苦就能使德温特夫人死而复生？"

她抖抖身子摆开我的手，顿时气上心头，死人一般惨白的脸上涌起了红潮。"他痛苦不痛苦跟我有什么关系?"她说,"他从来就没管过我的感受。看着你坐她的位置,踩她的阶梯,动她的东西,你想我心里是什么滋味?这几个月来,情知你坐在起居室她的桌旁写信,使用她用过的钢笔,以及自从她一来曼德利便每天上午用来跟我通话的那部内线电话,你想想这对我意味着什么?听见弗里思、罗伯特以及其他的仆人德温特夫人长德温特夫人短地称呼你,你想想我有何感受?什么'德温特夫人出去散步了''德温特夫人今天下午三点用车''德温特夫人五点钟才回来吃茶'。然而,我的德温特夫人、我的女主人,那个面带微笑、表情可爱、勇敢无畏的真正的德温特夫人却香消玉殒,冷冰冰地躺在教堂墓地里,被世人所忘记。如果他痛苦,他是咎由自取。谁叫他才过了十个月便娶你这样一个年轻姑娘为妻。哼,现在他该自食其果了吧?我看到了他的表情,看到了他的眼神,他的烦恼全是自找的,要怪只能怪他自己。他明明知道她在观望着他,知道她夜里来监视他。她可是来者不善,因为我的女主人绝非等闲之辈。她绝不会逆来顺受、忍气吞声。'我要看着他们在地狱里受苦,丹尼。'她常这样对我说,'我要看着他们先进地狱。'我则说,'一点不错,亲爱的,谁也别想骑在你的脖子上。你生来就是主宰这个世界的。'她的确为所欲为,什么都不在乎,什么都不害怕。我的德温特夫人具有大丈夫的胆略和气概。我常对她说,她应该投男胎才对。她自小就由我照料,这你总该知道吧?"

"不!"我说,"不!你讲这些干什么,我再也不想听了,我不想知道。我不跟你一样,也是有情感的吗?听你提她的名字,站在这儿听你讲述她的事情,难道你不理解我心里的滋味吗?"

她没理睬我,像个鬼迷心窍的疯女人一样一个劲胡言乱语着,一边还弯起纤长的手指撕扯着身上的黑衣服。

"她妩媚动人,像画上的美人,"她说,"她所过之处,男人们都要回眸盯着她瞧。她那时还不满十二岁,可她了解自己的魅力,常常像小机灵鬼一样冲着我挤眼说,'将来我会非常美丽,对不对,丹尼?'我告诉她,'会有那么一天的,宝贝,会有那么一天的。'她具有成年人的睿智,实在聪明伶俐,跟大人谈起话妙语连珠,活似一个十八岁的大姑娘。她父亲对她百依百顺,如果她母亲在世,肯定也会言听计从。论气魄,谁也压不倒我的女主人。过十四岁生日那天,她驾着一辆驷马高车兜风,她的表兄杰克先生爬上马车,坐到她身旁,企图夺过她手中的缰绳,二人像一对野猫搏斗了三分钟,把马儿赶得撒开腿狂奔。最后,我的女主人占了上风,一声响鞭抽在他的头上,他一个倒栽葱摔下马车,口中笑骂不止。实话讲,他们俩才是天生的一对,我指的是她跟杰克先生。家里把杰克先生送进海军服役,可他受不了纪律的约束,这也难怪,因为他和我的女主人一样气度不凡,怎能听命于他人。"

我吓得智昏神移,用眼睛望着她,只见她唇上挂着欣喜若狂的怪笑,显得更加苍老,不过那张骷髅脸上却透出生气和真诚。"没有人能控制住她,那样的事从没发生过。"她说,"她我行我素,想干什么就干什么。而且,她的力气大得跟一只小狮子一样。记得她十六岁那年骑父亲的一匹性情暴躁的高头大马,马夫说那马太狂烈,不适合她骑,可她坐在马背上稳如磐石。至今我仍记得她跃马扬鞭的英姿,一头秀发迎风飘舞。她用鞭子把马抽得浑身流血，用马刺狠踢马的肚子，待到翻身下了马，那畜生已鲜血淋漓，口吐白沫，哆嗦得似筛糠一般。'这下它以后会老实了，对不对，丹尼？'她说着，便泰然自若地走开去洗手了。她长大之后，对待生活也是这个样子。我看着她长大成人，一直守在她身边。她对任何事情都满不在乎，谁也不放在眼里。可最后她还是一败涂地，不是败在哪个须眉的手里，也不是败在哪位巾帼的手中，而是被大海夺去了生命。大海过于强大，她无法与之抗衡，终于葬身海底。"

说到此处，她停了下来，嘴角抽搐着，怪模怪样地嚅动着嘴。随即，她刺耳地号啕大哭起来，张着嘴，眼里却一滴泪水也没有。

"丹弗斯夫人，"我说，"丹弗斯夫人。"我不知如何是好，束手无策地站在她面前。我不再对她心存疑虑，也不再害怕她，但她那副干号的丑态却令我不寒而栗，使我感到浑身不舒服。"丹弗斯夫人，"我说，"你想必是病了，应该躺到床上去。你何不回房休息？何不睡上一觉？"

她恶煞神似的冲着我说："能不能让我清静一些？我抒发胸中的苦闷，关你什么事？我没有什么可羞愧的。我可没有把自己关在房间里哭鼻子。我没有像德温特先生那样躲在屋里，锁上门来回踱步。"

"你言过其实了吧？"我说，"德温特先生怕不是那样子。"

"她离开人世后，他的确如此，"她说，"在藏书室里踱过来踱过去，我听到过他的脚步声，而且透过锁眼不止一次地观察过他。那时的他活似关在笼子里的野兽。"

"我不想听这种话,也不想知道。"我说。

"而你却声称使他度过了一个幸福的蜜月,"她说,"就凭你一个不谙事理的黄毛丫头,论年龄足以做他的女儿,怎么能使他幸福?对于生活你狗屁不通,对于男人两眼一抹黑,跑到这里来竟妄想霸占德温特夫人的位置。哈哈,你初到曼德利的时候,就连仆人都在背地里嘲笑你。连你头天上午在后边甬道里碰上的那个干杂活的女佣也不例外。德温特先生度完蜜月,把你带到曼德利来时,我不知道他心里有何感想,不知他第一次看见你坐在餐厅里吃饭,心中是什么滋味。"

"请你别再说了,丹弗斯夫人,"我说,"你还是回自己的房间吧。"

"还是回自己的房间吧,"她学着我的腔调说,"还是回自己的房间吧。曼德利的女主人认为我最好回自己的房间去。接下来还有什么呢?你大概会跑去找德温特先生参我一状吧?"丹夫人对我恶言恶语,显得很无礼,"上次杰克先生来看我,你不是就那样做了吗?"

"我从未告过密。"我说。

"撒谎,"她说,"不是你告的,那会是谁呢?当时这儿没有旁人。弗里思和罗伯特都出了门,而其他的仆人没有一个知道的。我下决心要给你点厉害瞧瞧,也要教训教训他,我是说让他遭受痛苦。我为什么要替他着想呢?他苦恼不苦恼关我什么事?我为什么不能在曼德利见杰克先生?他现在是联系我和德温特夫人的唯一纽带了。可德温特先生却说,'我不允许他来这儿,这是我对你的最后一次警告。'他至今都没忘记吃醋,是不是?"

我记起了那天藏书室的门打开时,自己蜷缩在画廊里的情景。我记得迈克西姆愤怒地提高了嗓门，说的就是丹夫人刚才重复的话。迈克西姆在吃醋，心里妒火中烧……

"她活着的时候，他就是个醋坛子，如今她死了，他还在吃醋，"丹夫人说，"他仍像过去一样禁止杰克先生来家里。这说明他对她还是念念不忘，难道不对吗？别说他妒忌，我也妒忌，所有认识她的人都妒忌。而她满不在乎，只是付之一笑。'我爱怎么生活就怎么生活，丹尼，'她曾对我说，'谁都别想干涉我。'男人只消看她一眼，便会爱得发狂。我亲眼见到她把在伦敦结识的男人们带回家过周末。她带他们荡舟，在海里游泳，到海湾的小屋里举办野餐晚会。男人们当然向她表白倾慕之心，换上谁都会的。她谈笑风生，回来后就把他们的一言一行讲给我听。她全不往心上去，那对她来说是逢场作戏，是风月场上的闹剧。谁会不妒忌呢？他们全都觉得酸溜溜的，为她神魂颠倒。德温特先生、杰克先生、克劳利先生，所有认识她的人以及所有来曼德利的宾客都是一个样。"

"我不想知道，我不想知道。"我连声说。

丹夫人贴到我跟前，把脸凑过来说："任你怎样也无济于事，你永远也别指望超过她。她即便已兰摧玉折，但仍是这儿的女主人。真正的德温特夫人是她，而不是你。你，才是阴影和鬼魂；你，才应该被忘掉，遭人鄙夷并被抛置一旁。你何不离开曼德利，让她得到安宁？你为什么不滚呢？"

我连连向窗口后退，原有的忧虑和恐惧又涌上了心头。她一把拉住我的胳膊，像老虎钳子一样紧紧握住。

"你为什么不滚蛋呢？我们谁也不想见到你。他并不需要你，从来就不，因为他忘不了她。他只希望能重新独身一人住在

蝴蝶梦

这房子里，和她的香魂厮守终身。躺在教堂墓地里的应该是你，而不是她。你才应该充当亡人野鬼，而非德温特夫人。"

她把我向敞开的窗口推。只见楼下的游廊笼罩在白色的浓雾之中，显得阴暗朦胧。"你朝下边看看，"她说，"要寻死很容易，对不对？你为什么不跳呢？既无痛苦，也不会折断你漂亮的脖子。这跟淹死不一样，而是一种快捷、便利的方法。何不试一试呢？你为什么不跳呀？"

潮湿的雾气涌入敞开的窗口，刺痛了我的眼睛，钻进了我的鼻孔。我用两手牢牢抓住窗栏。

"别害怕，"丹夫人说，"我不会推你的，也不会站在跟前强人所难。你可以心甘情愿地往下跳嘛。在曼德利生活有什么意思呢？你并不幸福，德温特先生压根就不爱你。这样活着，又有多大意义呢？还不如纵身一跳，一了百了。那时，你就再也不会苦恼了。"

我可以看见游廊上的花盆，蓝色的绣球花开得密密匝匝。石板地平展展，灰蒙蒙，上面没有坑洼，也无参差不齐的缺口。由于浓雾障眼，那些石板显得非常遥远。实际上，它们离得并不远，窗户距地面也并不十分高。

"为什么不跳呢？"丹夫人低声说，"为什么不试试呢？"

雾气愈加浓重，隐没了游廊，我再也看不见那些花盆了，再也看不见平展的石板地了。周围除了白雾，除了夹带着湿冷海藻气息的浓雾，简直什么都看不见。唯有我手底下的窗栏以及丹夫人抓住我左胳膊的那只手，才是真切现实的。如果纵身一跳，我不会看到那些石块向我迎面扑来，因为浓雾把它们罩得严严实实。如她所言，一阵猛烈的剧痛，我便会粉身碎骨。这可不像淹死那样缓慢,很快便会命归黄泉。迈克西姆不爱我,他想重新过鳏居的生活,跟丽贝卡的香魂厮守终生。

"跳吧,"丹夫人小声催促着,"跳吧,别害怕。"

我闭上眼睛。由于望着游廊,我感到头晕目眩,手指头扒窗栏扒得发痛。浓雾钻进我的鼻孔,沾在我的嘴唇上,又腥又涩,既像毛毯捂在身上,又似上了麻醉药,令人胸憋气闷。我逐渐开始忘掉自己的不幸,忘掉自己对迈克西姆的爱,忘掉丽贝卡。马上就不必再老想着丽贝卡了……

我松开手,叹了口气。可就在这时响起一声爆炸,猛然驱散了白雾以及作为其中一部分的沉寂,把它们撕裂成两半。我们跟前的窗户震动起来,窗框里的玻璃颤抖着。我睁开双眼,茫然望着丹夫人。随即又响起了第二声、第三声和第四声爆炸。那声音划破长空,房宅附近的林子里有些眼睛看不到的鸟儿腾空而起,发出的喧嚣声在空中回荡。

"怎么啦?"我晕乎乎地问,"出什么事啦?"

丹夫人松开我的胳膊,凝视着窗外的迷雾说:"是报警的火箭炮,海湾里一定有轮船搁浅了。"

我们竖耳静听,一道呆望着眼前的白雾。随后,我们听见底下的游廊里响起了跑动的脚步声。

蝴蝶梦 309

第十九章

来人是迈克西姆。我虽然看不见他,但可以听出他的声音。他边跑边呼喊弗里思。我听见弗里思从大厅里应了一声,随后到了游廊上。底下的浓雾里,隐隐约约露出他们的身影。

"轮船搁浅啦,"迈克西姆说,"我从海岬看见它驶入海湾,一头撞在了礁石上。潮水不顺,要想掉转船头是不可能的。这艘船一定把这儿错当成了克里斯港。海湾里的浓雾跟一堵墙一样,什么都看不见。告诉家里的人把吃的喝的准备好,供应船上的落难者,再往办事处给克劳利先生挂个电话,把发生的情况通知他。我回海湾去,看能不能帮上忙。给我取几支烟来,好吗?"

丹夫人从窗口缩回了身子,脸上又表情全无,戴上了我所熟悉的那副冰冷、苍白的面具。

"我们还是下楼去吧,"她说,"弗里思会找我安排事情的。德温特先生也许说到做到,会把人带回家来。小心你的手,我要关窗户了。"我退后一步,仍头晕目眩,懵懵懂懂,不清楚我和她之间发生了什么事情。我看着她关上窗户,合严百叶窗,还放下了窗帘。

"幸好海上的风浪不大，"她说，"不然，他们就不会有多大的生存希望。像这样的天气，不会有危险。不过，如果轮船真像德温特先生说的那样触了礁，船主就会损失掉一条船。"

她环顾四周，检查房间里有无凌乱或杂错的现象。她把双人床上的床罩拉平整，然后走过去打开门候我出去。"我去吩咐厨房里把冷餐端到餐厅去，"她说，"这样一来，不管什么时候来吃饭都不误事。德温特先生要是在海湾忙得不可开交，也许一点钟就不赶回来吃饭了。"

我目光茫然地望望她，随即便出了洞开的房门，浑身又僵又硬，活似一个木头人。

"夫人，你见到德温特先生，是否请你转告他，如果他愿意，完全可以把船上的人带回家来？他们随时来，都可以吃上热饭。"

"好的，"我说，"好的，丹弗斯夫人。"

她背过身去，顺着走廊向仆人用的楼梯飘然而去，古怪、瘦削的身子裹在黑裙子里，裙裾宛如三十年前流行的那种宽边拖地裙一样横扫地面。最后，她拐过弯，消失在了走廊的尽头。

我慢腾腾地沿甬道来到拱洞旁的房门前，脑子仍迟钝麻木，仿佛大梦方醒。我推开门，漫无目的地走下楼梯，弗里思正穿过大厅向餐厅走，看见我便停住了脚步，等着我进大厅。

"德温特先生刚才回来过一趟，夫人，"他说，"他取了几支烟，便又到海滩上去了。那儿似乎有艘轮船搁了浅。"

"是的。"我说。

"你听见火炮的声音了吗，夫人？"弗里思问。

"是的，我听见了。"我说。

"我和罗伯特当时在配膳室,我们俩都以为是哪个园丁点燃了昨夜剩下的爆竹。我对罗伯特说,'这种天气怎么放起了爆竹?为什么不把爆竹留下,到星期六的晚上让孩子们放着玩?'谁知接着又传来一声炮响,然后又是一声。罗伯特断定不是爆竹声,而是有船只遇险。我当下便同意了他的见解。待我来到大厅里,就听见德温特先生从游廊上喊我。"

"是啊。"我说。

"按说,这么大的雾,轮船出事也没什么可奇怪的,夫人。我刚才对罗伯特就是这么说的。在陆地上都很难看得清路,就更别提在海上了。"

"是啊。"我说。

"如果你想找德温特先生,他两分钟前直接穿过草坪走了。"弗里思说。

"谢谢你,弗里思。"我说。

我走出去,来到游廊上,只见草坪远处的树林正逐渐显出形状来。迷雾在消散,化为小团的云块升入空中。我的头顶上方,烟雾缭绕。我抬头望望那些窗户,一扇扇都关得严严实实,一叶叶护窗板都闩得紧紧的,仿佛永远都不会再打开,永远都不会再见天日。

五分钟前我曾站在中间的那扇大窗户旁。此刻仰首观望,那窗户显得多么高、多么巍峨,又是多么遥远。我站在坚硬的石板上,低头瞧瞧脚下,又仰脸望望那扇百叶窗,突然感到一阵眩晕,觉得周身燥热。汗水形成细细的湍流顺着颈背朝下淌,我感到眼前金星乱冒,于是回到大厅里寻把椅子坐了下来。我两手湿漉漉的,抱着膝头一动不动坐在那儿。

"弗里思，"我喊道，"弗里思，你在餐厅里吗？"

"有何吩咐，夫人？"他立刻露了面，穿过大厅向我走来。

"不要觉得我这人古怪，我只是很想喝一小杯白兰地。"

"遵命，夫人。"

我抱着膝盖，仍一动不动地坐在那里。他回来时用银托盘端了一杯酒。

"你是不是有点不舒服，夫人？"弗里思问，"我去叫克拉丽斯好吗？"

"不，我不会有事的，弗里思，"我说，"只不过感到有点热罢了。"

"今天上午是非常热，夫人，的确热得很，几乎可以说热得让人透不过气来。"

"是的。弗里思，天气闷得人难受。"

我饮了白兰地，把杯子放回到银托盘上。

"那火炮声猛不丁就响了起来，恐怕吓了你一跳吧？"弗里思说。

"不错，是吓了我一跳。"我说。

"昨天站了一晚上，再加上今天上午天气闷热，大概就是因为这样，你才感觉不好的，夫人。"弗里思说。

"不，怕不是那样。"我说。

"你是否愿意躺下休息半个小时？藏书室里倒是挺凉快的。"

"不，不。过一会儿我想出去走走。你别操心了，弗里思。"

"那好吧，夫人。"

他走了，让我一个人单独待在大厅里。这儿又安静又凉爽。舞会的痕迹被清除一空，似乎什么活动也没举办过似的。大厅里一如往日，阴森、冷清，气氛严肃，墙上挂着肖像画和刀剑。我简直无法相信，昨晚我身穿蓝色衣裙，就是站在这儿的楼梯脚下，频频跟五百位来宾握手。我简直无法相信，吟游诗人画廊里曾摆着乐谱架，乐师们在那儿吹拉弹唱，其中有一位提琴师和一位鼓手。我立起身，又出去走到了游廊上。

雾气冉冉上升，升到了树梢上。放眼一望，可以看见草坪尽头的树林。头顶上方惨淡的太阳拼命想穿透雾蒙蒙的天空。气温更热了，如弗里思所言，热得让人透不过气来。一只觅花的蜜蜂在我身旁嗡嗡乱叫，胡冲瞎撞，后来钻进一朵花里才突然没了声息。在草坪边的草坡上，园丁开动割草机，一只朱顶雀被隆隆的机声惊起，向玫瑰花园飞去。园丁弓腰弯背，手握割草机的把柄，顺着草坡慢慢朝前走，草屑和雏菊梢四散飞扬。随风飘来暖丝丝的草香，太阳钻出白雾团，把强烈的阳光投射到我的身上。我打呼哨召唤杰斯珀，可是却不见它过来。也许它跟迈克西姆到海滩上去了。我看看手表，已过十二点半，差一些就到十二点四十分。昨天的这个时候，我和迈克西姆正与弗兰克一道站在弗兰克家门前的小花园里，等待女管家端菜送饭。

二十四小时前他们还在嘲笑我，花言巧语地想骗我说出将穿什么样的化装服。我当时声称："到时候我要让你们俩惊得灵魂出窍。"

回想起自己的话，我羞愧得无地自容。也就是在这时，我方才意识到，迈克西姆并未像我担心的那样离家出走。我听到游廊上传来的那声音平和、冷静，是我所熟悉的，而非昨晚我站在楼梯口听见的声音。迈克西姆没有离开家门,而是在小海湾的哪个地方忙活。他像平时一样神志清楚,只不过应了弗兰克的话,出去散了圈步。他到了海岬上,看见轮船朝岸边驶来。我的顾虑全是没有根据的。迈克西姆平安无事,一切正常。我刚才的想法既可耻、恐怖,又荒唐可笑,直至现在我都不能完全理解。我不想再回忆这些念头,只希望能把它们和童年时代已遗忘的噩梦一起埋葬在大脑深处阴暗的角落里。不过,只要迈克西姆没有出乱子,就是产生些可怕的念头又有何妨!

最后,我也踏着陡峭蜿蜒的小径穿过黑压压的林子向海滩走去。雾气几乎已散尽。来到小海湾,我一眼就看见了那艘轮船,停在离岸约两英里的地方,船头朝向绝壁断崖。我顺着防波堤走到堤尾,斜倚在圆形堤墙上。断崖上已聚起一群人,他们一定是沿着海岸警卫队的巡逻小径从克里斯走来的。断崖和海岬属于曼德利的地产,但公众历来都享有从断崖上通过的权利。一些瞧热闹的爬下崖壁,想把搁浅的轮船看清楚些。轮船倾斜的角度很别扭,船尾翘向天空,周围有些小船在划来划去。救生艇泊在轮船旁的水里,只见有个人站在艇上用喇叭筒喊话。我听不清他喊的是什么。海湾里仍雾气腾腾,望不见地平线。又有一艘汽艇突突突载着几个人开了过来,艇体呈深灰色。艇上可以看见一个穿制服的人,大概是克里斯的港务部长,而苏埃德船舶保险公司的办事员跟他在一起。另一艘汽艇紧随其后,上边是群克里斯的度假游客。他们开着汽艇围搁浅的轮船团团转,一边激动地交谈着。可以听见他们的说话声掠过平静的水面,向四处传播。

我离开防波堤和小海湾,从小径攀上断崖,向看热闹的人群走去。到处都不见迈克西姆的踪影,弗兰克倒是在那儿,正跟一位海岸警卫队员交谈。看见弗兰克,我一时困窘万分,急忙向后一缩身子。不到一个小时前,我还在电话里对他哭鼻子呢。遇到这种情况,不知如何才好。他立时瞧见了我,冲我招了招手。我只好朝着他和那位海岸警卫队员走去。不料那位队员竟认识我。

"来看热闹啦,德温特夫人?"他笑吟吟地说,"恐怕事情会很棘手哩。拖船能不能拖动,还得再看情况。这轮船卡在了暗礁上,动弹不了了。"

"那可怎么办?"我问。

"马上派个潜水员下去检查,看是不是撞坏了龙骨,"他答道,"那个戴红色绒线帽的人就是潜水员。要不要用望远镜瞧瞧?"

我接过他的望远镜观看轮船,只见一群人正在检查船尾,其中的一个指手画脚。救生艇上那个拿喇叭筒的人仍在大喊大叫。

克里斯的港务部长爬上搁浅了的轮船船尾,与那帮人会合在一起。而那位头戴绒线帽的潜水员则坐在港务部长的灰色汽艇上整装待命。

观光客的游艇仍在围着轮船兜圈子,一位妇女站在艇上拍摄照片。一群海鸥落在水面上,鸣叫声响成一片,希望人们能施舍给它们面包屑吃。

我把望远镜还给那位海岸警卫队员说:"似乎没有什么动静。"

"马上就会让潜水员下去的,"海岸警卫队员说,"他们要先进行一番讨价还价,跟外国人打交道都这样。瞧,拖船开过来了。"

"拖是拖不动的。"弗兰克说,"你没看看轮船倾斜的角度。那儿的海水比我原先想的要浅得多。"

"那块暗礁离岸很远,"海岸警卫队员说,"乘小船经过那片水域一般是注意不到的。可大轮船吃水深,不撞上才怪呢。"

"水炮响的时候,我正在山谷旁的第一个小海湾里,"弗兰克说,"从我待的地方,几乎连三码远都看不清。后来,事情便突如其来地发生了。"

我不由心想,在休戚与共的时刻,人与人是多么相像。弗兰克简直跟弗里思一个样,把经过情况又讲了一遍,仿佛那是件我们都很关心的天大的事。其实,我清楚他到海滩上去是为了寻找迈克西姆。我清楚他跟我一样,一定也忧心忡忡。而此刻,我们在电话上的谈话、我们共同的忧虑以及他坚持要见我的情形,全都被忘了个干净,抛到了九霄云外。这全是因为一艘轮船在大雾中搁了浅。

这时,一个小男孩跑到我们跟前问:"船上的水手会不会淹死?"

"不会的,他们没事,孩子,"海岸警卫队员说,"海面平静得和我的手背一样,这次没有人会淹死的。"

"如果事故发生在昨天夜里,我们就绝听不见报警的炮声,"弗兰克说,"玩烟火时,除了爆竹,我们大概燃放了有五十多枚火箭炮。"

"要是我们就照样能听得到,"海岸警卫队员说,"看见火炮的闪光,便可以辨别出方向。你瞧那潜水员,德温特夫人。看见他在戴潜水帽吗?"

"我也想看看潜水员。"小男孩说。

"他在那儿,"弗兰克弯下腰,用手指着说,"就是正在戴

蝴蝶梦 317

头盔的那个人。他将要沉入水底去。"

"难道他不会淹死吗？"那孩子问。

"潜水员是不会淹死的，"海岸警卫队员说，"随时都在给他们输送氧气。你看好，他马上会消失的。瞧，下去啦！"

水面翻滚了一会儿，随后又恢复了平静。"他沉到水里啦。"小男孩说。

"迈克西姆到哪儿去啦？"我问。

"他送一位船员到克里斯去了，"弗兰克说，"轮船触礁时，那家伙一时昏了头，纵身跃入海里逃命。我们找到他时，他正紧紧抱住断崖下的一块礁石。他湿得成了落汤鸡，浑身抖得似筛糠，连一句英语也不会讲。迈克西姆走上前，见他已被礁石划伤，伤口血流如注，于是用德语问明情况，然后喊过来一只克里斯的汽艇。当时那汽艇正在附近游弋，活似一条饥饿的大鲨鱼。就这样，迈克西姆陪着他去找医生包扎伤口。如果运气好，可以在菲力普斯老医生吃午饭的时候寻到他门上。"

"他什么时候去的？"我问。

"他刚走，就在你来之前。"弗兰克说，"大约五分钟前吧。你怎么没看见那艘汽艇？他和那个德国水手坐在船尾。"

"大概我爬断崖时，他已去远了。"我说。

"遇到这类事情，迈克西姆的确是好样的，"弗兰克说，"他总是尽自己的力量伸出援助之手。等着瞧吧，他会把所有的船员都请到曼德利去，供他们吃喝，还会安排他们过夜。"

"一点不错，"海岸警卫队员说，"为了救人于水火，他不惜剥下自己的衣服相赠，这我是很清楚的。真希望我们那里多几个他这样的热心人。"

"是啊,我们需要这样的人。"弗兰克说。

说话间,我们仍眺望着那艘轮船。拖船还等候在一旁,可救生艇却掉过头回克里斯去了。

"今天这事救生艇是显不成身手了。"海岸警卫队员说。

"是啊,"弗兰克说,"拖船怕也无用武之地。这次该废船包拆商大捞一把了。"

海鸥在我们的头顶盘旋,像饿猫一样发出尖叫声。有些海鸥落在了断崖的岩架上,另一些胆大的则浮在轮船旁的水面上。

海岸警卫队员摘下帽子,揩了揩额头说:"好像一点风也没有,是吧?"

"是的。"我说。

这时,观光船载着那些来拍照的游客突突突朝克里斯开走了。"他们可能感到心烦了。"海岸警卫队员说。

"这也难怪,"弗兰克说,"看来,短时间内不会有动静的。潜水员必须探明情况,汇报之后,他们才会移动轮船。"

"正是这样。"海岸警卫队员说。

"我觉得在这儿耗时间没多大意思,"弗兰克说,"我们又帮不上什么忙。我想去吃午饭了。"

他见我没吱声,便有些犹豫不决。我感到他在用眼睛盯着我。

"你打算怎么办?"他问。

"我想再待一会儿,"我说,"家里是冷餐,什么时候吃都没关系。我想看看潜水员下一步做什么。"不知怎么,我觉得自己此时不能跟弗兰克走,而情愿独自一人待着,或者跟海岸警卫队员这样不熟识的人在一起。

"现在看不出名堂来,"弗兰克说,"没什么可看的。何不

蝴蝶梦 319

回去跟我共进午餐？"

"我不想吃，真的……"我支吾道。

"那好吧，"弗兰克说，"如果需要我，你知道在哪儿找我。我整个下午都在办事处。"

"好的。"我说。

他冲海岸警卫队员点点头，抬腿走下断崖往小海湾那个方向去了。我心里有些不安，不知是否得罪了他。这也是出于无奈，总有一天，所有的问题都会迎刃而解的。自从跟他通过电话，发生的事情似乎令人眼花缭乱。此刻我不愿再思前想后，只愿坐在这断崖之上静静地观望那艘轮船。

"克劳利先生是个好人。"海岸警卫队员说。

"是的。"我说。

"他为德温特先生不惜赴汤蹈火。"

"是的，一点不错。"

那小男孩仍在我们面前草地上蹦蹦跳跳地玩。

"潜水员什么时候才浮出水面呀？"小男孩问。

"早着呢，孩子。"海岸警卫队员说。

一位身穿粉红条纹衫、头戴发网的妇女穿过草地向我们这边走来，嘴里喊着："查理！查理！你在哪里？"

"瞧，你妈妈找你来啦。"海岸警卫队员说。

"妈妈，我看见潜水员了。"小男孩喊叫道。

那女人冲我们点点头，嫣然一笑。她不认识我，是从克里斯来度假的游客。"精彩的场面似乎都过去了吧？"她说，"据那边断崖上的人说，这艘船要在这儿停放许多天哩。"

"大家都在等潜水员的报告。"海岸警卫队员说。

"真不知潜水员是怎么沉到水底下的,"那妇女说,"他们的薪水一定很高。"

"是的。"海岸警卫队员说。

"妈妈,我想当潜水员。"小男孩说。

"这得问你爸爸,亲爱的。"那妇女说,一边冲我们笑笑。"这地方风景如画,是吧?"她对我说道,"我们是来野餐的。没想到遇上了大雾,而且碰上了船只失事。当时我们正打算返回克里斯,可火炮却响了,像在我们鼻子底下爆炸似的。我被吓了个半死,问我丈夫发生了什么事。他说是船只遇险的信号,让我们留下来瞧热闹。怎么拉都拉不走他,和我的小儿子一样调皮。我觉得没什么好看的。"

"是的,现在没多少好戏可看。"海岸警卫队员说。

"那片树林看起来很美,大概是私人的领地吧?"那妇女说。

海岸警卫队员尴尬地咳嗽了一下,扫了我一眼,我把一叶小草放入嘴里嚼起来,忙将目光转到一旁。

"是的,那一带都是私人领地。"他说。

"我丈夫说这些大庄园迟早都将铲平,盖起度假屋,"那妇人说,"在这儿弄上一间面临大海的漂亮小屋倒是不错,不过,我可能不会喜欢这儿的冬天。"

"是啊,冬天这地方十分冷清。"海岸警卫队员说。

我仍在嚼草叶。小男孩一个劲转圆圈跑着撒欢。海岸警卫队员看了看表说:"哦,我得走啦。再见!"他向我敬个礼,转身顺着小径回克里斯去了。"我们走,查理,找你爸爸去。"那妇人说。

她朝我友好地点点头,然后迈着悠闲的步子向断崖边走去,小男孩蹦蹦跳跳跟在她身后。一位身穿土黄色短裤和条纹运动衣的瘦削男人冲她招了招手。一家三口在荆豆灌木丛旁坐下来,那妇人动手打开盛食物的纸袋。

我真希望能改变容貌,跟他们融为一体,一道吃煮得硬硬的鸡蛋和罐头肉三明治,一起开怀大笑,亲切交谈,下午随他们返回克里斯,在海滩上游玩,在沙地上赛跑,最后到他们家里喝茶,以海虾为点心。可这只是愿望,我还得穿过树林回曼德利,等待迈克西姆。我不知见了面该说什么,不知他会用什么样的眼神看我,用什么样的口吻跟我讲话。我就这么一直坐在断崖上,肚子没有丝毫的饥饿感,一点也不想去吃饭。

瞧热闹的人愈来愈多,都攀上断崖观看那艘搁了浅的轮船。这件事为下午增添了激动的气氛。这些人我一个都不认识,全是克里斯来的度假客。大海平静得宛如一面镜子。海鸥不再在头顶盘旋,飞落在离轮船不远的海面上。下午,又来了一些旅游观光的船。今天的场面对克里斯的游客而言好似节日的庆典。潜水员浮上来,后来又钻进了水里。一只拖船突突突驶离了现场,另有几只仍守候一旁。港务部长带着几个人回到了灰色汽艇上,其中包括第二次浮上水面的潜水员。轮船的船员们倚在舷侧向海鸥抛撒面包屑。观光船上的游客慢慢荡着桨,围着轮船转来转去。至此,仍没有采取营救的措施。这时恰逢最低潮,轮船倾斜得厉害,连螺旋桨都看得一清二楚。西边的天空堆起层层叠叠的白云,太阳变得惨淡无光,但空气仍又闷又热。穿粉红色条纹衫的那个妇女站起身,领着小男孩沿小径信步向克里斯走去,而那位穿短裤的汉子拎着野餐篮跟在后边。

我看看表,已三点多钟了,于是起身下了山岗向小海湾走去。小海湾里和以往一样,静悄悄的,空无一人。砾石滩显得阴沉昏暗。小港口里的水闪着亮光，宛如明镜。走在砾石滩上，我脚下发出咯吱咯吱古怪的声响。团团白云此刻遮住了头顶上的整个天空，太阳钻进了云堆。我走到小海湾远处的一侧，见本蹲在两个礁石间的积水旁寻找滨螺。我经过时，影子投在了水面上，他抬头看见了我。

"你好。"他咧开嘴笑笑说。

"你好。"我答道。

他慌忙站起，展开一块脏手帕，里面包的净是滨螺。

"你爱吃滨螺吗？"他问。

我不愿刺伤他的感情，便说了声谢谢。

他把十来只滨螺倒进我手中，而我将它们分放入两个衣袋里。"配上面包黄油，味道很好，"他说，"但你得先把它们煮熟。"

"好，我会的。"我说。

他站在那儿咧嘴笑着问我："看见那艘轮船了吗？"

"看见了，"我说，"那船搁了浅。"

"嗯？"

"船搁浅了，"我重复道，"船底大概撞了个洞。"

他脸上的表情变得呆滞了，显出一副傻相。"没错，"他说，"那船沉到了海底，再也不会浮上来了。"

"潮水涨上来，拖船也许能把它拖走。"我说。

他没有应声，愣愣地眺望着那艘搁了浅的轮船。从这儿望去，可以看见船的舷侧，水线以下部分的红色与水线以上部分的黑色形成很大的反差。船上唯一的那根烟囱歪斜着，放荡地指向断崖峭壁。船员们仍倚着舷侧喂海鸥，眼睛望着水面发呆，游客们把观光船掉过头，倒回克里斯去。

"那是艘荷兰船吧？"本问道。

"谁知是德国船还是荷兰船。"我说。

"它陷在那里，会破裂成碎片的。"他说。

"恐怕是这样。"我说。

他又咧嘴笑笑，用手背擦擦鼻子。

"它会一点点逐渐破裂开，"他说，"而不会像那只小船一样沉到海底去。"他独自嗦嗦一笑，挖了挖鼻孔。我没有吭声。"鱼已经把她吃光了，是不是？"他说。

"你指的是谁？"我问。

他竖起大拇指，朝大海上翘了翘说："她呗，就是那一位。"

"鱼是不吃轮船的，本。"我说。

"嗯？"他呆呆地望着我，脸上又浮现出愚蠢、茫然的神情。

"我现在得回家了，"我说，"再见！"

我撇下他，迈开腿向林间小径走去。我知道那座阴森、寂静的小屋就在我的右首，但我连看也没看，径直踏上小径，在林海中穿行。我中途稍事休息，透过树木仍能看得见朝着岸边倾斜的搁了浅的轮船。观光船全都不见了踪影。甚至轮船上的船员也消失在了甲板下。团团云彩把天空遮了个严实。平地刮起一阵清风，拂面吹来。一片树叶从树上飘落到了我的手中。我莫名其妙地打了个哆嗦。随后，风住了，天气比刚才更加闷热。轮船斜着身子显得很凄凉，甲板上空又细又黑的烟囱指着海岸。海上风平浪静，海水冲刷着海湾里的砾石滩，发出静谧、安详的低语。我回过身，沿着陡峭的小径在林中穿行，脚下步履维艰，脑袋沉甸甸的，心中产生了一种奇异的不祥预感。

我出了树林，穿过草坪，又将宅子收于眼底。那房宅显得十分宁静，像是一个受人保护的蔽难所，比平日多了几分妩媚。站在草坡上放眼望去，我心中困惑和自豪可笑地交织在一起，似乎第一次意识到这儿就是我的家、我的归宿，曼德利属于我。那些草木以及游廊上一盆盆的鲜花把阴影投在竖棂窗上。草坪上刚刚割过的青草散发出干草的芬芳。一只画眉鸟在栗树上婉转啼鸣，我面前有只黄蝴蝶上下扑扇着翅膀向游廊飞去。

我步入大厅，然后去了餐厅。我的餐具仍摆在那里，而迈克西姆的却已撤去。冷肉和色拉放在餐柜上等着我享用。我迟疑了一下，然后摇响了餐厅的铃。罗伯特闻声从屏风后走了出来。

"德温特先生回家了吗？"我问。

"是的，夫人，"罗伯特说，"他两点多的时候回来过，匆匆吃了饭，便又出去了。他问起你来着，弗里思说你可能去看那艘搁浅的轮船了。"

"他没说什么时候再回来？"我问。

"没说，夫人。"

"也许他去海滩走的是另一条路，"我说，"我可能跟他走岔了。"

"是的，夫人。"罗伯特说。

我望望那些冷肉和色拉，感到腹中空空如也，却缺乏食欲，不想吃冷肉。

"你要吃饭吗？"罗伯特问。

"不，你送些茶来就行了，罗伯特，端到藏书室里。不要蛋糕或司康饼什么的，只要茶水和涂了黄油的面包。"

"遵命，夫人。"

我来到藏书室,坐在窗前的座位上。杰斯珀不在跟前,气氛有些异样。它一定随迈克西姆一道走了。那条老狗躺在篮子里睡觉。我拿起《泰晤士报》翻动着,却怎么也看不进去。百无聊赖的等待给人以奇怪的感觉,就像在牙科诊所里候诊一样。我知道自己此时是绝对没有心思打毛衣或看书的。我在等待着某件事情,某件预料不到的事情发生。早晨担惊受怕,随之目睹了搁浅的轮船,再加上没吃午饭,这些交错在一起,使我的内心深处滋生出叫人无法理解的兴奋感。我仿佛进入了一个崭新的生活阶段,所有的一切都跟从前有所不同了。昨晚那个精心着装准备参加化装舞会的年轻女子成了前人故影,恍恍然有隔世之感。此刻坐在窗前座位上的我已改头换面,跟从前判若两人……罗伯特送来茶点,我狼吞虎咽吃起黄油面包来。另外,他还送了些司康饼、三明治以及一块天使蛋糕。他一定觉得光送黄油面包有失体统,不合曼德利的规矩。看见司康饼和天使蛋糕,我不由喜出望外。记得我在十二点半只喝了杯凉茶,连早饭也没吃。待我刚刚喝完第三杯茶,罗伯特又走了进来。

"德温特先生还没回来吗,夫人?"他问。

"没有,"我说,"怎么啦?有人找他吗?"

"是的,夫人,"罗伯特说,"克里斯的港务部长塞尔上校来电话,想问问他能否亲自上门找德温特先生谈谈。"

"这就不好说了,他也许一时半会儿回不来。"

"是的,夫人。"

"你最好请他五点钟再打电话来。"我说。罗伯特走出房间,隔了不大一会儿又回来了。

"塞尔上校说,如果方便,他想见见你,夫人。"罗伯特说,"他说事情很紧急,跟克劳利先生联系过,但那边没人接电话。"

"好吧,既然是急事,我就必须见他了,"我说,"告诉他,如果愿意,可以马上来。他有汽车吗?"

"有,大概有吧,夫人。"

罗伯特离开了房间。我感到纳闷,不知对塞尔上校有什么可说的。他来这儿一定跟搁浅的轮船有关。我不明白这和迈克西姆有什么牵连。如果轮船在小海湾里搁浅,那就另当别论,因为那儿是曼德利的领地。要把轮船拖走,他们也许想炸掉拦路的礁岩或采取别的措施,那就得取得迈克西姆的同意。可是公海湾以及那块水下暗礁不属于迈克西姆。塞尔上校跟我谈这些,只能浪费时间。

他可能刚和罗伯特通完电话就上了汽车,因为不到十五分钟,他便被引进了屋来。

他穿着制服,还是我刚过正午时通过望远镜看到的那身打扮。我从窗前的座位上立起身,跟他握手说:"很遗憾,我丈夫还没回来,塞尔上校。他一定又到断崖那边去了。在这之前,他去了一趟克里斯。我一整天都没见上他的人影。"

"是啊,我听说他去了克里斯,可是我在那儿却和他失之交臂,"港务部长说,"我还在船上的时候,他可能经断崖步行走了回来。另外,我也找不到克劳利先生。"

"恐怕那艘轮船把每个人的生活都搅乱了,"我说,"我到断崖上去,连午饭也没吃。克劳利先生早些时候也在那儿。打算怎么处置那艘船?依你之见,拖船能把它弄走吗?"

塞尔上校用双手在空中画了个大圆圈说:"船的底部撞了这么

大个洞,汉堡是回不成了。别管轮船的事,由船主和苏埃德船舶保险公司的办事员商量解决好了。德温特夫人,我并非奔着轮船的事来的。当然,轮船失事也是我造访的间接原因。言归正传,我有消息要告诉德温特先生,只是不知如何对他开口。"他用淡蓝色的眼睛直端端盯着我。

"什么样的消息,塞尔上校?"

他从衣袋里取出一块白色的大手帕,擤了擤鼻子说:"唉,德温特夫人,在你面前我也是很难说出口的。我实在不愿给你以及你的丈夫带来烦恼或痛苦。德温特先生在克里斯有口皆碑,这家人积德行善,做了许多好事。触动过去的伤疤,无论是对他还是对你都太残酷。但事已至此,就不得不为之了。"

他停顿了一下,把手帕放回了衣袋。屋里虽然只有我们两人,但他压低声音又说道:"我们派潜水员下水检查轮船的底部,他意外地发现了一个情况。他找到轮船底部的漏洞后,便绕到另一侧看还有没有别的损失,谁料却瞧见了一只小帆船完好无损地斜躺在海底。他是当地人,立刻认出那小船属于已故的德温特夫人。"

我首先想到的就是谢天谢地,因为幸亏迈克西姆不在跟前。真是祸不单行,昨晚我化装引起的风波刚过,又来了这么一个新的打击,实在既可笑又可怕。

"我很遗憾,"我慢慢吞吞地说,"这种事谁能料得到?有必要对德温特先生讲吗?就不能让那小船留在原处,不要张扬吗?它又碍不着谁的事,是不是?"

"按一般情况,是可以让它永沉海底的,德温特夫人。世界上最不愿张扬这件事的就是我。我刚才说过,只要不伤着德温特先生的感情，我情愿奉献出一切。可事情并不是这么简单，德温特夫人。我手下的人检查小船时，又发现了一个更为重要的情况。船舱的门紧紧关着，并未被海水贯穿，舷窗也闭得严严实实。他从海底捡起一块石头砸碎了一扇舷窗，往船舱里一瞧，只见里边灌满了水。海水一定是打船底的哪个洞涌进去的。因为别处似乎没有损坏的地方。接着，他看见了一幅极为可怕的景象，德温特夫人。"

塞尔上校收住话头，侧过脸去朝旁边望了望，仿佛怕仆人听到似的，然后才悄声悄语地说："船舱的地板上躺着一具尸体，当然已腐烂掉，只剩下了骨骸。但那终究是尸体，潜水员辨出了头颅和四肢。他浮上水面后，便直接报告了我。这下你该明白为什么我必须要见你丈夫了，德温特夫人。"

我目不转睛看着他，先是困惑，继而震惊，最后感到恶心。

"她是一个人出海的吗？"我低声说，"和她在一起的肯定另有他人，难道就无人知晓吗？"

"看起来是这么回事。"港务部长说。

"是谁跟她在一起呢？要是有人失踪，难道亲属会不知道吗？当时这事传得满城风雨，报纸连篇累牍进行了报道呀。为什么有一具尸体留在船舱里，而事隔数月后，德温特夫人的尸体却在很远的地方被发现？"

塞尔上校摇摇头说："我跟你一样，讲不出个所以然来。我们所知道的只是船舱里有具尸体，必须向上边报告。恐怕这事得闹个沸沸扬扬，德温特夫人，要躲是躲不过去的。你和德温特先生的处境都会非常艰难。你来这里平平静静生活，希望能过上幸福的日子，却出了这档子事。"

我恍然大悟，这才明白自己为什么先前有不祥的预感。罪魁祸首不是搁浅的轮船、尖鸣的海鸥以及又细又黑直指岸边的烟囱，而是静寂昏暗的海水和海水下隐藏的秘密。潜水员才是罪魁祸首，因为是他潜入凉丝丝、静悄悄的大海深处，偶然发现了丽贝卡的小船以及她的亡友。他触动过小船，并向船舱里张望，而那时我却一直坐在断崖上，对此事一无所知。

"如果不告诉他，把事情瞒过去，那就好了。"我说。

"你知道，德温特夫人，如果有可能，我会瞒着的，"港务部长说，"但处理这种事情，我不能顾及私人的感情，必须履行自己的职责。关于尸体，我不得不报告。"他突然打住了话头，因为这时房门被推开，迈克西姆走了进来。

"你好，"迈克西姆说，"出什么事啦？我不知道你光临寒舍，有何见教？"

我再也待不下去了，于是又扮演了胆小鬼的角色，溜出房间去，随手带上了门。我甚至没去瞧迈克西姆的脸，只隐约觉得他神情疲惫，衣衫不整，头上没有戴帽子。

我步入大厅，在前门口停了下来。杰斯珀正吧嗒吧嗒地在碗里舔水喝，看见我便摇了摇尾巴，继续喝它的水。喝完水，它跑过来直立起身子，将前爪搭在我的衣服上。我吻吻它的额头，随即到游廊里坐了下来。危机已经降临，我必须面对现实，必须克服由来已久的恐惧、怯懦、腼腆以及绝望的自卑感，把它们抛至一旁。这次若是失败，将一蹶不振，再不会有机会东山再起。我盲目地、不顾一切地祈求上天赋予我勇气，把指甲都掐进了手里。我坐在那儿，呆望着绿色的草坪和游廊上的盆花，足足有五分钟的时间。后来我听见车道那儿传来发动汽车的声音，猜想一定是塞尔上校。他把消息告诉给迈克西姆，一拍屁股就走了。我起身离开游廊，慢慢经由大厅向藏书室走去。我把衣袋里本给我的那些滨螺翻弄来翻弄去，接着又紧紧将它们攥在手中。

迈克西姆正站在窗旁，脊背冲着我。我立在门口等待着他的反应，可他仍没有把身子转过来。于是，我从衣袋里抽出双手，走过去站到他身旁，拉起他的手，紧贴在我的脸颊上。他没吱声，还是站着不动。

"对不起，"我悄声低语，"非常非常对不起。"他没有回答，手又冰又冷。我吻了他的手背，接着又一根一根吻他的手指。"我不愿让你独自一人承受痛苦，"我说，"我愿与你同甘共苦。迈克西姆，我在二十四小时之间长成了大人，再也不是小孩子了。"

他用胳膊搂住我，将我紧紧拥到怀中。我的矜持土崩瓦解，腼腆消失得无影无踪。我站在那儿，脸偎在他的肩上。"你原谅我了，是不是？"我问。

他终于开口说了话："原谅你？你怎么啦，需要我原谅？"

"昨天晚上那事你觉得我是故意的吧？"

"噢，原来是那事，"他说，"我早忘了。我当时生你的气了吗？"

"是的。"我说。

他再没说什么，继续紧抱着我，让我偎在他的肩上。"迈克西姆，"我说，"我们难道不能从头开始吗？我们难道不能从今天开始就同舟共济、患难与共吗？我并不奢望你爱我，对不可能的事情我不存非分的念头。我只想做你的朋友、伴侣或情人什么的，别无他求。"

他用两手捧住我的脸，打量着我。我第一次发现他的脸是多么消瘦，上面布满了皱纹和愁云，眼皮下罩着大块的黑圈。

"你对我的爱究竟有多深？"他问。

我回答不上来，只能呆呆望着他，望着他阴沉痛苦的眼睛以及苍白憔悴的面孔。

"太晚了，亲爱的，太晚了，"他说，"我们失去了过幸福生活的机会。"

"不晚，迈克西姆，不晚。"我说。

"现在一切都结束了。那件事终于发生啦。"

"什么事？"我问。

"就是我一直都有预感的那件事，那件日复一日、夜复一夜萦绕于我心间的事情。你和我命中注定不能得到幸福。"他在窗前的座位上坐下来，我跪倒在他面前，两手搭在他肩上。

"你在说什么呀？"我问。

他把手放在我的手上，注视着我的脸说："丽贝卡赢了。"

我呆望着他，心儿奇异地跳个不停，被他按住的手突然变得冰冷。

"她的幽灵始终挡在我们俩之间，"他说，"她那该死的鬼影使我们不能相聚在一起。我心里一直惶恐不安，害怕出这种事，我的宝贝，我的爱人，所以怎能像现在这样拥抱你？我仍记着她死前看我的眼神，仍记着那恶毒奸诈的笑容。她那时就知道总会有这一天，知道她迟早都会取得胜利。"

"迈克西姆，"我低语道，"你在说什么呀？你想对我讲明什么呀？"

"他们找到了她的船，"他说，"潜水员今天下午找到

的。"

"这我知道,"我说,"塞尔上校刚才来告诉了我。你在想那具尸体,潜水员在船舱里发现的那具尸体吧?"

"是的。"他说。

"这说明她并不是一个人,说明当时有人跟丽贝卡一道出了海。你现在得查明那人是谁。就是这么回事,对不对,迈克西姆?"

"不对,"他说,"不对,你不了解情况。"

"我愿分担你的一份忧虑,亲爱的,"我说,"我想帮助你。"

"没人和丽贝卡在一起,她当时是孤身一人。"他说。

我跪着观察他的脸,观察他的眼睛。

"躺在船舱地板上的是丽贝卡的尸体。"他说。

"不可能,不可能。"

"埋在教堂墓地里的那女人不是丽贝卡,"他说,"而是一具无根无底、无人认领的无名女尸。当时根本没发生沉船事件,丽贝卡压根不是溺死,而是被我打死的。我在海湾小屋里开枪杀了她,把死尸搬进船舱里,然后趁着夜色将小船开到今天发现它的那个地方,沉到了水中。船舱地板上的那个死者是丽贝卡。现在你还能看着我的眼睛说你爱我吗?"

第二十章

藏书室里非常安静,只能听见杰斯珀啪嗒啪嗒舔爪子的声音。它的脚掌上一定扎了根刺,所以它才又啃又舔地忙个不停。接着迈克西姆腕上的手表在我的耳朵近旁嘀嗒响起。这是每天都可以听到的细小的声音。此时,我的脑海中无缘无故突然蹦出一句学生时代的可笑箴言:"岁月不等人。"我把这句话一遍遍重复着。迈克西姆手表的嘀嗒声以及杰斯珀卧于我身旁的地板上舔爪子的声音,这些在当时是绝无仅有的响动。

人们在大难临头之际,譬如遇到死神或丢胳膊断腿什么的,起初大概并无感觉。如果你的手被砍掉,你可能一时察觉不到自己失去了手,而是觉得手指都依然健在,于是便伸展和摆动手指,一根接着一根,岂不知那儿早已空然无物,手以及手指都没了踪影。我跪在迈克西姆的身旁,紧紧依偎着他,双手搭在他肩上,一点感觉也没有,心里既无痛苦和忧虑,也无恐惧。我只想着必须把杰斯珀脚掌上的刺拔出来,想着罗伯特是否要进来收拾茶具。奇怪,我怎么尽想这些——杰斯珀的爪子、迈克西姆的手表、罗伯特以及茶具?我冷漠无情,心里没有一点点忧伤,这种怪现象让我感到震惊。我暗中思忖:我慢慢就能恢复感觉,慢慢就可以理解所发生的事情。他说的话以及所有的现象到时候就会像拼板玩具一样组合在一起，拼成一个完整的图案。而眼下我麻木不仁，无情无义，无感觉无思想，只不过是迈克西姆怀里的一截木头。后来，他开始吻我，那是一种前所未有的热烈的吻。我把手放在他头后，闭上了眼睛。

"我简直太爱你啦，"他缠绵絮语地说，"非常爱。"

我暗自思忖，我日日夜夜都在盼望着他说这话，而今他终于说了出来。无论是在蒙特卡洛、意大利，还是来到曼德利，我一直都在幻想着这一幕：他向我吐露爱情。我睁开眼睛，望着他头顶上方的一小角窗帘。他如饥似渴、不顾一切地吻我，喃喃地叫着我的名字。我一个劲盯着那一小角窗帘看，发现由于太阳的照射，那一片失去了色泽，颜色比上边的一片窗帘要浅一些。我觉得自己未免太镇定、太冷静了，眼睛瞧着窗帘，任凭迈克西姆吻我。他这可是破天荒第一次宣称他爱我呀。

后来他突然停止了亲吻，将我一把推开，从窗前座位上立起身说："瞧，让我猜着了。为时已太晚，你现在不爱我了。我也不值得你爱。"他走过去站到了壁炉旁，"忘掉这些吧，我再也不会自作多情了。"

我顿时如大梦方醒，蓦然感到一阵惊慌，心儿怦怦乱跳。"其实并不太晚，"我连忙说，一面从地板上站起身，走过去伸开臂膀搂住他，"不许你说这种话，你不明白我的心思。我爱你超过世界上的任何东西。但刚才你吻我时，我惊得没了魂，什么感觉都没有，什么话也理解不了，就好像完全麻木了一样。"

"你不爱我，"他说，"所以你才麻木不仁。这我清楚，也能够理解。爱情对你而言来得太迟了，对不对？"

"四个月前我就该向你吐露真情，"他说，"我早该知道这一点，因为女人和男人毕竟有所不同。"

"我想让你再吻我，"我说，"求求你，迈克西姆。"

"不，"他说，"现在再吻也无济于事了。"

"我们之间不能再有隔阂，"我说，"而应该永远在一起，没有秘密，没有阴影。求求你，亲爱的，求求你了。"

"没有时间了，"他说，"可能只剩下了几个小时或几天的时间。发生了这种事，我们怎能永远在一起？我告诉过你，他们发现了那只小船，发现了丽贝卡。"

我傻乎乎地望着他，听不明白他的意思。"他们会怎么样呢？"我问。

"他们会认出她的尸体，"他说，"她的衣服、鞋以及手上的戒指都在船舱里，所有的一切全是线索。他们将认出她来，那时便会联想到埋在教堂墓地里的无名女尸。"

"他们打算怎么样？"我低声问。

"不知道，"他说，"我不清楚。"

不出所料，我果然一点点恢复了感觉，两手不再冰凉冰凉，而是汗津津有了热气。我觉得一股热血冲上了脸和喉咙，双颊火辣辣发烫。我想到了塞尔上校、潜水员、苏埃德船舶保险公司的办事员以及搁浅轮船上的那些倚着舷侧望着海水发呆的船员，想到了克里斯的商店老板、街上吹着口哨替人跑腿的小厮、漫步走出教堂的牧师、在花园里修剪玫瑰的克罗温夫人以及带着小儿子在断崖上瞧热闹的那个身穿粉红衣裙的妇人。不出几个小时，也许等明天吃早饭的时候，他们马上就全会知道。人们会议论纷纷："德温特夫人的船找到了，听说船舱里有具尸体。"船舱里的确有具尸体，那是丽贝卡躺在船舱的地板上。她根本没有埋到教堂的墓地里，那儿安息的是另一个女人。迈克西姆杀了丽贝卡。丽贝卡压根儿就不是淹死的，而是死在了迈克西姆手里。他在森林小屋里开枪打死她，把她的尸体搬到船上，然后将小船沉在了海湾里。那座小屋昏暗、寂静，雨水落在屋顶上发出啪嗒啪嗒的响声。拼板玩具的拼板一块块接二连三呈现在我面前，给我以启迪。互不关联的场景一幕幕在我迷惘的大脑中闪现……迈克西姆和我在法国南部坐在一起驾车兜风，他那时的话音犹在耳："近一年前发生的一件事改变了我的全部生活，我只好从头开始……"他沉默寡言，忧心忡忡。他闭口不谈丽贝卡，从不提她的名字。他讨厌小海湾，讨厌小石屋，曾对我说："如果你跟我有着同样的回忆，你也不愿到那儿去。"他头也不回地迈上林间小径。丽贝卡死后，他在藏书室里踱过来踱过去。他眉宇间皱起游丝般的线纹，对范夫人说："我是仓促离家的……"范夫人曾对我说："听说他无法摆脱丧妻的悲痛……"昨晚的化装舞会上，我穿着丽贝卡的衣服从楼梯口走下来。迈克西姆说："是我杀了丽贝卡，我在林间小屋开枪打死了她。"潜水员发现她的尸体躺在船舱地板上……

"我们该怎么办呢？"我问，"该怎样对人说呢？"

迈克西姆没回答。他站在壁炉旁，睁大眼睛呆视前方，目光空洞茫然。

"有人了解内情吗？"我问，"是不是有人知道？"

他摇摇头说没人知道。

"除了你我，再无人知道？"我问。

"只有你我知道。"他说。

"弗兰克呢？"我突然想起来问，"你敢肯定弗兰克不知道？"

"他怎么可能知道？"迈克西姆说，"当时周围连个人影也没有，天色漆黑……"他顿住话头，坐到椅子上，抬起手扶住额头。我过去跪倒在他身旁。他一动不动地坐了一会儿，然后我把他的手从他的脸上拉开，望着他的眼睛低声说："我爱你，我爱你。你现在该相信我了吧？"他亲吻我的脸和手，像孩子一样紧紧握住我的手，想从中获得自信心。

"我曾以为我会发疯的，"他说，"整日坐在家中，等待事情的败露；俯在桌上回复那些可怕的慰问信；在报上登讣告，接待吊唁的人，处理所有的一切善后事情；还得像正常人一样吃喝，保持头脑清醒；在弗里思、打杂的仆人们以及丹弗斯夫人面前，得注意自己的言行。我不敢解雇丹弗斯夫人，因为她对丽贝卡了解至深，可能怀疑到、猜测到了内情……弗兰克谨言慎行，很同情我的遭遇，处处为我着想。他常对我说，'你为什么不一走了之呢？这儿的事务我可以代管。你应该离开曼德利。'另外还得应付贾尔斯和可怜可亲的比。比说话不讲策略，'你满脸病容，难道就不能去看看病吗？'我明知自己的话句句是谎言，可还得跟这些人周旋。"

我仍然紧紧执着他的手，偎到他身上，贴得近近的。"有一次我差点没告诉你，"他说，"就是杰斯珀跑到小海湾，你去小屋找绳子的那天。我们就像这样坐在此处，后来弗里思和罗伯特端着茶点走了进来。"

"是的，"我说，"我还记得。那时你为何不讲出来呢？我们原来可以亲亲密密在一起，可你却一天天、一星期一星期地白白浪费了这么多时间。"

"你当时那么冷漠,"他说,"总是独自一人带着杰斯珀往花园里跑,从未像现在这样亲近过我。"

"你为什么不指出来呢?"我悄声细语地说,"你为何不告诉我呢?"

"我以为你心情不好,对这儿感到厌倦了呢,"他说,"我年龄比你大得多。你在弗兰克面前似乎谈笑风生,和我在一起却默默无语,表现得尴尬、羞怯和不自然。"

"我知道你怀念着丽贝卡,怎能跟你亲近呢?"我说,"我知道你仍爱着丽贝卡,又怎能奢求你爱我呢?"

他把我朝跟前搂了搂,探索着我的眼睛。

"你在胡说些什么呀?你这话是什么意思?"他问。

我在他旁边跪直了身子说:"每当你抚摸我,我都觉得你在把我比作丽贝卡。每当你对我讲话、观看我或者陪我到花园散步、共进晚餐,我都觉得你在心里暗自思忖,'我和丽贝卡也有过这样的时光。'"

他困惑地望着我,仿佛听不明白我的话。

"这些都是实情,对不对?"我追问道。

"啊,老天呀。"他说道,随后推开我站起身来,紧抱双臂,开始在屋里来回踱步。

"怎么啦?怎么回事?"我问。

他猛然间转身,望着蜷缩在地板上的我。"你以为我爱丽贝卡?"他说,"你以为我爱她,才杀死了她?实不相瞒,我恨她。我们的婚姻打一开始就是一场闹剧。她恶毒,可恶,堕落到了极点。我们之间从未有过爱情,从未有过一时一刻的幸福。丽贝卡不懂得爱，缺乏柔情蜜意，行为不端，甚至有些不正常。"

我坐在地上，抱膝凝神瞧着他。

"当然，她有些小聪明，"他说，"简直精得厉害。见过她的人都觉得她是天底下最善良、最慷慨、最有才华的女子。她八面玲珑，左右逢源，见什么人说什么话。要是她遇上你，肯定会挽起你的胳膊，唤上杰斯珀，陪你进花园散步，跟你谈鲜花、音乐、绘画，反正她若是知道你喜欢什么就谈什么。你也会和其他人一样上她的当，跪倒在她脚下，对她崇拜得五体投地。"

说话间，他仍在藏书室里来回踱着步。

"我跟她结婚时，别人都说我是世界上最幸运的人。"他说，"她秀色可餐，才华横溢，而且风趣幽默，在那些日子里，连最难取悦的祖母也对她一见便生爱怜之心，说她具备了做妻子的三样优点：教养、智慧和姿色。我相信了祖母的话，或者说迫使自己信以为真。但我心底始终有一丝疑虑，觉得她的眼神有些不对劲……"

拼板玩具一片片拼在一起，一个有血有肉的丽贝卡从阴影中脱颖而出，栩栩如生出现在我面前，像是从画框中蜕变出的大活人。我仿佛看见丽贝卡扬鞭策马，将生活掬在手中，看见她得意洋洋地倚在吟游诗人画廊的栏杆上，唇上挂着微笑。

我仿佛又一次看见自己跟心惊胆战的本一道站在海滩上。那可怜的人儿对我说："你心地善良，跟那一位不同。你不会送我进疯人院吧？"我仿佛看见有个人夜间走在森林中，她身材细长，给人以蛇的感觉……

这时，迈克西姆仍在娓娓叙述着往事，一边在藏书室里来回踱着步。"我们结婚才五天，我立即就发现了她的本来面目。你还记得那次我开车带你上蒙特卡洛山顶的情景吧？我是想旧地重游，追溯往事。她曾坐在那儿哈哈大笑，乌黑的头发随风飘扬，把自己的经历告诉了我，那些乌七八糟的事情我绝不愿对任何人重复。那时我方才明白我娶了个什么样的货色。什么姿色、智慧、教养！啊，上帝！"

他突然刹住了话头，走过去站到窗旁眺望外边的草坪。随后，他哈哈狂笑起来，立在那儿大笑不止，让我无法忍受，吓得我浑身发毛。

最后我实在受不了了，便喊叫道："迈克西姆！别笑啦，迈克西姆！"

他点上一支烟，站在那儿抽着，一句话也不说。后来他又转过身子，在屋里来回踱起了步。"当时我差点没杀了她，"他说，"置她于死地不费吹灰之力。她只消一步踏空，便会万事皆休。你该记得那悬崖峭壁。我当时把你吓坏了吧？你一定觉得我发了疯。也许我真疯了。和魔鬼在一起生活，不疯才怪呢。"

我坐在原处观望他来回踱着步子。

"就在悬崖边上，她和我做了一项交易。她告诉我，'我为你管家理财，照料你的宝贝曼德利。如果你愿意，我可以让曼德利成为全国最负盛名的游览胜地。参观的人将络绎不绝，羡慕我们，谈论我们，称我们是全英国最幸运、最美满和最漂亮的佳偶。多么大的骗局，迈克斯！多么辉煌的胜利！'她坐在山坡上发出狞笑，将手里的一朵鲜花撕成碎片。"

迈克西姆把只抽了四分之一的烟扔进了空炉膛里。

"我没有杀死她，用眼睛注视着她，什么也没说，任她在一旁狞笑。后来我们一起上了汽车，驶离了悬崖。她知道我会对她言听计从，敞开曼德利接待四方来客，让世人称颂我们的婚姻是本世纪最美满的婚姻。她知道我宁愿牺牲尊严、荣誉、个人感情或世间的任何东西，也不愿在结婚一个星期之后便在亲朋好友面前丢人现眼，把她告诉我的那些丑事公布于众。她知道我绝不会上法庭离婚，揭露她的真面目，因为那样会招致流言蜚语，引来报界的恶语中伤，左邻右舍听到我的名字便会嚼舌头根，克里斯的游客会拥到大门口朝里偷瞧，议论纷纷地说：'这儿是他住的地方。这就是曼德利，主人就是我们在报上看到的那个闹离婚的家伙。至于他的妻子，你还记得法官说的那席话吗？'"

他走过来站在我面前，伸出双手说："你是不是瞧不起我？我的耻辱、仇恨和厌恶，你大概理解不了吧？"

我没吱声，抓住他的手放在我的胸口。我不在乎他是否感到耻辱，他讲的事情没有一件能打动我。我只想着一点，在心里反反复复念叨个没完：迈克西姆不爱丽贝卡，他自始至终就没爱过她，他们从未有过一时一刻的幸福。迈克西姆滔滔不绝讲着，我侧耳倾听，但他的话未对我产生任何意义，因为实际上我并不关心。

"我考虑曼德利考虑得太多，"他说，"我把曼德利的利益放在高于一切的位置上。这种对财产的爱是不会产生幸福的。教会并不提倡这种感情。基督对砖石、围墙未留下任何教诲，也没说一个人必须爱自己的土地和家产。基督教的教义里不包括这些内容。"

"亲爱的，"我说，"迈克西姆，我的爱人。"我把他的手贴在嘴边，将双唇印了上去。

"你明白吗？"他问，"这些你都明白吗？"

"是的，"我说，"我的宝贝，我的爱人。"可我急忙把脸掉开，不让他看见我的神色。我明白不明白，又有什么关系呢？我的心像驾了云一样，感到飘飘然。他从未爱过丽贝卡！

"我不愿回忆那一段岁月，"他慢吞吞地说，"甚至都不愿跟你提起。那是一段让人感到羞耻和可鄙的时光。我和她生活在谎言之中，合伙扮演了一出拙劣、肮脏的闹剧，当着亲戚朋友的面，甚至当着仆人的面，还当着弗里思那样忠诚可靠的人的面。这儿的人全都信任和崇拜她，全然不知道她背地里嘲笑他们、讽刺和模仿他们。记得曾有一度这儿高朋满座，经常组织娱乐活动，举办游园会和露天演出，她脸上挂着天使般的微笑四处走动，挽着我的胳膊，活动结束后便给成群结队的小孩散发纪念品。可是第二天黎明时分她就会驾车前往伦敦，溜进她的河边公寓，像只野兽钻入沟壑里的洞穴，在那儿度过不可告人的五天，然后在周末返回家。唉，我却不折不扣执行着交易的条件，一直没有揭露她。她那神奇的鉴赏力把曼德利变成了今天这种模样。花园、灌木丛，甚至包括幸福谷里的杜鹃花——你以为我父亲在世时这一切就已经存在了吗？不，当时的曼德利一片荒芜，景色倒是很迷人，但那是荒凉孤寂的美，急待行家里手关照，还得花一笔钱。我父亲绝不愿花这笔钱，若非丽贝卡，我也想不到在这方面破费。厅堂房间里你所看到的摆设，有一半原来都不在现在的位置。客厅和起居室今天的模样，全是丽贝卡的杰作。公众参观日弗里思自豪地指给客人们看的那些椅子，还有那墙上的挂毯，也是丽贝卡的巧心安排。有些东西是本来就有的，贮藏在后屋里，因为我父亲对家具或油画一窍不通，但大多数却是丽贝卡购置的。你今天所见到的美丽的曼德利，人们津津乐道的曼德利，照片和图画上的曼德利，是丽贝卡一手创造出来的。"

我一声不响,紧紧搂着他。我希望他继续讲下去,希望他的痛苦冰雪消融,郁积在心头的陈年积怨以及仇恨也随之风消云散。

"我们就这样生活着,"他说,"月复一月,年复一年。我忍屈含辱,全是为了曼德利。我对她在伦敦的所作所为不闻不问,因为那没伤害曼德利的利益。头几年她谨小慎微,从未招致闲话和议论,后来就逐渐变得肆无忌惮了。你知道一个人是怎么染上酒瘾的吗?起先只是随便喝喝,每次一点,隔上三五个月醉一回。后来醉酒的周期愈缩愈短,很快变成每月一回、每两星期一回,乃至几天一回。戒备的防线土崩瓦解,防范之心化为乌有。丽贝卡当时的情况就跟这一样。她开始把她的那帮狐朋狗友邀请到家里来。她常把一两个朋友安插到周末的宾客当中,所以起初我无所察觉,不敢肯定她的放荡行为。她常在海湾小屋里举办什么野餐会。一次我从苏格兰打猎归来,发现她和六七个我从未见过的陌生人在小屋里鬼混,于是便对她提出了警告,而她耸耸肩说:'这关你什么屁事?'我说她可以到伦敦跟她的朋友幽会,而曼德利是我的家。我要她遵守那笔交易的条件,她听后奸笑几声,没有说什么。后来她开始勾引弗兰克。可怜的弗兰克又羞怯又忠实,一天跑来找我,说他想离开曼德利另找工作。我们俩在这藏书室里争论了两个小时,最后我才明白了原委。他终于撑不住,把事情讲了出来。他说丽贝卡一刻也不让他安宁,老是到他的寓所里寻他,引诱他到小屋里去。亲爱的弗兰克狼狈到了极点。他不了解真实情况,相信的是表面现象,一直以为我们是一对幸福美满的夫妻。

"我谴责了丽贝卡的卑鄙行径,可她一听立刻火冒三丈,把她词汇库里所有肮脏的词都寻出来咒骂我。我们大吵了一架,那场面实在让人恶心。过后她去了伦敦,在那儿一待便是一个月。回来后,她起初收敛了一些,我心想她一定接受了教训。比和贾尔斯来度周末,我总算澄清了有时在心中悬浮的疑团:比不喜欢丽贝卡。比观察问题一针见血、直截了当,大概看穿了她,猜出我们的关系有些不对劲。那个周末气氛紧张,情况很复杂。当时贾尔斯随丽贝卡一道航海,而我和比懒散地坐在草坪上消磨时光。他们回来时,贾尔斯喜上眉梢,一副乐呵呵的样子,丽贝卡则眼神蹊跷,一看就知道她向他下了手,就像对待弗兰克一样。我发现比在吃饭时一直观察着贾尔斯,贾尔斯口若悬河,笑声也比平时响亮。丽贝卡坐在餐桌的一端,自始至终看起来都似天使一般圣洁。"

我曾经笨手笨脚地想把那些奇形怪状的拼板合成图案,始终未能如愿,现在它们总算各归其位了。怪不得一提到丽贝卡,弗兰克便态度反常,怪不得比阿特丽斯表情暧昧,提到她就反感。我一直把他们的沉默当成是出于同情和怀念,谁料真正的原因却是羞耻和窘迫。我居然始终蒙在鼓里,想起来让人感到不可思议。不知世上有多少人都是由于摆脱不了腼腆和矜持的自身束缚而持续不断地遭受磨难,不知有多少人盲目和愚蠢地在自己的面前筑起一道障眼的大墙,看不见事实的真相。我的情况便是如此。我心里幻想出一幅幅虚构的图像,兀自坐在那儿观赏,我始终没有勇气把事情搞个水落石出。如果我摆脱腼腆,向前走一步,迈克西姆早在四五个月前就会把一切对我讲明。

"那是比和贾尔斯最后一次在曼德利度周末,"迈克西姆说,"我再没有单独邀请过他们。遇到正式的场合他们才到这儿

蝴蝶梦 345

来，参加游园会和舞会。比在我面前只字不提，我也对她守口如瓶。但我觉得她猜出了我生活的不幸,了解我们的夫妻关系,和弗兰克一样心中有数。丽贝卡又变得诡诈起来,从表面看,言谈举止无懈可击。可我一旦出门让她一个人留在曼德利,就不敢肯定会发生什么样的丑事了。她可以勾引弗兰克和贾尔斯,可以拖庄园里的工匠下水,也可以从克里斯弄个男人胡混,任何男人都能做她的情夫。到那时非闹出爆炸性丑闻不可,招来我所惧怕的闲言碎语和蜚短流长。"

我仿佛又站到了林间小屋旁,听着雨水滴答滴答落在房顶上。我看见了轮船模型上的灰尘以及长沙发上老鼠啃出的窟窿。我看见本可怜巴巴地瞪着白痴的眼睛对我说:"你不会把我送进疯人院吧?"我想起了林间幽暗陡峭的小径,思忖着一个女人如果躲在那儿的树后,身上的晚礼服定会被夜间的微风吹得沙沙作响。

"她有个表兄曾侨居海外,"迈克西姆慢言慢语地说,"后来又回了英国。我只要一出门,他就溜到这里来。弗兰克常见到他。那家伙的名字叫杰克·费弗尔。"

"我认识他,"我说,"你去伦敦的那天他来过这儿。"

"你也见到他啦?"迈克西姆说,"你为什么不告诉我?我是听弗兰克讲的,弗兰克看到他的汽车进了庄园的大门。"

"我不愿告诉你,是害怕勾起你对丽贝卡的回忆。"我说。

"勾起我的回忆?"迈克西姆低语道,"啊,上帝,我哪还需要旁人的提醒。"

他中断了话语,眼睛凝视着前方,不知他是否跟我一样,心里正在想着在海湾沉没的小船那灌满了水的船舱。

"她常把那个叫费弗尔的家伙叫到小石屋里去,"迈克西姆又说,"她告诉仆人她要出海,第二天早晨才能回来,其实跑到那儿陪那家伙过夜。我又一次对她发出警告,说如果他胆敢闯入庄园的任何一个角落,我都会开枪打死他。那家伙历史不清不白,形迹放荡……一想到他漫步于曼德利的树林里,漫步于幸福谷那样的地方,我就要发疯。我说我绝不容忍他的出现,可她只是耸了耸肩,竟然忘了说几句恶毒的话。我注意到她的脸色比平时苍白,显得不安和憔悴。不知她一旦人老珠黄,将会是一副什么样的鬼模样。时间在向前推移,生活中再没有出现大波大澜。后来有一天她到伦敦去,当日就回了家,这打破了她平时的习惯。我没料到她会回来,那天晚上在弗兰克的寓所吃饭,我们当时有许多事务要处理。"这时,他的话变得短促、拗口,我紧紧握住他的双手。

"饭后回到家,约莫有十点半的光景,我看见她的围巾和手套放在大厅里的一把椅子上。我不明白她匆忙返家究竟是出于什么缘故。我进起居室见她不在,便猜想她去了小海湾。我觉得自己再也无法容忍这种充满谎言和欺骗的肮脏生活,总得想个办法把事情了结掉。我盘算着还不如拿枪去吓吓她的奸夫,吓吓那一对狗男女。于是我立刻动身到小屋去。仆人们根本不知道我回了家,我溜进花园,穿过树林看见小屋的窗口有灯光,便径直闯了进去。出乎我的意料,屋里只有丽贝卡一人。她躺在长沙发上,面带病容,神情古怪,旁边的烟灰缸里堆满了烟蒂。

"我开口就骂起了费弗尔,她则一言不语地听着。'你和我的这种可耻的日子已经过够了。'我说,'该结束啦,明白吗?你在伦敦怎样为非作歹与我无关,但不许在这儿,不许在曼德利胡作非为。'

"她一时没吱声,只是愣愣地望着我,最后才笑了笑说:'倘若我情愿在这儿寻欢作乐,你能把我怎么样?'

"'你该知道规矩,'我说,'至于我们的那项该死的肮脏交易,我不折不扣地执行着我的条件,不对吗?可你说话不算数。你别以为你可以把我的房子、我的家当作你在伦敦藏污纳垢的那种巢穴。我已经受够了。苍天在上,丽贝卡,这是给你的最后一次机会。'

"记得她把香烟在长沙发旁的烟灰缸里掐灭,站起来,把胳膊举过头顶伸了个懒腰。

"'一点不错,迈克斯,'她说,'我是应该过一种新的生活了。'

"她看起来十分苍白和瘦削,两手插在裤兜里,开始在屋里踱来踱去。她穿着航海服,样子像个小男孩,一张娃娃脸活似波提切利[1]画中的天使。

"'你想到过没有,你要告倒我真比登天还难?'她说,'我是指你到法庭上跟我闹离婚。难道你没意识到,你从一开始就没掌握一丝一毫对我不利的证据吗?你所有的朋友,甚至仆人们也相信我们的婚姻是非常美满的。'

"'那么弗兰克呢?比阿特丽斯呢?'我问。

"她仰天大笑道,'弗兰克能掌握我什么证据呢?你难道还不了解我?我能让他抓住辫子?至于比阿特丽斯,她要是站到证人席上,可以说她丈夫一时昏了头,干下了蠢事,她因为吃醋才胡言乱语,那还不是轻而易举的事?算啦,迈克斯,要证明我行

---

1 桑德罗·波提切利(Sandro Botticelli,1445—1510),15世纪末佛罗伦萨著名画家。

为不端,能把你累个半死.'

"她观望着我,以脚后跟为支点摇晃着身子,两手插在口袋里,脸上挂着微笑。'你知道不知道?我可以让我的贴身女仆丹尼按我的意愿提供证词。其他的仆人两眼一抹黑,什么都不知道,也会跟着她作证。他们全以为我们俩是曼德利的一对模范夫妻,不对吗?所有的人,包括你的朋友以及我们这个小圈子里的人都持这种看法。你怎么能够证明我们的生活不美满呢?'

"她坐到桌沿上,晃着两条腿打量着我。

"'我们不是把恩爱夫妻的角色扮演得十分出色吗?'她说。记得她把穿着条纹图案凉鞋的脚荡悠来荡悠去,荡得我的眼睛和大脑突然莫名其妙地剧烈疼痛起来。

"'我的丹尼可以让你看起来像个十足的大傻瓜,'她低声说,'我们可以出你的丑,让所有人都不相信你的话,迈克斯。'她的那只该死的脚穿着蓝白相间的条纹凉鞋,仍在前后荡悠着。

"忽然,她噌地滑下桌子站到我面前,脸上仍笑吟吟的,双手插在口袋里。

"'如果我生下孩子,迈克斯,'她说,'无论是你还是世界上任何一个人,都不能证明孩子不是你的骨血。小家伙将在曼德利长大成人,用你家的姓氏。你干着急也没办法。你死后,曼德利将归属于他。根据财产继承法,你阻止不了这件事。为了你亲爱的曼德利,难道你不想要一个继承人吗?看着我的儿子躺在栗树下的童车里,看着他在草坪上玩跳蛙游戏,看着他在幸福谷捉蝴蝶,难道你不高兴吗?看着他一天天长大,心里清楚你一旦离开人世,所有的财产将归他所有,这难道不是你一生中最大的

幸福吗，迈克斯？'

"她停顿了一会儿，以脚后跟为支点晃动着身子，点上一支烟，走过去站到窗旁。接着，她哈哈大笑起来，一笑就笑个没完，我当时觉得她永远也不会止住那笑声了。'上帝啊，真是太滑稽啦，'她说，'简直滑稽到了极点！你不是听我刚才说要过一种新的生活吗？现在你该知道是什么样的生活了。当地所有的体面人，以及你们家讨厌的佃户，他们全都会为之感到高兴。他们会对我说，'这是我们日盼夜想的喜事，德温特夫人。'迈克斯，我一直都是个贤妻，这下我将做一位良母。谁都猜不出谜底，谁都不了解真实情况。'

"她转过身，笑盈盈地面对着我，一只手插在口袋里，另一只手拿着烟。我打死她时，她仍在微笑。我朝她的心口开枪，子弹直透心脏。她没有立即倒下去，而是站在那里望着我，脸上的笑容趋于呆滞，眼睛睁得滚圆……"

迈克西姆的声音放得很低，低得成了耳语。我紧握着的那只手变得冰凉。我没有看他，而是把目光移向在我脚旁的地毯上昏睡的杰斯珀，杰斯珀不时微微摇动尾巴敲打地板。

"我当时竟忘了，"迈克西姆说，声音缓慢而疲倦，不带一点表情，"开枪杀人会流那么多血。"

杰斯珀尾巴下边的地毯上有个洞，那是烟头烧出来的，不知存在了有多长时间。有人说烟灰对地毯是有益处的。

"我只好到海湾里去取水，"迈克西姆说，"往往返返跑了许多趟。她没有倒在壁炉旁，但是连那儿也溅满了血迹。她躺着的那块地方成了血泊。外边起了风，窗子没插销，所以一开一合砰砰响个不停。我手拿抹布跪在地板上擦血迹，身旁放着水桶。"

还有落在屋顶上的雨滴呢！我心想，他怎么会忘掉那连绵的蒙蒙细雨？

"我把她的尸体拖到小船上时，"他说，"大概已过十一点半，快到十二点钟了。四处一片漆黑，天上没有月光，西风猛烈地刮着。我把她弄到船舱里扔在那儿，然后仓促开船，顶着潮水驶离小海港，船尾拖着救生橡皮筏。风向虽顺，可惜只是一阵阵的。由于海岬的遮挡，我处于背风面。记得主帆张到一半便在桅杆上卡住了。要知道，我很久未驾过船了，我从没跟丽贝卡一道出过海。

"我还考虑到了潮水，当时的潮水又急又猛，汹涌地泻入小海湾。海岬上冲来的风像是个风漏斗。我把船驶入公海湾，绕过灯塔，想兜圈子走，以避开隆起的礁石。船首的小三角帆被风刮得噼啪响，我怎么也没法扣紧帆脚索把它张满。一阵狂风吹来，那绳索从我的手中挣脱，缠绕在了桅杆上。船帆剧烈作响和震颤，那噼啪声像有人在我的头顶抽鞭子。我记不起遇到这种情况应采取什么措施，什么都不记得了。我企图抓住帆脚索，可它随风在上空飘扬。又是一阵大风兜头冲来，小船向一侧漂去，离礁石愈来愈近。天色漆黑，黑得伸手不见五指，昏天黑地，滑腻腻的甲板上什么也看不见。我摸黑跌跌绊绊走下船舱，手里拿着块尖铁。如果不立时动手，就来不及了。小船离礁石已非常近，再这么漂六七分钟，就会离开深水。我打开旋塞，海水开始朝船里涌。我把尖铁砸入船底木板，其中的一块马上劈成两半，我拔出尖铁，又砸入另一块木板。这时，水已漫过脚面。我把丽贝卡的尸体丢在船舱里，关严两扇舷窗，锁上舱门，待走到甲板上时，发现船离礁石不足二十码远。我把甲板上的一些零碎东西抛入水中——一个救生圈、一对长柄桨和一团绳子。接着,我爬进橡皮筏,把筏子划开,随后又停下桨回头观望。小船仍在漂浮,但一点点下沉,水已漫到了船头处。三角帆还在震颤,打响鞭似的噼啪做声。我怀疑有人听到了这响声,也许有人深夜碰巧打断崖上走过,也许克里斯来的渔夫碰巧在湾里捕鱼,只是他的船我看不见罢了。小船愈变愈小,像浮在海面上的一个黑色幽灵。桅杆开始颤抖,咯吱作响。突然,小船翻倒了。桅杆随之拦腰折断。救生圈和长柄桨从我的身边向远处漂去。小船已不复存在。记得我当时凝视着它沉没的地方,过了一会儿才划着橡皮筏回小海湾。此刻,老天开始降雨。"

迈克西姆停下来,眼睛仍注视着前方,最后回过头看了看坐在他身旁地板上的我。

"经过就是这样,"他说,"全部讲完了。我按她的习惯把橡皮筏拴在浮筒上,随后走回去查看小屋。小屋的地板上湿漉漉的净是海水,不过,别人会以为是她洗地板弄湿的。最后,我踏着小径穿过林子走进家里,爬楼梯到了更衣室。至今我还记得自己当时脱衣服的情形。外边风大雨猛。丹弗斯夫人敲响房门时,我正坐在床上。我穿着晨衣走过去打开门跟她说话。她在为丽贝卡担心,我劝她回去睡觉。然后我走回来穿着晨服坐在窗旁,望着外面的雨景,倾听小海湾里汹涌的涛声。"

随后,我们一言不语地坐在一起。我依然拉着他的手,心里却在纳闷,不明白罗伯特为何还不来撤茶具。

"沉船的地点离海岸太近了,"迈克西姆说,"我原打算把船驾到远处的公海湾里,那他们永远都不会发现的。怨都怨沉船地点离海岸太近了。"

"都怪那艘轮船，"我说，"要不是轮船搁浅，就不会出事，谁都不会知道。"

"沉船地点离海岸太近了。"迈克西姆又念叨了一遍。

接着，我们又沉默了下来。我开始感到非常疲倦。

"我知道迟早有一天会出事，"迈克西姆说，"当我到埃奇库姆比认领女尸时，我还有这种预感。认尸等于零，什么事也不顶。事情的败露只不过是时间问题。丽贝卡最终肯定会得胜，和你相逢并没有解决问题，爱上你并没有改变命运。丽贝卡知道她终究会占上风。她临死前，我看见了她得意的微笑。"

"丽贝卡已经死了，"我说，"这一点我们必须记住。人死如灯灭，她不能够再讲话，不能够提供证词，不能够再伤害你了。"

"可她的尸体还在，"他说，"潜水员看见它躺在船舱的地板上。"

"我们必须对世人作出解释，"我说，"我们必须想个办法把事情遮掩过去。可以说死者是一个你不认识的人，一个你从未见过的人。"

"她的东西依然存在，"他说，"她的戒指戴在手指上，即便衣服被海水腐蚀掉，也总还有些东西可以成为线索。这可不是漂失在大海里的尸体，被岩石撞得七零八碎。没人进过船舱，她一定还躺在原来的位置上。小船数月来一直待在那儿，没人动过上面的一什一物。它就横卧在原先沉没的海底。"

"尸体在海水里会腐烂的，不对吗？"我低声说，"即便它原封不动地躺在那儿，海水也会把它腐蚀掉的，不对吗？"

"不知道，这我不清楚。"他说。

"能不能打听一下，把情况探明？"我问。

"潜水员明早五点半钟还要下水，"迈克西姆说，"塞尔已把一切都安排停当，准备把小船打捞起来。周围不会有人观看。我和他们一道去，他明早五点半派船来小海湾接我。"

"然后呢？"我问，"把船捞起来之后呢？"

"赛尔准备让大驳船停泊在深水区。倘若小船还没有腐烂掉，船板还没有散架，就用起重机把它吊到驳船上运往克里斯。塞尔说，他将把驳船停在一条人迹罕至的小河的源头，那儿到克里斯港有一半的路程，进出都非常容易，可退潮时一片淤泥，游客无法把船划过去，我们可以不受外来的干扰。他说会让船里的水流干，使船舱空出来，还要去请一位医生。"

"他打算干什么？"我问，"请医生做什么？"

"不知道。"他说。

"他们要是查出那是丽贝卡的遗骸，你必须说上次认尸认错了，阴差阳错地把一具无名女尸埋进了教堂墓地，那是一次可怕的误会。你就说你去埃奇库姆比时正在生病，晕晕乎乎一时花了眼。即便在认尸的当儿，你都胸中无数，辨不清是与否。那仅仅是一场误会。你就这么说。行不行？"

"行，"他说，"就这样。"

"他们拿不出证据指控你，"我说，"那天夜里没人看到你，你就说自己早已上床睡了觉。他们不能把你怎么样。除了你我，无人知道那事，甚至连弗兰克也一无所知。迈克西姆，在这个世界上，了解内幕的只有我们两人——你和我。"

"是的，是的。"他说。

"他们会认为小船发生倾覆才沉没的,而她碰巧在船舱里,"我说,"她可能下去取绳子或什么的,就在那当儿从海岬处刮来一阵狂风,吹翻了小船,把丽贝卡闷在了里边。他们会这样想的,对吧?"

"不知道,"他说,"我不清楚。"

突然,藏书室后边的小屋里响起了电话铃声。

第二十一章

　　迈克西姆走进小房间,关上了门。过不多久,罗伯特进来收拾茶具。我站起来,背对着他,不让他看到我的脸。我心里在嘀咕,不知庄园里的佃户、下房里的仆人以及克里斯的居民何时会知道这事,不知这消息多长时间以后会逐渐扩散开。
　　小房间里传来迈克西姆叽叽咕咕说话的声音。我焦心似焚,有一种牵肠挂肚的感觉。电话铃的声音似乎唤醒了我身上的每一根神经。刚才我坐在迈克西姆身旁的地板上,拉着他的手,脸偎在他的肩上,仿佛置身于梦境。我听着他的陈述,身子似乎分成了两半,一半和他如影随形,也参与了杀害丽贝卡,参与了把小船沉到海湾里的行动;我和他一道谛听风鸣海啸,一道等待着丹夫人的叩门声;我和他同心同德,患难与共。可我的另一半却一动不动、无动于衷地坐在地毯上,什么也不想,什么也不关心,只反反复复念叨着一句话:"他不爱丽贝卡,他不爱丽贝卡。"现在电话铃一响,这两半自我又合二为一了。我又还原成了以前的自我,成了一贯的样子。我虽然仍愁肠百结,疑窦丛生,但一颗心却轻松自由。我意识到自己不再害怕和仇视丽贝卡了。一旦了解到她是个阴险、毒辣、堕落的女人,我反倒不恨她了,因为她不能再威胁我了。我可以大模大样地步入她的起居室,坐在她的桌旁,触摸她的钢笔,观赏她留在文件架上的字迹。我可以坦然地到她的西厢卧室去,像今天早晨那样伫立于窗前。丽贝卡的威力如浓雾一般已随风飘散。她永远也不会打扰我了,不会随我一道上楼,跟我一起进餐,不会倚在画廊的栏杆上居高临下地监视站在大厅里的我了。既然迈克西姆从未爱过她,我也就不再恨她了。她的遗骸重见天日,她的那只名叫"我回来啦"的寓意奇特的小船也被人们所发现,而我永远摆脱了她的魔影。

我现在可以无拘无束跟迈克西姆生活在一起,抚摸、拥抱和爱恋他。我再也不是个小孩子了。我再也不是孤独一人,而是和他同呼吸共命运。我和他将形影不离,共同对付这场灾难。无论塞尔上校、潜水员、弗兰克、丹弗斯夫人、比阿特丽斯还是从报上得到消息的克里斯的男男女女,现在都无法将我们分开。我们的幸福来得并不太迟。我已不再是那个年轻幼稚的我,不再羞怯和害怕了。我要为迈克西姆战斗,为他撒谎、作伪证和发假誓,为他诅咒和祈祷。丽贝卡并没有取胜,而是一败涂地。

罗伯特撤走茶具后,迈克西姆又回到了藏书室。

"电话是朱利安上校打来的,"他说,"他刚跟塞尔谈过。明天他和我们一道到现场去。塞尔把情况告诉了他。"

"为什么朱利安上校也要去?"我问。

"他是克里斯的治安长官,所以必须在场。"

"他跟你说了些什么?"

"他问我知道不知道那可能是谁的尸体。"

"你怎么说?"

"我说不知道,还说大家都认为丽贝卡当时是单独出的海,不清楚有哪位朋友会陪着她去。"

"他听后又说什么了吗？"

"是的。"

"说什么来着？"

"他问我是否想到过，我到埃奇库姆比认尸可能认错了人。"

"他是那样问的？他已经考虑到这一点啦？"

"是的。"

"你怎么回答？"

"我说也有这种可能性，但我拿不准。"

"他明天要跟你们一道去查看小船喽？他、塞尔上校以及医生全都去？"

"还有，韦尔奇警长。"

"韦尔奇警长？"

"是的。"

"为什么？为什么韦尔奇警长也去？"

"这是惯例。一旦有死尸发现，警长必须到场。"

我没有吭声。我们俩目不转睛地互相对视着。我心口又开始隐隐作痛。

"也许他们不能把那船打捞出来。"我说。

"也许吧。"他说。

"那他们就无法调查死尸的问题，对吧？"我问。

"不清楚。"他说。

他眺望着窗外。这时天空白茫茫一片，云层密集，和我离开断崖时一样，只不过没有一丝风儿。四周静悄悄的。

"约一小时前，我以为会刮西南风，谁知风又停下了。"他说。

"是啊。"我应了一声。

"明天潜水员下水大概会碰上风平浪静的好天气。"他说。

小房间里又响起了电话铃声，那刺耳、急促的声音让人生厌。我和迈克西姆又对视了一眼，然后他进小房间接电话，跟上次一样随手关上门。我心里那种奇异、恼人的疼痛仍未消失，电话铃一响，疼痛反而加剧了。此时此刻的感觉使我回想起了儿童时代。小的时候，一听到伦敦街头响起鞭炮声，我就会产生这种疼痛，吓得躲到楼梯下的小橱里打哆嗦。此时的感受和痛苦跟当年一模一样。

迈克西姆回到藏书室后慢腾腾地说："总算开始啦。"

"你指的是什么？什么开始啦？"我突然感到全身冰冷，不由问道。

"电话是《本郡新闻》的一个记者打来的，"他说，"他问已故德温特夫人的小船是否真的被人找到了。"

"你怎么回答？"

"我说的确发现了一条船，但我们仅知道这些情况，并不一定就是她的船。"

"他就问了这么多？"

"不，他还问我是否能证实有关在船舱里发现一具死尸的传闻。"

"天呀！"

"一定有人走漏了风声。我知道不是塞尔，也许是潜水员或他的某个朋友吧。那些人的嘴是堵不住的。明天吃早饭的时候，整个克里斯便会传得满城风雨。"

"关于死尸的事你怎么说？"

"我说不知道，无可奉告，如果他不再打电话来，我将不胜感激。"

"你这样会惹恼他们，使他们跟你作对。"

"我别无选择，因为我不跟报界对话。我可不想让那些家伙打电话来问这问那。"

"也许，我们可以把他们争取到我们这一边。"我说。

"到了该战斗的时候，我单枪匹马迎战，"他说，"我不愿让报纸做我的后盾。"

"那位记者可以给别人打电话呀，"我说，"他可以向朱利安上校或塞尔上校打听情况。"

"别指望从他们那儿得到便宜。"迈克西姆说。

"时间还很充裕，我们应该采取些行动，"我说，"不要无所事事地坐等明天早晨到来。"

"怕是什么也做不成。"迈克西姆说。

我们就这么闲坐在藏书室里。迈克西姆拿起一本书，但我知道他根本无心阅读。我见他不时抬起头，支棱起耳朵，仿佛又听到了电话铃似的。不过，再没有人打电话来搅扰我们。我们像平时一样更换衣服准备吃饭。昨晚的这个时候，我正坐在梳妆台镜前穿白色化装服和整理鬈发套，想起来真让人不可思议。那时的情形宛如一场遗忘已久的噩梦，数月之后回忆起来让人狐疑满腹，无法相信。进餐的时候，弗里思在一旁侍候。他下午出去了一趟，方才回来，面孔庄严，不带一丝表情。不知他是否去了克里斯，听到了什么风声。

饭后我们又回到了藏书室，再没有多说话。我傍着迈克西姆的脚席地而坐，脑袋偎在他的膝盖上。他用手指梳理我的头发，与原先心不在焉的样子大不相同，不再像抚摸杰斯珀那般了。我感到他的指尖在我的头皮上滑动。他时而亲吻我，时而跟我说悄悄话。我们之间的阴影已荡然无存。我们要是沉默下来，那是因为我们需要沉默。我不明白自己在危机四伏的情况下，怎么会如此幸福满足。这是一种古怪的幸福，跟我梦寐以求、翘首盼望的那种大相径庭。这不是我在孤独的时刻曾幻想过的那种幸福，没有狂热的激情，没有紧迫感，而是一种静谧、安宁的幸福。藏书室的窗户敞开着，我们不说话或抚摸对方的时候，便一块儿眺望那昏黑、阴暗的天空。

这天夜里一定下了场雨，因为第二天早晨七点钟刚过我一觉醒来，起了床向窗外望去，但见园中的玫瑰花折枝垂，通往树林的草坡上湿漉漉一片银白色的水珠。空气中飘荡着些许雾蒙蒙的潮气，一种初秋季节的气息。不知秋天会不会提前两个月突然降临。迈克西姆五点钟起床时没有惊醒我，他一定悄无声息地溜下床，穿过洗澡间到了更衣室。这当儿，他已抵达海湾，正跟朱利安上校、塞尔上校以及驳船的船员们一起忙碌。驳船整装待命，人们用起重机和铁链把丽贝卡的小船吊出水面。我麻木而镇定冷静地幻想着打捞小船的情景。我仿佛看见他们齐聚在小海湾里，小船慢慢露出海面，黑乎乎的龙骨被海水泡得发胀，不住朝下滴水，两侧黏附着绿色的海草和贝壳。把小船吊到驳船后，小船里的水从两侧倾注而下，复归大海。小船的木板看起来发软发灰，多处被海水腐蚀成了浆状。船体散发出泥浆、铁锈以及黑色水草味，这种水草生长在海底深处人迹不至的岩石旁。也许船尾仍挂着船铭牌，"我回来啦"几个字已经发青，褪去了原来的色彩。钉子也已通体生锈。丽贝卡躺在船舱的地板上。

我起身洗澡更衣，像往常一样于九点钟下楼吃早饭。托盘上放着许多信，全是对那天的舞会表示感谢的。我大致浏览了一遍，没有逐封拆读。弗里思问是否把早饭替迈克西姆热着。我说迈克西姆一大早便出了门，不知何时才能回来。弗里思没言语，神情十分庄重、严肃。我又生疑心，不知他是否知道了事情的原委。

饭后我拿着信来到起居室。这儿有一股霉味，窗户都还没有打开。我推开窗户，放入清新凉爽的空气。壁炉架上的花全耷拉着脑袋，许多已死去，花瓣落了一地。我摇了摇铃，下房的使女莫德闻声走了进来。

"这房间今天早晨没人打扫过，"我说，"连窗户都关着。那些花全死了，能不能把它们拿走？"

她神情紧张，一脸歉意。"非常对不起，夫人。"她说着走到壁炉架前，取下了花瓶。

"下回不许再这样了。"我说。

"是的，夫人。"她说完，拿着花出去了。我万万没想到板起面孔训人竟会如此容易，真不明白自己为何以前觉得那么艰难。当天的菜谱放在写字台上，内容包括蛋黄酱冷鲑鱼、冻肉片、冻鸡肉卷和蛋奶酥。我认出全是那天夜里化装舞会吃的便餐。显而易见，我们在靠残汤剩饭充饥果腹。昨天摆到餐厅里的那顿我动也未动的冷餐大概也是这些东西。看来，仆人们都在偷懒。我用铅笔划掉那些菜目，摇铃唤来罗伯特说："告诉丹弗斯夫人，让她预备些热饭。如果冷食太多吃不了，也不要再往餐厅送。"

"遵命，夫人。"他说。

我跟着他走出起居室，到小花房里取剪刀，然后进玫瑰花园剪了几枝嫩蓓蕾。空气中的凉意已散尽，又是一个昨天那样炎热、无风的日子。不知他们仍在海湾里，还是已经到了克里斯港口的小河旁。过不了多久，我就能听到消息。迈克西姆很快便能回家把情况告诉我。无论发生什么事情，我都必须保持镇定和冷静。不管天塌地陷，都不能害怕。我剪掉玫瑰花，送回起居室去。地毯已经打扫过，落地的花瓣不见了踪影。我动手把鲜花插入花瓶，罗伯特已往花瓶里充了水。当我快忙完的时候，响起了敲门的声音。

"请进。"我说。

来人是丹夫人，手中拿着份菜谱，面容苍白，疲惫，眼睛周围黑圈重重。

"早晨好，丹弗斯夫人。"我说。

"我不明白，"她启齿道，"你为什么把菜谱退回去，还让罗伯特捎话给我。这到底是为什么？"

我手中拿着一枝玫瑰花，横了她一眼。

"昨天上的菜就是那些肉片和鲑鱼，"我说，"我见这两道菜放在餐具柜上。我今天想吃些热菜。厨房里的人要是不愿消受那些冷餐，就倒掉好啦。反正家里的浪费够大的了，再多浪费一点也不当紧。"

她呆呆望着我，没有吭气。我把那枝玫瑰插入花瓶，和别的花放在一起。

"你不会想不出别的东西给我们吃吧，丹弗斯夫人？"我说，"你的房间里一定保存着各种各样的菜谱。"

蝴蝶梦

"我是不习惯听罗伯特传话，"她说，"如果德温特夫人想更换菜目，她常常是打内线电话亲自通知我。"

"恐怕德温特夫人怎样做与我关系不大，"我说，"如今我是德温特夫人。如果我想让罗伯特传话，我就让他传话。"

正在这时，罗伯特走进来说："《本郡新闻》的电话，夫人。"

"告诉他们我不在家。"我说。

"是的，夫人。"他说完退了出去。

"哦，丹弗斯夫人，还有别的事吗？"我问。

她还在愣愣盯着我瞧，依然一声不吭。"如果再没有别的事，你最好去吩咐厨子中午准备一顿热餐，"我说，"我现在非常忙。"

"为什么《本郡新闻》要和你通话？"她问道。

"鬼才知道，丹弗斯夫人。"

"昨晚弗里思从克里斯捎回消息，说德温特夫人的船被人发现了。这是真的吗？"她慢条斯理地问。

"有这样的消息吗？"我说，"我怎么一点风声也没听到？"

"克里斯的港务部长塞尔上校昨天来过，是不是？"她说，"罗伯特告诉我，是他把塞尔上校引进屋的。弗里思说，克里斯的居民们风传，潜水员在海湾里检查那艘搁浅的轮船时，无意中发现了德温特夫人的小船。"

"也许是真的，"我说，"你最好等德温特先生回来问问他。"

"德温特先生为什么一大早就起来了？"她问。

"那是德温特先生自己的事。"

她仍在目不转睛地盯着我瞧。"弗里思说外边的人都在风传小船的船舱里有具死尸，"她说，"那儿怎么会有死尸呢？德温特夫人每次都是独自一人出海的。"

"问我是问不出名堂的，丹弗斯夫人，"我说，"我知道的并不比你多。"

"是吗？"她仍用眼睛望着我，一字一板地说。我转过身，把花瓶放回到窗旁的桌子上。

"我去吩咐他们预备午餐。"她说完又等待了一会儿，见我没吱声，便走了出去。

我心想，她再也吓唬不住我了。她的淫威已随着丽贝卡一道完蛋。现在不管她说什么或做什么都威慑不住我，伤害不了我了。我知道她是我的敌人，可我不在乎。不过，她要是了解到小船里那具死尸的真相，也跟迈克西姆为敌，那该如何是好？我找把椅子坐下，把剪刀放到桌上，不想再修剪玫瑰花枝了。我心里一个劲在纳闷，不知迈克西姆此时的情况如何，不知《本郡新闻》的那位记者为什么又给我们打来了电话。想着想着，我心中又产生了旧有的那种恶心感。于是我走到窗前探身向外张望。外边非常炎热，空中响着闷雷。园丁们又开始割草了，可以看见一位工人推着割草机在草坡上走来走去。我在起居室里再也坐不住了，于是丢下剪刀和玫瑰花来到游廊上，开始踱起了步。杰斯珀吧嗒吧嗒跟在我身后，不明白我为什么不带它去散步。我在游廊上一来一往地踱步，一直踱到约摸十一点半钟，弗里思走出大厅前来找我。

"德温特先生的电话，夫人。"他说。

我穿过藏书室到了后边的小房间,用哆嗦的手拿起了话筒。

"是你吗?"对方说,"我是迈克西姆。这电话是从办事处打给你的,我和弗兰克在一起。"

"什么事?"我问。

他停了一会儿,然后才说道:"我一点钟带弗兰克和朱利安上校回家吃午饭。"

"好的。"我说。

我打住话头,等待着他的下文。他接着又说道:"他们总算打捞起了小船。我刚从小河那边回来。"

"噢。"我说。

"在场的有塞尔、朱利安上校、弗兰克以及另外一些人。"他说。我怀疑弗兰克也站在电话机旁,所以他的声音才如此冷静和疏远。

"就这样吧,"他说,"我们一点钟左右回家。"

我放下话筒,觉得他什么也没告诉我。我对所发生的情况一无所知。我先告诉弗里思今天有四个人就餐,而非两人,然后又回到了游廊上。

一个小时慢腾腾地熬了过去,这段时间漫长得像永无止境。我上楼换了件比较薄的外衣,又下楼坐到客厅里等待。差五分钟到一点的时候,我听见车道那儿响起了汽车的声音,接着便听到大厅里有人说话。我对着镜子拢拢头发,见脸色十分苍白,便掐掐脸蛋使之有些颜色,然后站起来等他们进屋。迈克西姆率先进来,后边跟着弗兰克和朱利安上校。我想起来曾看见朱利安上校在化装舞会上扮的是克伦威尔。这工夫他像是萎缩了,与先前有所不同,显得矮小了些。

"你好。"他说。声音冷静，严肃，活似一位给人治病的医生。

"让弗里思送些雪利酒来，"迈克西姆说，"我去洗一洗。"

"我也洗洗去。"弗兰克说。我还未来得及摇铃唤人，弗里思已把雪利酒送来了。朱利安上校滴酒未沾，而我抿了几口壮胆。朱利安上校来到窗前，站到我身旁。

"这种事实真让人头疼，德温特夫人，"他轻声说，"我对你和你的丈夫深表同情。"

"谢谢。"我说着，呷了口雪利酒，然后把杯子又放回桌上。我害怕他会注意到我的手在发抖。

"棘手就棘手在你丈夫一年前曾认领过一具女尸。"他说。

"我不太明白你的话。"我说。

"如此看来，你还未听到我们今天早晨检查的结果？"他问。

"我只知道船上有具死尸，是潜水员发现的。"我说。

"不错。"他说。然后他略微偏偏脑袋朝大厅那儿望了望，又压低嗓门说道，"恐怕已确凿无疑，死者就是她。详情不能尽述，但证据充足，你丈夫和菲力普斯医生都已辨认出了她。"

他突然收起话头，移步从我身边走开。迈克西姆和弗兰克回到了屋里。

"午餐已准备好，我们入席吧。"迈克西姆说。

我引路进大厅，一颗心沉重得像块石头，一点感觉也没有。朱利安上校坐在我的右首，弗兰克在左侧。我没敢去看迈克西姆。弗里思和罗伯特开始端上第一道菜。大家你一言我一语地谈论起了天气。

"《泰晤士报》上说,昨天伦敦的气温已超过了华氏八十度。"朱利安上校说。

"真的?"我说。

"是的。对于那些无法离开的可怜人来说,简直太可怕了。"

"是啊,是很可怕。"我说。

"巴黎有时比伦敦还要热,"弗兰克说,"记得有一年的八月中旬到巴黎度周末,热得睡不成觉。整个城市连一丝风也没有,气温在华氏九十度以上。"

"法国人睡觉总关着窗户,是不是?"朱利安上校问。

"不清楚,"弗兰克说,"我住的是旅馆,里边大多是美国人。"

"你当然熟悉法国喽,德温特夫人?"朱利安上校说。

"不太熟。"我说。

"哦,我还以为你在法国住过许多年呢。"

"不是的。"我说。

"我遇到她时,她住在蒙特卡洛,"迈克西姆说,"你总不会把那儿称为法国吧?"

"是啊,大概吧,"朱利安上校说,"那是座国际性城市。海岸倒是很漂亮,对不对?"

"非常漂亮。"我说。

"不像这儿的海岸线凹凸不平,是吧?不过,我有自己的选择。要是讲安家过日子,我无论何时都倾向于英国。在这儿你不至于晕头转向。"

"我敢说法国人对他们的国家也有同样的感情。"迈克西姆说。

"毋庸置疑。"朱利安上校说。

大家埋头默默无语地吃了会儿饭。弗里思站在我的椅子后边。我们心里都在想同一件事情,但碍于弗里思在场,大家只好演着假戏。此时的弗里思大概也在想那件事情。我觉得如果抛开俗套,让他加入我们的谈话,听听他的见解,情况就会好处理得多。罗伯特送来了饮料,把盘子换掉,端上了第二道菜。丹夫人没有忘记我关于吃热餐的愿望。我从浇着蘑菇汁的砂锅里舀了些菜出来。

"那天晚上的舞会场面盛大,我认为大伙儿玩得都很开心。"朱利安上校说。

"不胜荣幸。"我说。

"这种活动为当地人造福不浅。"他说。

"是啊,我想也是。"我说。

"乔装打扮的愿望,难道不是人类的一种共同天性吗?"弗兰克说。

"如此看来,我一定是缺乏人类天性喽。"迈克西姆说。

"人人都想扮成别的模样,这大概是很自然的。"朱利安上校说,"从某些方面来看,我们都还是小孩子。"

不知道装扮克伦威尔究竟给了他多大的乐趣,反正在化装舞会上没见他怎么露面。那天晚上他在打桥牌,把大部分时间都消磨在了起居室里。

"你不常打高尔夫球吧,德温特夫人?"朱利安上校问。

"是的,我怕是打不好。"我说。

"你应该多打打球,"他说,"我的大女儿非常热衷于高尔夫球，可她找不到年轻人做球友。她过生日，我送给她一辆小汽车，现在她几乎每天开车到北海岸兜风，总算有点事做。"

"还怪有意思的。"我说。

"按她的个性，她应该是个男孩，"他说，"我的儿子就完全不同了，对哪一样运动都不在行，只顾埋头写诗。我想他终究会明白过来的。"

"那倒也是，"弗兰克说，"我像他那种年龄也常赋诗作词，都是些废话连篇的作品。现在我再也没有这种闲情逸致了。"

"老天爷，但愿别搞那种吟风弄月的事情。"

"不知道我的儿子从何处继承了赋诗的天性，"朱利安上校说，"反正不是从我和他母亲身上继承的。"

大家沉默了老半天。后来朱利安上校又从沙锅里舀了些菜说："那天晚上莱西夫人看上去仪态万方。"

"是啊。"我说。

"她穿的衣服总是松松垮垮的。"迈克西姆说。

"东方服饰一定很难调理，"朱利安上校说，"不过东方服饰比英国女士穿的任何一种衣服都要舒服和凉爽得多。"

"真的？"我问。

"是的，大家都这么评价。大概那宽松的衣褶能遮挡炎热的阳光吧。"

"这倒也奇怪，"弗兰克说，"一般人都觉得衣褶起的是相反的作用。"

"不，当然不是那么回事。"朱利安上校说。

"你是不是很熟悉东方，上校？"弗兰克问。

"我很熟悉远东，"朱利安上校说，"我在中国待过五年，后来又去了新加坡。"

"就是出产咖喱的地方？"我问。

"是的，在新加坡时我们吃的都是上好的咖喱。"他说。

"我很喜欢吃咖喱。"弗兰克说。

"唉，英国哪儿有地道的咖喱，都是些大杂烩。"朱利安上校说。

菜碟撤下去后，仆人端上来一些蛋奶酥和一碗水果色拉。

"你们庄园的覆盆子生长旺季大概快到头了吧？"朱利安上校说，"今年夏天的覆盆子长势不错，对不对？我们做了好多罐覆盆子酱。"

"我觉得覆盆子酱没有做得很成功的，里面净是核。"弗兰克说。

"你真该去尝尝我们的酱，"朱利安上校说，"我觉得里面的核并不是很多。"

"曼德利的苹果今年是个丰产，"弗兰克说，"前几天我还跟迈克西姆说呢，苹果的产量可能会打破纪录。这样，就能把大量的苹果销往伦敦。"

"真的能赚钱吗？"朱利安上校说，"除了付仆人们加班费，还要付包装运输费，赚的利润能划得来吗？"

"没问题，当然划得来。"弗兰克说。

"太使人感兴趣了，回去我得告诉我妻子。"朱利安上校说。

蛋奶酥和水果色拉没多久便吃完了。罗伯特端上奶酪和饼干，几分钟后弗里思又送来了咖啡和香烟。接着，他们俩都走出房间，随手关上了门。我们默不作声地喝着咖啡。我痴呆呆地望着面前的盘子。

"午饭前我还对你妻子说呢，德温特，"朱利安上校又换上了原先的那种不慌不忙、开诚布公的语气，启口说道，"这件恼人的事情棘手就棘手在你起初认领了那具女尸。"

"是的，一点不错。"迈克西姆说。

"根据当时的情况，我认为出差错是很自然的，"弗兰克赶忙说，"当局写信请迈克西姆去埃奇库姆比，而且未等他成行便已有先入之见，认为死者可能是她。迈克西姆当时身体不适，我要陪他去，可他硬要独自一人上路。他的精神状况不适合处理那种事情。"

"胡言乱语，"迈克西姆说，"我当时身体很好。"

"算啦，现在抬杠已无济于事，"朱利安上校说，"你反正认领了那具女尸，眼下唯有承认自己搞错了才行。这一回似乎是没有什么疑问的。"

"是的。"迈克西姆说。

"但愿不要对你进行正式的审讯，免得引起轩然大波，"朱利安上校说，"不过，这恐怕是不可能的。"

"当然。"迈克西姆说。

"时间大概不会拖很久，"朱利安上校说，"所谓审讯就是请你重新认尸，然后传泰勃出庭。你不是说你妻子把船从法国弄来后，当时由他进行改装吗？这次他得证明小船在他的修理厂时状况良好，能够经得起海上的风浪。这只不过是走走形式，但又是必行的一步。我所担心的是闹得满城风雨，给你和你的妻子造成悲惨、难堪的局面。"

"没关系，"迈克西姆说，"我们能够理解。"

"那艘该死的轮船偏偏在那儿搁浅，真是倒霉透顶，"朱利安上校说，"要不然这件事便可以石沉大海、无人知晓了。"

"是的。"迈克西姆说。

"唯一使我们感到欣慰的是，现在我们总算知道了可怜的德温特夫人是在转瞬之间突然离开人世的，而非像大家所料想的那样痛苦地慢慢死去。毫无疑问，她当时不可能游泳求生。"

"是的。"迈克西姆说。

"她一定是下船舱取东西，不料舱门被卡住，一阵狂风刮来，碰巧无人掌舵，于是悲剧便发生了。"朱利安上校说。

"是的。"迈克西姆说。

"这似乎就是事情的结论，你看呢，克劳利？"朱利安上校冲着弗兰克说。

"哦，是的，毋庸置疑。"弗兰克说。

我抬头见弗兰克正在注视着迈克西姆。他立刻掉开了目光，但我已经看清了他的眼神，明白了其中的含义。弗兰克了解内情，这一点迈克西姆却一无所知。我不住地搅动咖啡，手心又热又潮。

"人们或迟或早大概都会有判断失误的时候，"朱利安上校说，"为此就得付出代价。德温特夫人应当知道海湾那儿有漏斗风，离开小船的舵盘是很不安全的。那片海面她单独驾船不知经过了几十次。可在关键时刻她却疏忽大意，一次冒险断送了性命。这对我们都是个教训。"

"意外事故屡见不鲜，"弗兰克说，"甚至最富有经验的人也会栽跟头。光想想每个狩猎期死去的人数你就知道了。"

"这我清楚，但通常是因马失前蹄摔死的。如果德温特夫人没有离开舵位,悲剧绝不会发生。我曾多次观看她参加从克里斯出发的星期六让分船赛[1],从未见她有过大的失误。只有新手才会在关键时刻离开舵位,尤其是在距礁石咫尺之遥的地方。"

"那天夜里浪大风猛,"弗兰克说,"也许船具出了毛病,被什么东西卡住了,于是她下船舱去取刀子排除故障。"

"当然,当然。唉,当时的情况我们永远无从得知。即便知道了也于事无补。我刚才说过,但愿能阻止这次审讯,但我实在无能为力。我争取把时间安排在星期二上午,尽量简短些。这不过是走走过场,但恐怕到时候我们无法撑开如蚁附膻的记者。"

接着,大家又沉默了下来。我觉得已到了离席的时间。

"我们到花园里走走吧?"我建议道。

大伙儿站起身,我一马当先领路来到游廊上。

朱利安爱抚地拍了拍杰斯珀说:"这家伙长成一条漂亮的狗了。"

"是啊。"我说。

"狗就是逗人喜爱。"他说。

"是啊。"我说。

大家闲散地站了一会儿,然后他看了看表说:"谢谢你们的盛情款待,今天下午我特别忙,只好匆匆告辞,希望不要见怪。"

"哪里的话。"我说。

"出现这种情况我十分遗憾。我对你非常同情。依我看,你的处境几乎比你丈夫的还要艰难。但听我一言:审讯一结束,就不要再想这件事了。"

---

[1] 为使得胜机会均等,给强者以不利条件、给弱者以有利条件的比赛。

"好的,"我说,"我们一定听你的劝告。"

"我的车停在车道上。克劳利,不知你想不想搭便车?如果需要,我可以送你到办事处。"

"谢谢你,上校。"弗兰克说。

他走上前拉住我的手说:"我会再来看你的。"

"好的。"我说。

我没敢看他,害怕他瞧到我的眼神。我不愿让他知道我也了解真实情况。迈克西姆去送他们上汽车。客人走后,他又回到游廊上拉起我的胳膊。我们站在那里眺望绿色草坪尽头的大海以及海岬上的灯塔。

"不会出事的,"他说,"我非常镇定,非常有信心。吃饭时你也看到了朱利安和弗兰克的态度。审讯不会有困难的。风浪会平息下来的。"

我没吱声,只是紧紧拽住他的胳膊。

"死者并非一位陌生人,这一点已确凿无疑,"他说,"我们看到了许多线索,即便我不在场,菲力普斯医生一人也能辨认出来。事情一目了然,全是明摆着的。我当时没有留下任何痕迹,子弹没有伤着骨头。"

游廊上有只蝴蝶从我们的身旁飞过,恍恍惚惚,虚无缥缈。

"他们的话你也听到了,"他又说道,"他们认为她是被舱门堵到里边的。陪审团到时候也会相信这种结论。菲力普斯会告诉他们的。"

他顿住话头,可我仍默不作声。

"我所担心的只是你,"他继续说道,"至于其他的事情我并不遗憾。如果从头来,我还会那样做。我很高兴自己亲手杀死了丽贝卡,对此我永远也不后悔,只是我不能忘怀此事对你的刺激。吃饭时我自始至终都在观望你,别的什么都不想。我所喜欢的那种滑稽、稚嫩、迷惘的表情从你的脸上永远消失了,再也不会复现。在把丽贝卡的事情告诉你的同时,我也扼杀了那种表情……一夜之间它没了踪影。你比以前老气多了……"

第二十二章

　　这天傍晚,弗里思把当地报纸送进屋来,只见报头横贯着大字标题。他把报纸拿过来放到桌上。迈克西姆不在跟前,他早早便上楼更衣,准备吃晚饭。弗里思站着不走,等着我说话。这件事对府上的每个人都意义重大,我觉得如果不置一词,未免太愚蠢、太伤面子。

　　于是我说道:"这是一件非常可怕的事情,弗里思。"

　　"是的,夫人,我们做仆人的都极为难过。"他说。

　　"德温特先生又得经历一番痛苦,实在叫人太痛心了。"我说。

　　"是的,夫人,非常痛心。这简直是一番令人毛骨悚然的经历,夫人,见了头一具死尸又得辨认第二具。船里的残骸遗骨的确是已故的德温特夫人,这一点大概没什么疑问了吧?"

　　"恐怕是这样,弗里思,一点疑问也没有。"

　　"我们觉得很奇怪,夫人,她怎么能让自己被堵到船舱里。她在驾船方面相当有经验呀。"

　　"不错,弗里思,这是我们大家共同的感觉。可意外事故是在所难免的。至于当时是怎样一种情况,我们大概谁也无从得知。"

"我想也是，夫人。不过这毕竟是一场大的震动。我们做仆人的都非常难过，刚刚开过舞会就突然发生了这事。真是有点不凑巧，你看是不？"

"是的，弗里思。"

"似乎要开什么审讯会吧，夫人？"

"是的，走走形式而已。"

"当然，夫人。不知会不会叫我们出庭作证？"

"大概不会。"

"无论任何事情，只要有利于这个家族，我都非常乐意效劳，德温特先生是了解的。"

"是的，弗里思，我相信他了解你。"

"我吩咐仆人们不要多嘴多舌，但很难总盯着他们，尤其是那些姑娘家。当然，罗伯特我可以管得住。这消息对丹弗斯夫人怕是一个重大打击。"

"是的，弗里思，这是我预料到的。"

"她午饭后就径直上楼进了自己的房间，再没有下来过。艾丽斯几分钟前给她送去一杯茶和一份报纸，回来说丹弗斯夫人病容满面。"

"真的，还是让她在房间里休息吧，"我说，"她如果病了，就没必要再起来料理家务。也许艾丽斯可以把这层意思转告给她。我完全能够安排饭食，和厨师商量着办。"

"遵命，夫人。我认为她并非身体上有病，夫人，只是因为德温特夫人的遗骨找到，给她带来了打击。她对德温特夫人赤胆忠心。"

"是的，"我说，"这我知道。"

后来，弗里思走出了房间。我趁迈克西姆还未下楼的工夫慌忙扫了一眼报纸。扉页上通版登了一大栏文章，还附着一张迈克西姆模糊不清的照片，看来至少是十五年前拍摄的。那幅照片从扉页上盯着我瞧，说起来也怪叫人害怕的。底部有一小段文字讲的是我，说我是迈克西姆娶的第二任妻子，还说曼德利刚刚举办了一次化装舞会。这事经报纸的黑体字一宣扬，显得极为残酷和不近人情。他们把丽贝卡描绘成一个美丽端庄、才华横溢、人见人爱的女性，一年前命丧大海。而迈克西姆次年春便续弦再娶，携新婚佳丽回到曼德利（报上就是这么说的），并且为她举办盛大的化装舞会。舞会后的第二天上午，有人在海湾的水底下发现了他前妻的遗骸，封闭在小船的船舱里。

报上讲的当然都是实话，只是稍微添加了一些失真的情节增强感染力，以吸引数以百计的读者，那些读者花了钱就想看到有价值的东西。迈克西姆被说成是一个十恶不赦的坏蛋、偷香窃玉的淫棍，把"新婚佳丽"（这是对我的形容）带回曼德利，还举办什么舞会，仿佛我们有意在世人面前炫耀自己。

我把报纸藏在椅垫下，免得让迈克西姆瞧见。可是我却无法阻止他看晨报。我们订阅的伦敦报纸也登载了这条消息，上面有一幅曼德利的照片，照片下是文字报道。曼德利和迈克西姆都成了新闻热点。报上称他为迈克斯·德温特，这样的称呼显得有些猥亵和可恶。各家报纸都大肆渲染地报道，说丽贝卡的尸骨是在化装舞会后的第二天找到的，仿佛这是上天故意作出的安排。两份报纸都使用"具有讽刺意味"来形容这件事，依我看也的确具有讽刺意味，能够起到哗众取宠的效果。早饭时，我见迈克西姆一份一份地读报,最后连地方报也没放过,脸色变得愈来愈难看。他没有吱声,只是隔着餐桌望了望我。我向他伸出手时,他低声骂道:"那些家伙真该死,那些家伙真该死。"

我心想若记者了解到内幕情况,还不知会怎样兴风作浪呢。那时报上登的就不是一栏文章,而是五六栏文章了。伦敦将出现特大号外,报童在街头以及地铁站外高声叫卖。一个由六个字母组成的可怕的词[1],用黑色油墨印得硕大无比,赫然摆在号外的中心位置。

弗兰克吃过早饭跑了来,脸色苍白、疲倦,显然一夜没合眼。

"我叮咛了电话交换台,不管何人,凡是打给曼德利的电话,都转到办事处去,"他对迈克西姆说,"如果记者来电话,由我对付他们,别的人也不例外。我不想让你们受到打扰。有几个当地人已经打来了电话,每次我都给予同样的答复:德温特夫妇对于同情的问候十分感激,并敬请朋友们谅解近几天他们不接电话。八点半左右,莱西夫人打电话说马上要过来看望你们。"

"唉,我的上帝……"迈克西姆叫起苦来。

"没关系,我替你们拦住了她。我如实相告,说她来这儿帮不上什么忙,还说你除了德温特夫人任何人都不愿意见。她问我何时举行审讯会,我说日期还没有定。如果她从报上查到日期,就不一定能阻止她到审讯会去了。"

"那些记者真作孽。"迈克西姆说。

"这我知道,"弗兰克说,"我们都恨不得拧断他们的脖子,但你也得设身处地为他们想一想。这是他们糊口的饭碗,当

---

[1] 此处指murder(谋杀)。

记者的总得为报社卖力呀。他们写不出文章,很可能就会被编辑开除。而编辑要是编不出畅销的报,则会被老板炒鱿鱼。倘若报纸卖不动,老板就得赔钱。迈克西姆,你不用见他们、跟他们费口舌,一切由我全权代理。你只需集中精力为审讯会准备一份证词。"

"我知道该说些什么。"迈克西姆说。

"这我相信,但别忘了霍里奇是验尸官。那是个难缠的家伙,爱在不相干的细节上做文章,以此向陪审团显示他一丝不苟的工作态度。你可不能被他惹恼了。"

"我怎么会恼呢?我又没有可恼火的缘由。"

"当然,当然。不过我以前听过那些验尸官是怎样审讯人,很容易使人精神紧张、脾气暴躁。到时候你千万不要激怒了他。"

"弗兰克是对的,"我说,"我知道他心中的顾虑。审讯进行得愈平稳,结束得愈早,大家的日子就愈好过。这件倒霉的事情一旦平息,我们就彻底忘掉它,所有其他的人也会把它抛到九霄云外,你说是吧,弗兰克?"

"是的,正是这样。"弗兰克说。

我仍躲避着他的目光,但心里却更加肯定他是知道实情的。自打一开始,他就了解事情的内幕。我仍记得初次见到他的情景,记得我抵达曼德利的第一天,他、比阿特丽斯以及贾尔斯来家里吃午饭,比阿特丽斯曾昏头昏脑地议论起了迈克西姆的健康,而他不动声色地把话题岔开了。每当迈克西姆遇到困难,弗兰克总是不显山不露水地为他解围。在涉及丽贝卡的问题上,他则态度古怪,一副讳莫如深的样子。一旦我们俩谈话谈得很投机，他就突然变得古板、怪诞和一本正经，使谈话冷却下来。现在我总算明白了其中的原因。弗兰克了解内情，可迈克西姆对此却蒙在鼓里。弗兰克也不想让迈克西姆知道他是知情人。我们就这样站在那里，你看着我，我看着你，彼此之间隔着障碍。

我们没再受到电话的干扰，所有的电话都转到了办事处。剩下来只是等待了，等待星期二的到来。

丹弗斯夫人一直没露面。菜谱照样送来让我过目，而我也不做什么更动。我向克拉丽斯询问她的情况，克拉丽斯说她一如既往地忙于家务，只是谁也不搭理，一天三顿饭都是独自一人闷在她的起居室里吃的。

克拉丽斯圆睁双眼，显然一肚子的好奇，可是却一句话也没问，我也不打算跟她推心置腹地交谈。毫无疑问，无论是在厨房里、庄园上还是门房内及田间地头，人们到处都在议论这件事。克里斯城内大概也传得沸沸扬扬。我们在曼德利闭门索居，有时到旁边的花园里散散心，甚至连林子里也不去了。天气依然如故，还是那般闷热，空中响雷阵阵，密布的阴云背后酝酿着大雨，可就是不见雨点落下来。雨水在乌云后积聚，我可以感觉得到，也可以嗅到雨腥气。审讯会定于星期二下午两点钟举行。

这天，我们在十二点四十五分吃午饭。弗兰克跑了来。谢天谢地，比阿特丽斯打电话来说她不能分身，由于小罗杰患麻疹回到家，全家人都得跟着接受检疫。我心中不由对这场麻疹深为感激。比阿特丽斯如果来到这儿，带着一副真诚、焦虑和关切的表情坐在身边，一刻不停地提问这提问那，我想迈克西姆是受不了的。

吃饭时我们匆匆忙忙，精神紧张，谁都没多说话。我心里又出现了那种折磨人的疼痛感，一口菜都不想吃，一勺饭都咽不下去。这顿充数的午饭结束后,给人以如释重负之感。我听到迈克西姆走上车道,发动起了汽车。轰鸣的引擎声使我的情绪稳定了下来。这意味着我们将要出发,将要有所行动,将摆脱在曼德利消极等待的局面。弗兰克开着他自己的车跟在我们后边。一路上,迈克西姆驾着车,我把手放在他的膝盖上。他看上去十分镇静,没有一点儿紧张的情绪。这滋味就像是陪一位病人上医院做手术,不知后果如何,手术是否会成功。我两手冰冷,心儿异样地跳动着。那种折磨人的隐痛在我的心底始终都没有消失。审讯会在兰因举行,那是距克里斯另一侧六英里的一个集市中心。我们只好把汽车停放在集市旁的一个鹅卵石铺就的大广场上。菲力普斯医生以及朱利安上校的汽车已经停在了那儿,另外还有一些汽车。我瞧见一位行人好奇地盯着迈克西姆瞧了瞧,接着碰了碰同伴的胳膊。

"我想留在这里,就不跟你们进去了。"我说。

"我不愿让你来这种地方,一开始我就反对。其实你留在曼德利有多好。"迈克西姆说。

"不,"我说,"我情愿坐在车里等你们。"

弗兰克走过来,透过车窗向里望了望问:"德温特夫人不一块儿去吗?"

"是的,"迈克西姆说,"她想待在车里。"

"我想她是对的,"弗兰克说,"她完全没必要出席审讯会。我们不会耽搁很长时间。"

"没关系。"我说。

"我为你留个座位,"弗兰克说,"万一改变了主意,你就进去。"

他们俩走了，撇下我一人坐在车里。这天是提前打烊的日子，一家家店铺显得凄凉、萧条。周围的行人稀稀拉拉。兰因离海岸远，算不上度假胜地。我坐在车上观望着那些静悄悄的店铺，时间一分钟一分钟地流逝。不知验尸官、弗兰克、迈克西姆以及朱利安上校那些人此时在干什么。我钻出汽车，在市场上踱起了步。我走过去朝一家商店的橱窗里望了望，然后又踱起步来。我见一个警察在用好奇的目光打量我，便拐入一条小巷避开他。

不知怎么，我不知不觉来到了举办审讯会的大楼前。由于审讯会的具体时间未透露风声，所以没有出现我所害怕和料想的情况，聚起一大堆围观的人群。这儿显得冷冷清清。我步上台阶，站到了大门里边。

不知从哪儿钻出来个警察问："你有事吗？"

"没事，没事。"我说。

"你不能待在这地方。"他说。

"很抱歉。"说完，我返身向临街的台阶走去。

"请问，夫人，"他说，"你是不是德温特夫人？"

"正是。"我说。

"那当然就不同啦，"他说，"你愿意在这儿等就在这儿等吧。你想到那个房间里找个座位歇歇吗？"

"谢谢你。"我说。

他引我来到一个空荡荡的小房间，里边摆着张桌子，像是警察局的候审室。我坐下来，双手放到膝上。五分钟过去了，一点动静都没有。待在这鬼地方还不如踯躅于街头或坐在汽车里。我起身来到了甬道里，见警察仍站在那儿。

"还要开多长时间？"我问。

"如果你愿意，我去替你问问。"他说。

他沿着甬道走了，过了一会儿返回来说："时间大概不会太长了。德温特先生刚提供过证词。塞尔上校、潜水员以及菲力普斯医生也已先后做了证。克里斯的造船工泰勃先生是最后一个要发言的人。"

"如此看来，快结束了。"我说。

"我想是的，夫人。"他说。随后，他突然心血来潮地又说道，"最后的证词你想不想听？刚一进门的地方有个位子。你悄悄溜进去，没有人会注意到你的。"

"好的，"我说，"好的，我很想去听听。"

审讯会已近尾声，迈克西姆已经提供过了证词，现在去听听别人的话倒也无妨，我所不愿听的恰是迈克西姆的证词。我一直害怕听他做证，所以最初我没有跟着他和弗兰克到这儿来。现在无所谓了，因为他的戏已经演完。

警察领着我来到甬道的尽头，推开了一扇门。我溜进去，傍门坐了下来。我脑袋低垂，不愿看任何人。审讯室比我想象的要小一些，里面又热又闷。我原以为这儿又大又空，摆着许多长条板凳，跟教堂大厅一样。迈克西姆和弗兰克坐在房间的另一头。验尸官是个上了年纪的瘦削老人，戴着副夹鼻眼镜。在场的还有些人我不认识。我用眼角的余光望去，心里猛然一跳，因为我在听众群里认出了丹夫人，她坐在后边的一排。丽贝卡的表兄杰克·费弗尔坐在她旁边。那家伙手托下巴，身子前倾，眼睛紧紧盯着验尸官霍里奇先生。真没想到他会来。不知迈克西姆看见他没有。造船主詹姆斯·泰勃此刻正直挺挺站着，验尸官在向他发问。

"不错，先生，"泰勃回答说，"德温特夫人的小船是我改

蝴蝶梦 385

装的。原先那是一艘法国渔船，德温特夫人在布利塔尼花低价把它买下运回了英国。她将改装的活儿交给了我，让我把船改造成小游艇的模样。"

"小船当时的状况适宜于航海吗？"验尸官问。

"去年四月份在这儿装修时，它是适宜于航海的，"泰勃说，"像往常一样，德温特夫人前年十月把船送入修理厂，去年三月份通知我进行例行装修，我照她的吩咐做了。自打替她改装过那艘船以来，那是她第四年要求装修了。"

"小船以前发生过倾覆的现象吗？"验尸官问。

"没有，先生。假如有那种现象，德温特夫人会立刻告诉我的。根据她跟我说过的话，她对小船是百分之百满意的。"

"驾船时大概需要特别当心吧？"验尸官问。

"在大海上航行，谁都得头脑冷静，这我不否认。可德温特夫人的船并非你在克里斯看到的那种一刻离不开人的容易倾覆的小船。它坚固结实，能经得起大风大浪。有时气候比那天夜里还要恶劣，德温特夫人照样驾船出海。那天夜里只不过刮了些阵风罢了。我一直都对人说，我简直不明白德温特夫人的船怎么会在那样的夜晚失事。"

"可是，德温特夫人如果像大家推测的那样下船舱取衣服，海岬那儿突然刮来一阵狂风，不就把小船吹翻啦？"验尸官问。

詹姆斯·泰勃摇摇头，固执地说："不，我认为不可能。"

"恐怕实际情况正是如此，"验尸官说，"我觉得德温特先生或我们当中的任何人都不会把事故归咎于你的手艺。在航海季节开始的时候你装修了那条船，并说它状况良好，经得起风浪，我想知道的就这些。已故的德温特夫人一时放松了警惕，丢掉了性命，小船载着她沉入海底，这是一次不幸的事件。这类事故以前也发生过。我再次声明，我们没有怪罪你的意思。"

"对不起，先生，"造船工说，"另外还有些情况呢。如果你允许的话，我愿作进一步解释。"

"好吧，尽管说。"验尸官说。

"情况是这样的，先生。去年的事故发生之后，克里斯有许多人都对我的技术说长道短，有些人指责我不该把一条漏水的破船交给德温特夫人出海。为此我失去了两三宗生意。那可真是大冤枉，但毕竟那船沉了海底，所以我有口难辩。后来那艘轮船搁浅，这诸位都知道，德温特夫人的小船被发现，并打捞出了海面。昨天塞尔上校亲自请我去查看，于是我就去了。我想证实，尽管小船在海水里浸泡了一年或更长的时间，但我干的活儿是没有问题的。"

"哦，那是十分自然的，"验尸官说，"但愿你达到了自己的目的。"

"是的，先生，我如愿以偿了。我所干的活儿无懈可击。塞尔上校把小船打捞到了驳船上，停泊在入海口，我跑到那儿检查了小船的每一个角落。沉船处是沙质海底，对此我问过潜水员，是他告诉我的。它根本没有触礁，离礁石足有五英尺远呢。它横卧在沙地上，通体没有岩石撞击的痕迹。"

他停了下来。验尸官直盯着他，期待着下文。

"完啦？"他问，"你要讲的就这些？"

"不，先生，"泰勃一字一顿地说，"还没有完呢。我想提出的疑问是谁在船板上凿了个洞。那不是礁石撞的，因为最近的礁石也有五英尺之遥。再说，那根本就不是礁石碰撞的痕迹，而是窟窿，用尖铁凿出的窟窿。"

我没敢看他，而是把目光盯在地上，那儿铺着油布——绿色的油布。我的目光就落在油布上。

我不明白验尸官为什么不说话。冷场的时间怎么这样长？当验尸官最终开口时，他的声音显得非常遥远。

"此话怎讲？"他问，"什么样的窟窿？"

"总共有三个窟窿，"造船工说，"一个在船首的锚链舱旁，位于吃水线以下的右舷板上，另两个挨得很近，都位于船中央底舱板下。压舱物也移动了位置，被抛到了一旁。还有一件蹊跷的事件：海底阀被人旋开了。"

"海底阀？海底阀为何物？"验尸官问。

"就是安装在盥洗池或厕所管道上的活塞，先生。德温特夫人让我在船尾装了个小厕所，船首还有一个水池子供她洗东西用。两处都安有海底阀，航海时总是旋得紧紧地，不然海水会涌入船内。昨天检查时，我发现两个海底阀都被旋开了。"

天气很热，热得让人受不了。他们为何不打开窗户呢？空气如此沉闷，不憋死人才怪。屋里的人太多，简直太多了，都呼吸着相同的空气！

"船板上凿有窟窿，先生，海底阀又开着，那样的小船不多久便会葬身于海底，大概连十分钟都用不了。小船离开我的修造厂时，上面并没有窟窿。我为自己干的活感到自豪，德温特夫人也赞不绝口。先生，我认为那条船根本没有倾覆，而是被人蓄意凿沉的。"

我得设法走出房门，再回到那间候审室里。这儿缺乏空气，旁边的那个人愈挤愈近……我前边有个人站了起来，接着大家都议论起来，所有的人都在讲话。我不知道出了什么事，茫茫然什么也看不见。空气非常热，热得人难受。验尸官要求大家肃静，接着说"德温特先生"怎么怎么的。我看不清情况，前边那女人的帽子挡住了我的视线。迈克西姆此时站起了身。我只觉得自己不能看他，不应该看他。我以前也曾有过类似的感觉。那是什么时候来着？我说不清，记不起来了。啊，对啦，有那么一次我和丹夫人在一起。当时她跟我都站在窗前。此时此刻，丹夫人也在这地方聆听验尸官的言辞。迈克西姆正直挺挺站在那边。地板上的热浪冉冉升起，向我迎面扑来，蒸烤着我湿漉漉、滑腻腻的双手，拂动着我的脖颈、下巴和面孔。

"詹姆斯·泰勃负责装修德温特夫人的船，他的证词你都听见了吧，德温特先生？关于船板上凿的那些窟窿，你都知道些什么情况？"

"一无所知。"

"你能设想一下怎么会有那些窟窿吗？"

"无能为力。"

"这情况你是第一次听到？"

"是的。"

"你肯定感到震惊吧？"

"当我得知自己一年多之前错认了尸体，我感到极为震惊。而现在我又得知我的前妻不仅仅是淹死在船舱里，并且船上被凿了几个窟窿，蓄意放水淹船，这我能不震惊吗？有什么可奇怪的？"

不，迈克西姆，不！千万不要激怒他。你该记得弗兰克的告诫，决不能惹他生气。别用那种腔调，别用那种气愤的腔调说话，迈克西姆。他不会原谅你的。求求你啦，亲爱的，求求你啦。上帝啊，别让迈克西姆发脾气，别让他发脾气！

"德温特先生，希望你能相信，在这件事情上我们都对你深为同情。毫无疑问，当你得知自己的前妻淹死在她的船舱里，而非像你先前设想的那样殒命于大海的波涛中，你一定大为震惊，非常非常震惊。我调查这件案子也是为了你。为了你的缘故，我要查明她的死因和经过。我组织调查并非为了给我自己取乐解闷儿。"

"这是明摆着的。"

"但愿你能理解。詹姆斯·泰勃刚才说，那条载着已故德温特夫人遗骸的小船，被人在底部凿了三个窟窿，而且海底阀都开着。你对他的证词有怀疑吗？"

"当然没有。他是造船工，知道自己的话所含的分量。"

"德温特夫人的船由谁照看？"

"由她自己照看。"

"没有雇人吗？"

"没有，一个人也没雇。"

"那条船是否停泊在曼德利私有的港口？"

"是的。"

"陌生人如果企图破坏小船，是否会被发现？从公用的小径是否无法接近港口？"

"对，一点不错。"

"港口是否很僻静，被林木所环绕？"

"是的。"

"如有人闯入，也可能不会被注意到？"

"有可能。"

"根据詹姆斯·泰勃的证词,船底被人凿了洞,海底阀又被打开,小船漂浮不了十分或十五分钟,本庭没有理由不相信他的话。"

"完全正确。"

"因此我们可以排除一种可能性,在德温特夫人那晚出海前,小船遭到了蓄意破坏。因为真是那样,小船在停泊处就会下沉。"

"毋庸置疑。"

"由此可以推断,那天夜里有人把船开出港口,凿穿船板,并打开了海底阀。"

"大概是这样的。"

"你告诉过本庭,说舱门以及舷窗都紧紧关着,而你妻子的遗骸躺在地板上。你的证词,菲力普斯医生以及塞尔上校的证词,都包括这些细节吧?"

"是的。"

"除了这些细节,又增添了新的情况,有人用尖铁凿穿船底,并旋开了海底阀。你不觉得非常奇怪吗,德温特先生?"

"当然很奇怪。"

"你对此能作些解释吗?"

"不能,我爱莫能助。"

"德温特先生,也许我的话会给你带来痛苦,但我有责任向你提一个涉及个人的问题。"

"洗耳恭听。"

"你和你的亡妻德温特夫人之间的关系非常美满吗?"

我终于撑不住劲了，眼前金星飞舞闪烁，刺破了热腾腾的空气。好热啊，真是太热了！这么多人，这么多面孔，连扇窗户都不开！大门本来离我很近，但此刻却好像比我原想的要远。地面正一点点向我迎过来。

这时，在周围的一片怪异的朦胧中响起了迈克西姆清晰、洪亮的声音："哪位把我妻子扶出去？她快要晕倒啦！"

第二十三章

我又坐到了小房间里,就是那个像警察局候审室的房间。那位警察正俯下身子把一杯水递给我,另有一个人把手搭在我的胳膊上——原来是弗兰克的手。我坐着一动不动,但见地板、墙壁以及弗兰克和警察的身影在我眼前逐渐显出了清晰的轮廓。

"非常抱歉,"我说,"真是丢人现眼。那房间里太热了,简直热得人发晕。"

"那地方密不透风,"警察说,"常有人抱怨,但至今没采取任何措施。以前也有女士晕倒过。"

"感觉好些了吗,德温特夫人?"弗兰克问。

"是的,好多了。我喘口气就没事了,你不用在这儿陪我。"

"我要送你回曼德利。"

"走吧,这是迈克西姆的吩咐。"

"不。你应该去陪他。"

"迈克西姆命令我送你回曼德利。"

他挽住我的胳膊,搀我站了起来。"你能走到汽车边吗?要不我把车开过来?"

"我能走路,但我还是想留下等迈克西姆。"

"迈克西姆也许要耽搁很长时间。"

他怎么说这话?这是什么意思?他为什么不敢看我?他搀住我的胳膊,陪我沿着甬道走到大门口,然后下台阶来到街上。迈克西姆也许要耽搁很长时间……

我们没说话,默默地来到了弗兰克的那辆莫里斯牌小汽车前。他打开车门,扶我上了车,然后他自己也爬上车,发动起引擎。我们离开铺着鹅卵石的市场,驱车穿过空落落的城镇,驶上了通往克里斯的公路。

"为什么还要花很长时间?他们打算干什么?"

"也许还要把证词重新过一遍。"弗兰克目不斜视地望着前边坚硬的白色路面。

"证词都已听完了,不会再有新的东西。"我说。

"那可不一定,"弗兰克说,"验尸官可以换一种方式提问。泰勃翻转了整件事情。这一次,验尸官会从另一种角度进行调查。"

"哪种角度?你是什么意思?"

"证词你也听了吧?关于那条船你听见泰勃是怎么说的。他们不再认为那是意外事故了。"

"真荒唐,弗兰克,太可笑了。他们不应该听泰勃的一面之词。过去了这许多月,他怎么知道船上的窟窿是如何来的。他们企图证明什么?"

"不清楚。"

"验尸官一定会纠住迈克西姆不放,引他发脾气,使他说话颠三倒四。他会连珠炮似的发问,让迈克西姆抵挡不住。我知道迈克西姆会受不了的。"

弗兰克没有回答，把车开得风驰电掣。自从跟他认识以来，这是第一次见他找不出应景的话。这说明他内心很焦虑，非常焦虑。平时他开车又慢又小心，每到一个交叉路口都停下左顾右盼，每逢转弯处都鸣喇叭示意。

"那个人也在场，"我说，"就是曾经有一次来曼德利看望丹弗斯夫人的那个家伙。"

"你指的是费弗尔吧？"弗兰克问，"不错，我看见他了。"

"他和丹弗斯夫人坐在一起。"

"不错，这我知道。"

"他为什么在场？他有何权利参加审讯会？"

"他是丽贝卡的表兄。"

"他跟丹弗斯夫人挤在一起听证词，显然不大对劲。我不信任那两人，弗兰克。"

"是啊。"

"他们也许心中有鬼，要搞阴谋诡计。"

这次，弗兰克还是没有接我的话茬儿。我意识到他对迈克西姆忠心不贰，不会跟着别人瞎说，甚至在我面前也谨小慎微。他不清楚我对此事了解到何种程度，我也说不准他究竟掌握多少内情。我们俩是盟友和同路人，却不能彼此相望，谁也不敢向对方袒露心扉。此刻，汽车驶入庄园大门，沿漫长、蜿蜒、狭窄的车道向宅子进发。我首次注意到绣球花正在开放，蓝色的绣球从绿叶后探出脑袋。它们尽管美丽多姿，却含有几分凄凉和悲哀，好像是安放在外国教堂墓地玻璃棺材前的花圈，显得呆板和不自然。车道两侧一路上全是清一色的蓝绣球，似观众队列于街头目送我们通过。

我们终于来到了宅子，转过那个大弯把车停在了台阶前。"现在感觉好了吗？"弗兰克问，"你是不是可以躺下休息休息？我要赶回兰因去，"他说，"迈克西姆可能会需要我。"

他没再多话，匆忙回到车上，把车开走了。迈克西姆可能会需要他！他为什么说迈克西姆可能会需要他呢？也许验尸官还要盘问弗兰克，问他一年多之前迈克西姆跟他一起吃饭那天晚上的情况。验尸官可能要了解迈克西姆究竟是何时离开他的寓所，了解迈克西姆回家时是否有人看见了他，了解仆人们是否知道他回了家，以及是否有人能证明迈克西姆直接上了床脱衣就寝。丹夫人可能会受到盘诘，要求她提供证词。迈克西姆肯定会动怒，变得脸色苍白……

我走入大厅，上楼梯回到自己的房间，按照弗兰克的建议躺到床上休息。我双手掩面，眼前老是闪现出审讯室的情景以及人们的各种嘴脸，闪现出验尸官那张皱巴巴、刁钻刻薄、惹人生厌的面孔和他的金丝边夹鼻眼镜。

"我组织调查并非为了给我自己取乐解闷儿。"验尸官的话言犹在耳。那家伙不慌不忙，大脑谨慎，但动辄上火。这会儿他们在说什么呢？那边情况怎样呢？要是过一会儿，弗兰克独自一人回到曼德利，那该如何是好？

我不知道那是怎么回事，不明白人们这时会采取什么样的行动。我记得报上登过这类照片，照片上的人被带离了审讯室这种地方。假如迈克西姆被押走怎么办？他们绝不会允许我去看望他。我只好像现在这般守在曼德利，日复一日、夜复一夜地等待。朱利安上校和一些善良的人会对我说:"你可不能一个人闷在家里,来我们这儿玩玩吧。"电话,报纸,接下来又是电话。"不行,德温特夫人任何人都不见。德温特夫人没有什么情况可提供给《本郡新闻》。"一天又一天、一星期又一星期都变成了模糊的过去,随之化为乌有。最后,弗兰克带我去探望迈克西姆。迈克西姆形容消瘦,表情古怪,好似医院里的病人⋯⋯

一些别的女人也有过这种经历,她们的情况我在报上看到过。她们上书内务大臣,可是却无济于事,内务大臣总言称必须执法如山。朋友们也递上呼吁书,大家都纷纷签名,而内务大臣总是虚与委蛇、敷衍了事。普通读者从报上看到这个案子,则呼吁不能放过谋害自己妻子的罪犯。放过他,怎能告慰那位冤死的可怜女人?只讲究宽大处理,把死刑废除掉,这是在鼓励犯罪。凶手在杀妻之前应该考虑到后果。现在已为时过晚。他会走杀人犯的老路,被套上绞架。他这是咎由自取、罪有应得。愿天下人以此为戒。

记得我曾在一份报纸的背面看到过一幅照片,照片上有一小群人聚集在监狱门外。九点钟刚过,一位警察走来把一份有关于死刑的告示贴在大门上,供人们观看:"死刑已于今天上午九点钟执行,在场的有典狱长、狱医以及本郡行政官。"绞刑快捷省事,不会有痛苦,立刻就能勒断你的脖子。不过,有一位认识一座监狱的典狱长的人曾经透露说,这种死刑有时也会给犯人带来痛苦。他们把一只布袋子套在你的头上,让你站到刑台上,你脚下便腾了空。从走出囚室到被绞死,不多不少需要三分钟的时间。有人说需要五十秒就够了。这简直是无稽之谈,不可能只用五十秒,因为从刑棚旁边下到尸坑里还要走一段阶梯哩。狱医总要到尸坑里查看查看。犯人不总是立时毙命，有的犯人脖子没勒断，躯体往往要蠕动一会儿，只不过没有感觉罢了。有人说这种犯人是能感到痛苦的。那位透露消息的人士有位哥哥是狱医，他说犯人并非全都当场死亡，有的犯人睁大眼睛，把眼睛一直睁很长时间，这种情况所以鲜为人知，是害怕引起舆论大哗。

上帝啊，别让我再想这件事啦，让我想点别的事情，譬如回忆一下远在美国的范·霍珀夫人。她一定在跟女儿一起安享天伦之乐，夏日便到长岛别墅度假。她们一定整天打桥牌，看赛马，范夫人对赛马是很入迷的。不知她是否还戴着那顶小黄帽，那帽子遮在她的圆盘大脸上显得太小了。我仿佛看到她悠闲地坐在长岛别墅的花园里，膝上放着小说、杂志和报纸，看到她拿起长柄眼镜，大声对女儿叫喊道："快来看，海伦。报上说迈克斯·德温特谋害了自己的第一任妻子。我一直觉得那家伙有点不对劲，曾劝那个傻姑娘不要遗恨终生，可她不肯听我的金玉良言。这下她算把自己给害了。报纸为了能登上她的照片，大概会出大价钱给她。"

有谁碰了碰我的手。原来是杰斯珀，它把又凉又湿的鼻子伸进我的手里。它从大厅跟踪我来到了这儿。一个人见到狗为什么直想落泪？这种动物给人以无声的同情，带有伤感的意味。狗都是有灵性的，杰斯珀觉察到家里出了事情。主人要是把行李装箱，将汽车开到大门前，狗会耷拉着尾巴，郁郁寡欢地在一旁观看。待汽车的声音消失后，它们便灰溜溜回到大厅，钻进狗窝里……

我迷迷糊糊睡着了，后来空中的第一声炸雷把我从睡梦中惊醒。我坐起来，看看表已五点钟，于是下了床走到窗前。外边一丝风儿也没有,树上的树叶无精打采地低着头等待着。锯齿状的闪电划破蓝灰色的天空。远方又响起滚滚闷雷,可是仍不见雨点落下来。我来到走廊里,竖起耳朵,却听不见一点动静,于是又走至楼梯口,还是一个人影也没有。由于雨云遮住了天空,大厅里昏暗无光。我下了楼,来到游廊上。这时又响起了一声炸雷,一滴雨水落在了我的手上,仅此一滴,之后再没有雨水降下来。四周昏天黑地,但是山坳那边的大海宛如一泓黑色的湖水。又一滴雨水落在了我的手上,接着又响起一声炸雷。一位女仆开始关楼上各房间的窗户。罗伯特走了进来,关上我身后客厅里的窗户。

"先生们还没有回来吗,罗伯特?"我问。

"没有,夫人,还没回来。我以为你跟他们在一起呢,夫人。"

"不,不。我回家好一会儿了。"

"你要用茶点吗,夫人?"

"不,不,等等再说。"

"看起来,天终于要变啦,夫人。"

"是啊。"

可仍不见下雨。自从两滴雨落在我手上后,再没了动静。我走回屋,来到藏书室里坐下。五点半的时候,罗伯特走进了房间。

"汽车刚刚停到门口,夫人。"他说。

"谁的汽车?"我问。

"那是德温特先生的车,夫人。"他回答。

"德温特先生亲自开的车?"

"是的,夫人。"

我挣扎着想立起身,可两条腿像面条一样撑不住躯体。于是我只好靠沙发坐着，嗓子眼儿干得难受。不一会儿，迈克西姆来到了屋里，傍着门口站定。

他看上去十分疲倦，苍老，嘴角显露出我以前从未注意到的皱纹。

"全都结束了。"他说。

我等待着下文，自己却仍然说不出话来，也迈不起步子向他靠近。

"结论是自杀，"他说，"不过却没有足够的证据说明死者当时的心理状况。所有人都如坠云雾，分不清东南西北了。"

我坐到沙发上说："要是自杀，那么动机呢？动机是什么？"

"鬼知道，"他说，"他们似乎认为不需要什么动机。霍里奇老家伙斜睨着我，问我丽贝卡是不是在金钱方面遇到了麻烦。她缺钱花，真是天方夜谭！"

他走过来，站到窗户前眺望着外边的绿草坪说："天要降雨了。感谢上帝，老天终于要降雨啦！"

"后来怎么样？"我说，"验尸官是什么意见？你为什么在那儿耽搁了这么长时间？"

"他把老调弹了又弹，"迈克西姆说，"把关于那条船的一些细小问题问过来问过去，其实没人对那一套感兴趣。什么海底阀是否很难旋开；第一个窟窿和第二个窟窿到底相距多远；压舱物是怎么回事；移开压舱物会对船的稳定性造成什么样的影响；一个女人不要别人的协助，自己能移动压舱物吗；舱门是否关得很紧；把舱门冲开需要多大的水压。我觉得自己当时都快要发疯了，不过我压住了火气。见你坐在大门旁，我记起了应该怎样对付他。你要是不晕倒，我可能会一败涂地。你一晕倒，我猛然清醒过来。我掌握住了讲话的分寸,也一直跟他周旋着。我目不转睛盯着他那张喜欢吹毛求疵的瘦脸和那副金丝边夹鼻眼镜。我到死都不会忘记他的嘴脸。亲爱的,我累坏了,累得什么都看不见、听不到也感觉不着了。"

他坐到窗前的座位上,俯下身子,用双手抱住脑袋。我过去坐在他身旁。过了一会儿,弗里思走了进来,罗伯特搬着茶桌跟在后边。接下来又是日复一日的那套千篇一律的隆重仪式:拉开折叠桌面,支好桌腿,铺上雪白的台布,放下银质茶具和热在小炉子上的茶炊,摆上司康饼、三明治以及三种不同配料的蛋糕。杰斯珀卧在桌旁,不时摆动尾巴敲打地板,用期待的目光盯着我。我心想生活的规律倒也有趣,不管出现任何情况,我们都依然会按习惯做事,忘不了吃饭、睡觉和洗脸。什么样的危机也无法打破我们的积习。我替迈克西姆斟了茶,送到临窗的座位前,又把司康饼递给他。我给自己也拿了块,在上边抹了些黄油。

"弗兰克哪儿去啦?"我问。

"去见教区牧师了。我原本要跟着一起去,可由于心里记挂着你,就直接回家来了。你一个人等在这里,对所发生的事情一无所知。"

"为什么去见教区牧师?"我问。

"今晚得举行一次仪式,"他说,"就在教堂里举行。"

我茫然地呆呆望着他,随后才明白了过来。原来他们要埋葬丽贝卡,把她的遗骸从停尸所取回来下葬。

"时间定在六点半,"他说,"这件事除了弗兰克、朱利安上校以及牧师之外,再没有谁知道。没有人会跑去碍手碍脚。这在昨天就安排好了,不会因为陪审团的裁决而改变计划。"

"你什么时候去？"

"我六点二十五分跟他们在教堂碰头。"

我没吭声，继续喝着茶。迈克西姆尝也没尝三明治就把它放下来说："这鬼天气还是闷热闷热的。"

"这是暴风雨的前兆，"我说，"可老天爷就是不肯降雨，只不时滴几个雨星星。雨水都积聚在了空中，硬是落不下来。"

"我离开兰因时，天上正在打雷，"他说，"空中黑沉沉一片。可为什么就不下雨呢？"

这时，林中百鸟哑声，天色仍晦暗。

"你要是不出门就好啦。"我说。

他没应声，露出一脸倦容，显得疲惫到了极点。

"今晚我回来后再细谈，"他隔了一会儿说，"我们俩在一起还有许多事情要做。万事都得从头开始。对你而言，我是天下最糟糕的丈夫。"

"不！"我说，"不！"

"这场灾难过去之后，生活要重新开始，你我勠力同心，没有办不到的事情，这跟孤军奋战不一样。只要我们俩在一起，往事就不会对我们造成伤害。将来，你还会生儿育女。"

过了一会儿，他看看表说："六点十分，我得走啦。时间不会长，顶多不过半小时。我们必须把尸骨送往墓地。"

我拉住他的手说："我跟你一起去。我不怕，让我去吧。"

"不行，"他说，"我不愿让你去那种地方。"

随后，他走出了房间，我听见车道上传来发动汽车的声音。不一会儿，声音消失了，我知道他已离去。

罗伯特跑来收拾茶具。跟平时的任何一天一样，程序一点也没有变。如果迈克西姆一去兰因不复返,不知是否还会这样,不知罗伯特是否还会站在这儿,小山羊般的脸上挂着木呆呆的表情,擦揩雪白台布上残留的糕点屑,再收起折叠桌拿出屋去。

人去屋空,藏书室里显得非常安静。我开始想象他们在教堂的情况,想象着他们穿过那道门,步下台阶前往墓地。我看见过那道门,却从未到那儿去过,不知墓地是什么样子,不知那儿是否摆着许多棺材。迈克西姆的父母都长眠在那块地方。不知他们会怎样处置被张冠李戴地安放在墓地的那个无名女子的棺木。那个被风浪卷上岸、无人认领的可怜人究竟是谁呢?现在,另一副棺木将停放在那儿,丽贝卡也要到墓地安息了。此刻,牧师是否正在念下葬祈祷词,旁边站着迈克西姆、弗兰克和朱利安上校?万物生于泥土,还原于泥土。在我的眼里,丽贝卡已不再是血肉之躯。早在人们在船舱的地板上发现她时,她就化成了土灰。安息在墓地的不是丽贝卡,而仅仅是一抔土灰。

七点钟刚过,天开始降雨。起初雨势徐缓,只听见树上淅沥做声,却看不见蒙蒙的雨丝。后来势猛声烈,滂沱大雨从蓝灰色的天空倾斜着泻下,宛如开闸的洪水。我让窗户大开,站在窗前呼吸着清凉的空气。雨水飞溅在我的脸上和手上。由于雨点又密又猛,我看不见草坪以外的景物。雨水噼噼啪啪打着窗户上端的檐槽管以及游廊的石地。雷声已停止,雨中夹带着苔藓、泥土和黑树皮的气味。

我站在窗前观赏雨景,没听见弗里思走进了房门,直至他来到我身旁才看到他。

"请原谅,夫人,"他说,"德温特先生是否得很长时间才能回来?"

"不，"我说，"时间不会很长。"

"有位先生要见他，夫人，"弗里思犹豫了一下才说道，"我不太清楚该怎样回复他。他态度坚决，非要见见德温特先生。"

"他是谁？"我问，"你认识吗？"

弗里思如芒刺在背，不自在起来。"是的，夫人，"他说，"德温特夫人在世的时候，他经常到这儿来。我们称他费弗尔先生。"

我跪在窗前的座位上把窗户关严，因为雨水正飘进来，落在坐垫上。

然后，我转回身望着弗里思说："我看还是由我接见费弗尔先生吧。"

"那好吧，夫人。"

我傍着空壁炉站在地毯上，希望能在迈克西姆回来之前把费弗尔支走，我不知道该对他说些什么，不过这次心里并不害怕。

不一会儿，弗里思又走回来，把费弗尔引进了藏书室。费弗尔还是老样子，如果说有变化，只是比从前更粗鲁了些，穿着也稍微邋遢了些。他这种人向来不戴帽子，头发近些日子被太阳晒得褪了色，皮肤黑红黑红。他的眼睛布满血丝，我怀疑那是酗酒造成的。

"很遗憾，迈克西姆不在家，"我说，"不知他何时才回来。如果你约好明天上午去办事处见他，这样是不是更恰当些？"

"等等也无妨，"费弗尔说，"我觉得不会等很长时间。我来时顺便往餐厅里瞧了瞧，见迈克斯吃饭的餐具已摆好。"

"情况发生了变化,"我说,"很可能迈克西姆今天一晚上都回不来。"

"他远走高飞了吧?"费弗尔说着,脸上露出我所厌恶的皮笑肉不笑,"不知你讲的是否实情。当然,鉴于目前的情况,还是走为上策。街谈巷议会让某些人受不了。所以最好一走了之,落个耳根清净。"

"我不明白你的意思。"我说。

"真不明白?"他说,"行啦,别以为我会相信你的话。告诉我,你现在感觉好些了吧?今天下午你在审讯室晕倒,多让人难过。我原想扶你出去,可是却看见你身边已经有了一位侠肝义胆的骑士。弗兰克·克劳利为你效劳,一定乐此不疲。你让他开车送你回家了吧?那次我提出带你兜风,可我的车你连五码远也不愿坐。"

"你找迈克西姆有什么事?"我问。

费弗尔把身子凑到桌子跟前,自己取了一支香烟说:"我抽烟你不会介意吧?这不会引起你的反感吧?在新娘面前,让人不知所措。"

他点烟时观察着我说:"自上次一别,你变得成熟了些。不知你最近都干些什么?引着弗兰克·克劳利在花园里漫步?"他把一团烟雾吐到了空中,"我说,你能不能让弗里思给我送杯苏打威士忌?"

我没吱声,走过去摇了摇铃。他坐到沙发边上,晃悠着两条腿,唇角挂着假笑。罗伯特听见铃声走了来。"给费弗尔先生端杯苏打威士忌。"我吩咐道。

"喂,罗伯特吗?"费弗尔招呼道,"很久没见面啦。还到克里斯去惹姑娘们伤心吗?"

罗伯特飞红了脸,望了我一眼,困窘得无地自容。

"放心吧,老伙计,我不会出卖你的。去吧,赶快给我送杯双料的威士忌。"

罗伯特走了。费弗尔哈哈大笑起来,把烟灰撒得满地板都是。

"有一次罗伯特休半天假,我带他出去见世面,"他说,"丽贝卡拿出一张五英镑的钞票跟我打赌,说我不敢那样做。结果我把钱赚到了手。那天晚上的滑稽情景,我一辈子都没见过。我刚才是不是笑了?啊,老天呀!实不相瞒,在寻欢作乐方面要想超过罗伯特可不太容易。必须承认,他对于识别姑娘的确独具慧眼。那天夜里我们见到一群小妞,他一下子就把最漂亮的挑走了。"

罗伯特返回屋里时,用托盘端来了苏打威士忌。他仍然涨红着脸,显得十分不自在。费弗尔微笑着观望他斟酒,后来靠在沙发扶手上大笑起来。他用口哨吹出一段曲子,一边还不住眼地打量着罗伯特。

"是这一首吧?"他问,"就是这个调子吧?你还是喜欢姜黄色头发吗,罗伯特?"

罗伯特报以无可奈何的一笑,那模样着实可怜。费弗尔笑得更开心了。罗伯特转身走出了房间。

"可怜的孩子,"费弗尔说,"自从那次玩过之后,他大概再也没有放松过。弗里思老顽固把他约束得太严。"

他一边喝苏打威士忌,一边四处环顾着,还满脸带笑地不时看我几眼。

"迈克斯就是不回来吃饭,我也不会十分遗憾的,"他说,

"你看呢?"

我没应声,倒背着手立于壁炉旁。

"你总不会让餐桌旁的位子空着不用吧?"他说着,偏着脑袋望着我,仍是一副皮笑肉不笑的样子。

"费弗尔先生,"我说,"我不愿怠慢客人,但实际情况是我已精疲力竭。今天实在让人够呛。你如果讲不出找迈克西姆有什么事,干坐在这里就没多大意义了。你最好听我一言,明天上午到庄园办事处找他。"

他"噌"地从沙发扶手上滑下来,手拿酒杯向我走过来说:"不,不,别这样,别对我太狠心。我今天的日子也不好过。千万不要抛下我不理。我毫无恶意,这是真的。迈克斯大概跟你讲过我的坏话吧?"

我没回答。

"你以为我是条害人的大灰狼,是不是?"他又说,"其实不然,我只是一个普通的善良人,并无害人之心。我认为你在这次事件中表现得很出色,非常出色。我真该向你致以敬意。我说的可是心里话。"最后的这段话咬字不清,舌头根发硬。我真后悔,不该让弗里思引他进来。

"你嫁到曼德利来,"他胡乱挥舞着胳膊说,"整日管家理财,和数以百计素昧平生的人周旋,还要忍受迈克斯的怪脾气。你对任何人都不多看一眼,一心一意跟他过日子。我觉得这得付出极大的努力,这话也不怕别人听见,的确是很不简单哩。"他站在那儿身子有点摇晃,后来总算稳住,将空酒杯放在了桌上,"实不相瞒,这件事给了我迎头一击,"他说,"对我是一次惨重的打击。丽贝卡是我的表妹,我非常喜欢她。"

"哦，"我说，"我为你感到十分难过。"

"我们俩青梅竹马，两小无猜，"他继续说道，"我们对同样的人和事感兴趣，为同样的笑话捧腹大笑。我对丽贝卡的爱可能超过了世界上任何一个人。她也钟情于我。所以，这件事对我打击很大。"

"是啊，"我支吾道，"这当然很不幸。"

"我想知道迈克斯有什么打算。他以为弄虚作假的审讯会一收场，就可以高枕无忧啦？是不是这回事？"他敛起笑容，冲我欠过身来。

"我要为丽贝卡洗冤昭雪。"他说着话，嗓门愈来愈大，"自杀……上帝啊，那个老糊涂了的验尸官怎么能让陪审团做出这样的结论？你我都清楚她并非自杀，对吧？"他把身子凑得离我更近了，"难道不是吗？"他慢声慢语地问。

这时房门被推开，迈克西姆走进了屋，弗兰克紧随其后。迈克西姆木雕泥塑般站在敞开的房门旁，愣愣盯着费弗尔说："你在这里干什么？"

费弗尔双手插在衣袋里，转过身来，迟疑了片刻，然后才开始绽出了笑容。"迈克斯老兄，我是为今天下午的审讯会特意来向你表示祝贺的。"

"你能不能自己离开这儿？"迈克斯说，"要不让我和克劳利把你扔出去？"

"息息火，请安静一下。"费弗尔说。他又点起一支烟，重新坐到沙发扶手上。

"你不愿让弗里思听见我的话吧？"他说，"哦，如果不把门关上，他肯定会听见。"

迈克西姆在原地没动弹。我见弗兰克轻手轻脚关上了房门。

"你听我讲,迈克斯,"费弗尔说,"这件事情便宜了你,是不是?结果是比你预料的要好。啊,对啦,我参加了今天下午的审讯会,你肯定也看见我了。我从头至尾都在场。我见尊夫人在非常关键的时刻晕倒在地,在此我没有责怪她的意思。审讯会将会出现什么样的局面,那可是个千钧一发的瞬间,是不是,迈克斯?案子有那样的结论,对你也可谓一件幸事。难道你没有收买些蠢头蠢脑的陪审员吗?我倒觉得他们收了你的黑钱。"

迈克西姆朝着费弗尔跨出一步,可费弗尔举起一只手说:"你能不能等一等?我还没说完呢。你知道不知道,迈克斯老兄,只要我愿意,我可以让你的日子很不好过?不但日子不好过,你恐怕还会有危险哩。"

我坐到壁炉旁的椅子上,紧紧抓住椅子扶手。弗兰克走过来,站在椅子背后。迈克西姆仍立于原处,目光一刻也未离开过费弗尔。

"哦,是吗?"他说,"你怎么把我置于危险的境地?"

"听着,迈克斯,"费弗尔说,"我想你和尊夫人之间没有秘密,从各种迹象看,克劳利也是你们三人小集团中的一员。那我就开门见山,直话直说了。诸位都了解我和丽贝卡的情况。我和她是心心相印的恋人。对此我从未否认过,将来也永远不会否认。事情就是如此。先前,我像个大傻瓜一样,一直相信丽贝卡是在海湾里航行时淹死的,数星期后在埃奇库姆比找到的就是她的尸体。当时,她的死对我是个打击,一个沉重的打击。可我安慰自己,那是丽贝卡选择的死亡,像生前一样在搏击风浪时迎接死神。"他顿住话头,坐到沙发边上,逐个打量着我们,"几天前我拿起一份晚报,看到丽贝卡的船被当地的潜水员无意发现,而一具尸体关在船舱里。我如堕五里雾中,摸不着头脑。到底谁跟丽贝卡一起出海了呢?事情解释不通。于是我跑到克里斯,在郊外的一家旅馆住下,并和丹弗斯夫人取得了联系。她告诉我船舱里发现的是丽贝卡的尸体。即便在那种情况下,我还和别的人一样,认为第一具女尸的认领是个失误,认为丽贝卡是到船舱里取衣服被关到里边的。正如你们所知,今天我出席了审讯会。起先,一切都平平稳稳,顺顺当当,直至泰勃出来做证。他提供过证词之后怎么样呢?迈克斯老兄,对于船舱板上的窟窿,对于海底阀被人旋开,你作何解释呢?"

"今天下午我费了那么长时间的口舌,难道你以为我还会跟你再磨嘴皮子?证词和陪审团的裁决你都听到了,验尸官没提出异议,你也不应该有意见。"迈克西姆慢条斯理地说。

"你是指自杀?"费弗尔说,"丽贝卡自杀?她会干那种蠢事吗?听着,你大概不知道我这儿有张字条吧?我把它保留下来,因为这是她写给我的最后一封信。我给你们念念,也许你们会感兴趣的。"

他从衣袋里掏出一片纸,我认出了上面娟秀、独具一格的斜体字。

"我从公寓给你打电话,可是没人接,"他念道,"我马上动身回曼德利去。你如果能及时看到这张字条,请开车去找我。我今晚到小屋去,在那儿过夜,并为你留着门。我有事情相告,希望能尽快见到你。"

宣读完之后,他把字条放回衣袋说:"一个人如果打算自杀,会写这样的字条吗?清晨约四点钟我才回到自己的公寓,结果看见了字条。我不知丽贝卡那天在伦敦,不然我会跟她联系的。真是倒了邪霉,那天晚上我碰巧参加了一个聚会。待清晨四点钟读到这条子,我觉得就是鬼吹火似的花六个小时赶到曼德利,也来不及了。于是我上床就寝,决定醒来后再给她挂个电话。十二点钟的光景我把电话打来时,却听说丽贝卡已经淹死!"

他坐在那儿凝视着迈克西姆。我们谁都没有吱声。

"假如今天下午验尸官看到这字条,局面就比较复杂了,对不对,迈克斯老兄?"费弗尔说。

"那你为什么不站起来把条子交给他呢?"迈克西姆说。

"冷静点,老伙计,冷静点,没必要发火嘛。我并不想毁掉你的一生。上帝做证,你从未对我友好过,可我却不记恨你。家有美妾娇妻的男人都喜欢吃醋,有些不由自主地就扮演起了奥赛罗的角色。那是由他们的天性所决定的,我并不怪罪他们,只是为他们感到遗憾。我信奉自己的一套社会主义理论,简直不明白做丈夫的为什么不能与人分享自己的妻子,而非得把她们杀死不可。跟别人睡觉有什么关系呢?你不照样还可以从妻子身上得到乐趣嘛。漂亮的女人跟汽车轮胎不一样,并非一用就成了旧货。相反,你越是用得多,她就越妩媚动人。好啦,迈克斯,我把我的牌都摊在桌上了。我们为什么不能达成某项协议?我不富有,又太爱赌博,不可能成为富翁,所以最令我头痛的是缺乏赌金。假如一年有两三千英镑的进项,让我舒舒服服地安度余生,我就绝不会再给你添麻烦。我可以对着上帝起誓。"

"我刚才已要求你出去,"迈克西姆说,"我不愿再重复了。房门就在我身后,你自己打开吧。"

"稍等等,迈克西姆,"弗兰克说,"事情并非如此简单。"随后他又转向费弗尔说:"我能看出你打的算盘。非常不幸的是,正如你所声称的那样,你可以翻手云覆手雨,给迈克西姆带来困难。他大概是当事者迷,不如我看得清楚。你到底想让迈克西姆给你多少钱才肯罢休?"

我见迈克西姆脸色变得惨白,额上青筋暴突。"你别干涉,弗兰克,"他说,"这完全是我自己的事。我绝不向讹诈的人让步。"

"我想尊夫人绝不愿被别人戳脊梁骨,说她是德温特夫人——杀人犯的遗孀,说她丈夫被送上了绞架吧?"费弗尔说完哈哈大笑,扫了我一眼。

"你以为你可以吓唬住我,费弗尔?"迈克西姆说,"你错了,我才不怕你的恐吓哩。隔壁房间里就有电话。是不是需要我给朱利安上校打电话,请他到这儿来?他是治安官,对你的故事一定感兴趣。"

费弗尔呆呆望着他,随后笑了起来。

"别吹大话,"他说,"这不顶用。恐怕你没胆量给朱利安打电话,我掌握的证据足以送你上绞架,迈克斯老兄。"

迈克西姆从容不迫地穿过藏书室向后边的小房间走去。我听见"咔嗒"拿话筒的声音。

"拦挂他!"我对弗兰克说,"看在上帝的分上,快去拦住他!"

弗兰克瞥了一眼我的面孔,然后大步流星向房门口走去。我听见迈克西姆以非常冷静、镇定的声音说:"请转克里斯十七号。"

费弗尔眼睛盯着房门,表情出奇的紧张。

"别管我。"只听迈克西姆对弗兰克说。两分钟之后,又听见他说道:"朱利安上校吗?我是德温特。对,对,我知道。不知你能不能立刻到这儿来一趟。不错,是来曼德利。事情相当紧急,电话里不好解释,你一来就什么都明白了。很抱歉拖你出家门。好的,非常感谢。再见。"

他又返回藏书室说:"朱利安马上就来。"随即他走到窗前一把推开了窗户。外边仍大雨倾盆。他以背向着我们站立在那儿,呼吸着凉丝丝的空气。

"迈克西姆,"弗兰克低声叫他道,"迈克西姆。"

他没有应声。费弗尔奸笑一声,又取过一支香烟说:"如果你执意想要上绞架,老伙计,我也没办法。"他从桌上拿起一份报纸,一屁股坐到沙发上,跷起二郎腿,随手翻阅起来。弗兰克骑虎难下,瞧瞧我又看看迈克西姆,然后来到了我身边。

"能不能想点办法?"我悄声说,"你去迎住朱利安上校,别让他进来,就说这是一场误会。"

迈克西姆站在窗前头也未回地说:"弗兰克不许离开这里。这件事由我一人处理。用不了十分钟朱利安上校就会赶来。"

大家都没再开口。费弗尔继续看他的报。四周悄无响动,只能听得到唰唰的落雨声。大雨持续不断一个劲下着,发出单调的声音。我感到走投无路,浑身没有一丝力气,对眼前的局面我无能为力,弗兰克也爱莫能助。我要是书本上或戏剧里的女主人公,便会找一把手枪打死费弗尔,然后将他的尸体藏到橱柜里。可在这儿没有手枪,也没有橱柜,我们只是生活中的普通人,不会发生那样的情节。我无法跑到迈克西姆跟前,跪下来求他把那笔钱交给费弗尔。我只能坐着不动,手放在膝盖上观望雨景,观望窗旁迈克西姆的背影。

大雨如注，哗啦哗啦的雨声盖住了所有其他的声音，所以没人听到汽车响。直至房门打开，弗里思把朱利安上校让进屋，我们才知道他已经到了。

迈克西姆猛地从窗口转过身说："晚安，我们又见面啦。你这一路来得好快啊。"

"是啊，"朱利安上校说，"你说事情很紧急，所以我立刻就赶来了。幸好司机把车就停在跟前。今晚的天气真够呛。"

他狐疑地瞥一眼费弗尔，然后走过来跟我握手，同时冲迈克西姆点了点头。"下场雨倒也好，"他说，"这雨酝酿的时间太长了。希望你现在感觉能好些。"

我嘴里咕哝了几句，连我自己也不知道说的是什么。他搓着双手，挨个打量着我们。

"你大概也明白，"迈克西姆说，"我这样的雨天请你来，绝不是想跟你在吃饭前利用半个小时闲聊天。这位是杰克·费弗尔，我亡妻的表兄。不知你们是否见过面。"

朱利安上校点了点头。"你看起来很面熟。我以前可能在这儿见过你。"

"完全正确，"迈克西姆说，"该你讲啦，费弗尔。"

费弗尔从沙发上站起身，把报纸扔回桌上。在这十分钟里，他的情绪似乎镇定了下来，走起路步态从容不迫，脸上皮笑肉不笑的表情已荡然无存。我觉得他不太满意局势的变化，跟朱利安上校的见面使他猝不及防。接着，他亮开嗓门，以盛气凌人的语气开始说话："听着，朱利安上校，我觉得没必要转弯抹角。我到这里来，是因为我对今天下午审讯会上陪审团作出的裁决有不同的看法。"

"哦？"朱利安上校说，"这话该由德温特讲，而不是你。"

"不，言之差矣，"费弗尔说，"我有权利发表看法。不仅因为我是丽贝卡的表兄，如果她活着，我还可能成为她的丈夫。"

朱利安上校面露惊愕之色，说道："原来如此。这就另当别论了。他讲的可是实话，德温特？"

迈克西姆耸耸肩说："我这是头一次听到。"

朱利安上校疑窦丛生地看看这个又瞧瞧那个，然后说道："好吧，费弗尔，你有什么看法呢？"

费弗尔呆呆望着他，一时没开口。可以看得出他心里在运筹策划，因为他的情绪仍不十分稳定，不知该怎样实现自己的目的。最后，他把手慢慢伸进背心口袋，取出丽贝卡的字条说："不是都认为丽贝卡航海时自杀了吗？这是她出发前几小时写的条子。你拿去看看，然后告诉我，你是否真认为一个写这样条子的女人会打定主意结束自己的生命。"

朱利安上校从衣袋里掏出眼镜盒，从中取出一副眼镜把字条看了一遍，然后递还给费弗尔说："不，从表面上看她不会的。但我不明白字条上指的是什么事情。也许你，或者德温特知道吧？"

迈克西姆没言声。费弗尔手里搓弄着那张字条，同时不住眼地观察着朱利安上校的表情。"我表妹在条子上约的时间和地点都很明确，对不对？"他说，"她那天夜里特意请我开车来曼德利，因为有事相告。具体是什么事情，大概谁都无从得知。不过,这是次要问题。关键是她约了我,准备在小屋过夜,跟我单独相见。至于航海本身,倒没有什么可奇怪的。在伦敦度过漫长的一天之后,她常到海上消遣,待上个把小时。但在船舱里凿窟窿,以及有意投海自杀,那是神经质的女人荒唐的歇斯底里冲动。朱利安上校,我对基督起誓,丽贝卡绝不会干那种蠢事!"

他一时涨红了脸,最后的几句话变成了咆哮。这种态度于他不利,我从朱利安上校嘴角皱起的细纹可以看出他对费弗尔产生了厌恶感。

"亲爱的朋友,"他说,"你跟我发脾气毫无用处。我既不是今天下午主持审讯会的验尸官,也非公布裁决的陪审团成员,而仅仅是地方治安官。当然,我很想尽自己的力量助你一臂之力,也愿意为德温特效劳。你说你不相信自己的表妹是自杀。一方面,你和我们一样,听了造船工的证词,海底阀被人打开,船舱板上有窟窿。那好吧,我们开门见山说明白吧。你认为真实情况是怎么一回事?"

费弗尔转过头,把目光慢慢移向迈克西姆,手里仍搓弄着那张字条。"丽贝卡没有打开海底阀,没有在船板上凿窟窿,没有自己去寻死。你让我谈看法,那你就听着,丽贝卡是被人谋杀的。要是你想知道凶手是谁,那不,就站在窗户旁,脸上挂着该死的不可一世的微笑。他没等妻子的丧期满一年,便迫不及待地和自己遇到的第一位姑娘结下了姻缘。他就在眼前,你要抓的凶手就是他——迈克西米廉·德温特!你仔细看看他,把他吊上绞架该会是一幅多么美妙的景象!"

费弗尔放声大笑起来,那是酒鬼硬憋出来的笑声,又刺耳又愚蠢。与此同时,他手中不停地搓弄着丽贝卡的字条。

第二十四章

感谢上帝！多亏费弗尔浪声大笑，多亏他涨红着脸指手画脚，瞪起布满血丝的眼睛，也多亏他站在那里得意洋洋地东摇西晃。这一切使朱利安上校产生了敌意，把他推向了我们一方。只见他脸上露出憎恶的神色，嘴唇剧烈地哆嗦起来。他不相信费弗尔的话，显然加入了我们的阵营。

"这个人喝醉了，"他连忙说，"简直不清楚自己在胡言乱语些什么。"

"我喝醉啦？"费弗尔咆哮起来，"不，我的好朋友。你也许是个治安官，另外还佩有上校军衔，但这吓不倒我。这次法律为我撑腰，我要用法律作法宝。除了你，本郡还有别的治安官。他们心明眼亮，懂得怎样执法，不像几年前因无能被开除的兵痞，光会挂一胸漂亮的勋章招摇过市、四处炫耀。迈克斯·德温特是杀死丽贝卡的凶手，我一定要证明他的罪恶。"

"请等一等，费弗尔先生，"朱利安上校不动声色地说，"今天下午的审讯会你也在场，对不对？我现在想起来了，我亲眼见你坐在审讯室里。如果你深感裁决有失公允，那你为何不向陪审团、不向验尸官本人申明？你怎么不当堂出示这封信？"

费弗尔冲他瞪起眼睛，奸笑几声说："为什么？因为我不愿意，这就是原因。我情愿来这儿亲自跟德温特算账。"

"正是为了这一点，我才给你挂了电话，"迈克西姆从窗口走上前说，"费弗尔的指控我们刚才已经听了。我也同样问他为何不把自己的疑点告诉验尸官。他说他并不富有，还说假如我愿意每年给他两三千英镑供他安度余生，他就再也不给我添麻烦。弗兰克和我妻子在场，他们都听到了，你可以问问他们。"

"千真万确，先生，"弗兰克说，"那是纯粹、地道的讹诈。"

"是的，一点不错，"朱利安上校说，"问题在于讹诈并非纯粹性的，又非特别地道。即便讹诈者到头来终难免牢狱之苦，也会使许多人蒙冤含屈。有些无辜者也可能会锒铛入狱。这种情况应设法避免。费弗尔，不知你大脑是否已经清醒，能够回答我的问题了。只要你不东拉西扯，肆意进行人身攻击，我们就可以尽快把问题搞个水落石出。你刚才对德温特作了严厉的指控，那么请问你有证据吗？"

"证据？"费弗尔说，"你这是安的什么心？船上凿的窟窿难道不是如铁的证据吗？"

"当然算不上，"朱利安上校说，"除非你可以找来目击者，亲眼看见都是他干的。你的目击证人在哪里？"

"去他妈的目击者，"费弗尔说，"明明是德温特干的。还会有谁对丽贝卡下毒手？"

"克里斯人口众多，"朱利安上校说，"何不挨门逐户进行调查。要是我，就会这么做。你的所谓证据如果能针对德温特，同样也能针对我。"

"噢，我明白了，"费弗尔说，"看来你执意要跟他同流合污，做他的后盾喽。你不愿得罪他，因为你们花天酒地，是一群酒肉朋友。他在本地名声显赫，是曼德利庄园的主人嘛。你这个趋炎附势的卑鄙小人。"

"说话注意点，费弗尔，不许放肆。"

"你以为你可以压倒我？你以为我就不能上法院起诉？你要证据，我就摆给你听。实话告诉你，德温特是因为我的缘故才杀了丽贝卡。他知道我是她的情人，于是吃起醋来，妒忌得发疯。他得悉她在海滩小屋等我，便趁夜色赶去谋害了她。然后，他把她的尸体放入小船，沉到了海底。"

"这个故事按理说编得很是巧妙，但我还要重复一点，你没有证据。把目击证人叫来，我也许会认真对待你的指控。那座海滩小屋我知道，不就是开野餐会的地方吗？德温特夫人还在那里面存放船帆索具。如果你能够把那儿变成别墅，旁边再盖上十五座同样的房屋，这才有利于你的指控。因为很可能有位居民会目睹到事件发生的过程。"

"别忙，"费弗尔慢吞吞地说，"请等等……那天夜里很可能有人看见了德温特，而且可能性相当大，值得调查调查。如果我找到证人，你该怎么说？"

朱利安上校耸了耸肩膀。我见弗兰克用疑惑的目光扫了迈克西姆一眼。而迈克西姆默不作声，只顾观察费弗尔的表情。我一下子恍然大悟，瞧出了费弗尔的心思，知道他在说谁了。我觉得他的判断一点没错，于是心头闪过一丝惊慌和恐惧。那天夜里的确有位目击者。我想起了一些支离破碎的词句，我当时对那些话一点也不明白，以为是一个可怜的白痴在胡言乱语。"她沉下去了吗?她再也不会回来了。""我谁也没告诉。""他们会找到她吗?鱼儿没有把她吃掉吗?""她永远也不会回来了。"本知道内情!本是目击者!他虽然行为古怪,疯疯癫癫,但他那天夜里躲在林子中目睹了事情的全过程。他亲眼看见迈克西姆把船从停泊处开走,回归时只身划着橡皮筏子。我感到自己的脸上没了血色,于是身子向后一仰靠到了椅垫上。

"当地有个傻瓜总是在海滩上游荡,"费弗尔说,"每次我来跟丽贝卡幽会,他都在附近转悠,我常见到他。他在林子里睡觉,夜间太热的时候他便露宿于海滩。那家伙脑子不够用,绝不会自动站出来做证,不过如果那天夜里他真的看见了案件的发生,我可以让他讲实话。他很有可能就是目击证人。"

"这人是谁?他在胡说些什么呀?"朱利安上校问。

"他指的一定是本,"弗兰克又扫了一眼迈克西姆说,"是庄园里一位佃农的儿子。但那人不能为自己的言行负责,因为他生来就是白痴。"

"那他妈有什么关系?"费弗尔说,"他不也长着眼睛吗?他知道自己看见了什么,只需回答是与不是就行了。你现在胆怯了,是不是?不那么自信心十足啦?"

"能不能把那人叫来问问?"朱利安上校建议道。

"当然可以,"迈克西姆说,"弗兰克,你去告诉罗伯特,让他到本的母亲家,把本带来。"

弗兰克犹豫不决,我见他用眼角的余光瞥了瞥我。

"看在上帝的分上,快去呀,"迈克西姆说,"大家不都是想把这件事了结掉吗?"弗兰克听后走了出去。我感到心里又开始隐隐作痛。

不一会儿，弗兰克又回到房间里说："罗伯特开我的车去了，本如果在家，用不了十分钟就能赶来。"

"下雨天他不会出门，一定在家待着，"费弗尔说，"诸位瞧着，我可以让他道出实情。"他浪笑一声，瞧了瞧迈克西姆。他的面孔仍然红得像猪肝，激动得热汗直冒，额头上挂着汗珠。我注意到他脖子上的肉都挤到了衣领外边，耳朵长得特别低。他那种浮华俗气的相貌绝对好景不长，现在都已胖得不成样子，浑身都是赘肉。他取了支烟又说道："你们像是曼德利的一个小帮派，相互攻守同盟哩。甚至连地方治安官也上了贼船。在此我们当然不能把新娘算在内。哪有妻子出卖丈夫之理！克劳利一定得到了实惠。他知道倘若实话实说，便会丢掉饭碗。如果我没猜错，他心里还对我抱有一丝敌意。克劳利，你从丽贝卡身上没占到多大便宜吧？花园里的那条小径不够长，是吧？这一回你比较顺手吧？新娘一晕倒，就有你友好的胳膊搀扶，她真是感激不尽哩。当她听到法官宣判自己的丈夫死刑时，你的胳膊会派上大用场。"

事情发生得迅雷不及掩耳，快得我都没看清迈克西姆的动作，只看见费弗尔一个趔趄倒在沙发扶手上，接着又滚落在地。迈克西姆正站在他身边。我感到一阵恶心。迈克西姆竟然动手打了费弗尔，简直有失身份。我真希望自己不在现场，没有看到这一幕情景。朱利安上校没吱声，一脸的冷气。他转过身，走过来站到我身后。

"我想你还是上楼吧。"他镇静地说。

我摇摇头悄声回答："不，不。"

"那家伙管不住舌头，什么脏话都能朝外讲，"他说，"刚才那幕不太雅观，是吧？你丈夫当然没做错。但遗憾的是让你瞧在了眼里。"

我没应声，观望着费弗尔慢慢从地上爬起来。他瘫倒在沙发上，用手帕擦着脸说："给我弄杯酒，给我弄杯酒来！"

迈克西姆拿眼睛望了望弗兰克。弗兰克见状走出了房间。大家都没再说话。不大一会儿工夫，弗兰克用托盘端着威士忌和苏打水回来了。他在杯子里掺制了些酒料，递给费弗尔。费弗尔贪婪地喝起来，那副样子活像只野兽。他把嘴紧贴在杯沿上，显露出纵欲主义者的狼狈相，双唇咂咂作怪异之声。他的腭有一块深红色的印子，那是迈克西姆的拳头留下的。迈克西姆又转身回到了窗前。我扫了朱利安上校一眼，见他正在打量迈克西姆，那目光好奇而专注。我的心剧烈地跳动起来。朱利安上校为什么要那样观察迈克西姆呢？

这是否意味着他已经开始心生疑虑了呢？

这幅情景迈克西姆并没看见，他只顾观望外边的雨景。大雨仍在哗啦哗啦下个不停，声音充斥了整个房间。费弗尔饮尽苏打威士忌，将杯子放回沙发旁的桌子上。他呼吸沉重，对我们谁都不瞧一眼，只是呆呆地直视着面前的地板。

小房间里丁零零响起电话铃声，尖厉、刺耳。弗兰克跑去接听。

他马上又回来望着朱利安上校说："是令爱打来的。家里人想知道是否等你回去再开饭。"

朱利安上校不耐烦地挥挥手说："让他们先吃吧。告诉他们，我不知何时才能回去。"他看看手表，又咕哝了一句，"偏偏拣这个时候打电话。"

弗兰克返回小房间传递信息。我心里想着电话线另一端的姑娘，猜测一定是朱家那个喜欢打高尔夫球的千金小姐。我仿佛听见她对妹妹说："爸爸让我们先吃。他到底干什么去了？排骨一冷就成皮子了。"由于我们的干扰，他们的小家庭乱了套，晚上的程序被打破。这一系列微不足道的小事件一环套一环引起连锁反应，归根结底全是因为迈克西姆杀了丽贝卡。我望望弗兰克，只见他面色苍白、神情坚定。

"我听见罗伯特开车回来了，"他对朱利安上校说，"那扇窗户正冲着车道。"

他从藏书室走入大厅迎候。就在他说话的当儿，费弗尔抬起了头，又一次站起来，把目光向门口投去，脸上挂着怪诞、阴毒的微笑。

房门开处，弗兰克走进来，又回过头招呼外边大厅里的人。

"没关系，本，"他平心静气地说，"德温特先生想给你些烟抽，没什么可害怕的。"

本窘迫地踏入房间，手里捧着防水帽，光着脑袋显得古里古怪。我第一次发现他的头剃得光溜溜的，一根头发也没剩下。他一下子变了样，显得丑陋无比。

灯光似乎照得他眼花缭乱。他傻乎乎地环顾四周，眨巴着小眼睛。他目光落在我身上，我冲他胆怯地淡淡一笑。不知他是否认出了我，只见他老是眨眼睛。后来费弗尔慢悠悠朝他走去，在他面前站定。

"你好，"他说，"自上次一别，你日子过得怎么样？"

本望着他发愣，没有回答，脸上表情迷惘，像是不认识对方。

"怎么？你不认识我了吗？"费弗尔问。

本仍在一个劲摆弄手中的防水帽，口里说道："咋啦？"

"来支烟。"费弗尔把烟盒递给他说。本瞧瞧迈克西姆，又望望弗兰克。

"没关系，"迈克西姆说，"愿拿多少支就拿吧。"

本取出四支烟，在两个耳朵后各夹一支，随后又傻站着团弄起防水帽。

"你不认识我是谁吗？"费弗尔又重复问道。

本还是不答话。朱利安上校走到他跟前说："马上就可以让你回家，本。没有人会伤害你。我们只是想让你回答一两个问题。你认识不认识费弗尔先生？"

这次本摇了摇头说："从来没见过他。"

"别他妈装糊涂，"费弗尔粗暴地说，"你心里很清楚你是见过我的。你明明看见我到海滩上德温特夫人的小屋去。难道你真的没在那地方见过我吗？"

"没有，"本说，"我没见过任何人。"

"你这个可恶的脑子不够用的骗子，"费弗尔说，"去年我和德温特夫人一道穿过树林到小屋里去，难道你敢说没见过我？有一次你从窗口偷看，被我们抓住，难道没有这回事吗？"

"嗯？"本说。

"一个多么让人心悦诚服的证人。"朱利安上校揶揄了一句。

费弗尔猛地转过身冲他说道："这是事先安排好的。有人做了手脚，把这个白痴也收买了。实话告诉你，他见我见了何止几十次。瞧，这玩意儿能不能使你回忆起往事？"他从后裤袋中摸出一个钱夹，取出一张一英镑的钞票在本的眼前抖动着。"现在该记起我了吧?"他问。

本又摇了摇头说:"我从未见过他。"然后他一把抓住弗兰克的胳膊问:"他是来送我进疯人院的吧?"

"不,当然不是的,本。"费兰克说。

"我不想进疯人院,"本说,"那儿对人可凶啦。我要待在家里。我没干过错事。"

"你放心,本。"朱利安上校说,"谁也不会送你进疯人院。你敢肯定以前从未见过这个人吗?"

"是的,"本说,"我从未见过他。"

"你还记得德温特夫人吗?"朱利安上校问。

本疑惑地朝我瞥了一眼。

"不,不是这一位,而是过去常到小屋去的那一位。"朱利安上校温和地说。

"嗯?"本说。

"还记得喜欢航船的那位夫人吗?"

本眨巴了几下眼睛说:"她走了。"

"是的,这我们知道,"朱利安上校说,"她是不是常到海上航船?她最后一次出航,你有没有在海滩上?那是一年多之前的一个傍晚,一去就再没有复返。"

本团弄着防水帽,扫了弗兰克一眼,接着又望望迈克西姆。

"嗯?"他说。

"你当时在场吧?"费弗尔把身子探向前说,"你看见德温特夫人去了小屋,随即又瞧见了德温特先生,他们俩是一前一后进去的。后来怎么样?快说呀。后边发生了什么事情?"

本退缩着靠到了墙根。"我什么也没看见,"他说,"我想待在家里，不愿到疯人院去。我没见过你，从来都没见过。我没看见过你和她在树林里。"说罢，他竟然像小孩一样呜咽作声。

"你这个昏头昏脑的坏东西，"费弗尔咬牙切齿地骂道，"你这个坏死的混账玩意儿。"

本用衣袖擦着眼睛。

"你的证人似乎帮不了你的忙，"朱利安上校说，"这样的表演岂不太浪费时间？你还想对他提问题吗？"

"这是阴谋，"费弗尔吼叫起来，"你们设计对付我。你们狼狈为奸，全都串通好了。告诉你，有人收买了这个傻瓜，让他讲出这一套骗人的谎话。"

"我想可以允许本回家了。"朱利安上校说。

"好吧，本，"迈克西姆说，"罗伯特送你回去。你不要害怕，没人会把你关进疯人院。"接着他又吩咐弗里克："你去告诉罗伯特，让他到厨房给本弄点吃的。找些冷肉，或别的他喜欢吃的东西。"

"劳苦功高，给点赏赐，是吗？"费弗尔说，"迈克斯，他今天可给你帮了大忙。"

弗兰克把本带出了房间。朱利安上校望望迈克西姆说："这人似乎吓得六神无主，浑身抖得似筛糠。我一直在观察他。他从来没受过虐待吗？"

"没有，"迈克西姆说，"他十分温和，我总给他自由，随他到庄园的任何地方去。"

"他曾经受到过惊吓，"朱利安上校说，"刚才他眼白朝上翻，样子就像挨鞭子的时候一样。"

"哦，怎么不用鞭子抽他呢？"费弗尔说，"要是抽他一鞭子，他就能记起我了。啊，不，他今晚立下了汗马功劳，该安排盛宴款待，哪能挨鞭子。"

"他没帮上你的忙吧？"朱利安上校温和地说，"事情毫无进展。你拿不出德温特的一条证据，这你也心中有数。你所说的杀人动机禁不住推敲。闹到法庭上，你会一败涂地，费弗尔。你自称是德温特夫人未来的丈夫，还说跟她幽会于海滩小屋。可就连刚才请进这个房间里的那个可怜的白痴都发誓说从未见过你。甚至连你本人讲的故事，你也拿不出证据吧？"

"当真？"费弗尔说罢，只见他微微一笑，奔到壁炉跟前摇了摇铃。

"你要耍什么诡计？"朱利安上校问。

"等会儿你就知道了。"费弗尔说。

我已经猜出将要发生什么事情。弗里思闻声前来听命。

"请丹弗斯夫人到这里来。"费弗尔说。

弗里思望望迈克西姆，迈克西姆很干脆地点了点头。

弗里思会意地出了房间。

"丹弗斯夫人不就是女管家吗？"朱利安上校问。

"也是丽贝卡的心腹朋友，"费弗尔说，"她在丽贝卡出嫁前就服侍了她多年，实际上丽贝卡是她一手拉扯大的。你们会发现丹尼跟本相比是个截然不同的证人。"

弗兰克回到房间时，费弗尔对他说："打发本上床睡觉啦？给他吃了饭，还赞扬了他几声吧？这一次，你们的小帮派可就不那么顺当了。"

"丹弗斯夫人马上来这儿，"朱利安上校说，"费弗尔似乎觉得可以从她身上榨出点油水。"

弗兰克连忙把目光移向迈克西姆。朱利安上校瞧见了那眼神。我见他绷紧了嘴唇，感到心里发毛，于是啃起了指甲。

大家眼睛望着房门等待着。须臾，丹弗斯夫人露面了。也许因为我平日里看见她时，她总是一个人，在我面前她显得瘦高瘦高，而现在像是萎缩了，变得又低又矮。我注意到她观看费弗尔、弗兰克和迈克西姆时必须仰起脖子。她站在门边，双手抱胸，逐个打量着我们。

"晚安，丹弗斯夫人。"朱利安上校说。

"晚安，长官。"她说。

她的声音苍老，死板，机械，我听了极为耳熟。

"首先，丹弗斯夫人，我想向你提个问题，"朱利安上校说，"这个问题即你是否了解已故的德温特夫人和这位费弗尔先生之间的关系？"

"他们是表兄妹。"丹弗斯夫人说。

"我并非指亲戚关系，丹弗斯夫人，"朱利安上校说，"而是比那更进一层的关系。"

"我怕是不明白你的意思，长官。"丹弗斯夫人说。

"唉，别故弄玄虚了，丹尼，"费弗尔说，"你非常清楚他指的是什么。我把实情都对朱利安上校讲了，可他似乎不相信。我和丽贝卡断断续续已同居了许多年，对不对？她在爱着我，难道不是吗？"

出乎我的意料，丹弗斯夫人打量着他半天不说话，看他的眼神里含着一丝轻蔑。

"她并不爱你。"她最后说道。

"你听着，老糊涂蛋……"费弗尔刚开口说话，就被丹夫人打断了。

"她不爱你,也不爱德温特先生,任何人都不爱。她鄙视所有的男人。她是超尘脱俗的。"

费弗尔气得红了脸。"你给我听着!难道她没有夜复一夜地踏着小径穿过树林去跟我幽会吗?难道你没有彻夜不眠地等她吗?难道她没有在伦敦和我共度周末吗?"

"那又怎么样?"丹弗斯夫人突然情绪激昂起来,"即便如此,又怎么样呢?她有权利寻欢作乐。情场上的男欢女爱对她是逢场作戏,仅仅是一种游戏。这是她亲口告诉我的。她涉足于风月场,是因为觉得好笑。实话告诉你,她觉得好玩。她嘲笑你就跟她嘲笑别的男人一样。我常见她回家后爬上楼,坐在床上笑得前仰后合。"

这突如其来的连珠炮似的话语听上去让人感到后怕。我虽然了解丽贝卡的为人,但仍觉得一阵恶心。迈克西姆脸色苍白如纸。费弗尔目光茫然地望着丹夫人,仿佛没听明白似的。朱利安上校在一旁捋着自己的小胡子。老半晌都没人说一句话。除了不绝于耳的落雨声,再没有别的响动。随后,丹夫人呜呜哭起来,哭得就和那天上午在西厢卧室里一样伤心。我不愿去看她,只好转开了脸。谁都没讲话。屋里只有两种声音:落雨声和丹夫人的哭声。我真想大声喊叫,恨不得冲出屋去痛痛快快尖叫一场。

没人上前安慰她或搀扶她。于是她哭啊哭啊。似乎过了很长时间,她才最终开始控制住情绪。哭声一点一点逐渐停止了。她站着纹丝不动,脸部肌肉抽搐着,两手紧紧抓住自己的黑外套。等末了她平静下来后,朱利安上校才平心静气、不紧不慢地说:"丹弗斯夫人,你能不能想出德温特夫人自杀的原因?哪怕是最不着边际的原因也罢。"

丹夫人咽了口唾沫，仍抓住自己的衣服，摇摇头说："不，我想不出来。"

"听见了吧？"费弗尔趁机说道，"不可能自杀。她和我一样清楚。这一点我已对你申明过。"

"别插嘴，行不行？"朱利安上校说，"给丹弗斯夫人一些时间，让她好好想想。大家都一致认为，从表面现象看这件事情纯属不经之谈，根本是不可能的。我不怀疑你那张字条的真实性和精确度。大家都看得很清楚，那张字条是她在伦敦期间抽空写的，说是有件事情想告诉你。如果能知道那是件什么事情，这个棘手的问题就可以迎刃而解。让丹弗斯夫人看看字条，也许她能够给我们点启示。"费弗尔耸耸肩，从衣袋里摸出字条，扔到丹夫人的脚下。丹夫人猫下腰捡起字条。我们见她边看边哆嗦着嘴唇。她连着读了两遍，然后摇摇头说："一点用都不顶。我不明白她讲的是什么。倘若她有要事告诉杰克先生，她会先告诉我的。"

"那天晚上你没有看见她？"

"没有，当时我不在家。下午和傍晚我都待在克里斯。对这一点，我到死都绝不会原谅自己。"

"如此看来，你对她的心事一无所知，提供不了任何解释，丹弗斯夫人？'有事相告'这几个字的含义你一点都不清楚？"

"是的，"她回答，"是的，长官，不清楚。"

"有谁知道她那天在伦敦的行止？"

无人应声。迈克西姆摇了摇头。费弗尔小声骂了脏话，然后说道："听着，字条是那天下午三点钟她留在我公寓的，门房看见了她。过后,她可能似一阵旋风般直接开车回到了这里。"

"德温特夫人曾和理发师有约,时间为十二点至下午一点半,"丹弗斯夫人说,"这我记着,因为那星期是我打电话到伦敦为她约的时间。我记得很清楚:十二点至一点半。每次做完头发,她都到俱乐部吃午饭,这样可以用发夹把头发别好。几乎可以肯定,那天她照常在俱乐部用了午餐。"

"吃饭就算花半个小时吧,那么从两点到三点这段时间她干了些什么?我们应该加以查证落实。"朱利安上校说。

"喔,荒谬透顶,她那段时间做什么有什么关系?"费弗尔嚷嚷起来,"唯有一点才是关键的——她没有寻短见。"

"她的记事本锁在我的房间里,"丹夫人语调徐缓地说,"那类东西我都保留着,德温特先生没问我要过。她很可能把那天的约会记载了下来。事无巨细她都习惯于一一记录,然后把做过的事勾掉。如果你认为记事本有用,我这就去取。"

"怎么样,德温特?"朱利安上校说,"你意下如何?我们看记事本你不介意吧?"

"当然不介意,"迈克西姆说,"我怎么会呢?"

我又一次看见朱利安上校迅疾、好奇地瞥了他一眼。这次弗兰克注意到了,只见他也看了看迈克西姆,随后把目光又移到了我身上。这回轮到我站起身,走到窗前观雨景。我觉得雨势已不再那么凶猛,似乎已威风扫地。此刻的落雨声换上了比较静谧、柔和的调子。苍茫的暮色笼罩了天空。昏暗一片的草坪被大雨浸得透透的,树木弓腰驼背,披上了神秘的色彩。可以听见女仆在楼上拉窗帘,关闭那些仍开着的窗户,准备过夜。日常生活仍像往常一样在按部就班地进行,放窗帘,把鞋送去清洗,把浴巾摆在洗澡间的椅子上，为我准备洗澡水，铺好床，将拖鞋置于椅子下。而我们却躲在这藏书室里，谁都没讲话，但大家心里都明白迈克西姆正在接受生死攸关的审判。

我听到轻轻的关门声，转过了身去。来人是丹夫人，她手里拿着记事本回到了藏书室。

"我没记错，"她平静地说，"正如我所言，她把约会都记录了下来。这是她死的那天所赴的约会。"

她翻开记事本——一个小红皮册子，把它交给朱利安上校。朱利安上校又一次从眼镜盒里取出了眼镜。在长时间的沉寂中，他浏览着记事本。他查看记事本，而我们守立一旁，我觉得这一特殊的时刻比这天晚上所发生的任何一件事情更令我感到害怕。

我掐着自己的手，指甲都掐进了肉里。我不忍去看迈克西姆。朱利安上校肯定听见了我的心在胸膛里怦怦乱跳吧？

"啊！"他用手指着一页的中间喊出了声。我心想就要出事啦，可怕的事情就要发生了。"有啦，"他说，"在这里呢，丹弗斯夫人说得对，她在十二点钟做头发。这一项旁边画了个钩，说明她并未爽约。到俱乐部吃饭，旁边也有个钩。可这是什么呢？两点钟见贝克。贝克是何许人？"他瞧瞧迈克西姆，见迈克西姆摇了摇头，便把目光又投向丹夫人。

"贝克？"丹夫人把名字重复了一遍，"她不认识一个叫贝克的人。这名字我从没听说过。"

"瞧瞧吧，"朱利安上校把记事本递给她说，"你自己看看，这上边明明写着贝克。她在旁边重重地画了个大叉叉，仿佛要把铅笔折断似的。不管贝克是何许人，她显然已经见过了。"

丹夫人凝视着写在记事本上的那个名字以及旁边浓黑的叉

叉，嘴里念叨着："贝克，贝克。"

"我认为，如果知道贝克是谁，便能接触到整个案子的实质，"朱利安上校说，"她该不是落入放债人的魔爪了吧？"

丹夫人轻蔑地望了望他说："德温特夫人能那么落魄？"

"要不就是有人敲诈？"朱利安上校说着瞥了一眼费弗尔。

丹夫人摇摇头，随后又念叨起来："贝克，贝克。"

"没有仇人吗？有没有人威胁过她？她是不是害怕谁？"

"德温特夫人害怕？"丹夫人说，"她无所畏惧，谁都不怕。她只担心一点，那就是逐渐变老，或者患病死在床上。她曾对我说过几十次，'丹尼，我要死就死个痛快，就像灯一样瞬间熄灭。'她死后，唯能告慰我的正是这一点。他们说人淹死的时候没有痛苦，这话当真？"

她以探询的目光望着朱利安上校。朱利安上校没有回答，一边沉吟一边捋着小胡子。我见他又瞥了一眼迈克西姆。

"净瞎扯些啥呀？"费弗尔走上前说，"简直离题万里，浪费时间。管他什么贝克的。他跟这事有什么关系？也许他是个卖袜子的商人或者经营雪花膏的小贩。他要是个有头有脸的人物，丹尼定会知道的。丽贝卡没有瞒着丹尼的秘密。"

我在一旁观察着丹夫人。她手捧记事本，一页一页翻着。突然，她叫出声来。

"这儿有线索，"她说，"本子的背面电话号码栏里有贝克的名字，旁边写着个号码：0488。可惜没注明是哪家电话局。"

"好一个出类拔萃的丹尼，"费弗尔说，"老了却成了个大侦探。可惜迟了十二个月。如果一年前你崭露才华，也许还能管点用。"

"不错，正是他的号码，"朱利安上校说，"0488，旁边是贝克的名字。她怎么没把电话局也写上？"

"试着跟伦敦的各个电话局联系联系，"费弗尔热嘲冷讽地说，"就是花上一个通宵，我们也不介意。迈克斯才不在乎电话费是否会高达一百英镑哩！你说是吧，迈克斯？你不就是想拖时间嘛。我处在你的位置，也会有同样的心情。"

"号码旁有个标记，不知代表什么，"朱利安上校说，"你看看，丹弗斯夫人，会不会是字母M？"

丹夫人又把记事本接在手中。"很可能，"她迟疑不定地说，"她平时不是这样写M，不过也许是她匆忙中随手写的。不错，很可能是M。"

"是梅费厄电话局0488吧，"费弗尔说，"真是个天才！多么聪明啊！"

"怎么样？"迈克西姆说着，点着了第一支烟，"还是查查吧，弗兰克，你去给总台挂电话，转梅费厄电话局0488。"

我心口处那种折磨人的疼痛感又在加剧，垂着手一动不动站立一旁。迈克西姆对我看也不看。

"快去，弗兰克，"他说，"磨蹭什么？"

弗兰克到后边的小房间里去了。大家都等着他把电话接通。不一会儿，他走回来平静地说："他们马上把电话打过来。"朱利安上校反剪起双手，开始在屋里踱步。大家都静默无声。过了约摸四分钟，尖厉的电话铃持续不断响了起来，那是长途电话单调和刺耳的铃声。弗兰克跑过去拿起话筒说："梅费厄电话局0488吗？请问，是不是有个叫贝克的人住在那里？噢，明白了。非常抱歉。是的，我一定是把号码记错了。十分感谢。"

他"咔嚓"放下话筒，然后回到了藏书室。"梅费厄电话局0488的住户叫伊斯特莱夫人，地址在格鲁斯维纳大街。他们没听说过有贝克这个人。"

费弗尔尖声大笑起来。"屠夫、面包师以及烛台制造商，形形色色的人物都会从阴沟里跳出来，"他说，"继续干呀，天下头号大侦探，下面该跟哪家电话局联系了？"

"试试博物馆区。"丹夫人建议道。

弗兰克望了望迈克西姆，后者吩咐他去试试。

刚才的一幕又开始重演。朱利安上校又在屋里踱起了步。过了五分钟的光景，电话又响了。弗兰克去接电话时没把门关上，我可以看见他冲着放电话机的桌子俯下身，嘴凑在话筒上。

"喂？是博物馆区0488吗？请问，有没有一个叫贝克的人住在那里？喂，你是谁呀？值夜班的门房。好，好，我明白。没有办公。不，不，当然不是。能把地址告诉我吗？对，非常重要的事情。"弗兰克停下通话，回过头冲我们喊道："我想我们总算找到他了。"

啊，上帝，但愿这不是真的，但愿不要找到贝克。求求你，上帝啊，让贝克去死吧。我知道贝克是怎样一个人物，对此我一直都很清楚。我透过房门看见弗兰克突然把身子前倾，取过一支铅笔和一张纸。"喂？是的，我听着呢。能拼读一下吗？谢谢你，非常感谢。再见。"他手里拿着那张纸又回到了藏书室。弗兰克呀，你不是爱戴迈克西姆吗？难道你不明白你拿的纸页就是这噩梦般的晚上唯一有价值的证据，交出它就会毁掉迈克西姆，等于你亲手把匕首扎在迈克西姆的背上。

"接电话的是布隆斯勃利一幢房屋的夜间守门人，"弗兰

蝴蝶梦 435

克说，"那幢房屋里没住人，只是白天充作医生的诊所。很显然，贝克已经停了业，半年前就离开了那儿。不过我们可以找到他家。那个值夜班的门房把他的地址告诉了我，我记在这张纸上。"

第二十五章

　　就是在这个时候，迈克西姆的目光落在了我身上。整整一个晚上，他这是第一次看我。从他的眼睛里我瞧见了永别的信息。这情形就好像他倚在轮船的栏杆上，而我站在他脚下的码头上。有人拍他的肩膀表示亲热，也有人拍我的肩膀打招呼，但我们视而不见。我们俩之间既不对话也不呼唤，因为风大距离远，彼此都听不见。趁着轮船还未驶离码头，我痴痴望着他的眼睛，他呆呆盯着我的双眸。此时此刻，费弗尔、丹夫人、朱利安上校以及手拿纸片的弗兰克，全都被我们忘到了九霄云外。这短短的一瞬间不足两秒钟，但它属于我们，神圣不可侵犯。随后，迈克西姆把脸掉开，向弗兰克伸出手说："干得好。他住在哪儿？"

　　"伦敦北面的巴尼特镇附近。"弗兰克边回答边把那片纸递给他，"可惜那里不通电话，跟他联系不上。"

　　"干得不错，克劳利，"朱利安上校称赞道，"丹弗斯夫人，你也劳苦功高。现在你能为我们指点迷津了吧？"

　　丹夫人摇了摇头。"德温特夫人根本不需要医生的照拂。和所有身强力壮的人一样，她瞧不起医生。只有一次她扭伤了手腕，把克里斯的菲力普斯医生请到了庄园来。我从未听她说起过这位贝克医生,她没跟我提过他的名字。"

"告诉你们吧,那家伙是个卖雪花膏的骗子,"费弗尔说,"他是何人,又有什么关系呢?假如中间有情况,丹尼不会不知道。我敢说那是个没名堂的家伙,发明了某种新的美容术,能把头发染成淡色或者能使皮肤变白,丽贝卡那天上午大概从理发师那儿打听到地址,午饭后便抱着好奇心前去登门拜访。"

"不,"弗兰克说,"我认为你的看法不对。贝克并非江湖郎中。博物馆区0488号的夜间守门人告诉我,他是个名扬四海的妇科专家。"

"嗯,"朱利安上校捋着胡须说,"看来丽贝卡一定染上了什么病。可她对任何人都守口如瓶,甚至在丹弗斯夫人面前也只字不吐,这就未免太蹊跷了。"

"她简直太瘦了,"费弗尔说,"我跟她提起过,可她仅仅付之一笑,说瘦瘦的身材对她正合适。我想她和别的女人一样,热衷于减肥疗法吧。也许她跑去找贝克,就是为了寻觅减肥秘方。"

"你认为有这种可能吗,丹弗斯夫人?"朱利安上校说。

丹夫人慢慢摇了摇头。突然之间冒出个贝克来,似乎搞得她头昏脑涨、迷迷糊糊。"我不明白,"她说,"我不知道其中的缘故。贝克,一个叫贝克的医生?她怎么没对我讲过?为什么要瞒着我呢?平时她对我无所不言呀。"

"也许她不愿让你为她担心,"朱利安上校说,"毫无疑问,她和贝克有约会,并去见了他,那天夜里她回来原是准备告诉你的。"

"还有给杰克先生的那张字条,"丹夫人突然说道,"那张字条上写着，'我有事情相告，必须见到你。'看来她也准备向他袒露心事？"

"一点不假，"费弗尔慢条斯理地说，"我们怎么把字条的事给忘了。"他又从口袋里把字条掏出来，大声朗读道，"我有事情相告，希望能尽快见到你。丽贝卡上。"

"当然，这一点已毋庸置疑，"朱利安上校冲着迈克西姆说，"我情愿出两千英镑打赌，她打算把她跟这位贝克医生的会面结果告诉给费弗尔。"

"这下你算说对了，"费弗尔说，"字条的事和会面的事似乎接上了茬。但是什么样的结果呢，这才是我所关心的。她究竟出了什么事？"

事实在冲着他们大声喊叫，可他们谁也看不见，而是站在那儿大眼瞪小眼，表情茫然迷惘。我不敢看他们，也不敢动弹一下，生怕露出马脚。迈克西姆默默无语地回到窗前，向外眺望黑咕隆咚、鸦雀无声的花园。雨终于停止了，但仍有水珠在顺着湿漉漉的树叶和窗户上方的檐槽朝下滴。

"要查证实情犹如探囊取物，"弗兰克说，"现在有了医生的地址。我可以修书一封，问他是否还记得去年跟德温特夫人约过诊。"

"不知他会不会予以理睬，"朱利安上校说，"医务界有条约定俗成的规矩，不对外公开病人的病情。要想从他口里探出点什么，唯一的办法就是让德温特私下见他，把来龙去脉解释清楚。你看呢，德温特？"

迈克西姆从窗口回过身，表情平静地说："随你怎么吩咐，我都乐意执行。"

蝴蝶梦　439

"时间上没问题吧？"费弗尔说，"二十四小时大有回旋余地。可以坐火车、乘轮船或搭飞机逃之夭夭。"

只见丹夫人目光犀利地瞧瞧费弗尔，又看看迈克西姆。这时我才恍然大悟，原来丹夫人对费弗尔的指控一无所知。这下她开始明白了，从她脸上的表情便看得出来。她先是疑惑不解，后又掺入惊奇和仇恨，最后得出了确切的结论，这一系列心绪都镌刻在她脸上。她一下子用那双又瘦又长的手神经质地紧紧抓住自己的衣服，伸出舌头抿了抿嘴唇，同时仍凝视着迈克西姆，眼睛一刻也没放过他。我心想她醒悟得太迟了，事情已成定局，她不能把我们怎么样了。现在她无论对我们说什么或做什么都已无关紧要，反正不幸已经发生。她无法再伤害我们。迈克西姆没留神她的表情变化，或注意到了却没露出声色。此刻，他正在跟朱利安上校讲话。

"你看怎么办？"他说，"我明天早晨起来，按这个地址开车到巴尼特镇去？我可以先给贝克发份电报，请他在家等候我。"

"不能让他单独去，"费弗尔冷笑一声说，"我有权利提这要求吧？让他跟韦尔奇警长一道去，我就再不说什么。"

但愿丹夫人别那么死死盯着迈克西姆。弗兰克这时看见了她的那副样子，用困惑和焦虑的目光打量着她。我见他又扫了一眼手中的纸片，上面写着贝克医生的地址。随后，他也朝迈克西姆那边望了望。我坚信他隐隐约约察觉到了实情，而且良心上开始有了发现，只见他脸色白如死灰，将纸片放到了桌子上。

"我认为没必要把韦尔奇警长也拖入这件事……不过……"朱利安上校的声音与刚才相比有所不同，显得有些严厉。我不喜欢他使用"不过"这个字眼。为什么偏偏要说这样的话呢?反正我是不喜欢。"如果我跟德温特一道去,寸步不离守着他,办完事就把他带回来,这样做你满意吗?"他问。

费弗尔看了看迈克西姆,接着又把目光投向朱利安上校,脸上的表情诡诈、阴险,淡蓝色的眼睛还闪出几分得意的神采。"好吧,"他不紧不慢地说,"我看就这样吧。但为了保险起见,我也随你们一起去,你不介意吧?"

"不介意,"朱利安上校说,"我觉得糟就糟在你有这个权利。不过,你要是跟着去,我也有权利要求你保持冷静的头脑。"

"这个你不必担心,"费弗尔说,同时脸上绽出了微笑,"我一定保持冷静,冷静得就像三个月后将给迈克斯定罪的法官一样。我相信这位贝克医生会为我的指控提供证据。"

他扫视一圈,把我们挨个看了看,然后放声大笑起来。他大概最终也明白了这次出访医生的重大意义。

"明天早晨何时动身?"他问道。

朱利安上校瞧了瞧迈克西姆。"你什么时候能准备好?"

"时间由你定吧。"迈克西姆说。

"九点钟怎么样?"

"就九点钟。"迈克西姆说。

"我们怎么知道他会不会在半夜逃跑?"费弗尔说,"他只需绕到车库,开上车就能溜之大吉。"

"我的话足不足信?"迈克西姆转向朱利安上校问。朱利安上校第一次露出了难色,我见他扫了一眼弗兰克。迈克西姆顿时涨红了脸,额头上青筋暴跳,一字一板地说:"丹弗斯夫人,今晚我和德温特夫人就寝时,你能不能亲自来把房门反锁上?明天早晨七点钟能否请你来叫醒我们?"

"遵命,老爷。"丹夫人说话时,仍用眼睛死盯着迈克西姆,双手紧抓住自己的衣服。

"好吧,就这样定了。"朱利安上校语气坚定地说,"今晚大概再没有什么可商量的了。明天早晨九点整我准时赶来。你的车上有我的位置吧,德温特?"

"有。"迈克西姆说。

"费弗尔开车跟在后边?"

"紧紧跟着你们,咬住你们的尾巴寸步不离,我亲爱的朋友。"费弗尔说。

朱利安上校走上前和我握手说:"再见。您知道我非常同情你的处境,对此我无需再多言。尽量让你的丈夫早点睡觉,明天路上会很辛苦。"他把我的手握了一会儿,然后就走开了。奇怪,他怎么避开我的目光,老盯着我的下巴?弗兰克为他打开门,送走了他。费弗尔凑上前,从桌子上的烟盒里取了些香烟,给自己装了满满一盒。

"看来不会留我吃晚饭吧?"他说。

他见没人搭他的腔,便点起一支烟,把一口烟雾喷到空中。

"看来得在公路边的旅店里度过一个冷清的夜晚了,"他说,"那儿的酒吧女是个斜眼,跟她消夜真没意思!没关系,我要等着看明天的好戏。再见,丹尼老妈妈,别忘了替德温特先生锁好门。"

他走到我跟前伸出了手。

我像个幼稚的孩子一样把两手藏到了背后。他见状哈哈大笑，冲我鞠了个躬。

"是不是太不识相啦？"他说，"我这样的一条恶狼闯入贵府，搅了诸位的兴致。等着瞧，待黄色小报把你的生活轶事刊载出来，那就够刺激了。你会看到报头有这样的横栏标题，'从蒙特卡洛到曼德利。杀人犯年轻妻子的遭遇'。祝你下一次交好运。"

他大摇大摆走到门口，冲窗前的迈克西姆挥挥手说："再见，老伙计，做个好梦。锁在房间里，尽情消受今夜良宵吧。"他转过身朝着我哈哈一笑，随即走出了房间。丹夫人也跟着走了。屋子里只剩下了我和迈克西姆。他仍站在窗旁，没到我跟前来。杰斯珀一溜烟地从大厅跑了进来。它被关在门外整整一个晚上，这时活蹦乱跳地奔上前咬弄我的裙角。

"明早我陪你去，"我对迈克西姆说，"我和你一起去伦敦。"

他没有立即回答，只顾眺望着窗外，最后才声音不夹带任何感情地说："好吧。从现在起我们俩必须形影不离。"

弗兰克又回到屋里，一只手扶着门站在入口处说："费弗尔和朱利安上校都走了，我看着他们离开的。"

"知道了，弗兰克。"迈克西姆说。

"有什么事要我办吗？"弗兰克说，"不管什么事，如发电报或安排工作什么的。如果可以帮上忙，我就通宵达旦地干。当然，给贝克的电报我会发出的。"

"不用再费心了，"迈克西姆说，"暂时没有什么事。明天一过，可能大量的事情会接踵而至。到时候我们再详细商量。今天夜里我们夫妻俩想安静安静。这一点你会谅解的吧？"

他手扶着门又待了一会儿,然后说道:"晚安。"

"晚安。"迈克西姆说。

弗兰克走了,随手掩上了门。迈克西姆向站在壁炉旁的我奔来。

我张开臂膀,他像孩子一样扑进我怀里。我用胳膊将他抱住,紧紧搂住。我又是搂抱他又是安慰他,仿佛他是杰斯珀似的,就好像杰斯珀受了点伤,跑来求我为它解除痛苦。

"明天上路,咱俩可以坐在一起。"他说。

"好的。"我说。

"朱利安不会见怪的。"他说。

"是的。"我说。

"明天夜里我们也可以在一起,"他说,"他们不会立即采取行动,也许二十四小时内不至于大祸临头。"

"是的。"我说。

"现在的管理并不太严格,"他说,"犯人家属是允许探视的。这样的案子得拖很长时间。我尽量设法请到赫斯廷斯,他是最优秀的律师。赫斯廷斯或伯尔基特都可以。赫斯廷斯认识我父亲。"

"是的。"我说。

"我将把情况如实告诉他,"他说,"这样他们处理起来容易些,能掌握住分寸。"

"是的。"我说。

房门打开,弗里思走了进来。我一把将迈克西姆推开,规规矩矩站起来,把身子挺得直直的,一边将头发抚弄整齐。

"夫人,你们需要先换衣服,还是叫我立刻把饭摆上桌?"

"我们今晚就不换衣服了,弗里思。"我说。

"好的,夫人。"他说。

他离开时没关房门。罗伯特进来开始放窗帘,整理坐垫,抚平沙发,并且把桌上的书报摆得有条有理。他把威士忌、苏打水和脏烟灰缸全端了出去。我在曼德利度过的每个傍晚都见他按部就班地干这些事情,但今天晚上他的一举一动似乎有着特殊的意义,仿佛这段记忆将永存我的大脑,在许多年之后我还会说这样的话:"我记得当时的情景。"

紧接着弗里思进来宣布饭菜已准备停当。

我至今仍记得那天晚上的每一个细节,记得盛在杯子里的冰凉的清炖肉汤、板鱼片以及滚烫的羊肩肉。

我还记得用焦糖烤制的甜食以及入口后的香脆味。

银质烛台上插的新蜡烛显得又白又细又长。这儿的窗帘也已放下,遮挡住了朦胧苍茫的暮色。坐在餐厅里却不能眺望外边的草坪,给人以异样的感觉,好像已入初秋时节。

待我们来到藏书室喝咖啡的时候,电话铃响了。这次是我接的电话。我听见比阿特丽斯在电话线的另一端说:"是你吗?这电话我打了一晚上,两次都占线。"

"很遗憾,"我说,"非常遗憾。"

"我们大约两小时前读了晚报,"她说,"陪审团的裁决使我和贾尔斯都极为震惊。迈克西姆怎么看?"

"我想每个人都感到震惊。"我说。

"亲爱的,这件事简直荒唐透顶。丽贝卡怎么会自杀呢?天下要数她最不可能干那种事情,其中必有弄错的地方。"

"我不清楚。"我说。

"迈克西姆怎么看待？他人呢？"她问道。

"家里来了些客人，"我说，"接待了朱利安上校还有其他一些人，迈克西姆已累坏了。我们明天还要赶到伦敦去。"

"去那儿干什么？"

"反正与陪审团的裁决有关，我一时也不好解释清楚。"

"应该设法撤销那项裁决，"她说，"荒唐，简直太荒唐了。这件事闹得满城风雨，对迈克西姆十分不利，会影响到他的声誉。"

"是啊。"我说。

"朱利安上校肯定能帮上点忙吧？"她说，"他是治安官，而治安官就是吃这碗饭的。兰因的那个霍里奇一定是昏了头。丽贝卡自杀有什么动机呢？我一辈子都没听说过如此愚蠢的言论。真应该把泰勃关押起来。他怎么能知道船上的那些窟窿是不是人为凿下的？贾尔斯说肯定是礁石撞的。"

"他们似乎并不这样认为。"我说。

"我要是在场就好了，"她说，"我一定会仗义执言。怎么就没人站出来说公道话。迈克西姆是不是心里非常难过？"

"他很疲倦，"我说，"累得顾不上许多了。"

"我真希望能赶到伦敦和你们同舟共济，"她说，"只可惜我抽不出身。罗杰的高烧发到一百零三（华氏）度，怪可怜的，而我们请来的护士又是个十足的白痴，让罗杰觉得讨厌。我不能撇下他不管。"

"那是当然的，"我说，"你千万不能撇下他。"

"你们要到伦敦的哪个地方？"

"不知道，"我说，"地点不十分清楚。"

"告诉迈克西姆，让他一定要想办法改变那裁决。这实在是有辱门庭。我逢人便讲，那项裁决太缺德。丽贝卡绝不会自寻短见，她不是那号人。我还真想给验尸官写封亲笔信呢。"

"太迟了，"我说，"最好别费那份力气了，不会管什么用的。"

"那愚蠢的裁决让我怒不可遏，"她说，"我和贾尔斯认为，那些窟窿如果不是礁石撞的，就很可能是哪个流浪汉故意凿的。要不，就是共产分子干的好事。这一带的共产分子多如牛毛，热衷于干这类事。"

迈克西姆从藏书室喊道："能不能敷衍她几句算啦？听她啰唆些什么呀？"

"比阿特丽斯，"我无可奈何地说，"到了伦敦我争取给你打电话。"

"我和迪克·戈多尔芬联系一下，顶不顶用？"她说，"他是你们那儿推选出的下院议员。我跟他很熟，比迈克西姆熟多了。他曾在牛津大学和贾尔斯是同窗。你问迈克西姆，需要不需要我给迪克打电话，看他能不能做点工作撤销那项裁决。问问迈克西姆，他是否认为有共产分子搞破坏。"

"不顶用，"我说，"一点好处都没有。比阿特丽斯，请别轻举妄动，免得雪上加霜，把事情愈搞愈糟。丽贝卡也许真怀有某种目的，只是我们不知道罢了。我觉得共产分子绝不会在船上凿窟窿，因为那毫无意义。比阿特丽斯，请你别再管这件事了。"

啊，谢天谢地，幸亏她今天没跟我们在一起。至少这一点很感谢上帝。电话里出现了嗡嗡声。只听比阿特丽斯在大声喊叫：

"喂，喂，电话局别把线掐断。"可是电话"咔嗒"一声，随后就没了动静。

我一瘸一拐，筋疲力尽地回到藏书室。不一会儿，电话铃又响了起来，可我没接，任它响个不停。我走过去坐到迈克西姆的脚下。电话铃仍在响，我则动也不动一下。随后，丁零声停止了，像是对方一气之下猛地挂上了电话。壁炉架上的钟表敲响了十点。迈克西姆张开双臂搂住我，把我拥到怀里。我们开始热烈地不顾一切地接吻，就像一对从未接过吻的偷情男女。

第二十六章

　　第二天早晨六点半刚过,我一觉醒来,爬起身走到窗前。草地上结了一层霜一般的银色露珠,树木笼罩在白茫茫的迷雾里。空气中微带寒意,清风习习,四处弥漫着凉爽、静谧的秋天气息。

　　我跪在窗旁俯视玫瑰园,但见花梗上的一朵朵玫瑰耷拉着脑袋,经过昨夜风雨的吹打,花瓣变成了褐色,显得死气沉沉。昨日发生的事情是那样缥缈,给人以隔世之感。园子里的一景一物并未因为我们满腹心事而稍有改变。一只山鸟忽飞忽停,经过玫瑰园向草坪奔来,一路上不时歇住脚用黄色的嘴喙叼啄泥土;一只画眉也忙忙碌碌地飞来飞去;两只肥壮的小鹊鸽在追逐嬉戏;另外还有一群麻雀在叽叽喳喳啁鸣;一只孤独的海鸥悄然无声地翱翔于高空,这时张满翅膀猛然俯冲,奔向草坪尽头的树林和幸福谷。所有的这一切都在持续着,我们的心事和忧虑无力改变它们的进程。园工们马上将从床上爬起来,把第一批落叶从草坪及小径上扫去,将车道上的沙砾耙平;房后院落里将响起水桶的叮咚声;水管将对准汽车冲洗;厨房里的女佣将隔着敞开的房门跟院子里的男仆谈天说地;热腾腾的培根那扑鼻的香味将在空气中飘荡;打扫房间的女佣将推开房门,打开窗户,拉开窗帘。

狗儿将从各自的篮子里爬出来,打个哈欠,伸伸懒腰,悠悠然走到游廊上,冲着刚刚挣出迷雾的惨淡太阳眨巴眼睛。罗伯特将摆上早饭桌,端来热气腾腾的司康饼、水煮鸡蛋、几玻璃盘蜂蜜和果酱、一碗鲜桃,外加一串刚从温室摘来的紫葡萄,上面还染着粉霜。

使女们清扫起居室和客厅,让清新的空气从敞开的长形窗户涌进来;烟囱里青烟袅袅;秋季的迷雾逐渐散去,树木、草坡以及林子显露出轮廓,阳光照射在海面上,使得大海波光粼粼;灯塔巍然屹立在海岬上。

安宁、静谧、典雅的曼德利啊!不管围墙里住的是何人,不管发生什么样的磨难和纷争,不管为何热泪滚滚、痛不欲生,曼德利的宁静丝毫都不会被打破,曼德利的美景绝不会被毁掉。凋零的花儿来年又会喷香吐艳,垒窝筑巢的还是那些鸟儿,开花结实的仍是那些树木。陈年苔藓的气息将弥漫于空中,蜜蜂和蟋蟀将重新出现,苍鹭将在幽暗的密林深处营造安乐窝。蝴蝶将在草坪上欢快地翩翩起舞,蜘蛛将织出雾状的网,无端闯入的野兔惊恐地在浓密的灌木丛中探头探脑。百合花和金银花漫山遍野,白木兰的花朵在餐厅窗下徐徐绽开。任谁也伤害不了曼德利的一根毫毛。在铜墙铁壁般的森林卫护下,曼德利将永远安然无恙地屹立在低洼处,宛如一座神奇的宫殿,脚下的砾石海湾里波涛汹涌,奔流不息。

迈克西姆仍在酣睡,我不忍心叫醒他。等待我们的将是一个疲倦、漫长的日子:公路、电线杆、川流不息的来往车辆,最后慢慢驶入伦敦。不知道旅程结束后将会发生什么样的事情。前途吉凶未卜。在伦敦北面的某个地方住着一个叫贝克的人,他跟我们素昧平生，可是他手心里却掌握着我们的命运。他马上也会从梦中睡醒，伸伸懒腰，打个哈欠，接着就忙于一天的事务。想到这里，我立起身到了洗澡间，开始给自己放洗澡水。这一套动作在我看来，跟罗伯特昨晚收拾藏书室具有同样重大的意义。以前我总是机械地干这类事情，而此刻把海绵丢入水中，从热烘烘的架子上取下浴巾摊在椅子上，躺在浴盆里让水淹没我的躯体，我却深有感触。一分一秒都极其珍贵，都是向最终命运的迈进。当我返回卧室穿衣服时，听见轻轻的脚步声由远及近，停在了门外，接着听见钥匙轻轻开锁的声音。在一阵沉寂之后，那脚步声又远去了。那是丹夫人来过了。

她没有忘记自己的使命。昨晚从藏书室来到卧室，我听见过同样的声音。她来时也没有敲门，没有暴露行迹，只能听得见脚步声以及钥匙开锁的声音。这声音把我带到现实中来，使我面对迫在眉睫的命运。

我穿好衣服，跑去为迈克西姆放洗澡水。不一会儿，克拉丽斯送来了茶点。我唤醒迈克西姆。他起初像个困惑的孩子一样睡眼惺忪地望着我，接着伸展了一下双臂。我们在一起喝了茶，然后他起身去洗澡，而我开始有条不紊地把要用的东西放入旅行箱。因为说不定我们得在伦敦盘桓几日。

我把迈克西姆送给我的发刷、一件睡衣、晨服和拖鞋一股脑儿塞进箱子，另外还有一件外套和一双鞋子。我把梳妆盒从衣柜深处拖出来时，觉得很眼生。虽然仅隔了四个月，但我觉得已经很长时间没用它了。梳妆盒上仍留着加来海关用粉笔涂的标记。盒内的夹袋里放着张蒙特卡洛夜总会的音乐厅坐票。我把票揉成一团，抛进废纸篓里。它仿佛属于另一个时代、另一个世界。卧室里开始呈现出主人离家时的狼狈景象。梳妆台上没了发刷，光秃秃的空无一物。包东西用的薄纸乱扔了一地，另外还有一枚旧标签。我们睡过的床空荡荡的，给人以凄凉感。浴巾揉得皱巴巴地堆在洗澡间的地板上。衣柜门敞开着。我戴上帽子，这样待会儿就不必再上来，然后拿上提包和手套，拎起衣箱，在屋子里环顾一周看有没有遗忘什么东西。一轮红日穿云破雾，在地毯上投下各种图案。我来到甬道里，但刚走到一半，心里便产生了一种莫名其妙的奇怪感觉，觉得必须拐回去到房间里再查看查看。我就这么没名堂地回到屋里傻站了一会儿，望望敞着门的衣柜和那张空床，又瞧瞧桌上的茶盘。我凝视着那一什一物，要把它们永远印在脑海里。不知为什么，它们散发出一种魔力拨动着我的心弦，令我黯然神伤，仿佛它们是一群多情的孩子舍不得我离开。

我返身下楼吃早餐。餐厅里冷森森的，太阳还未照上窗台。我暗自庆幸能喝上滚烫的清咖啡，吃上提神鼓劲的培根。我和迈克西姆默默无语地吃饭。他时不时朝时钟望上两眼。我听见罗伯特把衣箱连同旅行毛毯放在了大厅，不一会儿又听见汽车开到了门前。

我走出去伫立在游廊上。雨后的空气格外清新，草地散发出沁人肺腑的芬芳。待到红日高升，一定会晴空万里。我心想，要是不出门，我们午餐前可以到山谷里散步，餐后可以坐在栗树下读书看报。我闭上眼睛，感受着阳光照在我的脸上和手上所散发出的阵阵暖意。

听见迈克西姆在屋里喊我，我便走回去，由弗里思帮着我穿上外套。这时传来另一辆汽车的声音，原来是弗兰克驾到。

"朱利安上校在庄园门口等候，"他说，"他觉得没必要再到这里来了。"

"好吧。"迈克西姆说。

"我今天一天不出门,在办事处等你的电话,"弗兰克说,"你见过贝克后,说不定会需要我到伦敦去。"

"是的,"迈克西姆说,"也许会的。"

"现在刚九点钟,"弗兰克说,"你们很准时。今天天气也不错,路上会很顺利的。"

"是的。"

"但愿不要把你搞得太累,德温特夫人,"他对我说,"反正这一路够你呛的。"

"我会很好的。"我说。我瞧了瞧立于我脚旁的杰斯珀,只见它耷拉着耳朵,忧伤的眼里露出抱怨的神情。

"你把杰斯珀带回办事处去,"我说,"它的样子太可怜了。"

"好的,"他说,"我会照办的。"

"我们还是动身吧,"迈克西姆说,"朱利安要等得不耐烦了。就这样吧,弗兰克。"

我上汽车坐到迈克西姆身旁,弗兰克"砰"地关上了车门。

"你会给我打电话吧?"他问。

"一定打。"迈克西姆说。

我回头望望,见弗里思站在台阶顶上,罗伯特紧挨在他身后。不知怎的,我突然热泪盈眶,于是急忙转过身去,伸手摸放在汽车地板上的提包,生怕别人看见我的哭相。这时,迈克西姆发动起汽车,拐过弯上了车道,而宅子隐没在了我们身后。

我们来到庄园大门口停下来,接朱利安上校上车。他爬到后座上,见我也在车上,不由面露疑惑的神色。

"路上会很辛苦的,"他说,"我觉得你不应该去。我一定尽心尽力照顾好你的丈夫。"

"我想跟着一起去。"我说。

他听后没再阻挠,在角落坐定说:"今天的天气很好,这一点值得庆幸。"

"是啊。"迈克西姆应了一声。

"费弗尔那家伙说在十字路口等我们。他要是没露面,就不等他了,没有他反而更好。但愿那个可恶的家伙一觉睡过头。"

汽车开到十字路口时,我看见了费弗尔那辆狭长的绿色汽车,顿时心凉了半截。我原以为他不会按时赶来呢。费弗尔坐在方向盘旁,没戴帽子,嘴里叼着支烟。他看见我们时咧嘴一笑,挥手让我们朝前开。我在位子上坐稳,一只手搭在迈克西姆的膝上,准备长途旅行。时间过了一小时又一小时,汽车开了一程又一程。我迷迷怔怔望着前边的路面,而朱利安上校在后面不停地打瞌睡。我偶尔回过头去,总是看见他脑袋靠在垫上张着嘴的模样。那辆绿色轿车和我们形影不离,有时蹿到前边去,有时落在后面,但一直在我们的视野之内。下午一点钟,我们停车在一家老式餐馆用午餐,这样的餐馆在任何一条市镇大街上都触目可见。朱利安上校先从汤和鱼入手,转而进攻烤牛肉及约克郡布丁,把一份午餐风卷残云吃了个精光。我和迈克西姆吃了些冷火腿,喝了点咖啡。

我隐约觉得费弗尔也会来餐厅和我们共进午餐,可出门上车时却见他的汽车停放在马路对面一家咖啡馆的门外。他一定从窗口看见了我们,因为我们上路三分钟后就见他紧紧跟了上来。

约摸三点钟,我们来到了伦敦市郊。直到这时我才有了倦意,嘈杂声和交通堵塞搞得我头脑发晕。伦敦热气袭人,街头尘土飞扬,一派八月份灰蒙蒙的景象,树木千篇一律,树叶无精打采地悬挂于枝头。想必我们地区的暴雨是局部性的,这儿滴雨未落。

人们穿着棉布衫熙来攘往,男士都没戴帽子。四周弥漫着废纸、橘子皮、脚汗以及焚烧的干草味。公共汽车轰隆隆缓慢地行驶,出租车似蜗牛般爬行。我觉得衣裙仿佛贴在了身上,长筒袜扎得我皮肤发痛。

朱利安上校坐起身子,望着车窗外说:"这个地方没有降雨。"

"是的。"迈克西姆说。

"看来这儿好像也应该下场雨。"

"是的。"

"我们到底没把费弗尔甩掉,那家伙仍跟在屁股后边。"

"是的。"

郊区的商业中心似乎很拥挤。倦容满面的妇女用小车推着哇哇哭叫的婴儿,眼睛盯着橱窗瞅个不够;小商贩沿街叫卖;小男孩扒在载重汽车的车厢上。这儿人太多,声音太嘈杂。单单这气氛就令人心情烦躁、精疲力竭。

穿越伦敦市区的这段路程似乎漫无尽头,待到我们摆脱车流,向汉普斯特德那边行驶时,我的脑袋里像有面大鼓在擂鸣,眼中烈火燃烧。

不知迈克西姆此时该有多么劳累。他脸色苍白,眼皮底下布着黑圈,但他什么也没说。朱利安上校在后边哈欠连天。他张大嘴巴,出声地打着哈欠,接着又长吁短叹。每隔几分钟他就把这一套重复一遍。我心里升腾起一把无名之火,不知怎样控制自己,才不至于转过身冲他尖声喊叫,让他停止打哈欠。

一过汉普斯特德,他从外衣口袋里掏出一张大比例的地图,开始指引迈克西姆向巴尼特进发。路上车辆稀少,又有路标引导方向,可每到转弯处他都指手画脚。迈克西姆如果稍加迟疑,朱利安上校便放下车窗玻璃大声向行人问路。

来到巴尼特时,他每隔几分钟就让迈克西姆把车停下来。"请问,有座名叫'玫瑰园'的房子在哪里?户主是贝克医生,已经退休,最近才搬来住。"被问的那个行人会皱起眉头,脸上露出茫然的表情,显然不知道贝克的住址。

"贝克医生?我不认识贝克医生。教堂附近倒是有过一幢叫'玫瑰屋'的房子,但里面住的是威尔逊夫人。"

"不,我们找的是'玫瑰园',户主是贝克医生。"朱利安上校说。随后,我们继续朝前行驶,在一位推童车的保姆面前停下来。

"请问,'玫瑰园'在哪里?"

"对不起。我刚来这儿住不久。"

"你认识一个叫贝克的医生吗?"

"戴维森医生吧?我认识戴维森医生。"

"不,我们要找的是贝克医生。"

我抬头瞥了一眼迈克西姆,他的脸色非常疲倦,嘴角绷得紧紧的。费弗尔慢慢跟在我们后面,他的绿色轿车上蒙了一层灰尘。

最后,还是一位邮差帮我们找到了房子。这是一幢方方正正的屋舍,爬满了常春藤,大门上没挂住户铭牌,其实我们从这儿已路过了两次。我不由自主伸手取过提包,拿出粉来在脸上扑了几下。院内的车道很短,迈克西姆没把汽车朝里开,而是停在了马路边。我们默默无语地坐了几分钟。

"啊,总算找到了,"朱利安上校最后说道,"现在是五点十二分,闯进去刚赶上他们用茶点。最好再等一会儿。"

迈克西姆点起一支烟,把手伸给我,却没有说话。我听见朱利安上校在沙啦沙啦地折叠地图。

"我们完全可以绕过伦敦市区直接到这儿来,"他说,"我看大概能节省四十分钟。头两百英里倒是挺顺当,可一过切斯威克就费时间了。"

一位听差打杂的小伙子骑着自行车从我们旁边经过,嘴里吹着口哨。一辆公共汽车停在街角,两位妇女走了下来。哪家教堂的钟鸣响了五点一刻。我可以看见费弗尔坐在我们后面他的汽车里,身子后仰着抽烟。此刻,我的心里似乎一点感觉也没有了。我只是坐在那儿,观望着一些无关紧要的街头小景。从公共汽车上下来的那两位妇女沿着街道向前走去。那位打杂的小伙子拐过弯不见了踪影。一只麻雀在马路当中蹦来跳去地从脏土里捡东西吃。

"这个贝克看来是不大懂园艺,"朱利安上校说,"瞧那些灌木长得比墙头还高,应该朝低修整修整。"他把地图折好放回衣袋里,"滑稽,竟选这样的地方休闲养老,离大路近,夹在高楼大厦之间。要是我就不这么傻。在未大兴土木之前,这儿大概是个清雅美丽的地方。附近肯定有上乘的高尔夫球场。"

他沉默了一会儿,然后打开车门,站在道路上说:"喂,德温特,你看现在进去怎么样?"

"听你的吩咐。"迈克西姆说。

我们钻出汽车。费弗尔慢悠悠走来跟我们会合。

"你们等个啥劲呀？害怕了吗？"他问。

没人搭理他。我们这支奇异的杂牌小队伍沿车道向大门走去。我看见房子那边有个草坪网球场，听见传来嘭嘭的击球声。一个男孩的声音在叫喊："四十比十五，不是三十平。你真笨。不记得把球打出界了吗？"

"他们的茶点肯定已用完了。"朱利安上校说。

他迟疑了片刻，望望迈克西姆，然后拉了拉门铃。

后屋响起了叮当的铃声。过了很长时间，一位非常年轻的使女才打开了房门。她见来了这么多人，不由吃了一惊。

"贝克医生家吗？"朱利安上校问。

"是的，先生，请进来。"

她开了厅堂左首的门，我们鱼贯而入。这一定是客厅，夏天不常使用。墙上挂着一幅肖像，画的是个相貌平平、皮肤黝黑的女人，不知是不是贝克夫人。椅子和沙发上蒙着簇新的印花棉布罩，光彩熠熠。壁炉架上摆着两个男学生的照片，他们的圆脸上微微含笑。屋拐角靠近窗户的地方有一台十分大的收音机，机子上接着电线和天线。费弗尔端详着墙上的肖像。朱利安上校站在空壁炉旁。我和迈克西姆向窗外张望。我可以看见树下的一张帆布睡椅和一个女人的后脑勺。网球场想必就在转弯处，可以听见两个男孩相互间在叫叫嚷嚷。一只非常老的苏格兰犬站在小径中间搔痒。我们等了大约有五分钟。我仿佛成了另外一个人的替身，跑到这户人家收募慈善捐款。我还从未有过这样的经历。在我的心里缺乏感觉，没有痛苦。

随后门开了，进来的人中等身材，长脸庞，尖下巴，沙黄色的头发已经花白，身穿法兰绒裤子和深蓝色运动衣。

"对不起,让诸位久等了。"他像刚才的那位使女一样,见来了这许多人,不由微微露出惊讶之色,"门铃响时我正在打网球,只好上楼冲洗了一下。请随便坐。"他转向我说。我拣最近的椅子坐下,等待事情进一步发展。

"这次贸然闯到府上来,你一定觉得我们太唐突,贝克医生,"朱利安上校说,"如此打扰,我深表歉意。鄙人名叫朱利安。这位是德温特先生,德温特夫人,还有费弗尔先生。你最近可能在报上见过德温特先生的名字。"

"噢,"贝克医生说,"对啦,对啦,我想是见过。是关于审讯会之类的事吧?我妻子把全文都看了。"

"陪审团的裁决是自杀,"费弗尔趋前一步说,"可我认为那纯属无稽之谈。德温特夫人是鄙人的表妹,我对她十分了解,她绝不会干那种事情,况且她也缺乏动机。我们希望能问清楚,她在死的那天为什么特意来见你。"

"还是让我和朱利安解释吧,"迈克西姆平心静气地说,"贝克医生根本弄不清你所说的事情。"

他接着把脸转向了医生,而医生站在他们两人之间,微微皱着眉头,最初的客套微笑凝固在唇边。"我前妻的表兄对陪审团的裁决不满意,"迈克西姆说,"我们今日专程来找你,是因为在我妻子的记事本上发现了你的名字和原来诊所的电话号码。她似乎跟你有约,并在临离开伦敦前最后一天的下午两点赴了约。是否能麻烦你帮我们核查一下?"

贝克医生全神贯注地听着,但迈克西姆讲完后,他却摇了摇头说:"十分抱歉,你们大概搞错了。要是有这回事,我会记得德温特这个姓氏的。可我一生中,从未给哪个德温特夫人看过病。"

朱利安上校取出钱夹,把从记事本上撕下的那页纸交给他说:"你瞧,就写在这上边。贝克,两点钟。旁边有个大叉,说明已如期赴约。这儿是电话号码——博物馆区0488。"

贝克医生凝神看了看那片纸。"这就非常奇怪了,的确十分蹊跷。不错,电话号码完全正确。"

"她来看病时,会不会用的是假名?"朱利安上校问。

"哦,有这个可能。她也许真的是冒名前来求诊。这种情况极为罕见。我从来都不鼓励这种行为。倘若如此欺骗我们,对行医治病无半点好处。"

"你的病案中是不是保留着这次看病的记录?"朱利安上校又问,"我知道这样问不合乎常规,但情况非常特殊。我们觉得她那次来看病,与整个案子以及她后来的自杀有着千丝万缕的联系。"

"那是谋杀。"费弗尔纠正道。

贝克医生抬起眉梢,以询问的目光望着迈克西姆,心平气和地说:"想不到这里面还有联系。当然,你们的心情我完全理解,我愿尽一切力量帮助你们。假如你们能稍候片刻,我可以去查查病历卷宗。一年到头,每一次看病都有记录,上边还记载着病人的病情。那儿有烟,请随便抽吧。现在给你们端雪利酒来,时间是不是太早了些?"

朱利安上校和迈克西姆摇头婉辞。我觉得费弗尔似乎想说些什么,但未待他开口,贝克医生已经离开了房间。

"看上去是个挺正派的人。"朱利安上校称赞道。

"为什么不请我们喝苏打威士忌?"费弗尔说,"大概把酒锁起来不愿朝外拿。这种人我瞧不起,我才不相信他会帮我们的忙呢。"

迈克西姆没言语。我可以听见网球场那儿传来击打网球的声音。那条苏格兰犬在汪汪地叫。一位女人大声呵叱它安静下来。目前正值暑假,贝克原来正和两个儿子打网球,我们却把他们的正常生活给搅了。在壁炉架上,一只盛在玻璃匣子里的金壳表发出刺耳、急促的嘀嗒声。一张日内瓦湖的明信片斜靠在匣子上。看来,贝克家有朋友在瑞士。

贝克医生手里捧着一个大本子和一个病历盒回到了房间里,来到桌前把东西放下说:"这是去年的材料,自从搬了家,我就再没翻开过。你们知道,我是六个月前才停业的。"他掀开本子,开始一页页翻起来。我出神地望着他,心想一定能查得着,只消一会儿,只消几秒钟的时间。"七号,八号,十号,"他喃喃地说,"这儿没有。你是说十二号?下午两点钟?啊,找到啦!"

我们谁都没有动弹一下,所有的目光都集中在他脸上。

"十二号下午两点钟,我见过一位丹弗斯夫人。"他说。

"丹尼?怎么会……"费弗尔刚开口,就被迈克西姆打断了。

"当然,她用的是假名,"迈克西姆说,"事情从一开始就是明摆着的。你还记得当时的情况吗,贝克医生?"

可贝克医生正在翻阅病历,没有回答。只见他把手指插入标有字母D的卷宗袋,差不多一下就找到了。他迅疾地看了看自己的笔迹,然后慢吞吞地说:"不错,正是丹弗斯夫人。我现在想起来了。"

"是不是高高的个子,身材苗条,皮肤黑黑的,长得非常漂亮?"朱利安上校不动声色地问。

"是的,"贝克医生说,"是的。"

他把病历看了一遍,然后放回盒子里,朝迈克西姆扫了一眼说:"披露病人的情况是不符合我们行规的。我们对待病人,就像神父对待忏悔的教徒一样。不过,尊夫人已经过世,而且我完全理解情况的特殊,你是不是想让我对尊夫人的自杀提供些线索?我想我可以办得到。那位自称是丹弗斯夫人的妇女病得非常重。"

他顿住话头,把我们挨个打量了一遍。

"她的情况我仍记忆犹新。"他说着,又重新翻阅起病历,"她第一次来找我,是在你所提到的那个日期的前一个星期。她说了些自己的症状,我为她拍了几张X光片。她第二次来是看片子的结果。那些片子不在这儿,不过我把详细情况都记了下来。记得她当时站在诊室里,伸手接过片子说,'我想知道实情,不愿听安慰的话,也不愿让你和颜悦色地瞒我。假如我在劫难逃,请尽管直截了当地讲明。'"他说到这里停下来,又埋头看起病历。

我等得心如火燎。他为什么不一吐为快,打发我们走呢?为什么非得让我们等在这儿,眼巴巴望着他的脸?

"哦,"他又接着说道,"她要求我讲实情,于是我就满足了她的愿望。对有些病人应当实话实说,闪烁其词反而不好。这位丹弗斯夫人,或更确切地说,这位德温特夫人,是听不进虚假的话的。这一点你们大概都很清楚。她当时很沉得住气,毫无畏惧之色。她说她早已怀疑到了自己的病情。然后她付了诊费,扭头走了。我再也没有见到过她。"

他"啪"地盖上盒子,把本子也合拢说:"当时还只是轻微的疼痛，但瘤子已根深蒂固，用不了三四个月，她就得靠吗啡止痛。动手术也没什么用。我把情况都告诉了她。那种病太顽固，就是神医妙手也无法挽救，只能靠吗啡苟延残喘。"

大伙儿谁都没吱声。壁炉架上的那只小钟嘀嗒嘀嗒地走着，孩子们仍在园子里打网球。有架飞机嗡嗡地从头顶飞过。

"从外表看，她是个十分健康的女人，"他说，"记得她身材消瘦，脸色苍白，可说来也遗憾，正是当今的一种时尚。医生不能单凭这点判断病情。但问题在于她的疼痛会一个星期一个星期地加剧，正如我方才所言，不出四五个月她就得靠吗啡度日。根据X光的显示，她的子宫有点畸形，这意味着她永远也不能生育。不过这是题外之话，跟她的病无关。"

我记得接下来朱利安上校说了话，对贝克医生不遗余力的帮助深表感谢。他还说："我们想了解的，你都告诉了我们。如果能得到份病情记录，也许能派上大用场。"

"当然可以，当然可以。"贝克医生连声说。

大家都离座站起。我也从椅子上立起了身，跟贝克医生握手告别。大伙儿一一和他握了手，然后跟着他来到大厅里。有个女人从大厅另一侧的房间里探头张望，一见我们又缩了回去。楼上有人在冲澡，传来哗啦哗啦的水声。一条苏格兰犬从园子里跳进来，嗅起了我们的脚后跟。

"我把报告书寄给你还是德温特先生？"贝克医生问。

"也许根本用不着，"朱利安上校说，"我觉得现在就不麻烦你了。需要时，我或者德温特先生会给你写信的。这是我的名片。"

"很高兴能为你们效力，"贝克医生说，"我怎么也想不到

蝴蝶梦　463

德温特夫人和丹弗斯夫人竟会是同一个人。"

"这是很自然的。"朱利安上校说。

"你们大概要返回伦敦吧？"

"是的，是的，可能要回那里。"

"最佳路线是在邮筒那儿朝左拐，到了教堂再向右转弯。接下来就是直通伦敦的公路了。"

"谢谢你，非常感谢。"

我们来到车道上，向我们的汽车走去。贝克医生牵着那条苏格兰犬回到了屋里。只听房门"砰"地关上了。在道路的尽头，有位独腿汉子用手风琴奏起了《皮卡蒂的玫瑰》。

第二十七章

我们来到车旁站定,好一会儿都没有讲话。朱利安上校给大家散了烟。费弗尔脸色阴沉,神情颓丧。我留意他用火柴点烟时,手在瑟瑟发抖。那个拉风琴的汉子停止了演奏,手捧帽子一瘸一拐向我们走来。迈克西姆给了他两个先令。汉子回到风琴前,又开始奏另一个曲子。教堂的钟敲响了六点。费弗尔开口说话时,仍阴沉着脸,声调显得很无所谓,但这也难以掩饰他内心的怯懦。他谁也不瞧,只顾望着手里的烟,并把香烟翻来覆去地摆弄。"你们有谁知道,这种癌瘤传染不传染?"他问。

没人回答他。朱利安上校耸了耸肩膀。

"我做梦也想不到竟会有这档子事,"费弗尔愚笨地说,"她瞒过了所有的人,甚至对丹尼也不露口风。想起来真让人毛骨悚然。有谁能把这件事和丽贝卡联系在一起。你们想去喝一杯吗?我把事情完全估计错了,这我得承认。癌症!啊,上帝呀!"

他斜靠在车身上,用手遮住眼睛。"让拉手风琴的那家伙快滚开,"他说,"那声音他妈的让人心烦。"

"我们自己滚开,不是更简单些吗?"迈克西姆说,"你能开得了车吗？要不让朱利安替你开？"

"让我缓口气，我会没事的。你们不明白，这件事对我是一个可怕的打击。"他咕哝着说。

"看在上帝的份上，振作起精神来，伙计，"朱利安上校说，"如果想喝酒，可以回到房子里问贝克要。他大概知道如何对待受到打击的病人。别在大街上出乖露丑。"

"你们没事啦，可以高枕无忧了，"费弗尔站直身子，望着朱利安上校和迈克西姆说，"你们再不必担惊受怕了。迈克斯已经化险为夷。而你总算找到了丽贝卡自杀的动机，只要你吭声气，贝克就会把白纸黑字免费提供给你。出了这么大的力，你回去后每星期可以到曼德利饱饱口福，摆摆功臣的架子。毫无疑问，迈克斯生下第一个孩子，还会请你当教父哩。"

"我们上车走吧？"朱利安上校对迈克西姆说，"我们边走边在路上合计合计。"

迈克西姆打开车门，朱利安上校钻了进去。我坐到了前边自己的位子上。费弗尔仍斜依在他的车上，身子动也未动。"我劝你直接回公寓睡觉去，"朱利安上校不客气地说，"路上把车开慢点，不然撞死了人你得蹲大狱。也许我以后再也见不到你了，所以现在给你提个醒，我作为治安官手里掌握着一定的权力，你如果再到克里斯或那个地区去，会吃到苦头的。讹诈不是个吃香的行当，费弗尔先生。也许你觉得很新鲜，但我们对付这类犯罪已经是轻车熟路了。"

费弗尔在观察着迈克西姆。他的那种阴沉的脸色已荡然无存，唇边又涌上了那种惹人厌恶的微笑。"迈克斯，你可是吉星高照啊，"他慢条斯理地说，"你以为自己稳操胜券啦，是不是？天网恢恢，疏而不漏，而且我也会以不同的方式惩罚你……"

迈克西姆发动了引擎。"还有什么话要说吗？"他问，"如果有话，最好现在就说。"

"没有了，"费弗尔说，"我不耽搁你们的时间了，你们可以走啦。"他后退到人行道上，唇边仍挂着那种微笑。汽车向前开去，转弯时我回过头去看见他仍站在那儿目送我们，一边还挥着手，哈哈大笑着。

汽车在疾驰，我们半天都没有说话。后来还是朱利安上校开了口，说道："他已经无能为力了。他这样又微笑又挥手，无非是虚张声势。那些家伙都是一路货色。他现在没有丝毫起诉的理由了，贝克的证词可以驳得他哑口无言。"

迈克西姆没应声。我斜着瞥了他一眼，却没看出他的心思来。"我一直都觉得答案就在贝克身上，"朱利安上校说，"要不然她怎么会偷偷摸摸地约诊，甚至对丹弗斯夫人也守口如瓶？她自己也有所怀疑，知道患上了重病。当然，那是一种可怕的病，非常可怕，足以使一个年轻漂亮的女子丧失理智。"

汽车沿着笔直的主干道行驶。电线杆、公共汽车、敞篷赛车以及带有新花园的半分离式别墅小屋，一一从旁边闪过，在我的脑海里留下了毕生难忘的图案。

"你大概没想到她患了绝症吧，德温特？"朱利安上校问。

"是的，没想到。"迈克西姆回答。

"有些人畏病如虎，尤其女人家，"朱利安上校说，"尊夫人大概就属于这种情况。她天不怕地不怕，怕的就是这种绝症。她无法面对病痛的折磨。唉，不管怎样，她毕竟没受什么罪。"

"是的。"迈克西姆说。

"倘若我在克里斯以及郡里悄悄放出点风声，就说一位伦敦的医生提供了她自杀的动机，我想是不会有坏处的，"朱利安上校说，"这样是以防万一，不让人们说闲话。现在的事很难吃得准。有时候人是很怪的。要是让他们了解到德温特夫人的真实情况，你们的日子也许能好过得多。"

"是的，是的，这我明白。"迈克西姆说。

"说起来莫名其妙，也让人义愤填膺，"朱利安上校不紧不慢地说，"一出点事情就会在乡下不胫而走，慢慢传开。我简直不明白他们为什么爱管闲事，但不幸的是他们的确热衷于此道。我倒不是断言这件事真的会惹起风波，但有备无患嘛。人们只要抓住一点机会，就会捕风捉影地生造出最不着边际的谣言。"

"是的。"迈克西姆说。

"你和克劳利可以管住曼德利以及庄园上的人，别让他们胡说八道，克里斯那儿我有办法对付。我还要叮咛一下我的女儿。她和一些年轻人来往甚密，而那些人是造谣生事的主儿。报纸大概不会再纠缠你们了，这是件好事。过一两天你们就会发现报上将绝口不再提起这事。"

"是的。"迈克西姆说。

汽车穿过北郊，又来到了芬奇利和汉普斯特德。

"现在是六点半钟，"朱利安上校说，"你们有什么打算？我有个妹妹住在圣约翰园林，我准备搞个突然袭击，到她那儿混顿饭吃，然后从帕丁顿搭末班火车回家。我知道她这个星期不会出门，而且坚信她见到你们二位一定也很高兴。"

迈克西姆沉吟了一下，望了望我，然后对朱利安上校说道：

"承蒙你的好意，但我觉得我们还是不去麻烦的好。我必须给弗兰克挂电话，还有一些其他的杂事要办。我们将先找个地方安静地吃顿饭，然后再启程赶路，途中寻家旅馆过夜。我想这就是我们的打算。"

"当然，"朱利安上校说，"我完全理解。能把我捎到我妹妹家吗？就在爱文纽路的一个拐角上。"

我们来到他妹妹家，迈克西姆把车停在离大门几步远的地方。"今天害得你东奔西颠，"他说，"真不知怎么感谢你才好。我不说你也知道我内心的感情。"

"亲爱的朋友，"朱利安上校说，"我非常乐意为你效劳。要是早知道贝克所掌握的情况，也就不会有这番波折了。不过，现在没必要再烦恼了。你们必须把这件事彻底忘掉，全把它视为生活中的一段极为不愉快、极为不幸的插曲。我肯定费弗尔不会再来惹是生非。假如他敢越雷池一步，希望你们立即通知我。我知道怎么对付他。"他钻出汽车，拿起自己的外套和地图，"我要是你们，就离开一段时间，去度个短假。也许到国外转转吧。"他说话时，目光没有直视我们。

我们俩未接口。朱利安上校笨手笨脚地折叠着地图，又说道："这个时节的瑞士景色特别美丽。记得有一次我的女儿休假，我们全家去那儿，玩得可痛快了。在那个国家散步，简直是一种享受。"他踌躇了一下，清了清嗓子，"出现一些小小的困难，也不是完全不可能的，"他说，"我倒不是怕费弗尔兴风作浪，而是怕当地人蜚短流长。谁能知道泰勃会散布什么言论，会把什么样的事情反复提来提去。当然都是些无稽之谈。但你知道那句老话吧？眼不见，心不想！如果作为话柄的人不在跟前，流言蜚语便会随之绝迹。世界上就是这么回事。"

他站了一会儿，清点自己的东西。"所有的物品我想都在这里了。地图、眼镜、拐杖、外套，一切都齐备了。好啦，再见，你们二位。千万别把自己搞得太累，今天已经够辛苦的了。"

他步入大门，走上台阶。我看见一位妇女来到窗口，笑盈盈地招手致意。我们把车顺着马路朝前开，接着转过了弯。我朝后一仰，合上了眼睛。现在又剩下了我们两人，紧张的情绪已经消失，接踵而至的是一种几乎令人难以消受的解脱感，犹如脓肿猛然破裂了一般。迈克西姆没说话，我感到他把手捂在了我的手上边。我们在川流不息的车流中行驶，可我对眼前的景象视而不见，只能听得到公共汽车隆隆的吼声以及出租车的喇叭声。那是伦敦市内无法避免、无休无止的喧嚣，可我却不属于这一方世界，而是置身于一个凉爽、安宁、静谧的世外桃源。我们终于挺过了危机，再也不用担心受到伤害了。

迈克西姆到了索霍区，把车停在一家餐馆对面时，我睁开眼睛，坐了起来。像这样的小餐馆在索霍区狭窄的街道上多如繁星。我迷乱茫然、晕晕乎乎地向四周望了望。

"你累了，"迈克西姆语气干脆地说，"腹中空空，身体疲倦，不宜再赶路，吃点东西就能恢复精力。我也得补充些食物。我们这就进餐馆吃饭，同时我还可以给弗兰克打个电话。"

我们下了车。餐馆里幽暗、凉爽，除了老板、一位侍者和柜台后的一位女招待，别无他人。我们在拐角处拣了张桌子。迈克西姆开始点菜。"难怪费弗尔想喝酒，"他说，"我也想来一盅。你也应该喝点酒提提精神，就给你要白兰地吧。"

老板是个胖子，满脸带笑。他送来了一些装在纸袋里的长条子薄面包卷。面包烤得硬硬的，非常松脆。我拿起一块，狼吞虎咽吃起来。我的苏打白兰地喝起来很爽口，使人精神为之一振，通体舒泰。

"用完膳，我们就消消停停、不慌不忙地上路，"迈克西姆说，"晚上的天气也很凉爽。途中我们找个地方歇夜，明天早晨返回曼德利。"

"好的。"我说。

"朱利安问你时，你当真不愿到他妹妹家吃顿饭，然后搭晚班火车回去？"

"是的。"

迈克西姆把杯中之酒一饮而尽。他的眼睛显得特别大，周围罩着黑眼圈，那一圈圈的阴影在苍白的脸色衬托下看上去十分晦暗。

"依你之见，朱利安能猜出几分实情？"他问。

我的目光越过酒杯口观望着他，但我什么也没说。

"他是知道的，"迈克西姆慢吞吞地说，"他肯定是知道的。"

"即便他知道，"我说，"他也绝不会讲出去。绝不会，绝不会！"

"是的，是的。"迈克西姆说。

他又问老板要了杯酒。我们俩在幽暗的角落静静地坐着，心中满是恬适的感觉。

"我觉得丽贝卡对我撒谎是有预谋的，"迈克西姆说，"那是她使出的最后骗人绝招。她希望我杀死她。因为她预见到了事情的结局。正是因为这个缘故，她大笑不止，甚至临死前还发出哈哈的笑声。"

我没言语,继续埋头喝苏打白兰地,心想那件事情已经过去,所有的问题已迎刃而解,不会有波澜再起。迈克西姆大可不必那般面色苍白,显出一副六神无主的样子。

"那是她最后一次玩弄恶作剧,"迈克西姆说,"手段也最高明。直到现在我都吃不准她是否终究取得了胜利。"

"看你想到哪里去了?她怎么可能取得了胜利呢?"我说。

"谁知道呢,"他说,"我不清楚。"他一口饮干第二杯酒,然后从餐桌旁站起来说,"我去给弗兰克打电话。"

我坐在角落里,不一会儿侍者把海味端上了桌。这是一道龙虾,热气腾腾,香味扑鼻。我也又喝了一杯苏打白兰地。坐在餐馆里,心中无忧无虑,令人感到惬意和舒适。我冲侍者嫣然一笑,莫名其妙地竟操起法语请他再送些面包来。餐馆里的气氛安宁、欢快和友好。我和迈克西姆厮守在一起。所有的一切均已过去。所有的一切都有了结局。丽贝卡已成为天国之人,不能再加害于我们。正如迈克西姆所言,那是她最后一次玩弄恶作剧。如今她再也奈何不了我们。十分钟后,迈克西姆回到了餐桌旁。

"怎么样?"我问,声音像来自遥远的地方,"弗兰克怎么样?"

"弗兰克很好,"迈克西姆说,"他在办事处,从四点钟起就一直在那儿等我的电话。我把这儿的情况告诉了他。他好像很高兴,总算松了口气。"

"是该放松一下了。"我说。

"不过有件事十分蹊跷,"迈克西姆慢声慢气地说,同时眉宇间出现了皱纹,"他认为丹弗斯夫人已不辞而别,消失得无影无踪。她对任何人都只字不吐,好像闷在房间里收拾了一整天行李，把东西拿了个净。约摸四点钟的时候，火车站的搬运工取走了她的箱笼。弗里思打电话报告弗兰克，弗兰克让他请丹弗斯夫人到办事处去一趟。弗兰克等了又等，却始终没见她的人影，就在我打电话之前约莫十分钟，弗里思又跟弗兰克通话，说曾经有丹弗斯夫人的一个长途电话，他把电话转过去由丹弗斯夫人在自己的房间接听，当时的时间是六点十分左右。在差一刻七点钟的时候，弗里思敲响她的房门，结果发现客厅及卧室都空无一人。大家四处寻找都没把她找到。他们认为她已经离开，出了门后径直钻进了森林，没有经过庄园大门。"

"这岂不是件好事吗？"我说，"省了我们许多麻烦。她不走，我们早晚也得撵她走的。她大概也猜到了有关丽贝卡的实情。昨晚她的脸色真吓人。开车来这儿的路上，我脑海里老是出现她的那种神情。"

"情况有些不妙，"迈克西姆说，"我觉得不大对头。"

"她不能把我们怎么样，"我争辩道，"她离开庄园，反而更好。长途电话肯定是费弗尔打的，把探访贝克的情况告诉了她，还会提到朱利安上校的警告。朱利安上校打过招呼，一旦有人企图讹诈，我们就通知他。谅他们也不敢以身试法，那样做是玩火自焚。"

"我考虑的不是讹诈。"迈克西姆说。

"他们还能玩什么把戏？"我说，"我们应该听从朱利安上校的劝告，把这场灾难抛置脑后。我们不能再愁肠寸断、胡思乱想了。痛苦结束了，亲爱的，已经雨过天晴。为此，真该跪下来感谢上帝。"

迈克西姆没应声，目光空洞地呆视着前方。

"你的龙虾要凉啦,"我说,"吃吧,亲爱的。肚子里有了东西,你就会来精神的。你太疲倦了。"这席话正是他刚才对我讲过的。我感觉良好,精神倍增,现在该由我照拂他了。他精疲力竭,脸色苍白。我已从虚弱和疲劳中恢复过来,而他现在却一副虚脱无力的可怜相。这只是因为他饿着肚子,因为他过于疲惫。至于别的事情,没必要再牵肠挂肚。丹弗斯夫人已不辞而别,这还得感谢上帝的保佑。我们的情况一帆风顺,诸事如愿。"把这些海味吃了。"我说。

庄园里的情况将会发生翻天覆地的变化。在仆人们面前,我再也不会神态紧张,羞羞答答。丹夫人这一走,我可以逐渐学会操持家务。我将到厨房里跟厨师见面。他们会喜欢我、尊敬我的。用不了多久,一切都会走上轨道,仿佛丹夫人从未在家里发号施令过一样。对庄园上的事务,我也要虚己以听,向弗兰克请教。我敢肯定弗兰克喜欢我,我也喜欢他。事无巨细,我都将亲自过问,并学会管理的诀窍。农庄里的人都干些什么?田间地头的活计怎么安排?也许我将从事园艺,把花园做一些局部改动。起居室窗外的四方形小草坪上有一尊森林之神的塑像,我一直都不喜欢,必须把那尊塑像移开。有许多事情我都可以逐渐付诸实施。四方来客留宿于曼德利,我绝不会斤斤计较。为他们安排房间,置入鲜花和书籍,以及安排饭菜,其中自有一番情趣。我们将会生儿育女,一定会有自己的孩子。

"吃好了吗?"迈克西姆在一旁突然问道,"我已经够了,再也不想吃了。"随后他又对老板说道:"再来杯清咖啡,要浓浓的,把账单也拿来。"

我不明白他为什么急着动身。餐馆里环境舒适,又没有什么事情迫使我们离开。我喜欢坐在这儿，头靠沙发后背，悠然自得地憧憬朦胧、美好的未来。我可以长时间地这么坐下去。

我跟在迈克西姆后边走出餐馆，步子有点踉跄，嘴里打着哈欠。来到人行道上，只听他说："你裹上毛毯躺到后座上，能不能在车上睡一觉？另外还有坐垫以及我的外套。"

"不是找家旅馆过夜吗？"我茫然不解地说，"路上随便找一家就行了。"

"这我知道，"他说，"可我有一种预感，非连夜赶回家不可。你能到车后面睡觉吗？"

"可以，"我带着几分疑惑的心情说，"我想是可以的。"

"差一刻钟八点。如果现在就动身，夜间两点半大概就能到家，"他说，"路上的车辆不会太多。"

"你会累坏的，"我说，"一定够你呛的。"

"没关系，"他摇摇头说，"我不会有事的。我想赶回家去。情况有点不对劲，我心里知道。我恨不得立时回去。"

他忧心如焚，面孔都变了样。他拉开车门，动手在车后座为我铺放毛毯和坐垫。

"会出什么事呢？"我说，"真奇怪，风波都已平息，不知还有什么可担心的。我简直无法理解你。"

他没有应声。我爬上车，在后座躺下，双腿蜷缩在身下。他把毛毯盖在我身上。这样倒也非常舒服，比我想象的强多了。我把枕头塞到脑下。

"行吗？"他问，"可以过得去吗？"

"可以，"我微笑着说，"这样挺好，是可以睡着的。我也不想在路上耽搁了，最好尽快赶回家。抵达曼德利，离天亮还有很长一段时间。"

他坐在前座上，发动了引擎。我合上眼睛。汽车徐徐上了路，我感到车下的弹簧在微微地跳动。汽车的晃动既有节奏感又平缓，我大脑里的脉搏也随之跳动着。我一合上眼，面前就涌现出无数影像——见到过的、经历过的以及已被遗忘的往事杂聚在一起，构成一幅荒诞离奇的图案：范夫人帽子上的羽毛，弗兰克餐室里硬邦邦的直背椅子，曼德利西厢房宽敞的窗户，化装舞会上那位笑容满面的女士所穿的淡红色衣裙，蒙特卡洛附近公路上的农家女子。

有时我看见杰斯珀在草坪上追逐蝴蝶，有时看见贝克医生的苏格兰犬在躺椅旁搔耳朵，还看见了今天为我们指路的那个邮差，看见克拉丽斯的母亲在后客厅里把椅子擦干净请我坐下。本手里捧着滨螺冲我傻笑，主教夫人问我是否愿意留下喝茶。我仿佛感到自己躺在凉爽舒适的床单上，感到置身于小海湾的沙砾滩上。我仿佛嗅到了林中的羊齿草、湿苔藓以及凋零的杜鹃花瓣散发出的气味。睡梦时断时续，我每次醒来回到现实中，看到的总是狭窄、拥挤的车厢以及迈克西姆的后背。苍茫的暮色变成了沉沉的深夜。来往的车辆把一束束灯光投射在路面上。一座座农舍已拉上窗帘，透出星星点点的灯火。我挪挪身子，仰面朝天，又昏然睡去。

我看见了曼德利的楼梯，丹夫人着一身黑装站在楼梯口等我上去。待我攀上楼梯，她则退到拱门下不见了踪影。我四处寻找，却找她不见。突然，她从一扇门洞里探出头瞧我，吓得我惊叫出声，她却一闪又销声匿迹了。

"几点啦？"我高声问，"几点钟啦？"

迈克西姆转过头来，面孔在黑暗的汽车里显得越发苍白、可怕。"十一点半。"他说，"已经走一半路了。你再睡一会儿。"

"我口渴。"我说。

他把车开到前边的城镇停了下来。修车场的工人说他的妻子还未上床歇息，可以给我们沏些茶。我们下了车，站在修车场里。我来回跺脚，让血液返回麻木的四肢。迈克西姆抽了三支烟。天气有点冷，寒风从敞开的车库门刮进来，波状铁皮屋顶在风中咯扎作响。我打了个寒战，扣严了衣扣。

"今天夜里够冷的，"那位修车场的工人边抽动油泵边搭讪说，"今天下午天气似乎发生了变化。这个夏季的暑期算是过去了，马上就得考虑取暖的问题了。"

"伦敦的天气仍然很热。"我说。

"真的？"他说，"那地方的气温总是大起大落，冷热都爱走极端。我们这儿一遇到阴天，总是首当其冲。天亮前，海岸上要起大风。"

他的妻子给我们送来了茶，茶水的味道又苦又涩，不过倒是热腾腾的。我贪婪地喝着，心里充满了感激之情。这时，迈克西姆看了看手表说："差十分十二点钟，该走啦。"

我不情愿地离开了车库这块避风港。外边冷风拂面，星移斗转，天空中还飘浮着丝丝云彩。

"你们看，"修车场的工人说，"今年的夏天算是过完了。"

我们回到车上，我又钻到了毛毯下边。汽车向前行驶。我闭上眼睛，仿佛看见了那个安着一条木腿的拉手风琴的艺人，那支

蝴蝶梦 477

《皮卡蒂的玫瑰》的曲子合着汽车颠簸的节奏在我的脑海里回荡。弗里思和罗伯特把茶点送进藏书室，门房里的那位夫人冲我匆匆一点头，然后把自己的孩子叫进屋里。我仿佛看见了海湾小屋里的轮船模型，看见上边蒙了一层细尘，纤巧的桅杆上挂满了蜘蛛网。我仿佛听见了屋顶上啪嗒啪嗒的落雨声以及大海里的阵阵涛声。我想到幸福谷散步，可幸福谷已不在那里。四周又有茫茫林海，却怎么也寻不到幸福谷。只见满目黑压压的树木和遍地的荆蕨。猫头鹰发出凄厉的叫声。月光洒落在曼德利的窗户上。花园里长满荨麻，足有十英尺、二十英尺之高。

"迈克西姆！"我叫出了声，"迈克西姆！"

"怎么？"他说，"别慌，我就在跟前。"

"我做了个梦，"我说，"我做了个梦。"

"梦见了什么？"他问。

"我也说不清。"

后来，我又陷入动荡不宁、神秘玄妙的梦境。我在起居室里写信，向外发请帖。我挥笔疾书，用的是一杆粗粗的黑钢笔。可我定睛一瞧，发现自己写的根本不是正方形小字，满纸都是又长又斜、风格独特的笔画。我把请帖从吸墨纸旁推开，把它们藏起来。我起身走到镜子前，镜子里有张面孔在盯着我看，那不是我的脸，而是一副苍白、妩媚的脸蛋，周围衬着乌云般的头发，眯缝着眼，启开芳唇发出微笑。镜子里的脸凝视着我，哈哈大笑着。接着我看见她坐在卧室里梳妆台前的椅子上，由迈克西姆为她梳头发。迈克西姆将她的秀发捧在手中，一边梳理，一边慢慢编成一条粗辫子。那辫子似蛇一般扭动着，他用双手把它抓住，冲丽贝卡微笑着，将它缠在自己的脖子上。

"不,"我尖声叫道,"不,不,我们应该到瑞士去。朱利安上校建议我们到瑞士去。"

我感到迈克西姆的手在摸我的脸。"怎么啦?"他问,"怎么回事?"我坐直身子,拨开遮在脸上的散发说,"我睡不着,再怎么也睡不着。"

"你一直在睡,"他说,"已经睡了两个小时。现在是两点一刻,离兰因只有四英里的路程了。"

天气比刚才更冷了,我在漆黑一团的汽车里打着哆嗦。

"我想坐到你的身旁,"我说,"我们三点钟以前可以到家。"

我翻过椅背坐在他旁边,透过挡风玻璃注视着前方。我把一只手搭在他的膝盖上,上下牙齿直打架。

"你冷了。"他说。

"是的。"我说。

前边峰峦起伏,忽而下沉,忽而隆起。夜色深沉,群星隐没了影踪。

"你说几点钟啦?"我问。

"两点二十。"他回答。

"奇怪,"我说,"山头的那边,天好像都已经开始破晓。不过时间这么早,简直不可能。"

"方向错了,"他说,"你看的是西方。"

他没回答,而我继续观望着天际。就在我凝神注目之际,天空似乎更明亮了,像是辉映着日出时分的第一抹红霞。那霞光逐渐向整个天空扩展。

"在冬季才能看到北极光,对不对?"我问,"在夏季是看不到的吧？"

"那不是北极光，而是曼德利。"他说。

我瞥了他一眼，看见了他的脸色，也瞧到了他的眼神。

"迈克西姆，"我说，"迈克西姆，怎么回事？"

他加足马力，把车开得快如旋风。我们攀上前方的山巅，看见兰因铺展在脚下的一片洼地里。左首是一条银带似的河流，河面逐渐加宽，泻往六英里开外的克里斯河口。前面的道路伸展向曼德利。今晚没有月光，天空黑得像罩了口黑锅。但地平线处的天空却并不黑暗，那儿通红一片，仿佛被飞溅的鲜血所浸染。烟火灰随着咸涩的海风朝着我们扑面而来。

马上扫二维码,关注"**熊猫君**"

和千万读者一起成长吧!

图书在版编目（CIP）数据

蝴蝶梦 /（英）达芙妮·杜穆里埃
(Daphne du Maurier)著；方华文译. -- 上海：文汇
出版社，2019.1
（读客外国小说文库）
ISBN 978-7-5496-2675-5

Ⅰ. ①蝴… Ⅱ. ①达… ②方… Ⅲ. ①长篇小说—英国—现代 Ⅳ. ①I561.45

中国版本图书馆CIP数据核字（2018）第156559号

REBECCA By DAPHNE DU MAURIER
Copyright © Daphne du Maurier, 1938
This edition arranged with CURTIS BROWN-U.K
through BIG APPLE AGENCY, INC., LABUAN, MALAYSIA.
Simplified Chinese edition copyright:
2019 Dook Media Group Limited.
All rights reserved.

中文版权 © 2019读客文化股份有限公司
经授权，读客文化股份有限公司拥有本书的中文（简体）版权
著作权合同登记号：09-2017-271

蝴蝶梦

作　　者	/	（英）达芙妮·杜穆里埃
译　　者	/	方华文
责任编辑	/	甘　棠
特邀编辑	/	高晓明　顾珍奇　杨菊蓉
封面装帧	/	辛国栋　陈艳丽
出版发行	/	文匯出版社 上海市威海路755号 （邮政编码200041）
经　　销	/	全国新华书店
印刷装订	/	三河市龙大印装有限公司
版　　次	/	2019年1月第1版
印　　次	/	2019年1月第1次印刷
开　　本	/	890mm×1270mm　1/32
字　　数	/	336千字
印　　张	/	15.25

ISBN 978-7-5496-2675-5
定　　价 / 65.00元

侵权必究
装订质量问题，请致电010-87681002（免费更换，邮寄到付）